LA
LOI DES PAUVRES

ET LA

SOCIÉTÉ ANGLAISE

ORGANISATION DE L'ASSISTANCE PUBLIQUE EN ANGLETERRE

PAR

Émile CHEVALLIER

DOCTEUR EN DROIT
DÉPUTÉ DE L'OISE
PROFESSEUR D'ÉCONOMIE POLITIQUE

Ouvrage couronné par l'Institut (Prix Beaujour)

PARIS

LIBRAIRIE NOUVELLE DE DROIT ET DE JURISPRUDENCE

ARTHUR ROUSSEAU, ÉDITEUR

14, RUE SOUFFLOT ET RUE TOULLIER, 13

1895

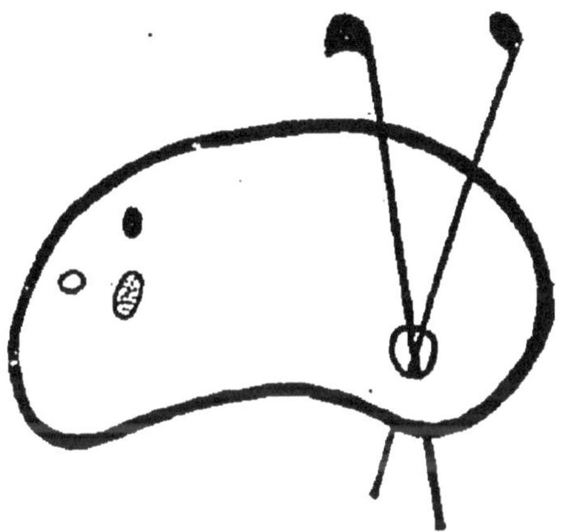

FIN D'UNE SERIE DE DOCUMENTS
EN COULEUR

LA
LOI DES PAUVRES

ET LA

SOCIÉTÉ ANGLAISE

LA
LOI DES PAUVRES

ET LA
SOCIÉTÉ ANGLAISE

ORGANISATION DE L'ASSISTANCE PUBLIQUE EN ANGLETERRE

PAR

Émile CHEVALLIER

DOCTEUR EN DROIT
DÉPUTÉ DE L'OISE
PROFESSEUR D'ÉCONOMIE POLITIQUE

Ouvrage couronné par l'Institut (Prix Beaujour)

PARIS

LIBRAIRIE NOUVELLE DE DROIT ET DE JURISPRUDENCE

ARTHUR ROUSSEAU, ÉDITEUR

14, RUE SOUFFLOT ET RUE TOULLIER, 13

1895

PRÉFACE

Dans le courant de l'année 1890, l'Académie des sciences morales et politiques proposait comme sujet du Concours *Beaujour* : « L'organisation de l'assistance publique en Angleterre ». Ce sujet était de nature à séduire. Familiarisé depuis plusieurs années avec les questions d'économie charitable, ayant même eu l'occasion à diverses reprises d'établir une comparaison entre la législation anglaise et la nôtre, je fus tenté, sans me rendre compte des difficultés d'exécution, d'entreprendre cette étude. Il fallait assister au fonctionnement de l'institution, aller en Angleterre, et visiter les *workhouses*. Je fis plusieurs voyages chez nos voisins, je vis plus de 15 *workhouses* et autres établissements de la *Poor Law*, j'assistai à des *meetings* de gardiens des pauvres, et je crois avoir compris le système et son jeu. Mais là n'était pas la grosse difficulté.

L'Académie, en libellant le programme, avait prescrit aux candidats de « s'attacher particulièrement à indiquer « l'influence exercée par la législation sur les conditions « matérielles et morales de la société anglaise ». Non pas que je méconnaisse qu'une législation, dont le point de départ remonte à la première partie du XVIe siècle, ne puisse exercer des effets considérables sur les mœurs de

son pays ; je suis, au contraire, avec M. Gladstone, qui
écrivait récemment, à propos de cette matière, que l'influence d'une loi sur les mœurs survit à cette loi. Mais la
tâche malaisée est de faire, dans la situation morale et
matérielle de certaines classes de la société anglaise, le
départ entre ce qui peut être la résultante du régime de
l'assistance et ce qu'ont pu produire d'autres causes, sans
compter que les mœurs elles-mêmes ne se prêtent pas toujours à l'analyse ou à la photographie. En Angleterre, les
livres sont muets ; plus muets encore sont les hommes.
L'Anglais ne se livre pas, je veux dire qu'il ne dévoile ni
les secrets de son monde, ni les lacunes des mœurs de son
pays. Il est tel point de cette étude, où, malgré une longue enquête, malgré une correspondance entretenue avec
des personnes appartenant à des catégories ou plutôt à des
milieux très différents de la société, je n'ai pu obtenir de
renseignements précis (1) ; je sentais dans chaque réponse,
tout aimable qu'elle fût, la préoccupation que son auteur
avait de me voiler la vérité, qui pouvait mettre son pays
dans un état d'infériorité vis-à-vis du nôtre. Trois personnes seules se dégagèrent de ce parti pris : un Anglais, habitant Paris, et quelque peu francisé, un philanthrope Israé-
lite, de Londres, et le Cardinal Manning, catholique et
socialiste. Cette solidarité de nos voisins semble le caractère d'un grand peuple ; les hommes isolément y sont
peut-être de *taille* ordinaire ; groupés, ils forment une
grande nation.

Sans doute, toutes les conséquences de la loi des pauvres ne sont pas aussi difficiles à démêler ; il en est quelques-unes qui s'offrent elles-mêmes à nos yeux. Il ne faut
pas être grand clerc pour voir la distinction établie par les
mœurs plus encore que par la loi entre la *Poor-Law*, service officiel d'assistance, et la charité privée, entre le *pau-*

(1) V. le chapitre XX.

per et le *poor*. L'assistance légale n'est ni dans son nom,
ni dans son fonctionnement, ni dans ses ressources, une
organisation charitable ; le mot même d'assistance ne lui
est pas donné ; c'est la *Poor Law*, et on lui oppose les
charities, qui sont l'expression de la charité privée ; tandis
que celles-ci recrutent leur clientèle parmi les simples
pauvres, les *poor*, la première inflige à ceux, qui en vivent,
l'appellation de *paupers* et la sorte de stigmate, que cette
dénomination comporte. L'une est uniquement alimentée
par l'impôt, les autres vivent d'aumônes et de contributions volontaires ; le *workhouse* est l'asile offert par la première, les hôpitaux et hospices sont les créations de la
charité privée.

D'autres effets de la loi des pauvres sont encore plus
distincts. Il est vrai que ces effets sont récents, et ont
suivi la grande réforme de ce siècle. Les Anglais ont employé le mécanisme de ce service, et en ont emprunté des
rouages pour d'autres objets ; ils ont fait de la taxe des
pauvres le modèle de toutes les taxes locales. L'union de
paroisses, créée en 1834 pour assurer un meilleur fonctionnement de la *Poor Law*, est devenue une véritable
circonscription administrative, correspondant assez à notre canton ; le Bureau des gardiens, mis à la tête de cette
Union, a été chargé d'attributions multiples absolument
étrangères à son caractère primitif ; il est un peu ce que
serait le Conseil cantonal, si nous en avions un. Avec ce
rouage, commence à se faire sentir la centralisation administrative. L'État, n'ayant pas osé mettre la main sur
les anciens organes administratifs, leur enleva des attributions, qu'il conféra à ce nouveau corps, ainsi qu'à d'autres, taillés sur le même patron, auxquels il donna la vie
en même temps que des chaînes. Procédés administratifs
peut-être singuliers, quoique bien anglais, mais procédés
aisément compréhensibles pour tous ceux qui ne perdront
pas de vue que le service de l'assistance, un des plus an-

ciens, est organisé sur tout le territoire d'une manière uniforme.

Aucune institution, en effet, n'a eu une durée aussi longue, et, je puis le dire, aussi mouvementée, mais en même temps aussi peu altérée. Sortie du règne agité d'Henri VIII, dotée, en 1601, de sa charte par le célèbre statut d'Elisabeth, elle traverse le XVIIe et le XVIIIe siècles, et arrive à nos jours avec des modifications à coup sûr nombreuses, mais avec une physionomie cependant un peu différente, et un caractère identique.

Aujourd'hui comme au XVIIe siècle, elle est l'expression la plus parfaite du système d'*assistance légale*. Droit au secours, taxe spéciale, obligation au travail, — ces traits de l'ancienne loi des pauvres sont encore ceux de la nouvelle. Bien qu'il ait été beaucoup légiféré sur cette matière, les modifications ont porté moins sur les principes que sur l'application. Non seulement les principes n'en ont pas été altérés, mais les grandes lignes en ont été maintenues. La distinction entre les deux variétés de secours, l'*out-door relief*, le secours à domicile, et l'*in-door relief*, le secours dans le *workhouse*, existait avant 1834 ; elle survit à la grande réforme. Dans cette longue histoire de la loi des pauvres, les différentes périodes ne ressortiraient pas par des traits bien accusés, si le relâchement ou la recrudescence dans la sévérité ne les différenciait.

L'histoire de la *Poor Law* nous fait, en outre, assister à des procédés législatifs absolument ignorés de nos mœurs politiques ; nous y verrons naître certaines lois empreintes d'un caractère facultatif ; certaines autres, et des plus importantes, ne recevoir, à leur naissance, qu'un caractère temporaire, et n'être votées pour ainsi dire qu'à titre d'essai.

Ce rapide aperçu d'une trop longue étude peut expliquer l'attrait, que m'offrait le sujet, malgré ses difficultés. Dans les trente mois, qui m'ont été donnés pour faire ce mémoire, auquel j'ai consacré la presque totalité de mon travail, et ma pensée de chaque jour, je n'ai jamais éprouvé un instant de découragement.

Quelque imparfait que puisse paraître cet ouvrage, il est de nature à présenter un enseignement, à une époque où les questions d'assistance sont agitées, et où le pays semble entrer dans la voie de la charité légale.

15 octobre 1892 (1).

(1) Cette étude a valu à son auteur le prix *Beaujour*, d'une valeur de 6.000 francs. — En la publiant aujourd'hui, avec les quelques modifications qu'impliquent les fluctuations même de la législation, je ne puis omettre d'exprimer, au début de cet ouvrage, ma gratitude envers tous ceux qui, avec la meilleure grâce, par leurs conseils, renseignements ou documents, m'ont facilité la tâche. Pourquoi ne citerais-je pas ici également un ouvrage auquel j'ai beaucoup emprunté pour tout ce qui concerne l'histoire et l'organisation du service de l'assistance ? Je veux parler de l'ouvrage de M. Aschrott, qui, par la sûreté de ses informations, le nombre et l'exactitude des détails, passe, en Angleterre, pour le meilleur commentaire de la législation sur la *Poor Law*.

PREMIÈRE PARTIE

ORIGINE ET HISTOIRE DE LA LOI DES PAUVRES

CHAPITRE PREMIER

LES ACTES PRÉCURSEURS DU STATUT D'ÉLISABETH.

Fonctions essentielles et non essentielles de l'Etat. — L'assistance et les
lois contre les pauvres. — Pays catholiques et pays protestants. — La
réforme religieuse en Angleterre. — Les premières lois des pauvres
en Angleterre, lois qui furent précédées des mesures de police à leur
égard. L'Église et l'assistance ; augmentation du nombre des indigents ; nécessité de lois de répression. — Modifications dans la situation
politique et économique de l'Angleterre ; émancipation des serfs ; disparition des petits propriétaires et des petits tenanciers ; substitution des
pâturages à l'ancienne culture ; dépréciation des métaux précieux ; suppression des couvents et maisons religieuses. — L'acte d'Henri VIII de
1531 ; cet acte contient des règles de police et des mesures d'assistance ;
nouvel acte du même prince en 1535-1536, obligeant les habitants à donner des aumônes aux pauvres de leur paroisse. — Le règne d'Elisabeth et les nombreux actes de cette période ; ces actes contiennent la
base du statut de 1601.

Dans une société vieillie et à civilisation très avancée,
il peut être délicat de discerner les attributions de l'Etat ;
on est même assez tenté, en présence de la grande
inégalité des conditions, de comprendre dans ces attributions un service d'assistance.

Mais il est incontestable que l'assistance publique, quelque opinion qu'on puisse avoir de son utilité, ne constitue pas une fonction essentielle de l'État. Aussi n'est-il pas étonnant que beaucoup de nations se soient refusées jusqu'ici à introduire dans leur constitution le principe de la charité légale, et que même dans ceux des pays, où ce principe a pénétré d'assez bonne heure, le législateur n'y soit arrivé qu'après une première série d'efforts, et pour ainsi dire une sorte de processus. Rien de plus naturel : l'État, avant de s'investir de nouvelles attributions, s'applique à exercer ses fonctions essentielles ; il cherche à assurer l'ordre, et tourne son attention vers les mesures de police destinées à le protéger. Parmi les dangers, qui menacent un pays, il faut comprendre la présence d'une nombreuse population de mendiants ; l'État essaye tout d'abord de les faire disparaître ou de les éloigner ; il ne songera qu'après coup à soulager les misères. Au reste, pourquoi songerait-il en premier lieu aux mesures d'assistance proprement dite ? L'initiative privée ne s'en charge-t-elle pas ? Pour que l'assistance devienne un service public, il faut que sa forme primitive, celle de la bienfaisance, se montre dangereuse ou insuffisante ; et il se passe un long temps avant qu'il en soit ainsi, dans les sociétés profondément attachées à la foi catholique. L'Église, en effet, fait de la charité une vertu, et elle en impose l'exercice à ses membres ; certains ordres religieux se vouent à cette mission d'une manière exclusive. L'accomplissement du devoir charitable peut même, dans ces sociétés, être regardé comme ressortant du ministère religieux, et revêtir en quelque manière un caractère divin.

Là où les anciennes croyances religieuses ont fait place assez tôt à d'autres conceptions ou à d'autres doctrines, et où, par conséquent, les œuvres séculaires de l'ancienne Église ont été brusquement détruites, il a fallu aviser et pourvoir à leur remplacement ; aussi, dans les pays pro-

testants, la charité obligatoire est-elle devenue le système
d'assistance. Dans les pays catholiques, au contraire, les
mêmes motifs n'ayant pas existé, les œuvres, créées par
l'Église ou sous son influence, ont continué à subsister,
et les vieilles traditions de charité n'ont pas été brusquement interrompues ; il en est résulté que le besoin d'une
organisation publique d'assistance ne s'est pas fait sentir
de la même manière, et que le législateur n'a pas cru devoir intervenir ; le maintien des anciennes institutions de
secours a permis de ne pas faire appel aux contribuables,
et de ne pas puiser dans l'impôt les ressources destinées
au soulagement des indigents.

L'histoire de l'assistance en Angleterre est une confirmation éclatante de ces idées. Ce ne fut qu'après avoir
pendant cent cinquante ans prescrit des mesures de police
contre les pauvres, qu'elle se décida à les soulager ; encore son système d'assistance ne fut-il que le résultat
d'événements religieux. Ce pays, on le sait, s'était jeté
avec ardeur dans la réforme, à la suite d'un roi en révolte
contre l'Église, pour un motif d'ordre exclusivement personnel (1) ; il ne tarda pas à éprouver le besoin d'avoir
tout un système d'assistance laïque. L'origine de ce système est contemporaine de la Réforme. C'est donc à tort
que, lorsqu'on parle des lois anglaises, concernant les
pauvres, la pensée se reporte à l'année 1601, et regarde le
célèbre statut d'Élisabeth comme l'acte tout à la fois ini-
tial et fondamental de l'institution actuelle. Sans nul
doute, cet acte est pour ainsi dire le premier code de la
matière ; mais il a été précédé de nombreuses décisions,
contemporaines précisément de la Réforme. Les dates en

---

(1) On sait qu'Henri VIII, las de son union avec Catherine d'Ara-
gon, voulait faire annuler son mariage à seule fin d'épouser la
deuxième des six femmes, qui partagèrent successivement sa couche ; il ne put obtenir cette dissolution ; de là son ressentiment
contre le Pape et sa révolte contre l'Église.

font foi : c'est vers 1527 ou 1528 que commencèrent les démêlés d'Henri VIII avec la papauté ; c'est en 1531 que ce roi se faisait donner par le parlement le titre de *protecteur et chef suprême de l'Église d'Angleterre ;* c'est en 1534 qu'il déclara à jamais abolie l'autorité du pape en Angleterre ; c'est peu après que commencèrent le pillage et la spoliation des monastères ; c'est vers la fin de 1537 que l'acte, dit des six articles, décrétait la peine de mort contre quiconque n'admettrait pas les dogmes qu'il plairait au roi de reconnaître (1). Or les premiers actes, contenant le germe d'une organisation du service d'assistance, datent précisément de cette époque : en 1531, il y en eut un ; d'autres en 1535 et en 1536. Ces actes furent-ils la conséquence directe de la suppression des monastères ? C'est ce que nous aurons à nous demander. Quoiqu'il en soit, ces actes, contemporains de la Réforme, sont les premiers, qui aient eu, dans la question de l'assistance, une action positive, et ces actes précèdent de soixante à soixante-dix ans le fameux statut d'Élisabeth.

Mais, auparavant, il y avait eu pendant plus d'un siècle des cas d'intervention législative, lesquels étaient seulement des actes destinés à produire une action plutôt négative que positive. Ils avaient pour objet moins d'ordonner l'assistance, que de contrôler celle qui existait. Ce n'étaient pas des « lois des pauvres » (*poor laws*), dans le sens que ce mot a reçu en Angleterre, c'est-à-dire des lois en faveur des pauvres, mais c'étaient au contraire des lois contre les pauvres. Du règne d'Edouard III à celui d'Henri VIII, soit pendant la durée d'un siècle et demi, on trouve de nombreux actes de cette nature. Tantôt ces actes prescrivent des règles relatives à la manière dont la charité privée sera faite, tantôt ils s'occupent des pauvres au point de vue de la police du pays.

<hr>

(1) V. M. de Franqueville, *Le Gouvernement et le Parlement britanniques*, 2ᵉ vol., p. 52.

Ces actes ne pouvaient imposer l'assistance au profit d'une catégorie d'individus, vivant alors des libéralités privées. En effet, depuis les Saxons jusqu'au temps de Henri VIII, les pauvres avaient reçu leur subsistance des particuliers et des couvents. D'après le *Mirror* (chap. 1, § 3), la loi commune prescrivait « que les pauvres devaient être assistés par le recteur de l'Eglise et par les paroissiens, de manière qu'aucun d'eux ne mourût de faim ». Ce n'était pas là une organisation de l'assistance, la loi commune s'en reposant, pour ce soin, à la diligence de l'Eglise (1). Celle-ci, de son côté, faisait à chaque clerc, sous peine d'excommunication, un devoir de donner son superflu aux pauvres. Elle faisait la même recommandation aux laïques. Un canon de 1281 ordonnait aux recteurs, non résidents, de pourvoir aux besoins des pauvres domiciliés dans la paroisse. Le concile d'Oxford prescrivait aussi que chaque évêque eût des aumôniers : « prier et lire ne suffisent pas pour un évêque ». — Les couvents ne tardent pas à se charger des pauvres et à distribuer des aumônes.

Les secours, donnés aux pauvres, loin d'en diminuer le nombre, tendent plutôt à l'augmenter, et il arrive un moment où, malgré ces libéralités, le contingent de la population indigente, et le péril qu'elle peut faire courir, attirent l'attention du gouvernement. C'est ce qui se produisit alors. Aussi le roi Edouard III défendit-il de faire l'aumône à tout mendiant capable de travailler ; de même, Richard II et Henri VII ordonnèrent-ils aux pauvres de demeurer dans les localités où ils étaient nés ou dans celles où ils étaient établis depuis trois ans au moins ; il ne leur était permis de quitter ce domicile qu'avec un certificat d'un juge de paix attestant l'existence d'une raison sérieuse, et, sans ce certificat, tout individu rencontré hors

(1) V. M. Glasson, *Histoire du droit et des institutions de l'Angleterre*, t. 5, p. 18 et s.

de son domicile devait être arrêté. Quant aux personnes incapables de travailler, elles pouvaient demeurer au lieu de leur résidence habituelle, si, du moins, les habitants consentaient à se charger de leur entretien ; sinon, elles devaient retourner à leur lieu de naissance, où on devait leur donner des aliments.

Mais la situation économique et politique de l'Angleterre allait commander de nouvelles mesures, la royauté allait se voir obligée de prendre des dispositions de caractère positif, et de sortir ainsi du rôle purement défensif, qui jusqu'alors avait été le sien dans cette matière. Diverses causes amenaient cette perturbation sociale.

Depuis le XIV⁰ siècle, les serfs avaient été émancipés pargrandes masses, etcet affranchissement collectif, un peu brusque, avait produit les désordres et les difficultés, dont notre siècle a été le témoin, lors de la suppression de l'esclavage dans les colonies européennes du Nouveau-Monde. La liberté n'est bonne qu'à la condition de savoir s'en servir ; or, pour des individus qui, de même que leurs ancêtres, l'ont toujours ignorée, elle peut être pleine de dangers, car elle leur fait perdre cette sorte de protection, qui leur donnait l'existence matérielle, et, d'autre part, ne leur assure pas, par elle-même, le travail sur lequel seul ils doivent, à l'avenir, baser leurs moyens d'existence. Ces difficultés ne se seraient peut-être pas produites à cette époque encore patriarcale, si, d'un côté, une législation très restrictive n'avait pesé sur les conditions du travail, et si, d'un autre côté, ces événements n'avaient été contemporains de la guerre des Deux-Roses; cette guerre civile, en bouleversant l'Angleterre, accrut le nombre des pauvres.

Un autre facteur, sur lequel nous nous proposons de revenir plus loin (1), contribua beaucoup à créer ce paupérisme rural, spécial à ce pays : ce fut la disparition presque

(1) V. le chapitre XXVII.

générale des petits propriétaires et des petits tenanciers, disparition qui suivit l'avènement de la dynastie des Tudors. Comme nous le dirons, il y avait encore, à l'arrivée des Tudors, une grande quantité de petits domaines, et par conséquent un grand nombre de paysans-propriétaires. C'était là une cause de prospérité pour les campagnes. Peut-être cette dernière affirmation serait-elle contestée par les Anglais de notre époque, qui sur ce point ont gardé des préjugés trop fortement enracinés ; mais tel était l'avis d'un contemporain, que son attachement à la maison de Lancastre ne doit pas nous rendre suspect: le jurisconsulte Fortescue disait même, avec un certain orgueil, qu'il n'y avait nulle part autant de petits propriétaires fonciers qu'en Angleterre. L'absorption de la petite propriété dans la grande devait placer la population ouvrière agricole, dans un état de précarité et de gêne tel qu'il fallait mettre, à côté d'elle, des institutions destinées à la soulager.

Cette absorption se compliquait d'une modification radicale dans le mode de culture des terres ; les terres labourables furent transformées en prairies, à la suite de l'extension énorme et subite, prise vers la fin du XVᵉ siècle par le commerce et l'industrie des laines. Cette transformation s'opérait au même instant dans presque toutes les provinces de l'Angleterre, engendrant le chômage pour la majorité des ouvriers agricoles ; elle était, en effet, de celles qui produisent une perturbation profonde et résistante. Tous les écrivains anglais du XVIᵉ siècle sont unanimes dans la description qu'ils en font. Dans un sermon prêché en 1548 devant le roi Edouard, l'évêque Latimer s'écriait : « Là où il y avait auparavant beaucoup de ménagers et d'habitants, il n'y a plus qu'un berger et son chien » (1).

____

(1) « Where as have been a great many of householders and « inhabitants, here is non but a shepherd and his dog ». En 1581,

Un autre fait, qui devait avoir une influence profonde sur l'état social de l'Angleterre : c'était la dépréciation considérable des métaux précieux, amenée par la découverte des mines d'Amérique. Cette dépréciation, en renchérissant tous les objets de consommation, avait abaissé fortement la valeur des salaires réels, quoique le chiffre nominal en eut été maintenu et même élevé. Il en était résulté un préjudice énorme pour les classes, qui vivent de salaires. A une autre époque, une variation semblable dans la puissance d'achat des métaux précieux n'aurait pas eu pour les ouvriers une conséquence aussi désastreuse ; car en même temps qu'elle aurait élevé le prix des choses, elle aurait amené une hausse parallèle dans le prix du travail. Mais, dans une société arriérée, le jeu des lois économiques ne se fait que difficilement ; et le prix de la main-d'œuvre n'obéissait alors que de très loin aux lois, qui doivent le régir (1).

Au moment où précisément le besoin d'assistance se faisait le plus vivement sentir pour les basses classes, les maisons religieuses et les couvents, qui jusqu'alors avaient été les dispensateurs de la charité, allaient être supprimés, et leur suppression, étant données les conditions économiques, où l'on se trouvait, allait transformer ces pauvres en mendiants et vagabonds. Voici ce qu'écrit un témoin, Selden, dont l'affirmation est précieuse sur un point qui,

sous Élisabeth, parut un livre remarquable, dans lequel il y a les détails les plus instructifs sur la misère produite par les réformes agricoles : « *a briefe conceipte touching the commonweal of this Realm* « *of England.* Courtes considérations sur l'état de la société dans le « Royaume d'Angleterre ».

(1) M. Paul Leroy-Beaulieu, l'*Administration locale en France et en Angleterre*, p. 225. V. aussi l'ouvrage de M. Thorold Rogers : « *Work and Wages* », et l'ouvrage si remarquable de William Jacob, qui a traité en historien et en économiste cette histoire des métaux précieux : « *An historical enquiry into the production and consumption of* « *the precious metals* ».

depuis quelques années, a donné lieu à des controverses :
« Maintenant que toutes les abbayes, avec leurs terres et
« biens sont entre les mains des laïques, je ne vois pas que
« la valeur d'un demi-penny seulement arrive jusqu'aux
« pauvres gens des paroisses dans lesquelles sont situés ces
« biens. Les moines, il est vrai, ne donnaient pas assez.
« Mais aujourd'hui, dans plus de cent communes d'Angle-
« terre, les pauvres, qui jadis y recevaient chacun ses vingt
« livres sterling dans l'année, n'ont même plus la bonne
« aubaine d'un seul repas. Voilà un progrès » (1).

De nos jours, il s'est produit une nouvelle opinion relativement aux effets de la suppression des maisons religieuses et des couvents. L'historien Froude, entre autres,
conteste que l'accroissement de pauvreté et la promulgation des *poor laws* soient dus à cette cause ; il nie que les
pauvres trouvassent auparavant auprès des établissements
religieux des secours suffisants. Tout en reconnaissant
hautement que, pendant plusieurs siècles, ces établissements avaient rempli parfaitement les intentions pour
lesquelles ils avaient été fondés, il fait observer que ces
maisons avaient, dès le début du règne de Richard II, commencé à négliger leur devoir, et, d'autre part, avaient, en
s'appropriant les bénéfices, privé les paroisses de leurs
ressources charitables locales(2). Aussi, à cette époque, y
avait-il eu, selon la remarque de Froude, des permissions
accordées à des personnes, le méritant, d'exercer la mendicité, mesure suivie peu d'années après par la pétition,

____

(1) Hallam, dans son *Histoire constitutionnelle* (vol. 1, p. 108-109),
affirme que la dissolution des monastères et les nouvelles dispositions
relatives au secours des pauvres étaient dans les rapports de cause
à effet.

(2) Dès le commencement du XIV⁰ siècle, la moitié environ du
sol était aux mains du clergé : à la fin du même siècle, on suppu-
tait que les taxes payées à l'Eglise étaient cinq fois supérieures à
celles payées à la Couronne (Glasson. *loc. cit.*, 5ᵉ vol., p. 10).

adressée à Henri IV pour la sécularisation de la propriété ecclésiastique. On aurait donc vu d'assez bonne heure, en Angleterre, le clergé s'écarter de sa mission charitable, et les établissements religieux se faire l'abri ou même la pépinière de la mendicité déshonnête; et, au commencement du XVIᵉ siècle, avant que la suppression des monastères ne fût ni un fait accompli ni même une réforme prochaine, le paupérisme était devenu une question sociale d'une gravité exceptionnelle et d'une solution nécessaire (1).

Nous pensons, pour notre part, que la sécularisation des biens ecclésiastiques et la fermeture des couvents n'ont pas été la seule, ni même la cause principale de l'état d'indigence, qui a signalé l'Angleterre des Tudors; mais nous croyons, en sens contraire que les mesures prises par le roi Henri VIII en faveur des pauvres sont dues à cet événement. Si les monastères n'avaient pas été supprimés, la royauté ne se serait pas crue obligée d'organiser un système d'assistance, et la charité conventuelle, quelque imparfaite qu'elle ait pu être, aurait paru suffisante; d'autre part, la suppression brusque de ces établissements devait rendre plus frappant et plus dangereux l'état de misère du pays, précisément parce qu'elle livrait à eux-mêmes des pauvres qui étaient, sans nul doute, imparfaitement secourus, bien qu'ils le fussent dans une mesure plus ou moins forte. La Réforme n'a pas augmenté le nombre des pauvres, mais elle en a fait des mendiants; la suppression des monastères n'a pas augmenté le degré de paupérisme, mais elle a nécessité de nouvelles mesures législatives.

Les dispositions légales, que nous avons citées ci-dessus,

---

(1) Froude, *History of England*, vol. 1, p. 76 et s. — M. Aschrott, l'auteur d'une étude très précise sur la *Poor law*, semble partager la même opinion (p. 3, note). — M. Froude est un enthousiaste et un panégyriste de la Réforme.

punissaient le vagabondage et la mendicité ; c'étaient uniquement des lois de police. Ces lois étaient extrêmement sévères, et précisément parce qu'elles l'étaient d'une manière excessive, on ne les observait pas dans la pratique, et elles restaient sans effet ; aussi chacune de ces dispositions commence-t-elle par dire qu'elle est nécessitée par l'insuffisance de la précédente.

L'acte de 1531 (22 Henri VIII, c. 12) se trouve sur la limite entre les deux périodes. Par son caractère, il appartient à la catégorie des mesures répressives, qui ont signalé les cent cinquante années écoulées depuis le règne de Richard II jusqu'à la Réforme ; il frappe, en effet, de pénalités les individus valides qui seront rencontrés mendiant : ils devaient être fouettés jusqu'au sang, et ils devaient promettre de retourner soit à leur dernier domicile, soit dans leur lieu de naissance. Mais, à côté de ces règles d'ordre pénal, cet acte contient certaines prescriptions qui appartiennent au domaine de l'assistance ; et, à ce titre, il peut être regardé comme le premier acte, qui se soit occupé du pauvre autrement que pour le frapper, et il inaugure la deuxième période, qui s'étend jusqu'à l'année 1601. Visant les personnes incapables de travailler, il dit qu'il y a lieu de les soulager, et leur permet de solliciter des magistrats des permissions les autorisant à demander l'aumône dans des limites indiquées. Les juges de paix leur indiquaient la localité, la ville ou la paroisse dans laquelle ils pouvaient mendier. Quant à l'individu, d'ailleurs incapable de travailler, qui mendiait sans permission, il était fouetté et mis en prison, au pain et à l'eau, pendant trois jours et trois nuits.

La Réforme n'est pas encore faite ; mais déjà la loi semble manifester l'impuissance de l'Eglise à soulager tous ceux qui, ne pouvant travailler, doivent être secourus : mais cette impuissance était-elle le résultat d'un fait volontaire de sa part ? ou n'était-elle pas plutôt motivée par l'accroissement soudain et considérable de la population pauvre qui rendait insuffisantes les ressources ecclésiastiques (1) ? Peut-être aussi celles des ressources, mises successivement à la disposition de l'Eglise en vue des œuvres charitables au fur et à mesure des besoins, avaient-elles été moins abondantes, en raison de l'état de gêne du pays (2).

Dans les années suivantes, les événements se pressent : la Réforme religieuse s'accomplit ; des révoltes et des séditions se produisent ; privés de leurs secours habituels, excités, et encouragés, d'ailleurs, par les moines, les paysans ne tardèrent pas à inquiéter la royauté, qui comprit qu'il y avait là un péril public. Aussi rencontrons-nous bientôt un nouvel acte du même souverain, celui de 1535-1536. Cet *Act* rend les paroisses responsables de leurs pauvres, et décide que les habitants doivent, par leurs aumônes, mettre les pauvres en état de vivre sans mendier ; il distingue, entre les impotents, malades, etc., d'une part, et ceux qui sont capables de travail, d'autre part ; il charge le clergé et les fonctionnaires locaux de recueillir des aumônes, au moyen de troncs, les dimanches et jours de fête, et d'en faire la distribution ; il les charge aussi d'encourager le peuple à se montrer charitable. Mais en même temps il interdit les aumônes particulières aux mendiants, sous peine d'une amende égale au décuple de la somme donnée ; des peines sévères sont éga-

---

(1) Burnet, dans son *Histoire de la Réformation*, assure que celle-ci valut à Henri VIII une part de butin de £ 1,131,607, 6 sh. 4 den. ; d'autres disent £ 1,600,000. Les favoris du roi eurent aussi leur grosse part.

(2) Quelques auteurs prétendent que la décadence de l'Eglise et le déclin de son influence avaient dû amener une diminution des ressources charitables ; mais il ne nous paraît pas certain qu'avant les démêlés d'Henri VIII avec la Cour de Rome, l'Eglise catholique eût perdu une partie de son influence.

lement prononcées contre les mendiants : le fouet, l'ablation de l'oreille droite, la pendaison. L'acte de 1535-1536, comme on le voit, contient le germe et le fondement de la législation, dont nous allons suivre le développement.

Le règne d'Edouard VI fournit plusieurs statuts sur la même matière (1), et celui de la reine Marie un seul (2). Sous Elisabeth, les dispositions relatives aux pauvres, furent nombreuses et importantes, non comprise (3), bien entendu, la célèbre *Poor Law* de l'année 1601, qui fut, pour ainsi dire, la codification de ce qui avait été fait. Ne nous en étonnons pas trop. Ce long règne d'Elisabeth, si glorieux à l'extérieur, ne fut au dedans qu'une longue période de crises ou de souffrances. L'Angleterre regorgeait d'une population parasite et remuante, dont la présence constituait un danger permanent ; le vagabondage était étendu, et les moyens violents de répression employés par les officiers royaux ou locaux n'étaient pas de nature à le supprimer ; la misère aussi, dont la mendicité est souvent l'expression, était grande, et, malgré le courant d'émigration, qui s'établit vers l'Amérique, elle demeurait une large plaie, constamment saignante. C'est à cette époque que Bacon, dans une lettre célèbre, conseillait, à titre de saignée nécessaire dans le corps de la population anglaise, une sorte d'émigration forcée vers l'Irlande, alors peu peuplée. Un coup d'œil rapide sur les statuts du règne d'Elisabeth montrera combien laborieux a été le travail législatif de cette période.

La législation de 1536 à 1601 est celle d'une époque de transition. Elle développe les principes déposés dans la loi d'Henri VIII, et y ajoute ceux sur lesquels l'*Act* de 1601 a été fondé.

---

(1) 1, Ed. VI, c. 3 ; 3 et 4, Ed. VI, c. 16.
(2) 2 et 3 Phil. and Mary, c. 5.
(3) 5, Elis., c. 3 ; 14, Elis., c. 5 ; 18, Elis., c. 3 ; 39, Elis., c. 3.

Pendant cette période, en effet, les embarras nés sous le règne de Henri VIII, à la suite de la suppression des couvents, s'étaient encore augmentés, et on avait cru devoir prendre contre les mendiants des mesures répressives, d'une sévérité extrême. Ainsi, d'après le statut de la première année du règne d'Edouard VI, tout homme, convaincu de vagabondage, devait être marqué au fer chaud et adjugé comme esclave pour deux ans à celui qui l'avait dénoncé; pendant cette servitude, il ne devait recevoir, comme nourriture, que du pain et de l'eau; venait-il à s'absenter de la maison de son maître pendant une durée supérieure à quinze jours, il se voyait imprimer une nouvelle marque de flétrissure, et condamner à l'esclavage perpétuel; venait-il à prendre la fuite, retrouvé, il était pendu. — Cette loi, qui contenait d'autres dispositions d'un caractère aussi et même plus dur, dans le détail desquelles il nous paraît inutile d'entrer, ne put être exécutée, à raison de sa rigueur même. Elle fut presque immédiatement modifiée. Le statut, qui l'abrogea (3 et 4, Ed. VI, c. 16), procéda d'une manière toute différente : il obligea les recteurs et vicaires des églises à tenir dans chaque paroisse un registre où seraient inscrites toutes les personnes de la paroisse, et à solliciter ou plutôt à exiger d'elles chaque dimanche une aumône pour les pauvres; cette aumône avait un caractère obligatoire, et elle devait être déterminée d'avance par le paroissien dans l'année précédente; deux ou plusieurs collecteurs devaient, en effet, un certain jour, après le service divin, enregistrer par écrit la somme qu'il déclarait s'engager à donner chaque semaine pendant l'année suivante, pour l'entretien des pauvres. Si le paroissien se refusait à donner ou à s'engager, et s'il maintenait son refus malgré les conseils et les exhortations du recteur et de l'évêque, il était taxé par ce dernier en proportion de ses ressources.

La législation d'Elisabeth, jusqu'à l'année 1601, reproduit les dispositions précédentes en ce qui concerne les mendiants valides (*able bodied*), et les peines sévères portées contre eux. Elle reproduit notamment celles de ces dispositions déclarant qu'ils devront être soumis au travail ; la loi de 1575-1576 décide même, à ce propos, que des ateliers ou magasins devront être organisés, et pourvus d'étoupe, de laine et de fer, afin de procurer du travail à cette catégorie d'individus. Le refus de travail les expose à des punitions sévères ; aussi établit-on des maisons de correction, destinées aux incorrigibles. C'était le droit au travail, mais aussi le travail exigé.

L'acte de 1572 renouvelle la prohibition de l'aumône privée, déjà formulée dans l'acte de Henri VIII : secourir un vagabond ou un mendiant de profession (1) exposait à une amende de 20 sh. On pensait que la suppression de l'aumône amènerait celle de la mendicité ; mais on augurait, de plus, un autre résultat de cette interdiction, qui devait, croyait-on, modifier le courant de la bienfaisance, et l'amener vers l'accroissement des ressources publiques, destinées aux secours. La création et le développement d'un fonds public de secours est la préoccupation naissante ; nous l'avons aperçue sous Henri VIII ; nous l'avons revue dans l'acte de 1551, d'Edouard VI, instituant des collecteurs d'aumônes ; elle apparaît encore, et avec une énergie plus grande, dans l'acte d'Elisabeth, 1563, qui confère à l'évêque, devant lequel les récalcitrants auront été convoqués, le droit de les appeler devant les magistrats, et qui en même temps confère à ceux-ci l'autorité nécessaire pour fixer, à leur gré, la contribution par eux jugée convenable. Le statut de 1572 va plus loin : il supprime l'intervention de l'évêque, et attribue directement compétence aux magistrats. — Ce même statut créa un nouvel

---

(1) On se sert des termes de « *Sturdy vagabond* » et de « *valiant beggar* » pour le désigner.

office, celui d'*overseer*, cet officier, qui fut une des chevilles ouvrières de l'administration de l'ancienne *poor law*, et qui, aujourd'hui encore, quoique dépouillé d'une grande partie de ses attributions, et privé de sa fonction d'inspecteur des pauvres, est toujours un agent important de la paroisse ; cet officier, disons-nous, fut institué dans le but d'assurer une meilleure perception et surtout une meilleure distribution du fonds commun des aumônes publiques (1).

En résumé, les bases du grand *Act* de 1601 sont posées : le principe de la taxe existe, quoique non affirmé ; les administrateurs des secours publics sont institués ; les attributions des magistrats esquissées ; quant à la distinction entre les pauvres valides et les malades ou invalides, elle était formulée depuis longtemps déjà. Bref, toutes les parties constitutives du système de l'assistance légale sont créées : elles sont le fruit de cette période, qui date de la Réforme pour aboutir à la première année du XVII° siècle ; l'*Act* de 1601 va les préciser, les coordonner et les développer.

(1) L'acte de 1597-1598 stipule la nomination dans chaque paroisse d'*overseers* nommés par les magistrats, et recevant de ces magistrats deux indications de leurs devoirs et la limite de leurs attributions.

CHAPITRE II

Caractère du statut de 1601, tout d'abord promulgué seulement comme simple tentative, devenu ensuite permanent. — Trois classes d'indigents sont
visées par cet acte : les valides, les invalides, les enfants. — Création
d'une taxe. — Le service d'assistance est déclaré paroissial ; ressources paroissiales ; fonctionnaires paroissiaux. — Nature du secours, variant selon la catégorie d'indigents. — Heureux résultats de la législation de 1601.
Les idées, sur lesquelles le statut était fondé inspirèrent la législation
anglaise jusqu'en 1760 ; cette législation apporta trois modifications :
1° relativement aux autorités ; 2° relativement aux secours ; maisons de
travail ; 3° relativement au domicile de secours. — Appréciation portée
sur la période de 1601 à 1760.

La législation antérieure au XVIIe siècle avait procédé
par tâtonnement ou par étapes, s'acheminant lentement
vers un système de charité officielle, dont elle avait esquissé
les traits principaux, mais dont l'expression définitive était
encore à trouver.

La loi organique ne devait pas tarder ; elle fut passée
dans la 43e année du règne d'Elisabeth, le 19 décembre
1601. Ce célèbre statut ne fut, au début, regardé que
comme une simple tentative. C'est, d'ailleurs on le sait,
un procédé assez usité en Angleterre ; beaucoup d'actes
n'y reçoivent d'existence que pendant la durée du Parlement, qui les a votés ; c'est ce qui arriva notamment,
nous le verrons plus tard, pour l'acte de réforme de la loi
des pauvres, en 1834. La durée du statut d'Elisabeth dût

être prolongée par une série d'actes subséquents (1) ; il fut fait permanent par un acte de Charles Ier (16, Car. I, c. 4).

Il nous est bien difficile de ne pas entrer dans quelques détails à propos du statut d'Elisabeth quoiqu'il n'ait fait que régulariser le droit antérieur ; mais il constitue la loi organique, et il a été reconnu en principe jusqu'en 1834, bien que les bases du système, posées par lui, aient été successivement élargies, nous pouvons dire, presque travesties.

L'acte comprend vingt sections ; la première seulement a une application générale ; les autres ont trait à des points de détail. C'est l'usage, en Angleterre, de donner aux lois une grande ampleur de développement ; leur rédaction comprend non seulement la loi, mais encore son commentaire. En France, la loi est brève dans sa rédaction ; mais la promulgation en est suivie le plus souvent par une circulaire ministérielle. L'acte législatif anglais contient le tout : les dispositions et leur interprétation.

Le statut d'Elisabeth s'appliquait à trois classes d'indigents : les valides, les invalides et les enfants. Aux indigents *valides*, il assurait du travail, et du travail à *domicile*. « Il « sera nommé, porte textuellement l'*Act*, chaque année, « dans chaque paroisse, par les juges de paix, plusieurs « inspecteurs des pauvres (*overseers*), choisis parmi les « notables de l'endroit, à l'effet de pourvoir, sous l'autorité « desdits magistrats, à ce que le travail soit fourni aux in- « dividus mariés, ou non mariés, qui n'ont pas le moyen « de s'entretenir, ou qui n'exercent aucun état quotidien « qui les fasse vivre. A l'effet de quoi sera levée chaque « semaine ou autrement, au moyen d'une taxe imposée à « chaque habitant, curé, vicaire et autres, ainsi qu'à tout « possesseur de terres, maisons, dîmes originaires et inféo- « dées, mines de charbon ou bois taillis, propres à être « vendus dans ladite paroisse, en telle quantité et pour

(1) 2 James I. c. 25 and. c. 28 ; 3 Car. I. c. 4.

« telle somme, qui seront jugées nécessaires, une provi-
« sion de lin, chanvre, de laine, de fer et autres matières
« premières propres à être ouvragées par des pauvres. Les
« juges de paix condamneront à la prison les indigents
« valides qui refuseront de faire la tâche qui leur aura
« été fixée ».

Quant aux indigents *invalides,* le même statut porte :
« Une taxe en argent sera pareillement imposée dans cha-
« que paroisse aux mêmes personnes, pour être employée
« à fournir les secours nécessaires aux estropiés, aux
« vieillards, aux impotents, aux aveugles, et autres indi-
« gents incapables de travailler, et cela, soit à leur domi-
« cile, soit dans des maisons de travail qu'il sera loisible
« aux inspecteurs de faire construire pour cet usage, sur
« des terrains communaux, aux frais des paroisses. Si les-
« dits indigents invalides ont leurs pères et mères, grands-
« pères et grands-mères, ou des enfants, ceux-ci seront
« tenus de les secourir et de les entretenir, selon leurs
« facultés, de la manière et pour le prix qui seront fixés
« par les juges de paix du comté, où ils ont leur rési-
« dence, sous peine de 20 shillings d'amende pour chaque
« mois de refus ou de retard dans l'accomplissement de ce
« devoir ».

Enfin, en ce qui concerne les enfants, il est dit que
« le produit de la taxe paroissiale sera pareillement con-
« sacré à payer les frais d'apprentissage des enfants pau-
« vres, et à fournir du travail aux enfants, dont les pères
« et mères négligent de leur en donner, ou sont dans
« l'impossibilité de le faire, ou de les élever ».

Le statut, pour assurer l'accomplissement de ses dispositions, ajoute que : « Dans le cas où la paroisse serait
« trop pauvre pour que le montant de la taxe imposée à
« ses habitants pût subvenir aux besoins ci-dessus men-
« tionnés, les juges de paix sont autorisés à faire peser
« cette taxe sur les autres paroisses du *canton,* et même,

« en cas d'insuffisance de celles-ci sur toutes les paroisses
« du comté. Tout contribuable, qui refuse de payer, le
« pouvant, sera condamné à demeurer dans la maison
« d'arrêt commune ou dans la maison de correction du
« comté, jusqu'à ce qu'il paye. Ses biens pourront être
« saisis ».

Le statut d'Elisabeth faisait reposer sur la paroisse seule
la charge de l'assistance publique. Cette décentralisation
du service et des opérations de bienfaisance devait et allait
produire, dans la pratique, d'énormes inconvénients : l'inégalité du nombre des indigents, suivant les paroisses, faisait que, dans les unes, la proportion des indigents étant
considérable, la charge de l'assistance était accablante ;
dans les autres, au contraire, à raison du champ plus restreint de la misère, le fardeau était léger. Aussi qu'allait-il
en résulter ? Les paroisses, par crainte de l'accroissement
de la taxe, expulseraient les individus ne pouvant justifier
de moyens d'existence indépendants. Et nous verrons à
quelles difficultés et aussi à quelles vicissitudes législatives
va donner lieu la question du domicile de secours, (*settlement*).

Quoiqu'il en soit, la paroisse doit subvenir aux charges ;
c'est donc dans la paroisse que la taxe sera levée, et, à ce
propos, nous remarquons que le statut de 1601 prononce
le nom de taxe, et s'explique catégoriquement sur la nature
du concours financier réclamé par la paroisse, lequel, jusqu'alors, avait été qualifié d'aumône ou de contribution
plus ou moins volontaire. Cette taxe sera une taxe locale
foncière ; elle ne sera taxe personnelle qu'à l'égard du curé
et du vicaire. Nous verrons à quelles conséquences la te-
neur du statut a donné lieu, en ce qui touche ce point particulier.

L'assistance étant paroissiale, l'administration de ce service devait être paroissiale, et reposer sur des fonctionnaires locaux, les *overseers*, que nous avons rencontrés

précédemment ; ces officiers nommés par les magistrats, sont chargés, sous leur autorité, de tout ce qui touche le service de la *poor law*, soit au point de vue de la levée de la taxe soit au point de vue de la distribution des secours ; aussi sont-ce véritablement des inspecteurs des pauvres. Mais ils ont au-dessus d'eux les magistrats ou juges de paix, c'est-à-dire les administrateurs du comté, dont l'intervention constante dans les affaires de l'assistance publique doit être signalée. Ils sont, d'autre part, soumis au contrôle des habitants imposés, réunis en assemblée sous le nom de *vestry*.

Quant à la nature du secours, elle varie selon la catégorie d'indigents : s'agit-il d'infirmes, d'enfants abandonnés, et en général de tous ceux qui sont hors d'état de gagner leur vie en travaillant, la paroisse doit les soigner, les secourir, et même fournir le secours à domicile (*out door relief*) ; s'agit-il, au contraire, des indigents valides, la paroisse, dans l'enceinte de laquelle ils sont domiciliés, doit leur procurer du travail ; car pour eux le statut met à l'obtention du secours cette condition du travail. Cette obligation n'avait aucun caractère pénal ; et elle s'accomplissait de différentes manières.

Telles furent les prescriptions principales de la loi de 1601 ; nous avons tenu à les reproduire textuellement, pour bien montrer qu'un des principaux objets de cet acte fut de traiter rigoureusement l'indigence volontaire. La sagesse de cet *Act* éclate, en outre, autant par ce qu'il omet que par ce qu'il prescrit : le statut ne vise que deux classes de personnes adultes, les deux classes qui, précisément, sont comprises dans le domaine des *poor laws* : les paresseux qui ne veulent pas, et les invalides qui ne peuvent travailler, et à chacune de ces classes on appliquait le traitement approprié ; mais le statut passe sous silence les pauvres, travailleurs et valides « industrious poor ».

Cette politique, qui se continua pendant 150 ans, donna

les résultats les meilleurs ; elle amena une diminution considérable dans le nombre des mendiants et des vagabonds ; elle maintint à un taux relativement modeste la taxe des pauvres, les secours n'étant guère réclamés que par les impotents; les valides (*able-bodied*) ne réclamaient que rarement l'assistance, à raison des restrictions qui avaient été posées à leur égard, et qui leur paraissaient plus pénibles que le secours ne leur offrait d'attrait. Les principes de l'acte de 1601 n'étaient donc pas mauvais, et s'ils n'étaient pas acceptables pour l'économiste, ils n'étaient pas, du moins, de ceux que leurs résultats rendent nécessairement condamnables.

La pensée, qui avait inspiré Elisabeth, resta la pensée maîtresse de toute la législation, qui suivit, jusqu'à l'époque de l'avènement de Georges III, en 1760. Il y eut une série d'actes durant cette période ; mais ces actes, loin de s'écarter des intentions qui avaient dicté la loi de 1601, les renforcèrent plutôt. C'est ainsi que le préambule d'un *Act* du règne de William III, en 1696, qui décèle la pensée des hommes d'Etat de l'époque, déclare nettement que l'argent levé pour le secours des impotents et des pauvres ne doit pas recevoir un mauvais emploi ni être appliqué au profit des paresseux, des incorrigibles, et des mendiants de mauvaise conduite. Voilà comment s'exprimait une disposition législative, postérieure cependant de près de cent ans à l'acte d'Elisabeth. On conçoit qu'un service public, compris de la sorte, ait eu un plein succès dans la pratique.

Un coup d'œil rapide sur les lois votées jusqu'à Georges III va nous convaincre qu'elles avaient été toutes frappées au même coin. Les principales modifications, apportées au statut d'Elisabeth, se rapportent à trois chefs:

La première de ces modifications a trait aux autorités chargées de dispenser le secours. Un acte de 1691, dans ses considérants, constate que les inspecteurs des pauvres (*overseers*), mus par des prétextes quelque peu frivoles, mais surtout par leur propre intérêt, accordent des secours à telles personnes et en tel nombre qu'il leur plait, et amènent ainsi de jour en jour un accroissement plus sensible de la taxe contrairement à la véritable intention du statut d'Elisabeth ; aussi, pour remédier à cette situation, décide-t-il qu'on devra tenir un registre, sur lequel seront inscrits le nom des pauvres et les sommes qui leur seront allouées à titre de secours ; ce registre devra être produit une fois par an à une réunion du *vestry*, c'est-à-dire des paroissiens ; réunion dans laquelle on examinera chaque cas avec soin ; après cet examen, on dressera une nouvelle liste pour l'année suivante, liste en dehors de laquelle nulle personne ne serait admise à solliciter ou à recevoir un secours durant l'année, à moins d'une autorisation d'un des juges de paix, ou d'un *ordre* du Banc des Juges de paix, donné dans une session trimestrielle (*quarter sessions*). Il y a lieu ici de remarquer la prérogative accordée aux magistrats ; car c'est d'elle, ou plutôt c'est de la manière dont elle fut comprise dans la pratique que naquirent les abus ultérieurs ; l'application devait dénaturer complètement l'esprit de cette disposition ; en effet, les juges de paix avaient pris la coutume d'allouer un secours aux solliciteurs, qui se présentaient à eux, en alléguant de faux détails, souvent même à l'insu des officiers de la paroisse. Aussi avaient-ils fait monter les taxes. Un acte de Georges Ier ordonne que les solliciteurs de secours devront justifier qu'ils s'étaient adressés tout d'abord aux officiers de la paroisse, et devront être appelés pour indiquer les raisons du refus ; il maintenait, d'ailleurs, le droit pour le juge de paix d'ordonner tel secours qu'il lui plairait, et cet ordre était sans appel.

Le deuxième chef, qui fut l'objet de modifications législatives, fut l'importante question du secours appelé *in-door relief*; ce secours, le contraire du secours à domicile (1), est considéré autant comme secours que comme pierre de touche de la misère (2). L'accroissement des dépenses d'assistance avait suggéré l'idée de construire des maisons destinées à recevoir des pauvres ; cette idée faisait son chemin dans l'opinion publique, et peut-être ne le faisait-elle aussi vite que parce que l'on croyait à la possibilité d'obtenir des pauvres un travail rémunérateur. John Locke, en 1696, avait proposé l'établissement d'écoles de travail. L'année suivante, un certain John Carey avait obtenu, par acte spécial du Parlement, la construction d'un *workhouse* à Bristol, ce *workhouse*, qui servait à éprouver la misère, ne tarda pas à donner des résultats excellents, et aussi à amener la construction de maisons semblables à Worcester, à Hull, à Norwich, et dans d'autres villes. Aussi, en 1723, (9ᵉ année du règne de Georges Iᵉʳ) par l'acte précité de ce roi, les paroisses reçurent-elles le pouvoir de construire, — soit seules, soit associées à une ou plusieurs autres, — un *workhouse* ou maison de travail : si le pauvre, auquel on offrait d'y résider, le refusait, il perdait tout droit à l'assistance. Cette mesure permit aux autorités locales de diminuer et même de supprimer les secours à domicile, et, par voie de conséquence, elle fit tomber la dépense totale de la *poor law* de la somme de £ 819, 000 à laquelle elle était évaluée en 1698, à celle de £ 619,000, chiffre auquel elle descendit en 1750, malgré l'accroissement de la population. Mais le zèle des premiers fondateurs s'attiédit, et comme l'administration de ce service n'était soumise à aucun contrôle supérieur ou central, les maux, qui lui étaient inhérents, ne tardèrent pas à reparaître ; à la fin du XVIIIᵉ siècle, en 1776, c'est-à-dire dans la période suivante, la dépense s'éleva à £ 1,521,000 ; en 1785, à la somme énorme

(1) Ce sera plus tard le secours dans le *workhouse*.
(2) *Test of destitution*, ou *workhouse test*.

de e £,9±2,000; ce n'était pas le chiffre d'une année exceptionnelle, mais la moyenne calculée sur trois années successives. Mais n'anticipons pas ; ce détail trouvera sa place dans un chapitre suivant.

Le troisième point, qui fut l'objet de modifications législatives, fut la fixation du domicile de secours. Un acte de 1662, sorte de mélange confus et illogique, dû surtout à la pression des membres du Parlement nommés par Londres et Westminster, décida que, lorsqu'un individu viendrait s'établir dans une localité, les magistrats pourraient, si les *overseers* élevaient une plainte, lui donner, dans les quarante jours de son arrivée, l'ordre de retourner à son domicile de secours, réserve faite du cas où cet individu pourrait assurer sa nouvelle paroisse qu'il ne tomberait pas à sa charge ; en d'autres termes, on permettrait de renvoyer non seulement les personnes, dont l'indigence était actuelle, mais encore celles qui menaçaient de tomber un jour à la charge de la paroisse, c'est-à-dire toutes celles qui n'avaient aucune propriété. Cet acte constituait la violation la plus flagrante des droits de la liberté ; il imposait au travailleur anglais une véritable servitude qui le faisait s'attacher à sa paroisse d'origine comme le lierre s'attache à l'arbre. C'était aussi, et, par voie de conséquences, l'origine de fraudes et d'iniquités inqualifiables, de contestations sans fin. Il advenait — et c'est un acte de Jacques II, de 1685, soit postérieur de 23 ans seulement au précédent, qui le dit d'une manière textuelle, — il advenait que les pauvres, à leur première arrivée dans une paroisse, étaient communément dans la nécessité de se cacher. Aussi ce dernier acte, et précisément à raison du fait qu'il relate, déclare-t-il que le délai de quarante jours, pendant lequel il était permis d'expulser un nouveau venu de sa nouvelle localité, ne compterait qu'à dater de la déclaration faite par lui aux *overseers* de son arrivée dans la paroisse. Cela ne suffisait pas encore : en 1691, il fut décidé que cette déclaration serait lue à l'église, afin d'avertir les paroissiens, et de mettre chacun d'eux en mesure de faire opposition à l'établissement de domicile tenté par l'arrivant (1).

Cette loi de *settlement* augmentait elle-même le paupérisme, en accumulant aux mêmes endroits des individus, qui n'y trouvaient pas de travail, et qui devaient vivre sur les secours publics. Elle donnait lieu en outre à des frais de renvoi élevés et à des procès entre les paroisses.

Mais, en résumé, pendant cette période, qui se clôt en 1760, le fonctionnement des lois des pauvres ne fut pas trop défectueux : on peut même dire qu'il fut heureux, si tant est que le succès, dans cette matière, doive s'attacher à la diminution ou plutôt à la non-augmentation de la dépense ; celle-ci, en effet, quoique s'étant élevée, s'était moins accrue qu'elle ne le fit plus tard ; elle avait, d'ailleurs, subi un temps d'arrêt, voire même de recul, par l'aggravation du *workhouse test*. — Ce qui vaut mieux, comme appréciation, c'est que la situation des classes ouvrières n'avait pas été trop malheureuse ; les autorités les plus sérieuses sont unanimes pour reconnaître que le règne de Georges II offre, sous ce rapport, un tableau beaucoup plus favorable tout à la fois que la période antérieure et que la suivante. D'après les auteurs du siècle passé, il y avait même, vers 1750, moins de paupérisme en Angleterre que dans les autres pays (2).

(1) Comme compensation à cette sévérité, l'acte de 1761 octroyait quelques manières dérivées d'établir son domicile de secours (*by establishing derivative settlements*) : paiement de la taxe pour une année, exercice d'un office pendant un an, location de services pour cette durée, et apprentissage. — A propos de l'apprentissage et pour donner un spécimen de l'esprit d'affreux égoïsme, qui avait soufflé sur les paroisses avec la loi de *settlements*, il y a lieu de mentionner une loi de 1758, qui enlevait à l'apprentissage la vertu de créer un véritable *settlement* chaque fois qu'il ne résultait pas d'un contrat légal.

(2) V. Fawcett, *Travail et salaires*, ch. V.

Il ne faut pas toutefois se dissimuler que, si quelques lois et surtout la manière dont elles furent appliquées, contribuèrent à restreindre le paupérisme, quelques autres avaient déposé certains germes, dont l'éclosion allait se produire ultérieurement, sous l'influence d'une administration plus relâchée, d'un ralentissement dans le zèle des autorités, et aussi d'une conception nouvelle du caractère de l'assistance.

CHAPITRE III

Politique différente en ce qui concerne les pauvres, provoquée par les
résultats heureux de la période précédente. — Le « Gilbert's Act »,
antithèse du statut d'Elisabeth : exposé du système. — Les « Gilbert's
Incorporations » ; application facultative de ce système. — Acte du
« Parlement de Speenhamland » ; appui du législateur, et propositions
législatives. — Critiques adressées au système par certains contemporains. — Réforme relative à la loi de *settlement*. — Les pouvoirs accordés aux magistrats, etc. — Réformes de détail.

Une politique, absolument différente de celle qui avait
prévalu pendant cent cinquante ans, est adoptée par le
Parlement, et reçoit la sanction de l'opinion publique ; elle
triomphe précisément parce que la précédente avait donné
d'excellents fruits. On a vu que celle-ci avait de beaucoup
diminué le paupérisme, et l'avait réduit à une fraction
telle de la population qu'il eût disparu d'une manière
presque totale, si le même régime avait continué à lui
être appliqué. Il n'en fut pas malheureusement ainsi, et
le fait même de la très faible importance de la population
misérable et secourue suggéra l'idée malencontreuse qu'il
n'y aurait aucun danger à administrer l'assistance dans
un esprit un peu plus libéral. La législation d'Elisabeth et
celle de ses successeurs, entre autres prescriptions sévères, avait rendu extrêmement difficile l'obtention du secours à domicile. La nouvelle législation, plutôt débonnaire, stimule, au contraire, ce secours. La première avait

contenu les dépenses de l'assistance dans des limites raisonnables, qu'elle était même arrivée à rétrécir encore ; celle-ci ouvre la digue à cette catégorie de dépenses, et ne tarde pas à abattre sur l'Angleterre une ruine permanente, avec la crainte d'une banqueroute nationale. Avant 1760, on réduisait l'assistance au minimum ; après cette date, on considère que le devoir de l'Etat est d'assurer aux classes ouvrières ce qu'il peut considérer comme leur propre subsistance. On ne soulageait que les *paupers* incapables de travailler ; on va, au contraire, promettre le secours à tous les pauvres, et regarder comme pauvres toutes les classes ouvrières. Sous l'ancienne législation, on avait cherché à restreindre les salaires du travailleur pour le bénéfice du patron ; sous la nouvelle, la préoccupation sera inverse, et on cherchera à soutenir, voire même à élever le taux des salaires agricoles, sons examiner la situation et les possibilités du patron.

Le long règne de Georges III (1) a été le témoin de cette transformation dans la pratique de la *poor law*, et aussi des conséquences financières qu'elle entraîna. En 1750, l'entretien des pauvres coûtait aux paroisses 700,000 £; en 1776, 1,500,000 ; en 1785, 1,912,000 ; et, en 1803, 4,077,891. L'année 1817 voit cette dépense atteindre son maximum, et monter à 7,870,801 £, pour une population de 7,000,000 d'âmes. Nous ne voudrions pas attribuer cet accroissement à la seule modification de la politique charitable ; il se peut, en effet, que des causes générales et d'ordre étranger à celle-ci, aient contribué à ce résultat. Mais il ne faut pas se dissimuler que le facteur le plus important a été, sans contredit, la substitution du nouveau régime du *Poor relief*. — Deux actes surtout ont eu une grande importance : le *Gilbert's act*, et celui connu sous le nom d'« *Act du Parlement de Speenhamland* ».

(1) Du 25 octobre 1760 au 29 janvier 1820.

En 1767 (7e année du règne de Georges III), des gardiens avaient été nommés pour protéger le pauvre contre la parcimonie des inspecteurs et des autres fonctionnaires paroissiaux. Quinze ans plus tard, la loi connue sous le nom de *Gilbert's Act*, balaya, pour employer l'énergique expression de Fawcett (1), la plupart des précieuses sauvegardes de l'ancienne loi des pauvres. Le *workhouse* n'était plus l'institution de travail, qu'avait prévue l'acte de 1723, et ne devait plus être employé à vérifier le paupérisme volontaire, à en être le *test*, mais à servir d'asile aux vieillards, aux infirmes, aux mères chargées d'enfants illégitimes et aux jeunes enfants ; il perdait donc son nom pour devenir un *poorhouse*. Les gens valides n'étaient plus obligés d'y entrer, et les gardiens reçurent l'ordre de trouver, pour tous ceux qui le réclameraient, du travail à proximité de leur habitation, et aussi de combler à l'aide des taxes locales l'insuffisance des salaires (2). Le *Gilbert's Act* était donc le contraste le plus frappant qui pût se trouver avec l'Acte d'Elisabeth : celui-ci n'admettait d'autres secours pour les valides que le travail ; le nouvel acte, au contraire, recommande expressément, ordonne même l'assistance en argent, et, par l'élasticité de ses dispositions, arrive à faire des ouvriers, de véritables pensionnés sur les taxes locales. Que les ouvriers fussent laborieux et soucieux de leur dignité, ou qu'ils fussent trop heureux de s'en reposer sur la paroisse des soins matériels de l'existence, ils étaient sûrs d'avoir les moyens de subsistance nécessaires ; gagnaient-ils peu, en exécutant le travail que leur avaient assuré les gardiens, ils étaient certains d'obtenir, sur la taxe des pauvres, la somme nécessaire pour parfaire la différence entre leurs salaires et ce qu'ils pouvaient regarder comme une rémunération normale. C'était saper complètement la no-

---

(1) *Pauperism.*, éd. de 1871, chap. 1er, p. 15.
(2) Le *workhouse test* fut, d'ailleurs, supprimé en 1815.

tion de la responsabilité humaine. Et, chose curieuse ! cet acte, dans son préambule, déplorait l'accroissement des dépenses, qui s'était déjà produit ; en même temps, il déclarait que, malgré cela, les souffrances des pauvres s'étaient aggravées, et il en faisait retomber la responsabilité sur les autorités paroissiales, et notamment sur les *overseers* trop occupés de la loi de *settlement.*

Aussi propose-t-il, sans les ordonner, certaines mesures destinées à exproprier les fonctionnaires locaux de leurs attributions : il autorise les paroisses à former entre elles et amiablement des unions ou incorporations et à construire un *workhouse* à l'usage de chaque Union ; il donne aux magistrats le droit de nommer des visiteurs et des gardiens payés, c'est-à-dire des fonctionnaires offrant la plus parfaite analogie avec les *relieving officers* d'aujourd'hui, et soumis par conséquent au contrôle des magistrats, sur lesquels reposait ou allait reposer tout le fardeau de l'administration charitable. Les magistrats devenaient ainsi la clef de voûte de tout le système : nommant les gardiens et les visiteurs, pouvant aussi, dans des cas individuels, ordonner le secours, ils concentraient sur leur tête la totalité de l'administration. En conséquence de cet acte, 67 *Gilbert's Incorporations* furent formées, comprenant 924 paroisses, et, par une anomalie, qui ne peut se rencontrer qu'en Angleterre, elles subsistent encore, en partie du moins. Cet acte contenait donc en germe quelques-unes des réformes, qui devaient prévaloir en 1834; mais ce ne furent pas celles-ci qui eurent sur les finances locales et l'esprit public de si déplorables conséquences ; ce ne furent pas celles qui frappèrent davantage l'opinion, et parurent intéressantes à appliquer ; car on parut prêter une plus grande attention aux dispositions qui avaient directement trait à l'avantage des personnes secourues. Le résultat du *Gilbert's Act*, nous l'avons dit plus haut ; M. Gilbert lui-même, dans un rapport, constate sur les taxes une augmentation de 474,428 £ en quatre ans, soit de 30 p. 0/0.

Cette loi offrait une particularité : elle n'était pas obligatoire, et son adoption par les localités demeurait facultative, étant subordonnée à l'assentiment des deux tiers en nombre et en importance des propriétaires et occupants, soumis au *poor rate*, et payant une contribution au moins égale à 5 £. Ce mode de légiférer, si bizarre qu'il paraisse à des esprits français, n'a pas que des inconvénients ; il constitue une transition moins brusque entre deux régimes ; à un autre point de vue, il offre la possibilité d'une expérimentation précieuse, à raison de la comparaison, qui s'établit entre les résultats de la nouvelle loi, dans les régions où elle est appliquée, et la situation des pays, qui ont maintenu l'ancienne.

Le *Gilbert's Act* avait fait entrer, peut-être sans s'en douter, la loi des pauvres dans une voie socialiste. L'acte de 1795, dit « Acte du Parlement de Speenhamland » ne tarde pas à accuser cette tendance, et à faire de la *poor law* un agent de démoralisation en même temps qu'une mesure de socialisme *tory*. Du premier au second de ces actes, les rapports de filiation ne sont pas douteux, et M. Boutmy l'indique nettement : « Un acte de 1782 léga-« lise de nouveau la pratique détestable de l'*Out door re-*« *lief*. On suppose sans doute qu'une maigre pitance suf-« fira pour fermer ces bouches qui gémissent. Le secours « à domicile prend rapidement le caractère d'un supplé-« ment au salaire insuffisant, puis d'un complément qui « sert à rétablir le salaire réputé normal. En dernier lieu, « c'est le nombre des personnes à entretenir qui en donne « aveuglément la mesure » (1). Il n'est pas possible de s'expliquer comment on en arriva à adopter de semblables

____

(1) M. Boutmy, *Le développement de la constitution et de la société en Angleterre*, p. 315 et s.

mesures, si l'on n'a présents à l'esprit les événements au milieu desquels on vivait alors. La nation anglaise commençait à ressentir les épouvantables souffrances de la guerre contre la France ; le prix des choses s'élevait à un niveau que l'on n'avait jamais vu jusque-là, et les salaires étaient restés bas ; il y avait nécessité pour l'État d'éviter au peuple les sujets de plainte. Aussi le 6 mai 1795, à Speenhamland, près de Newbury, — date et lieu mémorables, — les magistrats du Berkshire prennent un arrêté par lequel ils déclarent qu'à l'avenir des prestations calculées seront faites pour le soulagement des ouvriers pauvres et de leurs familles ; ils fixent, en conséquence, une échelle de secours proportionnée au prix du blé et au nombre des enfants.

A peine la décision est-elle rendue, qu'elle est connue dans toute l'Angleterre, et observée comme ne le sont pas toujours les lois émanées du Parlement de Westminster. On la copie et on l'imite un peu partout ; les magistrats de beaucoup de comtés suivent l'exemple de leurs collègues du Berskshire. « Ces étranges prescriptions, ajoute « encore M. Boutmy, rencontrent une obéissance si em- « pressée dans la *gentry* rurale, que le public les désigne « sous le nom d'*acte du Parlement de Speenhamland*, si- » gnifiant par là qu'elles ont toute l'autorité et la vertu « d'une loi générale » (1).

Qu'on ne s'y trompe pas ! c'était bien là l'opinion du pays, ou plutôt de toutes les classes du pays, et, quoique les mesures prises dans le Berkshire n'eussent pas reçu la sanction du législateur, elles en avaient l'appui implicite. Il suffit, pour en être convaincu, de parcourir les propositions et les discussions qui eurent lieu au Parlement. M. Whitbread déposait un bill ayant pour objet de permettre aux magistrats de fixer un minimum des salaires,

(1) *Loc. cit.*

et se plaignait de n'avoir trouvé dans tout l'arsenal législatif aucune disposition susceptible d'obliger les fermiers à faire ce qu'il appelait leur devoir. M. Pitt, à côté d'idées très justes, attestant autant de bon sens que de connaissance du sujet, soutenait des opinions radicalement socialistes ; par exemple, après avoir proclamé, avec raison, les vices de la loi de *settlement* relativement aux conditions du travail, et avoir demandé le dépôt d'un budget annuel de la *poor law*, afin de prévenir les abus, prenait l'initiative d'un bill ayant pour objet d'autoriser le prélèvement sur les taxes publiques, au profit des classes ouvrières, de subventions ou allocations de diverses natures, comprenant même l'attribution d'une vache ou d'un autre animal domestique. Il en résulte que, depuis Whitbread jusqu'à Pitt, il y a une unanimité complète dans le mouvement d'opinion portant les classes dirigeantes vers l'adoption des mesures absolument socialistes (1). Était-ce ignorance des lois économiques ? il n'est pas permis de le soutenir, ou plutôt cette ignorance n'avait pas d'excuse ; on était au lendemain de la mort d'Adam Smith, et ses écrits avaient été lus ; Bentham, qui vivait encore, critiquait très sévèrement les projets de Pitt ; Burke ne devait mourir que deux ans après l'*act de Speenhamland*.

Dès l'année 1752, avait été publié un livre, ayant pour auteur Thomas Alcock, et intitulé « Observations sur l'effet de la *poor law* »; ce livre critiquait très vivement le système d'assistance. En 1786, le Rev. Joseph Townley demandait l'abolition du *poor relief*, auquel il reprochait de supprimer chez le peuple l'esprit de prévoyance et le sentiment de responsabilité, et il le faisait dans un ouvrage

(1) En 1786, M. Acland avait proposé un système d'assurance obligatoire : tout ouvrier, âgé de 20 à 30 ans, devait être obligé de payer 2 den. par semaine, et toute femme 1 den. 1/2 pour s'assurer contre la maladie. La théorie de l'assurance obligatoire n'est donc pas nouvelle !

intitulé « Dissertation sur les *Poor Laws*, par un *Well Wisher to mankind* ». Est-il besoin de rappeler les énergiques protestations de Malthus et de son école, basées sur leurs théories de la population ?

D'un autre côté, certains écrivains qui acceptaient en principe le système d'assistance soutenaient la nécessité et l'urgence d'en améliorer l'administration. L'un d'eux fut Henry Fielding, qui publia successivement une « en- « quête sur les causes du dernier accroissement des vo- « leurs, suivie d'un exposé de quelques projets destinés à « remédier à ce mal croissant », parue en 1751, et, deux ans plus tard, « un projet d'assistance effective pour les « pauvres, et destinée à amender leur moralité, et à en « faire des membres utiles de la société ». Un autre auteur recommande l'augmentation du nombre des workhouses, et insiste pour la création d'un établissement de cette nature par groupes de paroisses.

Mais tous ces écrivains et tous les économistes réclamaient l'abolition de la loi existante de *settlement*, et, sur ce point, leur vœu fut exaucé par le législateur. On peut même dire que ce fut le seul objet qui ait donné lieu à une véritable amélioration de la part de la législation de Georges III. Dans le préambule de l'acte relatif à cette matière (35, Geor. III, c. 101), et qui est de l'année 1795, on relate les conséquences fâcheuses produites par les dispositions antérieures : « Il est un grand nombre de personnes tout à « la fois pauvres et laborieuses ; ces personnes sont à la « charge de la paroisse où elles vivent, mais seulement à « cause du manque de travail ; elles se suffiraient parfai- « tement, elles et leurs familles, si elles habitaient une au- « tre localité, où le travail ne ferait pas défaut ; mais il ne « leur est pas permis de se déplacer, et elles sont condam- « nées à vivre dans leur paroisse primitive, parce qu'il leur « est défendu de s'établir ailleurs, toute autre paroisse se « refusant à les recevoir pour la raison ou sous le prétexte

« qu'elles peuvent éventuellement tomber à sa charge,
« quoique leur travail puisse lui profiter ». Pour ces raisons, l'acte décida qu'il ne serait plus permis désormais à
une paroisse de s'opposer à l'arrivée d'une personne, ni de
l'expulser, sur le simple motif que celle-ci serait susceptible de tomber à sa charge ; il faudrait, pour que cette mesure pût être prise, que la personne fût déjà dans la situation d'être secourue. L'acte décida également que, même
dans cette dernière hypothèse, si la personne était malade,
et que son renvoi pût mettre sa vie en danger, ou même
être préjudiciable à sa santé, elle pourrait obtenir du juge
un sursis à l'exécution de l'ordre de renvoi. Cette décision
était nécessaire pour empêcher l'accomplissement d'expul-
sions tout à fait inhumaines et dangereuses. Bref, l'acte de
1795 supprimait les résultats les plus mauvais et les plus
nuisibles de la loi de *settlement*.

Voilà les trois grandes modifications apportées à la *poor
law* par la législation de Georges III. Ce ne sont pas les
seules ; car s'il est un règne fécond en lois relatives à notre matière, c'est bien celui-là, précisément parce qu'il
s'était produit un courant nouveau, et qu'il fallait y obéir,
en mettant en harmonie avec lui toutes les parties de la
loi. Nous ne pouvons examiner longuement, ni même relater toutes les dispositions législatives de cette période.
Quelques-unes d'entre elles constituent une simple conséquence de l'un des trois grands actes : telle est la loi 36,
Georg. III, c. 23, votée en 1796, qui généralisa le nouveau principe de l'allocation des secours à domicile (*out
door relief*) aux personnes valides (*able bodied*), déposé,
comme on le sait, dans le *Gilbert's Act*. Cette loi abroge
donc expressément l'ancienne règle, qui subordonnait à
l'entrée dans le *workhouse* l'allocation de secours au profit
de personnes valides, et qui cessait d'être conforme aux
idées en cours ; à l'avenir, un secours pourra être donné
à toute personne laborieuse, ou malade ou en état de dé-

tresse, et par détresse on entend le fait de ne pas avoir un revenu trouvé suffisant par les magistrats. La même loi confère aux magistrats le pouvoir d'attribuer de leur propre mouvement, un secours à un individu indigent, et de faire exécuter leur ordre par les *overseers*.

Les autres dispositions législatives de cette période touchent à des points de détail, et, à ce titre, ne méritent pas d'être mentionnées dans cette revue sommaire de l'histoire de la *poor law* (1). Elles partent du même esprit de fausse sentimentalité, et arrivent aux mêmes conséquences de démoralisation : ainsi les fameuses lois de bâtardise, dont le caractère est de favoriser la femme aux dépens de l'homme, et de provoquer ainsi l'inconduite (2).

(1) V. pour ces détails historiques, l'ouvrage cité de M. Aschrott.

(2) En vertu de ces lois, une femme pouvait, avant la naissance de son enfant, affirmer sous son seul serment, et sans aucune autre justification, la paternité d'un individu et amener son envoi et son internement en prison jusqu'à ce qu'il eût indemnisé la paroisse des frais occasionnés par l'enfant, qu'elle disait être le sien.

CHAPITRE IV

Conséquences financières de la législation de Georges III ; conséquences
morales ; influence sur les salaires. — Les idées de réforme. — Le comité
d'Enquête du 4 juillet 1817 ; les actes de 1818 et de 1819 ; la « Sturges
Bourne's act » ; il est un retour aux principes généraux de l'acte d'Elisabeth ; son application facultative. — Les publicistes et leurs critiques. —
La grande commission de 1832. — Les abus signalés. — Modes de secours :
1° les secours à domicile et leur généralisation excessive ; variétés de
ces secours ; 2° les secours *in door* ou dans l'intérieur du workhouse. —
Effets sur les propriétaires fonciers ; sur les patrons ou employeurs,
cultivateurs et manufacturiers ; sur les ouvriers, sur les pauvres assistés. — Autorités chargées de l'administration du secours : 1° les *overseers* ; 2° le *vestry* ; plusieurs sortes de *vestries* ; 3° les magistrats. —
La loi de *settlement*. — Les conclusions de la commission.

Nous sommes à l'année 1817, qui fournit la somme la
plus élevée, que le *poor rate* ait atteinte. Il l'atteindra sans
doute de nouveau en 1871, mais alors la population aura
presque doublé, et l'on aura dû faire face aux arrangements
coûteux d'asiles, d'infirmeries et d'écoles de district. Le
chiffre qui s'élevait à 7.870.801 £, nous l'avons vu, était
de nature à faire réfléchir. Il s'expliquait aux yeux des ob-
servateurs par le relâchement des règles salutaires des
anciens statuts, aussi bien que tel de ces anciens statuts
avait, en sens inverse, amené une décroissance bien marquée de la dépense, l'acte de 1723 notamment l'ayant fait
descendre à 649.000 £ en 1750, alors qu'elle était, en 1698,
de 819.000 £.

Ces conséquences fiscales n'étaient pas les seules de la législation trop sentimentale du règne de Georges III ; celle-ci avait démoralisé la population ouvrière, à laquelle elle avait inculqué les habitudes d'imprévoyance et d'insouciance ; elle avait accoutumé cette population à l'inutilité de l'épargne, aux mariages hâtifs et irréfléchis, à la multiplication exagérée des enfants. Cette législation avait eu pour but de soulager les pauvres ; elle eut pour résultat d'en augmenter le nombre.

Elle n'avait pas, au reste, rencontré plus de faveur chez ceux qu'elle était appelée à secourir. L'act de Speenhamland, et les mesures, prises d'après cet acte, avaient amené un abaissement des salaires ; l'ouvrier, assuré de sa subvention complémentaire, cessait de poursuivre l'élévation du taux de son salaire ; le patron, d'autre part, avait intérêt à faire supporter aux autres contribuables, sous forme d'augmentation des taxes, l'insuffisance du salaire, qu'il donnait. La loi de *settlement* conspirait, de son côté, contre l'accroissement du taux des salaires. — De même, les lois sur la bâtardise, destinées à protéger les femmes contre les effets de leur propre conduite, furent plus désastreuses pour elles que pour les hommes. Tant il est vrai que les lois, dont le but est de protéger, se retournent le plus souvent contre les personnes, qu'elles veulent couvrir de leur protection.

Nous n'oserions dire que les pauvres de l'époque regrettassent la législation un peu dure des Tudors ; mais, à coup sûr, l'ensemble de la population ouvrière devait préférer ces règles aux dispositions trop bienveillantes et forcément imprudentes, qu'on leur avait substituées.

Le mécontentement avait crû avec l'accroissement de la dépense. L'opinion publique commençait à être préparée aux discussions auxquelles l'administration de la *poor law* allait donner lieu de la part de personnes compétentes, et elle allait s'associer à des demandes de réforme. Malthus

était à l'avant-garde des adversaires énergiques des pratiques charitables alors suivies. Dans l'année 1817, un membre du Parlement, M. Curwen, demanda la nomination d'un comité chargé d'étudier les *poor laws* et de présenter un rapport; en déposant sa motion, il fit observer expressément que ses critiques portaient non sur l'*Act* d'Elisabeth, mais sur le mode d'administration de la loi; il rendait même hommage au fameux statut de 1601, en disant que « la sagesse et l'humanité de ses dispositions faisaient honneur à ses fondateurs ». Entre autres critiques, il faisait remarquer que le *poor rate* était devenu un mode de paiement pour les salaires. La motion de M. Curwen obtint l'approbation complète de Lord Castlereagh, qui était alors le *leader* du ministère dans la Chambre des Communes; ce dernier se bornait à faire des réserves sur quelques points. Un comité d'enquête fut nommé, et présenta son rapport le 4 juillet 1817; on lisait dans ce rapport le passage suivant: « Il y a tout lieu de
« penser que, si une digue solide ne vient pas à être élevée, le montant de la taxe continuera à s'accroître,
« comme par le passé, pour arriver, dans un temps plus
« ou moins éloigné, à absorber les profits de la propriété,
« sur laquelle elle est basée, et à produire par ce fait,
« l'abandon de la terre et la ruine des propriétaires ». Le rapport concluait au rappel de l'*allowance system*, à une meilleure administration des *workhouses*, et à une extension des pouvoirs des juges. Le résultat pratique des délibérations du comité se traduisit par un acte de l'année 1818, appelé « *Parish Vestry Act* (1) », lequel fut, d'ailleurs, étendu l'année suivante par le « *Select Vestry Act* (2) ». Ce dernier porte aussi le nom de M. Sturges Bourne, qui était le président du comité. Le « *Sturges Bourne's Act* »

(1) 58, Geo. III, c. 69.
(2) 59, Geo. III, c. 12.

procéda, d'ailleurs, à la manière du *Gilbert's Act*, et l'adoption de la mesure, qu'il proposait, dépendait, dans chaque paroisse, du libre consentement des intéressés, c'est-à-dire du *vestry* ou assemblée paroissiale.

Ce *vestry*, dont les membres avaient un nombre de votes proportionné à leur revenu taxable, pouvait décider que l'administration des secours serait confiée à un *vestry select*, ou comité de 5 à 20 paroissiens, choisis parmi les gros propriétaires ou occupants ; c'était le *vestry* qui les élisait, mais nominalement leur nomination devait être faite par les juges. Faisaient en outre partie de ce *select vestry*, en qualité de membres de droit, un certain nombre de personnes, parmi lesquelles les *overseers* actuellement en fonctions. Le *select vestry*, qui devait se réunir au moins une fois par quinzaine, avait à s'occuper de tout ce qui concerne les pauvres ; il devait apprécier la nature et le montant des secours à allouer ; il devait également prendre en considération le caractère et la conduite des personnes à secourir et distinguer entre les véritables indigents et les paresseux, les individus dignes d'intérêt et les gens de mauvaise conduite. Quant aux *overseers*, ils devaient, à l'avenir, être soumis à la direction du *select vestry*, et n'agir que d'après ses ordres, sauf les cas de nécessité ou d'urgence, cas dans lesquels il leur était permis d'accorder un secours, sans en avoir préalablement reçu l'ordre ou obtenu l'autorisation. Le *vestry* pouvait, au reste, nommer des *overseers assistants* payés.

En ce qui concerne la forme du secours, l'acte donna pouvoir au *vestry* d'agrandir les *workhouses*, et même d'en ériger de nouveaux. On revenait ainsi à la pensée maîtresse du statut d'Elisabeth, qui obligeait les pauvres valides au travail.

Pour obéir même davantage à cette idée, le nouvel acte décida que le *vestry* aurait le droit d'acheter ou de louer un terrain ou un domaine convenable, dont la culture pût

fournir une occupation aux pauvres, et leur assurer un
salaire raisonnable, ou dont la sous-location pût leur être
faite à un prix modéré. L'acte introduisit également une
nouvelle forme de secours, les allocations à titre d'avances remboursables.

Ce n'est pas sans intention que nous avons reproduit ici
les principales dispositions de l'acte de *Sturges Bourne*.
Cette loi, constituait un immense progrès sur la législation
précédente du même règne ; c'était un retour aux principes généraux de l'acte d'Élisabeth, et elle reprenait les
restrictions salutaires, qui y avaient été posées, et dont
on s'était malheureusement écarté. Mais en même temps
qu'elle faisait un retour en arrière, cette loi, sous certains
égards, constituait un acte novateur : elle faisait intervenir l'élément représentatif dans l'administration de la *poor
law*, le *select vestry* étant chargé non seulement de régler
les principes, mais d'organiser aussi le service ; il abais-
sait les *overseers* au rôle de simples agents d'exécution, et
créait un rouage de plus par l'institution d'*overseers assistants*, fonctionnaires payés, chargés des détails courants
de l'administration.

L'acte, avons-nous dit, n'avait qu'un caractère simplement facultatif, et il appartenait aux paroisses de l'adopter ou non. Mais il répondait tellement aux préoccupations
du moment que beaucoup de localités en acceptèrent les
dispositions : en 1832, il y avait 2,234 paroisses, ayant un
select vestry, et le nombre des *assistants overseers* s'élevait
à 3,134 (1).

---

(1) On pourrait encore citer quelques mesures législatives prises
avant la réforme de 1834 : l'acte d'*Hobhouse*, du commencement du
règne de William IV (1831), qui n'eut guère d'autre objet que d'instituer l'*auditeur* dans l'organisation du service d'assistance ; 2° l'acte
dit *Vagrants Act* (5, Geo. IV, c. 83) qui frappe de pénalités les vagabonds, qu'il divise en trois classes : la peine varie selon chaque
catégorie, la plus forte frappant ceux de la troisième catégorie, qui

La nomination du Comité d'enquête, en l'année 1817, avait placé la question des *poor laws* à l'ordre du jour, et avait fait de leur réforme un sujet quotidien de discussions pour la presse et pour l'opinion publique. La littérature elle-même s'en était emparée, et, parmi les auteurs qui avaient écrit sur la réforme des lois des pauvres, se trouvait notamment le Dr Thomas Chalmers, qui avait en sa faveur le résultat de son expérience personnelle. En effet, chargé, en qualité de ministre, de la paroisse Saint-John, à Glasgow, il avait introduit et organisé un système de secours, offrant la plus parfaite analogie avec celui qui depuis fut adopté à Elberfeld, en Allemagne. Le succès de cette innovation fut tel que, dans cette paroisse, qui comptait 10.000 habitants, le *poor rate* tomba, dans l'espace de dix ans, de 1400 à 190 £. Aussi ce résultat donna-t-il l'idée d'appliquer ailleurs l'expérience. L'auteur du système lui-même, devenu ensuite professeur à Edimbourg, se crut autorisé, par son succès, à faire le procès de l'organisation en vigueur et à en signaler les vices.

Un autre historien de la *poor law*, Sir George Nicholls, avait, lui aussi, appliqué un système de perfectionnements à Southwell, dans le comté de Nottingham, et avait su de cette manière abaisser considérablement le chiffre des dépenses d'assistance, qui de 2006 £, en 1820-1821, passa deux ans après à 517 £ (1823-1824) (1).

L'opinion publique était mûre pour une réforme. Aussi,

sont des récidivistes ; cet acte est encore en vigueur ; 3° un acte de l'année 1828 ayant pour objet l'assistance des aliénés indigents (*pauper lunatics*). Cet acte est le premier qui ait fait intervenir l'Etat en faveur de cette classe d'infortunés si intéressante et si digne de compassion.

(1) L'auteur de l'*Histoire constitutionnelle de l'Angleterre*, May, écrivait que l'administration relâchée de la *Poor Law*, en voulant secourir les *pauvres* (*the poor*), avait rapidement plongé dans le paupérisme la population laborieuse de tout le pays.

le 1er février 1832, le gouvernement déclara-t-il, par l'organe de lord Althorp, l'intention de poursuivre une enquête complète sur la pratique des lois d'assistance. Une commission fut aussitôt nommée ; elle comprenait un certain nombre d'hommes d'État éminents et de véritables spécialistes. Pas un seul nom n'était là à titre uniquement décoratif. Outre M. Sturges Bourne, dont le nom est connu, on y voyait l'évêque de Londres, Blomfield, qui jouissait d'une réputation méritée pour sa sagacité et son sens pratique de ces questions, M. Nassau Senior, et M. Edwin Chadwick, qui devait être appelé plus tard à occuper les fonctions de secrétaire du Bureau de la *poor law*. On nomma aussi des commissaires assistants, chargés de visiter personnellement les différentes parties de l'Angleterre, et d'étudier sur place le fonctionnement du service de l'assistance.

Le rapport de la commission est du 20 février 1834. Après avoir brièvement reproduit, au début, les dispositions législatives qui avaient été successivement appliquées, le rapport s'exprime ainsi : « Nous avons mainte-
« nant un devoir pénible à accomplir, celui de constater
« que le fonds destiné par le statut 43 d'Élisabeth à créer
« ou à trouver du travail aux enfants et aux personnes
« capables de travailler, et aussi à fournir aux invalides
« les secours nécessaires, est appliqué à des objets opposés
« à la lettre, et davantage encore à l'esprit de cette loi, et
« en même temps absolument destructifs des mœurs de la
« classe la plus nombreuse, et du bien-être général (1). »

Après cet aveu, le rapport détaille les abus signalés. Il révèle les modes de secours alors en usage. Généralement

---

(1) Ce rapport a été de nouveau publié par un ordre de la Chambre des Communes du 12 août 1885. Il est intitulé : « *First report from the poor law commissioners, 1834* ». — Nous empruntons à ce rapport la plupart des détails contenus dans le présent chapitre.

c'était le secours hors du *workhouse* qui prévalait et c'était là précisément la plus grande source d'abus ; car ce secours *out-door* se donnait non seulement aux invalides, mais aussi aux *able-bodied*. A ces derniers, on l'allouait plutôt en espèces qu'en nature.

Lorsque le secours était fourni en nature, il consistait la plupart du temps en paiement de loyers ou en bons d'habillement ou autres objets. Le paiement de loyers avait, en particulier, entraîné de très graves abus ; en effet, dans les localités où le loyer des pauvres était payé par la paroisse, il s'était produit une spéculation active sur les maisons d'ouvriers, spéculation à laquelle les *overseers* souvent n'étaient pas étrangers : on construisait des maisons d'ouvriers, ou on agençait de vieux immeubles ; on les louait à des ouvriers, et l'on s'en faisait payer le loyer par la paroisse. C'est ainsi que dans la paroisse purement agricole de West Grinstead, où la population était de 1,292 habitants, le montant du loyer supporté par la paroisse montait à 267 liv. 11 sh. 6 den. (1). S'agissait-il de bons de marchandises, ces bons assez fréquemment ne pouvaient être reçus que dans les boutiques ou magasins tenus par les *overseers*.

Le secours en argent affectait plusieurs variétés :

1° Secours sans obligation de travail (*relief without labour*) ; il consistait dans la remise de petites sommes, 2 ou 3 shillings ; quoique ne permettant pas de vivre, il était souvent préféré par des jeunes gens à un secours plus élevé, qui aurait impliqué le travail ; il leur permettait de vivre sans travailler, et de se livrer à une foule de déprédations au détriment des cultivateurs.

2° *Allowance* ; on appelait ainsi le montant payé à un *pauper* dans le but de porter ses ressources à un certain taux. Dans certains endroits, ce secours était donné tem-

(1) V. le Rapport précité. p. 11.

porairement à un individu afin de le mettre en mesure de satisfaire à quelques besoins ; dans d'autres, on assurait à chaque *pauper* une certaine somme hebdomadaire ou plus souvent la valeur d'une certaine quantité de pain ou de farine ; de là cette expression « *bread money* » pour désigner ce secours. Quelquefois on s'informait du gain du pauvre ; mais le plus habituellement la prestation lui était allouée par chaque enfant sous la qualification de « *head money* ». Pour arriver à faire la détermination du secours à allouer, d'après les divers éléments, que nous venons de citer, il y avait lieu parfois de dresser des *échelles* « *scales* », qu'on soumettait à l'approbation des magistrats. Quelques-unes étaient applicables à un district entier et avaient le caractère de statuts locaux (1). Ces secours étaient réclamés comme un droit, et souvent avec cynisme et insolence. Dans une localité, à Pateley Bridge, un homme se présentait à l'*overseer* et lui tenait le langage suivant : « Nous venons de nous marier ; pouvez-vous nous « trouver une maison ? » Ailleurs, un individu, père de quatre enfants, avouait avoir gagné 21 sh. pendant la dernière quinzaine, mais faisait remarquer que, n'ayant rien demandé à la paroisse dans le mois précédent, il n'avait pas atteint la moyenne à laquelle il avait droit ; sa demande était accueillie.

Dans celles des paroisses, où le montant du secours était basé d'après la quotité des gains du solliciteur, l'enquête sur le chiffre de ces gains ne remontait jamais au delà de la semaine courante ou passée. Il en résultait que des secours étaient alloués à des individus, qui, à diverses époques de l'année, gagnaient des salaires souvent bien supérieurs à ceux des meilleurs ouvriers.

3° Le « *roundsman system* », ou « *ticket system* ». Dans

(1) V. pages 13 et s. du Rapport. — Nous reproduisons à l'appendice quelques « *scales* ».

ce système, fréquemment appliqué, le solliciteur recevait
un bon adressé à un fermier ou à un industriel, disposé à
le prendre ; celui-ci payait le taux de salaire fixé par la paroisse, et basé non sur le travail accompli, mais sur les
besoins du solliciteur ; il se faisait ensuite rembourser, sur
le produit des taxes, la différence entre le salaire qu'il
avait été obligé de payer, et celui qu'il aurait donné librement.

4° Le « *Labour rate system* ». Il arrivait souvent que,
par suite d'un accord entre les contribuables, chacun d'eux
employait et payait à ses frais un nombre d'ouvriers, domiciliés dans la paroisse, proportionnel, non à son besoin
réel de travail, mais à son revenu, ou à sa part contribu-
toire dans les taxes, ou au nombre des chevaux qu'il possédait « *for tillage* », ou encore au nombre d'acres qu'il
occupait. Une taxe additionnelle pesait sur ceux qui n'em-
ployaient pas la proportion fixée.

5° Le « *Parish Employment* ». On se rappelle que le statut d'Elisabeth n'autorisait pas la distribution de secours
aux valides, mais ordonnait seulement qu'il leur fut donné
du travail. Cette disposition du statut était bien négligée ;
c'était la forme de secours la moins usuelle. Dans le courant de l'année, qui se termina le 25 mars 1832, sur une
dépense totale de 7,036, 968 ₤ au profit des pauvres, on
avait payé moins de 354,000 ₤, pour secours sous forme
de travail, y compris le travail exécuté sur les routes et
dans les *workhouses*. La raison en était que les autorités
paroissiales trouvaient plus d'embarras à fournir du travail
qu'à accorder un secours gratuit.

Dans les localités, où ce système était pratiqué, il ne donnait pas de bons résultats. Les pauvres travaillaient fort
mal ; ils avaient demandé, comme un droit, de travailler
un nombre d'heures moindre que chez un patron privé ; et
cependant, dans beaucoup de localités, ils étaient mieux
payés. A Eastbourne, dans le comté de Sussex, par exem-

ple, la moyenne des salaires gagnés chez un patron pour un travail pénible était de 12 sh. par semaine ; la paroisse payait, au contraire, pour un travail presque fictif, 16 sh. ; Aussi les femmes des ouvriers indépendants, — et ceux-ci constituaient l'exception — y regrettaient-elles que leurs maris ne fussent pas des *paupers*. Deux familles, à elles seules, avaient reçu de la paroisse, dans une année, une somme de 92 £ 4 sh. (1). Un homme par hasard paraissait-il vouloir exécuter sa tâche, il s'attirait aussitôt de ses compagnons moins laborieux l'observation suivante : « Que » vous travailliez ou non, votre argent vous est dû ».

En dehors des *able-bodied*, le secours *out-door* était encore donné, d'accord, d'ailleurs, avec les dispositions du statut d'Elisabeth, aux « *impotents* » ; mais, dans plusieurs des localités, les veuves étaient arrivées à se faire comprendre dans cette catégorie, et à invoquer un droit aux secours, indépendamment du secours, auquel elles auraient pu avoir droit pour manque de travail ou pour insuffisance de salaires. Ce secours particulier, que leur valait leur qualité de veuve, s'appelait « pension », et il était de 1 à 3 sh. par semaine ; il augmentait avec la présence d'enfants, et s'élevait généralement de 1 sh. 6 den. par chaque enfant dans les districts ruraux ; l'enfant était-il illégitime, le secours atteignait et dépassait fréquemment 2 sh.

Les secours aux « *impotent* », c'est-à-dire à tous ceux qui n'étaient pas des *able-bodied*, donnaient lieu à de moindres abus. Toutefois ils étaient la source de spéculations fréquentes et peu avouables de la part des praticiens, chargés de donner le soin médical ; en effet, chaque paroisse avait avec un médecin un contrat qui ne visait, en général, que les habitants de la paroisse ; un individu, étranger à la localité, y tombait-il malade, un ordre d'expulsion était immédiatement pris, mais l'ordre n'était exécuté, et l'indi-

(1) *Loc. cit.*, p. 25.

vidu n'était renvoyé à sa paroisse d'origine, que lorsque son état de santé le lui permettait ; et, pendant ce temps, il recevait les soins du médecin local, mais aux frais de sa propre paroisse ; aussi le médecin ne se faisait-il aucun scrupule de réclamer des honoraires beaucoup plus élevés que ceux qu'il aurait reçus d'un ouvrier indépendant ou d'un *pauper* de sa localité.

En résumé, l'*out-door relief* était celle des deux formes de secours qui s'accordait le plus volontiers ; c'est aussi, du reste, celle qui se trouve la plus susceptible d'extension, non seulement parce que, n'entraînant aucune privation pour ceux qui en bénéficient, elle est davantage sollicitée, mais encore parce qu'il est souvent des motifs de l'accorder, en dehors même des cas de nécessité. Elle est, en outre, extrêmement trompeuse ; car elle ne permet pas, surtout dans les villes, de s'assurer des besoins véritables de ceux qui la sollicitent, et expose fréquemment à de doubles emplois ; on était souvent sollicité par des personnes, qui avaient déjà su se faire allouer un secours dans une paroisse voisine, et un inspecteur de la paroisse Saint-George, à Southwark, citait le cas d'un individu assez adroit pour avoir pu obtenir un secours dans cette paroisse, et dans cinq autres ; chaque jour de la semaine, il recevait donc, dans une paroisse différente, un secours pécuniaire (1). Cette forme de secours avait aussi pour résultat de rendre permanent un état de détresse passager, et de faire d'un ouvrier malade et assisté un *pauper* définitif, et disposé à vivre aux dépens de la paroisse plutôt que de reprendre son travail.

Quant à l'autre forme de secours, le secours *in-door*, qui consiste dans l'hospitalisation ou plutôt dans l'internement au *workhouse*, elle paraît n'avoir été adoptée que dans une très faible mesure, en ce qui concerne les *able-*

(1) *Loc. cit.*, p. 29.

bodied. La description des *workhouses* offre de grandes divergences : tantôt on les présente comme de belles constructions, avec des installations et un régime presque confortables, trop confortables même eu égard à la condition de leurs pensionnaires ; tantôt comme des établissements ruineux, ne renfermant qu'un petit nombre d'individus ; ailleurs, les *workhouses* contenaient des familles entières, vivant ensemble sans aucune contrainte matérielle ni occupation ordinaire. Sur certains points, les témoignages étaient unanimes : l'absence de discipline et d'organisation du travail, le défaut de catégorisation des pensionnaires.

Les effets, produits par cette pratique relâchée de l'administration de la *poor law*, sont aisés à deviner. Ils se traduisaient vis-à-vis des propriétaires du sol, des patrons, des ouvriers indépendants, et des personnes secourues elles-mêmes.

Sur les propriétaires fonciers, le *poor rate*, dont l'accroissement avait été considérable, pesait d'une manière très grave ; dans certains cas, il avait absorbé le revenu entier des biens taxables. Un exemple est célèbre, celui de la paroisse de Cholesbury, dans le comté de Bucks ; la population de cette paroisse était restée stationnaire depuis 1801 ; mais la progression des taxes avait été prodigieuse : en 1801, les taxes ne représentaient que 10 £ 11 sh. ; en 1816, elles étaient de 99 £ 4 sh. ; en 1831, elles montaient à 150 £ 5 sh., et, en 1832, à 367 £, chiffre auquel elles s'arrêtèrent devant l'impossibilité de recueillir davantage, le *poor rate* ayant absorbé la valeur totale de la rente, et la terre étant restée sans culture. Dans le comté de Kent, à Lenhams, pour le même motif une partie de la terre restait inculte ; une ferme de 420 acres de bonne terre, bien située et franche de dîmes, avait été abandonnée par le fermier, à cause du *poor rate*, qui absorbait 300 £ par an. Le Cambridgeshire n'était pas plus épargné : un grand propriétaire ne pouvait trouver un fermier pour une terre qu'il avait à Gransden, même pour 5 sh. l'acre, quoique cette terre pût donner 30 bushels de froment à l'acre. Un des collèges de Cambridge, « Downing College », avait, dans ce comté, une propriété de 5000 acres ; malgré un abaissement des fermages au taux le plus bas, il ne pouvait trouver des hommes sérieux, comme fermiers.

Les patrons, ou employeurs, n'étaient pas plus satisfaits du système. Sans doute, ils payaient peu leurs ouvriers, surtout à la campagne, ceux-ci étant assurés de toucher de la paroisse ce qu'ils n'obtenaient pas de leur patron ; mais le taux du salaire n'indique pas le prix de la main-d'œuvre, et les ouvriers ne fournissaient qu'un travail peu productif. Le système des subventions « *the allowance system* » avait pour résultat de diminuer, pour ne pas dire de détruire toutes les qualités qui font le bon ouvrier : l'habileté, l'assiduité, la diligence, l'économie ; ce système se traduisait, dans l'esprit des classes ouvrières, par le raisonnement suivant : Notre revenu ne peut s'accroître que par une augmentation de notre famille, et ne peut diminuer que par une diminution de cette famille ; pourquoi dès lors acquérir ou garder aucune de ces qualités ? Aussi, dans la pratique, ces vertus étaient-elles remplacées précisément par les vices opposés. L'unanimité des témoignages est complète. Partout on signalait la paresse et l'insolence des ouvriers. Dans le comté de Sussex, ils n'acceptaient que le travail qui leur paraissait agréable ; ils se refusaient à travailler un nombre d'heures dépassant celui réclamé par la paroisse pour ses travaux. Aussi voyait-on, dans chaque paroisse, quelques dizaines d'individus inoccupés, jouant, buvant, ou se promenant et insultant les passants, ou encore dormant pendant la journée, afin d'être frais et dispos durant la nuit, qui abritait leurs vols et leurs déprédations. — Les industriels et les manufacturiers ne ressentaient pas les mêmes effets ; car, dans l'industrie, l'emploi des machines diminue l'importance des qualités non seulement physiques, mais encore morales et intellectuelles chez les ouvriers. Dès lors, l'usage de l' « *allowance system* », loin de nuire au manufacturier, l'encourageait au contraire, à le faire adopter par les autres contrib·ables, qu'il obligeait, de cette manière, à supporter une partie du salaire de ses propres ouvriers. Dans cette hypothèse, le système, s'il laissait indemne le manufacturier, frappait l'ensemble des contribuables.

Si de la catégorie des employeurs, nous passons à celle des employés ou ouvriers, les funestes effets de la pratique suivie nous apparaîtront aussi frappants. C'est la destruction de cette loi de nature, qui fait supporter par chacun les conséquences de son imprévoyance et de sa mauvaise conduite, comme elle lui assure la récompense de sa prévoyance et de sa vertu. Mais abolir la punition, c'est abolir également la récompense. Or régler les revenus des ouvriers sur la composition de leur famille, c'était encourager la paresse, l'imprévoyance, le désordre, au lieu du travail, de l'économie et de la bonne conduite. Un fait incroyable, et qui touchait à la folie et presque à la cruauté, c'est que, dans un grand nombre de localités, les contribuables étaient arrivés à prohiber formellement les qualités d'économie et de prévoyance, sur lesquelles sont basées l'indépendance et la dignité de l'ouvrier ; car ils éloignaient de tout emploi l'individu, qui avait réussi à faire quelques épargnes, et lui refusaient la permission de travailler pour gagner son pain ; ils attendaient, pour lui donner du travail, qu'il eût dissipé ses économies. Les exemples abondent dans l'enquête (1). — Si l'on décourageait ainsi l'économie, que devait-on faire pour cette autre forme de la prévoyance, qui consiste à reculer l'époque du mariage ! On la punissait quelquefois par le refus de travail, quelquefois par la réduction du nombre des jours de travail

____

(1) V. les pages 49, 50 et s. du Rapport.

par semaine, quelquefois par le paiement d'une partie seulement, — la moitié ou le tiers, — du salaire alloué aux ouvriers mariés. A Gamlingay, dans le Cambridgeshire, les salaires hebdomadaires, payés par les particuliers aux célibataires, s'élevaient à 6 sh. environ, tandis que ceux qui étaient payés aux ouvriers mariés, et ayant des enfants, se montaient à 9 et 10 sh., non comprises les subventions (*allowrances*), prélevées sur le produit des taxes, et basées sur la consistance de la famille. Dans le Northamptonshire, les hommes non mariés ne pouvaient compter sur le « *labour rate* (1) ». Un ecclésiastique d'une paroisse de Culworth citait l'exemple d'un ouvrier, qui se maria parce que, d'après le système du « labour rate » il ne pouvait trouver du travail autrement.

Au reste, ce n'était pas seulement le jugement des classes élevées de la société, qui condamnait l'administration de la loi des pauvres ; les ouvriers eux-mêmes tenaient un langage identique. Plusieurs d'entre eux, interrogés par les commissaires, se montraient indignés ; l'un d'eux, un certain Thomas Pearce (2), disait être l'objet de blâmes de la part des *paupers*. « Pourquoi travaillez-vous ? lui « disaient-ils. Vous ne faites que ménager les deniers de « la paroisse ; car, en ne travaillant pas, vous gagneriez « autant qu'un autre homme, et vous auriez l'avantage de « le gagner en fumant votre pipe, et en restant inactif ». Il paraissait indigné d'un pareil langage.

Ces individus avaient-ils donc un sort très enviable ? Oui, si l'on fait consister le bien-être et le bonheur dans la paresse et dans l'inconduite ; il paraît, en effet, que les principaux clients des cabarets étaient ces *paupers*. « Je « puis citer, pour les avoir vus, disait un déposant, cent

(1) *Single men are not counted on the labour rate.*

(2) Le rapport le désigne ainsi : « Thomas Pearce, *labourer in Husbandry, of the Parish of Govington, Sussex* ».

« cas où le secours hebdomadaire donné à une famille
« entière a été dépensé en deux nuits au cabaret ». Aussi
fallait-il voir les habitations de ces *paupers*, et les habitudes de leurs femmes et de leur famille. L'examen le plus
superficiel d'un cottage suffisait à montrer si ses habitants
appartenaient à la classe des ouvriers indépendants ou à
celle des pauvres secourus. Propreté et décence, dans le
premier cas ; désordre et saleté, dans le second. Les vêtements de la femme et des enfants étaient un signe non
moins trompeur. La ligne de démarcation était bien tranchée ; mais cependant il n'y avait pas là deux races distinctes. Un barrage sépare parfois deux eaux de couleur différente ; le barrage est-il levé, les eaux se confondent, et
prennent la même teinte. Ainsi arrivait-il de ces deux catégories d'individus ; un exemple curieux en est la démonstration : dans l'année 1824 ou 1825, il y avait deux ouvriers,
passant pour être extrêmement laborieux et dignes d'intérêt à raison de leur nombreuse famille ; ni l'un ni l'autre
n'avaient jamais sollicité le moindre secours de la paroisse ;
on crut devoir, — et c'est l'*overseer* responsable lui-même
qui le racontait, — leur donner une marque d'estime et
d'approbation, et on leur remit une gratification de 1 c.
Peu après, l'un et l'autre sollicitaient des secours, et ils
n'ont pas discontinué de le faire depuis cette époque (1).

L'obtention d'un secours accidentel éveillait le désir et
bientôt l'habitude de l'assistance paroissiale. Cette habitude
se transmettait aux générations suivantes. Il était bien rare
que, si une famille avait une fois reçu des secours, ses
descendants, pendant plusieurs générations, n'en reçussent
pas. Il en résultait une désorganisation morale du foyer ;
ce qui fait tout à la fois le bonheur et la dignité de la vie,
ce sont les affections et les devoirs domestiques, plus nécessaires encore pour la partie peu aisée de la population.

(1) *Loc. cit.*, p. 57.

Or le paupérisme assisté avait engendré un démembrement moral de la famille : en se chargeant de la nourriture, du logement et de ce qui était nécessaire à chacun de ses habitants, la paroisse avait rompu les liens de dépendance réciproque qui attachent les uns aux autres les membres d'une même famille. Les enfants, se rappelant avoir été élevés aux frais de la paroisse, ne ressentaient pas le sentiment d'attachement filial, fait autant de reconnaissance que d'instinct. Ils se refusaient à donner des soins à leurs parents malades, à moins d'y être engagés par un secours paroissial (*unless they are paid for it.*). Les registres paroissiaux en contenaient de trop nombreux témoignages.

Nous venons de parcourir brièvement les résultats produits par l'application qu'avait reçue la loi des pauvres sous le règne de Georges III, résultats plus tristes encore sous le rapport moral que sous le point de vue pécuniaire. Mais qui en était responsable ? N'y avait-il pas lieu d'en faire remonter la responsabilité aux autorités, chargées de la distribution et de la dispensation des secours ? C'était aux *overseers* qu'incombait la distribution à cette époque ; les mêmes *overseers*, le *vestry*, et les magistrats en faisaient l'allocation. Quels mobiles pouvaient dicter la conduite de chacune de ces classes de fonctionnaires ? C'est ce qu'il nous reste à rechercher, en suivant pour guide le rapport.

Les *overseers* étaient chargés de tout ce qui concerne la taxation, la perception et la distribution du fonds des pauvres. Ils devaient, tout d'abord, déterminer la somme à demander, les personnes à faire payer, et la proportion à établir ; ils devaient assurer la perception, et affecter la somme perçue à ce qu'ils pensaient être le mode de secours le mieux approprié. Dans les localités, où existait un *select vestry*, ils étaient invités, d'après l'acte 59 Georg. III, c. 12, à se conformer à sa direction ; mais l'acte ne limitait pas exactement leur responsabilité, et n'édictait ni sanction ni pénalités, au cas où il serait violé.

Les fonctions des *overseers* étaient annuelles ; quelquefois même la durée en était restreinte à quelques mois (1) ; elles ne leur permettaient pas de faire un apprentissage sérieux de leur rôle. — Ces *overseers* étaient pris généralement parmi les fermiers, à la campagne, parmi les manufacturiers ou les boutiquiers, dans les villes ; ils n'étaient pas rétribués ; aussi, bien qu'ils pussent être poursuivis et condamnés à l'amende (*indicted or fined*), se trouvaient-ils souvent détournés, par leurs occupations professionnelles, de l'accomplissement minutieux ou même effectif de leurs devoirs. Comme habitants de la paroisse, ils étaient souvent amenés à faire des ressources un emploi inintelligent et fâcheux : chez les uns la recherche de la popularité, chez les autres la crainte de l'impopularité ou de représailles était le principal mobile. Pour certains, la partialité et le favoritisme influençaient leur manière d'agir.

Sans doute, il y avait deux obstacles qui pouvaient les empêcher de se livrer à la profusion ou à la fraude ; en premier lieu, leur qualité de contribuables, qui les soumettait à une partie des charges, et, en second lieu, l'obligation de comptes annuels à soumettre au *vestry*, et leur nomination à obtenir des magistrats. Ces obstacles n'avaient que peu de force, et, pour des raisons, qu'il serait trop long de reproduire, ne les arrêtaient pas dans la pratique. D'ailleurs, refusaient-ils un secours à un individu, ou le lui accordaient-ils moins libéralement que le souhaitait cet individu, ils étaient appelés devant les magistrats, et obligés de se justifier du reproche d'inhumanité ou d'oppression (2). Refusaient-ils d'obtempérer à l'ordre du magistrat, ils devenaient punissables. Mais souvent le parois-

(1) Dans une paroisse, où il y avait trois *overseers* annuels, chacun ne remplissait ses fonctions que pendant le tiers de l'année.

(2) La pratique des magistrats était de faire tomber la charge de la preuve sur l'*overseer* ; le solliciteur n'avait pas à prouver sa détresse urgente, mais l'*overseer* devait en prouver l'absence.

sien vexé s'adressait à une justice beaucoup plus sommaire,
et se livrait, dans les lieux publics, à des invectives, à des
injures et à des menaces. Il ne faut pas oublier que ces
overseers étaient de petits boutiquiers, intéressés à ne pas
mécontenter leur clientèle ; il y en avait même parfois,
qui mettaient leurs fonctions au service de leurs propres
intérêts, et leur demandaient d'accroître le chiffre de leurs
affaires.

Le défaut de zèle et de compétence des *overseers* avait
déterminé beaucoup de paroisses à recourir aux dispositions permissives du statut de la 39ᵉ année de Georges III
(c. 12), et à nommer des *overseers* rétribués et permanents,
destinés légalement à assister les *overseers* annuels, mais,
en fait, à remplir leurs fonctions. La Commission trouva
3,249 paroisses, qui, ayant usé de ce rouage, s'en trouvaient bien. On remarquait, en effet, que ces paroisses
étaient celles où le service prêtait le moins aux critiques,
et il paraissait que la généralisation de ce procédé fût une
des premières réformes à accomplir.

Le deuxième rouage était le *vestry*, ou assemblée des
paroissiens contribuables. Il y avait des *vestries* de plusieurs sortes ; certains étaient *ouverts* (*open*), c'est-à-dire
composés de tous les contribuables ; les autres constituaient
des assemblées représentatives, ou se nommaient eux-
mêmes.

Les *open vestries* avaient-ils des pouvoirs légaux ? c'était
là un point obscur et douteux. Le fameux statut d'Elisabeth accordait sans doute tous les pouvoirs, mais aussi
imposait toute la responsabilité aux *overseers* ; mais il y
avait d'autres statuts, visant spécialement les assemblées
annuelles de paroissiens, chargées de dresser la liste des
pauvres. Quoiqu'il en fût, la Commission constata presque
partout l'influence réelle et considérable du *vestry* ; elle
reconnut qu'il constituait, en fait, la véritable autorité de
direction, une sorte de conseil de gouvernement ; les *over-*

seers en étaient membres, et membres très influents, mais n'ayant pas d'autre voie ils étaient tenus de se soumettre à la majorité. Le *vestry* se composait exclusivement des contribuables, c'est-à-dire des occupants actuels de terres ou maisons ; le propriétaire, sauf le cas où il était occupant lui-même, et réserve faite aussi des rares hypothèses, dans lesquelles il supportait lui-même la taxe, n'en faisait pas partie, et souvent même n'avait pas le droit d'être présent.

On peut juger de ce que pouvait valoir un tel système, qui excluait de l'administration les principales personnes, qui contribuaient de leurs deniers à former le fonds, tandis qu'à l'inverse, il confiait cette administration à un corps irresponsable, dépourvu de tout intérêt dans la bonne gestion, n'ayant ni comptabilité, ni procès-verbaux, et composé d'individus, dont les intérêts particuliers se trouvaient le plus souvent contraires à l'intérêt collectif. Chacun d'eux était un employeur immédiat de travail, et s'efforçait, pour cette raison, de tenir les salaires aussi bas que possible ; propriétaire de cottages, il cherchait à en faire payer le loyer par la paroisse ; boutiquier, il luttait pour faire accorder des *allowances* à ses clients ou à ses débiteurs, ou pour faire augmenter la consommation du *workhouse*, dont il était un des fournisseurs ; de condition humble, il favorisait ses parents ou amis. Dans les comtés de Sussex, de Surrey, de Kent et d'Essex, les petits fermiers composaient seuls les *vestries* ; et là où il n'y avait pas un grand propriétaire résident, et où le *clergyman* n'intervenait pas dans l'administration, la situation était des plus mauvaises : entre autres spéculations, ces petits fermiers, qui avaient pris à bail avec leur ferme des cottages d'ouvriers, les sous-louaient à des ouvriers à un prix exagéré, — 6 et 7 ₤ — que la paroisse supportait. « Les fermiers, disait un dé-
« posant, n'estiment pas qu'ils ont un intérêt permanent
« sur le sol ; ils n'ont souvent qu'un bail renouvelable d'an-

« née en année, et ne se considèrent pas beaucoup plus
« que des oiseaux de passage ».

Le statut 59 de Georges III, c. 12, s. 1, autorisait les
habitants d'une paroisse, réunis en *vestry*, à élire de cinq
à vingt notables, lesquels, avec le ministre du culte, les
marguilliers et les *overseers*, devaient, après avoir tenu
leur nomination d'un magistrat, former le *vestry* choisi
(*select vestry*) de la paroisse; ils devaient se réunir une fois
par quinzaine, ou plus souvent. Partout où il existait un
tel *vestry*, il était interdit aux magistrats de prescrire des
allocations de secours, à moins qu'il n'eût été prouvé à
deux d'entre eux que le solliciteur fût dans le besoin, et
que le secours nécessaire lui avait été refusé par cette assemblée, ou que celle-ci ne s'était pas réunie. Cette assemblée tenait des procès-verbaux de ses décisions, et devait les communiquer deux fois par an à une assemblée
de tous les habitants de la commune (*general vestry*).
Malheureusement l'*Act* ne délimitait pas d'une manière
suffisamment nette les pouvoirs respectifs de ce *vestry* et des
overseers, et quoique ceux-ci fussent tenus de se conformer à la direction donnée par le *vestry*, il n'apparaissait
pas qu'il y eût un moyen de contrainte, au cas de refus
des *overseers*. En outre, la présence des différents membres de cette assemblée aux réunions restait purement
volontaire, et, d'autre part, les réunions ne se tenaient pas
régulièrement; il s'était, en effet, formé une opinion générale que la périodicité trop grande des réunions devenait
un moyen d'encourager les demandes, et de multiplier le
nombre des individus vivant des aumônes officielles.
Malgré cela, la supériorité des *select vestries* sur les *open
vestries* n'était pas douteuse, et les Commissaires attribuèrent cette supériorité à leur plus grande indépendance
vis-à-vis des magistrats, à la présence de l'ecclésiastique,
et à la tenue de procès-verbaux. Sans doute, ces assemblées étaient composées de personnes choisies parmi celles

qui composaient l'*open vestry*, et, comme telles, soumises aux mêmes influences corruptrices, ainsi que soustraites à toute responsabilité effective. La crainte d'une réélection ne constituait pas nécessairement une sanction; car la fonction n'était pas enviable, et le corps électoral ne pouvait savoir mauvais gré à ses élus d'appliquer des procédés d'administration, qui, bien que mauvais, avaient ses propres préférences. Nous avons eu sous les yeux la composition du *select vestry* de Morpeth en 1832 : sur 20 membres, 11 (soit la majorité) étaient intéressés à la vente de la bière, comme aubergistes, cabaretiers, brasseurs ou employés de brasserie ; d'autre part, la mère de l'un, la femme de l'autre, l'oncle, la tante et les cousins du troisième appartenaient à la classe des *paupers*.

Plusieurs des paroisses, où l'on avait élu des *select vestries*, étaient revenues au système des *open vestries*, et précisément, à raison de ce changement, offraient une plus mauvaise administration. Aussi le nombre des *select vestries* avait-il décru d'une manière assez sensible : de 2,868, en 1827, il tomba graduellement à 2,391 en 1832.

Il y avait une troisième catégorie de *vestries* : les *vestries* se recrutant eux-mêmes (*self appointed*). Il n'est pas bien utile de déclarer que, de toutes les assemblées paroissiales, c'étaient celles dont l'administration, — il nous est permis d'employer ce mot — paraissait la plus détestable. Elles étaient soumises à toutes les tentations et à toutes les erreurs, auxquelles les autres se trouvaient en butte ; mais, en outre, elles échappaient à tout contrôle, et demeuraient indépendantes de tout corps électoral. Leur pratique devenait permanente et traditionnelle ; elle ne pouvait être rompue par l'arrivée de nouveaux membres, représentant des intérêts, des opinions ou des principes différents.

Un troisième pouvoir intervenait dans l'administration de la *poor law* : les magistrats. Ceux-ci n'avaient reçu du fameux statut 43 d'Elisabeth que des attributions purement négatives : il leur avait été permis d'opposer un veto, non de donner un ordre. Un siècle presque entier s'écoula avant que leurs pouvoirs ne fussent étendus. C'est même une question discutée que celle de savoir si le statut (3 et 4, Will. and Mary, c. 11), sur lequel ils basaient le droit, dont ils usaient, d'allouer des secours, si ce statut avait eu cet objectif. Il semble même que cet acte avait été simplement rendu dans le but de permettre à un magistrat de couvrir la responsabilité d'un *overseer* qui aurait eu à accorder un secours sans l'intervention du *vestry*, et, par conséquent, d'empêcher des abus possibles de la part des *overseers*. Mais ce statut eut une singulière fortune : édicté pour empêcher certains abus, il en amena d'autres, en conférant implicitement aux magistrats le pouvoir d'allouer des secours sans l'intervention des officiers de la paroisse.

L'*overseer*, en certains cas, était appelé devant les magistrats, qui pouvaient, — et ils ne s'en faisaient pas faute, — lui reprocher son avarice et sa cruauté. Qu'avait-il à répondre ? L'instance ne consistait que dans les assertions du *pauper* et dans les réponses de l'*overseer*. On avait accordé à chaque magistrat du comté un pouvoir discrétionnaire sur tout le district ; tous les *overseers* d'un district étaient ainsi à la merci de deux magistrats et même d'un seul, et le *pauper* ne manquait pas de choisir celui dont la réputation de bienveillance ou le souci de popularité était le mieux établi.

Les magistrats, d'ailleurs, n'avaient que bien rarement une connaissance suffisante de l'administration de la *poor law*. Éloignés, par leur éducation et leur situation de fortune, de tout contact avec les pauvres, ils étaient inhabiles à donner une solution juste à ces questions. Étaient-ils même initiés au fonctionnement de la *poor law*, ils ne pouvaient connaître, d'une manière suffisamment éclairée, chaque cas particulier. Sans doute le rapport des Commissaires, en ce qui concerne les magistrats, était-il un peu moins sévère que pour les *overseers*; mais, en lisant entre les lignes, on remarquait que le rapport leur reprochait le même souci de popularité, la même négligence dans l'accomplissement de leurs devoirs; il constatait, du reste, qu'ils étaient surchargés par d'autres fonctions.

Bref, la législation avait pris des précautions pour qu'aucun nécessiteux ne restât sans secours, mais elle avait négligé de prendre des précautions pour éviter l'allocation de secours aux non-nécessiteux.

Un des Commissaires a remarqué l'observation très exacte faite par un magistrat de grande expérience : « De « grandes difficultés dans l'administration des *poor laws* « proviennent du pouvoir qui appartient à un magistrat « d'ordonner le secours d'une manière arbitraire ; et pré- « cisément un bon effet du *select vestry act* est qu'il limite « la faculté pour les *paupers* de porter leurs plaintes ».

Outre la fâcheuse intervention des autorités chargées de l'administration du service de secours, il y avait une autre raison qui contribuait à aggraver les abus : c'était la loi de *settlement*, c'est-à-dire la loi du domicile de secours. En effet, quoique les administrateurs de la *poor law* ne prêtassent qu'une très mince attention à la loi ou aux principes, il existait cependant une règle qu'ils ne transgressaient jamais : ils ne donnaient de secours permanents ni aux individus domiciliés ailleurs que dans la paroisse, ni aux individus domiciliés dans la paroisse, mais résidant ailleurs. Cette exigence du domicile était motivée par une raison bien spécieuse : on voyait une impossibilité à contraindre une paroisse de payer l'impôt, excepté dans la mesure du bénéfice supposé, qu'elle était censée en retirer. Il en résultait que les ouvriers se trouvaient confinés dans leur paroisse d'origine, non pas, comme dans le siècle précédent, en vertu de l'acte de Charles II, qui avait été rapporté, mais en vertu de la pratique. Voici comment l'administration de la loi des pauvres en était arrivée là : l'*Act* de

Charles II autorisait les *overseers* à chasser tout nouveau venu durant un délai de quarante jours à partir de son arrivée dans la paroisse ; pour atténuer la rigueur de cette disposition, un acte de William et Mary, dont nous avons parlé, reconnut des manières dérivées d'acquérir le domicile, et attacha cet effet à l'apprentissage, au louage de services pour une durée d'une année, à la location d'un cottage, etc. Puis vint l'acte de Georges III, qui supprima complètement les effets rigoureux de l'acte de Charles, en assurant les personnes, qui n'étaient pas d'ores et déjà susceptibles de tomber à la charge de la paroisse, contre toute éventualité d'expulsion. Logiquement, par l'effet de ce dernier acte, les modes secondaires d'acquérir un domicile auraient dû disparaître, mais ils subsistèrent, causant une grande somme de difficultés et de contestations légales. L'acquisition d'un nouveau domicile supprimant l'ancien, les officiers de la paroisse mettaient tous leurs efforts à prévenir cette acquisition, ou, à l'inverse, à faciliter cette acquisition ailleurs. Aussi peut-on s'imaginer le nombre de procès, qui en découlaient, et la variété des manœuvres, auxquelles on se livrait. Dans certaines paroisses, on avait détruit les cottages d'ouvriers, afin d'obliger ceux-ci à se loger dans les paroisses voisines ; ceci se passait surtout dans les paroisses, où un nombre restreint de propriétaires permettait facilement une entente. Les engagements d'ouvriers se faisaient pour 364 jours, et non pour une année ; on évitait ainsi la constitution de domicile. Le rapport abonde en fraudes de cette nature. Ces fraudes rejaillissaient sur le sort de l'ouvrier agricole, dont les services n'étaient jamais engagés que pour de courtes périodes, et qui, à raison de ce fait, restait exposé à de nombreux chômages. D'un autre côté, les ouvriers, dans la crainte de perdre leur domicile de secours, sans en acquérir un nouveau, hésitaient à accepter, ailleurs que dans leur paroisse, un emploi, quelque avantageux qu'il fût ; et c'est peut-être

là une des causes qui explique le mieux l'afflux des ouvriers
Irlandais à Londres.

Nous avons peut-être insisté un peu longuement sur les
abus révélés par l'enquête, mais nous ne pensons pas avoir
insisté inutilement ; car les pages, qui précèdent, serviront
à justifier la nécessité des remèdes apportés. — La Commission ne se bornait pas à publier les résultats de son enquête ; elle formulait un certain nombre de conclusions
pratiques. Celles-ci ayant pris corps dans la nouvelle *poor
law*, il nous suffira de les mentionner ici ; nous les étudie-
rons en détail plus loin.

Le rapport maintenait les principes essentiels du statut
d'Elisabeth, et reconnaissait comme un devoir d'Etat non
seulement de soulager les infirmes et les enfants, mais
encore d'assurer du travail aux valides, et de prévenir leur
« destitution ». A ces derniers, le secours ne doit être
donné que dans l'intérieur du *workhouse*, et cette exigence
constitue le « *workhouse test* ». Le *workhouse* devient ainsi
la pierre angulaire de la nouvelle organisation ; il est un
abri et un lieu de secours pour tous ; mais en même temps
il est la maison de travail pour les valides. Institution d'assistance pour les infirmes, lieu de répression pour les adultes valides. L'humanité et la sécurité sociale devaient y
trouver l'une et l'autre leur compte.

Le rapport maintenait aussi le caractère local du service
d'assistance ; mais il substituait à la paroisse un district
plus étendu « *l'Union de paroisses* » ; ce district existait déjà
en certains endroits, on proposait de le généraliser. —
En même temps qu'ils laissaient à l'administration de la
poor law son caractère local, les Commissaires proposaient
la nomination d'un corps central, sorte de département
ministériel, destiné à assurer l'observation uniforme des
nouveaux principes ; ce bureau central était appelé à étendre ses pouvoirs sur les corps locaux, et à exercer un con-

trôle et une direction sur tout le pays; il devait arriver ainsi, malgré la variété que peuvent offrir, selon les localités, les détails de l'administration, à produire, du moins, une unité dans les grandes lignes.

Les corps locaux, sur lesquels ce nouveau département aurait à exercer son impulsion, seraient, d'ailleurs, constitués d'une manière différente de l'ancienne. Le Rapport proposait de rendre obligatoires les dispositions du *Gilbert's Act* et de l'acte dit de *Sturges Bourne*, c'est-à-dire l'élection d'un « Bureau de gardiens », bureau qui constituerait l'organisme local, mais à côté duquel se trouveraient quelques fonctionnaires spéciaux, investis d'attributions particulières. Quant aux *overseers*, ils subsisteraient, mais avec une situation restreinte : celle d'agents de perception des taxes.

Enfin la Commission proposait un certain nombre de réformes, ne touchant qu'indirectement à la *Poor Law* : l'abrogation graduelle des lois de *settlement* et de *removal*, et la modification aux lois de bâtardise.

Telles étaient les principales conclusions, formulées par les Commissaires, et qui furent converties en mesures législatives.

CHAPITRE V

Vote de l'acte de 1834, portant réforme de la loi des pauvres. — Son extension à l'Irlande, et à l'Ecosse. — Dispositions principales de l'acte
de 1834. — Formation des Unions. — Prorogation successive des pouvoirs des Commissaires de la *Poor Law* ; leurs actes. — Acte de 1847
portant organisation du Bureau des Commissaires, le « *Poor Law
Board* » ; il devient permanent. — En 1871, création du « *Local Government Board* ». — Intervention très active de ce pouvoir central. —
Histoire de la législation de 1834 à nos jours ; développement successif
des principes posés. — 1° Modifications apportées aux règles sur le
domicile de secours ; 2° mise en commun de toutes les dépenses d'assistance de l'Union, et répartition de la charge entre les paroisses au
prorata de leurs revenus fonciers ; 3° le « *metropolitan common poor
fund* » ; 4° règles uniformes concernant la taxation et l'évaluation des
propriétés.

A la suite du Rapport, dont nous avons présenté l'analyse dans le chapitre précédent, un bill fut déposé en 1834
par Lord Althorp à la Chambre des Communes, et par Lord
Brougham à la Chambre des Lords. Après avoir subi divers amendements, il fut voté, en seconde lecture, à la
la Chambre des Communes, le 9 mai 1834, par une majorité de 299 voix contre 20 ; à la Chambre Haute, grâce à
un discours éloquent du duc de Wellington, il ne rencon-
tra qu'une opposition de 13 voix. Le nouvel acte porte la
date du 14 août 1834. Les modifications principales apportées par la discussion aux projets de la Commission furent
les suivantes : limitation à cinq ans des pouvoirs du *Central Department*, et restriction de ces pouvoirs ; adoucisse-

ment des dispositions relatives aux lois de *settlement* et *removal*; rejet de la règle projetée du refus absolu de secours en dehors du *workhouse*. Sur ce dernier point, la Commission avait énergiquement recommandé l'application du *workhouse*, c'est-à-dire du principe en vertu duquel tout secours serait refusé en dehors de cet établissement. Le Parlement avait manifesté de vives répugnances à admettre que cette règle fût imposée aux infirmes, auxquels on refuserait tout secours à domicile, et, même en ce qui concerne les individus valides, il avait hésité à poser formellement le principe du refus de secours en dehors du *workhouse*, préférant laisser au nouveau Département ministériel le soin de l'introduire graduellement. Nous verrons que la tendance de l'administration centrale fut de revenir aux projets originaires de la Commission.

Le nouvel *Act* fut étendu, en 1838, à l'Irlande, où il n'y avait eu jusque là aucune loi des pauvres, et où, par conséquent, tout le système était à créer. La loi Irlandaise fut, en substance, la même que la loi Anglaise ; toutefois, une grosse différence les sépara, l'Irlande n'ayant jamais admis le principe du secours à domicile (*out-relief*), fait qui prouve, si une preuve était nécessaire, que ce mode de secours ne constitue pas un rouage indispensable d'un service d'assistance ; d'ailleurs, d'après une comparaison faite en 1859, il y avait en Ecosse cinq *paupers* contre un en Irlande.

En Ecosse, on introduisit la nouvelle loi en 1845. Dans ce pays, il y avait une ancienne loi des pauvres, qui datait d'un statut de 1579, et qui offrait une ressemblance très intime avec la première législation d'Elisabeth ; les autorités religieuses de chaque paroisse devaient pourvoir aux besoins des pauvres au moyen d'une imposition quasi-volontaire. — Pendant qu'en Angleterre, par suite des divisions qui se produisirent dans l'Eglise, on fit un pas en avant pour créer un régime légal d'assistance, et une ad-

ministration distincte des autorités ecclésiastiques, l'E-
cosse, où les mêmes circonstances n'existaient pas, maintint son ancien système. Le D' Chalmers, qui avait conçu
une profonde aversion pour l'ancien loi anglaise, contribuait à y maintenir ces errements, et il avait fait prévaloir dans l'application un système d'investigations minu-
tieuses, assez conforme à celui qui donna à Elberfeld, en
Allemagne, de si heureux résultats. Malheureusement autant valaient les hommes, autant valait le système. Il était
sans doute de ceux qui sont susceptibles de réussir dans
une ville aussi bien que dans une autre, mais son succès
dépendait le plus souvent de l'influence d'un seul homme ;
aussi est-il permis de dire que la législation charitable
d'Ecosse ne recevait qu'une application partielle et assez
inégale. Aussi l'*Act* de 1845 s'empressa-t-il de former un
bureau central de contrôle (*a central Board of supervi-
sion*). Malgré cela, il paraît que la nouvelle loi eut des effets *paupérisants* considérables, contrairement à ce qui se
produisit en Angleterre, précisément parce que le secours
à domicile (*out-door relief* ou *out-relief*) avait été fait la
règle ; douze fois contre une, on donnait ce secours.

L'acte du 14 août 1834 est intitulé « Acte pour l'amen-
« dement et la meilleure administration des lois concer-
« nant les pauvres en Angleterre et dans le pays de Gal-
« les », et il figure, parmi les actes législatifs, sous la
désignation : 4 et 5, Will. IV, c. 76 ; cet acte se compose de
109 sections. Comme il a une grande importance, puisqu'il est la base du système présent, nous croyons de quelque intérêt de donner un aperçu de ses dispositions principales dans leur ordre.

La section 1'', après le préambule ordinaire, qui est,
d'ailleurs, très court, a trait aux nominations de trois commissaires, et à la cessation de leurs fonctions. La Reine
est investie du droit de les nommer, et de les révoquer. —

La section 2ᵉ donne à ces commissaires leur qualification ;
ils sont appelés les « *poor law commissionners for England
and Wales* ». — Les sections 4ᵉ et 5ᵉ prescrivent aux commissaires de tenir des archives, et d'adresser annuellement
un rapport général au Secrétaire d'État, à qui, du reste,
ils doivent rendre compte de leurs actes. — Ils ont la nomination et la révocation de sous-commissaires (*Assistant
commissionners*) (sect. 7) : ils peuvent nommer un secrétaire, un secrétaire adjoint, des *clerks* et autres employés.
rétribués sur les fonds du trésor (sect. 9). — Ni les commissaires ni les sous-commissaires ne peuvent siéger au
Parlement (sect. 8). — La section 10ᵉ limite les pouvoirs
des premiers à une période de cinq années.

Les sections 15ᵉ et 16ᵉ fixent les attributions des commissaires ; ces fonctionnaires sont chargés de l'administration et du contrôle du service de l'assistance en Angleterre
et dans le pays de Galles ; pour l'accomplissement de cette
charge, ils peuvent édicter des règles et règlements, pro-
mulguer des ordres relatifs soit au traitement des pauvres,
à la tenue des workhouses, à l'éducation et à l'apprentissage
des enfants pauvres, soit à la manière de tenir les comptes,
de les contrôler et de les approuver, etc. Les règles générales, qu'ils formulent, ne doivent recevoir leur effet que
quarante jours après avoir été soumises au Secrétaire d'É-
tat. Il leur est, *d'ailleurs*, permis de suspendre, de modifier ou de rapporter leurs décisions. Mais, en revanche, il
leur est absolument interdit d'intervenir dans un cas individuel, pour ordonner une allocation de secours. — Les
commissaires doivent exercer leur contrôle sur l'érection
et les modifications des workhouses, sur l'administration
de ces établissements, et aussi sur les emprunts auxquels
ils peuvent donner lieu. Faculté leur est donnée d'assister
et de prendre part aux réunions et aux discussions des
autorités locales, mais seulement avec voix consultative
(Sect. 21). — Les sections 23ᵉ et 26ᵉ investissent les com-

missaires de pouvoirs particuliers, et notamment de celui de former autant d'*Unions* qu'il leur plaira, et de former tel groupement de paroisses qu'ils croiront nécessaire à la bonne administration du service, chaque Union devant avoir son *workhouse* commun, mais la dépense de secours de chaque pauvre devant incomber à sa paroisse respective. Lorsqu'une Union a été créée, il est permis aux commissaires, toutefois avec l'approbation des deux tiers des gardiens de cette Union, de la dissoudre ou de la modifier par l'addition ou par la distraction d'une ou de plusieurs paroisses (sect. 32°).

Dans les sections 28° à 30°, il est question de la création du fonds commun des paroisses constituant une Union. La proportion à apporter par chacune des paroisses, appelées à faire partie d'une Union, est déterminée par les Commissaires d'après la dépense moyenne de cette paroisse pour l'assistance pendant les trois années qui ont précédé l'incorporation. Ce fonds commun sert à l'érection, à l'agrandissement et à l'entretien des *workouses*, ainsi qu'au paiement du personnel nécessaire. Ces dispositions sont rendues applicables aux unions constituées antérieurement à l'*Act*.

Les gardiens peuvent, avec l'assentiment des Commissaires, reconnaître comme circonscription du domicile de secours l'Union au lieu de la paroisse, de telle manière que tout individu, ayant acquis son domicile dans une paroisse de l'Union, se trouve par ce fait même avoir acquis son domicile dans l'Union. Il en résultera que les dépenses charitables seront supportées par le fonds commun de l'Union (sect. 33).

Dans les sections 38° à 41°, on rencontre les dispositions relatives à l'élection des gardiens par les propriétaires et les contribuables. Pour ces deux classes, il y a des catégories de votants, catégories qui ressemblent quelque peu à des étages superposés. Le droit de vote des propriétaires est réglé par l'acte 58, Geo. III, c. 69 ; quant aux contribuables, ils peuvent avoir un ou plusieurs votes, selon l'importance de leur revenu. Au cas où le propriétaire exploiterait ou habiterait lui-même son immeuble, il prendrait part au vote à deux titres. Suit une série de règles, concernant l'éligibilité et le vote, et que nous retrouverons plus loin.

La section 46ᵉ accorde aux Commissaires des pouvoirs très étendus en ce qui concerne le personnel du service. Non seulement ils peuvent enjoindre aux gardiens et aux *overseers* de nommer des fonctionnaires payés ; mais ils peuvent déterminer également la qualité, les devoirs et la rémunération de ces agents, et établir les règles relatives à leur nomination ou à leur révocation. Ils sont même autorisés à révoquer les directeurs de *workhouses* et les autres agents salariés (sect. 48).

La section 54ᵉ délimite nettement le rôle des autorités locales. Elle prescrit qu'à l'avenir le secours, sauf des cas exceptionnels. ne pourra être donné que par les gardiens ou par les *select vestries*.

Nous passons sur d'autres dispositions de détail, telles que certaines règles relatives aux *workhouses*, à l'émigration des *paupers* etc. ; mais nous en reparlerons plus tard. Ce que nous tenions à mentionner ici, ce sont les dispositions constitutives de la nouvelle loi, en tant surtout qu'elles tracent les attributions des nouvelles autorités ; ce sont également celles de ces dispositions, qui devaient bientôt après recevoir une nouvelle extension ; car, ainsi que nous le dirons plus loin, la loi de 1834 a subi un certain nombre de modifications ou plutôt de développements.

Comme on a déjà pu le remarquer, le nouvel acte a donné aux Commissaires de la *Poor Law*, c'est-à-dire au pouvoir central, des attributions considérables ; il est permis de dire que les Commissaires ont complètement la main sur le service de l'assistance, qui devient un service essentiellement centralisé ; c'est là l'introduction dans la Constitu-

tion administrative anglaise d'un principe tout nouveau.
Les *Poor Law Commissioners* (1) vont bientôt former un
véritable ministère, et devenir le premier germe de la centralisation administrative.

La première tâche des commissaires fut la formation des
Unions. La délimitation de chaque union ne manquait pas
de difficultés : il fallait, d'une part, lui donner une étendue
suffisante pour empêcher la prédominance des intérêts locaux, et assurer les ressources suffisantes au service, et,
d'autre part, ne pas en faire une circonscription trop vaste
pour que les détails de l'administration devinssent d'une
connaissance difficile et d'un contrôle impossible. L'attention du pouvoir central se porte sur d'autres points. De 1834
à 1847, les Commissaires élaborèrent un grand nombre de
règlements ; l'un d'eux est célèbre ; c'est l'*Out-door relief
prohibitory Order*, du 21 décembre 1844 ; il avait pour
objet de supprimer la pratique des secours à domicile. —
Avant de disparaître en 1847, ils firent un règlement général, qui porte la date du 24 juillet de cette année, et qui est
connu sous le nom de « *General consolidated Order* » ; ce
règlement, dont certaines parties sont encore en vigueur,
touche à toutes les questions de la loi des pauvres, et peut
prendre place à côté de la loi de 1834.

On comprend qu'une autorité, qui a tout à réformer, et
qui, pour supprimer les abus, doit agir avec sévérité, s'attire une certaine impopularité. Le *Central Board* n'échappa
pas à la loi commune, malgré la circonspection qu'il apporta dans l'accomplissement de sa tâche, et malgré la rectitude absolue de ses actes. Aussi pouvait-on se demander
si ses pouvoirs seraient prorogés ; car ils ne lui avaient été
donnés que pour une durée de cinq ans. Mais peu avant

____

(1) Les trois premiers Commissaires de la *Poor Law*, nommés en
août 1834, furent : le Right Hon. Thomas Frankland Lewis, devenu
plus tard Sir T. F. Lewis Bart, John George Shaw Lefevre, et George
Nicholls.

l'expiration de leurs fonctions, les Commissaires eurent le bon esprit de présenter un rapport de leurs actes, rapport dans lequel ils montrèrent qu'ils s'étaient bornés à obéir aux principes de l'Acte de 1834, et que, si l'accomplissement de ces règles était impopulaire, la responsabilité devait en remonter au Parlement lui-même, qui en était l'auteur. Leurs pouvoirs furent renouvelés en 1839, et ils le furent successivement jusqu'en 1847 (1). A cette époque, l'organisation du département central cessa d'être regardée comme une mesure exceptionnelle, et subit une sorte de transformation (10 et 11, Vict., c. 109).

Par ce nouvel acte, la Reine était investie du droit de nommer une ou plusieurs personnes aux fonctions de « Commissaires chargés de l'administration des lois des pauvres en Angleterre ». A ces personnes, il était ajouté, comme Commissaires de droit, le président du Conseil. le Lord du Sceau privé, le secrétaire de l'intérieur, et le Chancelier de l'Echiquier. Un des commissaires recevait le titre de président ; celui-ci, ainsi que le secrétaire et les agents subalternes, étaient rétribués. Le Président pouvait, ainsi que l'un de ses secrétaires, siéger au Parlement ; c'était là une innovation sur l'acte de 1834, qui avait formellement enlevé ce droit aux commissaires. — exclusion qui avait soulevé des objections.

En réalité, un nouveau département ministériel était créé, et la pratique lui donna le nom de « *Poor law Board* » jusqu'à ce que cette qualification fut législativement consacrée (2). Sans doute, au premier abord, ce *Poor law Board* paraît plutôt une réunion de commissaires qu'un ministère ; mais, malgré la nomination possible d'un certain nombre de commissaires, qui semblaient avoir la même situation que les

____

(1) Ils le furent pour une année par l'Acte 2 et 3, Vict., c. 83 ; pour une autre année par 3 et 4, Vict., c. 42 ; pour une année encore (5, Vict., c. 10); et pour cinq années (5 et 6, Vict., c. 57).

(2) 12 et 13, Vict., c. 103, s. 21.

anciens, et malgré l'adjonction de commissaires de droit, ce bureau ne comprenait, en fait, qu'un seul homme, le Président; car, d'une part, le concours des commissaires de droit ne constituait qu'une pure formalité, et, d'autre part, en fait on ne nommait pas d'autres commissaires que le Président. Celui-ci relève directement du Parlement et de la Couronne, et son rapport annuel, au lieu d'être soumis au secrétaire de l'Intérieur, dut être présenté à la Reine et aux Chambres. Pour le *Poor law Board*, la législation agit comme elle l'avait fait pour les commissaires, en donnant à l'institution un caractère simpl[e]   [e]t temporaire; l'Acte, qui l'avait créé, n'avait reçu qu[']   [un]e de cinq ans; il fut, d'ailleurs, successivement prorogé (1), jusqu'en 1867, époque où il fut rapporté (30 et 31 Vict., c. 106, s. 1), et où la nouvelle organisation prit un caractère permanent. En 1871, le *Poor law Board* devint le *Local government Board*. Mais, à travers ces transformations, les attributions du pouvoir central, en ce qui touche l'administration de la loi des pauvres, ne subirent aucune modification importante.

Le *Poor law Board* pouvait se faire aider par des inspecteurs rétribués, chargés de visiter les *workhouses*, et d'assister aux réunions des bureaux de gardiens. Ces inspecteurs, véritables traits d'union entre le pouvoir central et les autorités locales, prirent les fonctions que remplissaient auparavant les « *assistant commissionners* ».

Les actes de ce département, surtout depuis 1868, occupent une très grande place. On le voit s'occuper avec activité de l'accomplissement des dispositions de la loi; mais on le voit surtout jouer le rôle d'un réformateur, et provoquer des modifications législatives. Ses attributions se

____

(1) Pour deux ans, (15 et 16, Vict., c. 59); pour cinq ans (17 et 18, Vict., c. 41); pour quatre ans (23 et 24, Vict., c. 101); pour une année (26 et 27, Vict., c. 55); pour deux (28 et 29, Vict., c. 105); pour une année (29 et 30, Vict., 102).

font nombreuses : tout d'abord plus larges en ce qui concerne la métropole, et plus restreintes relativement au reste du pays, elles s'uniformisent ensuite au point de vue de l'étendue. Il peut apporter notamment des changements dans les circonscriptions administratives, même sans l'assentiment des gardiens (1). Pour obtenir l'accomplissement de ses ordres et règlements, il reçoit le droit de suspendre certains paiements à faire aux Unions, à titre de subsides ou de remboursements, jusqu'à ce que les gardiens aient exécuté ses ordres (2).

Les dispositions législatives, qui vinrent ainsi successivement ajouter de nouvelles attributions ou de nouveaux pouvoirs au *Poor law Board*, apportèrent en même temps des modifications au fonctionnement même de la loi des pauvres, et aux conditions requises pour l'obtention des secours. D'autres actes du Parlement eurent spécialement cet objet. La période de l'histoire législative de 1834 à nos jours a été très fertile ; mais elle ne fut que le développement des principes posés en 1834. Nous allons la résumer brièvement, non pas en suivant l'ordre chronologique,

____

(1) V. 31 et 32, Vict., c. 122, de l'année 1868.

(2) L'acte de 1869 inaugure ce procédé, généralisé par un acte ultérieur de 1870 (*Metropolitan poor amendment Act*, 33 et 34, Vict., c. 18) ; ce dernier acte ajoutait en même temps de nouveaux pouvoirs au département central.

A la suite du rapport d'un *select committee*, nommé en 1873, il fut voté successivement trois actes, qui attribuèrent à l'autorité centrale toute liberté pour la dissolution et la formation des unions ; la seule restriction est l'obligation pour elle de faire confirmer sa décision par un Acte du Parlement, au cas où une protestation serait faite par une portion notable des contribuables ; mais l'approbation des Gardiens est inutile. Ces trois actes sont : 1° le « *Divided parishes and poor ... amendment Act*, 1876 » (39 et 40, Vict., c. 61) ; 2° le *Poor law ... amendment Act*, 1879 » (42 et 43, Vict., c. 54) ; 3° le *Divided parishes and poor law amendment Act*, 1882 » (45 et 46, Vict., c. 58). Ces actes ont permis la transformation des anciennes unions.

mais en indiquant, à propos de chaque point, les modifications qui y furent apportées.

. Parmi les conditions exigées pour l'admission aux secours, se rencontre, on le sait, celle du domicile. On peut se rappeler quelle importance eurent les lois de *settlement* et de *removal* dans l'histoire de la loi des pauvres. La loi de 1834 n'avait pas sanctionné la proposition faite par la Commission royale, mais s'était bornée à restreindre certains des titres sur lesquels pouvait être basée l'obtention d'un domicile. Aussi les inconvénients, signalés auparavant, se reproduisirent-ils sous le nouvel acte ; peut-être même devinrent-ils plus frappants. En effet, l'acquisition d'un nouveau domicile avait été rendue plus difficile depuis que l'acte de 1834 avait enlevé à la résidence simplement temporaire et au louage de services la vertu de la conférer. Outre la naissance et l'apprentissage, il ne restait pour attribuer un nouveau domicile que le fait de la location d'une terre d'un revenu annuel de 10 £ au moins, sorte de titre dont ne pouvait bénéficier la très grande majorité des ouvriers. Le développement de l'industrie manufacturière compliquait singulièrement les choses ; il avait, en effet, amené un exode des ouvriers ruraux, qui, s'étant établis dans les villes, n'avaient gardé avec leur lieu d'origine ni rapport d'attachement ni relation de famille, ce qui ne les empêchait pas d'y avoir encore leur domicile de secours ; venaient-ils à perdre leurs forces, ou à ne plus trouver d'ouvrage, ils étaient renvoyés en masse à leur domicile originaire, au plus grand détriment des contribuables de ce domicile, dont les taxes se trouvaient de ce fait considérablement accrues.

Une *réforme* s'imposait ; elle fut réalisée par une loi de 1846 (9 et 10, Vict., c. 66) : aux termes de cet acte, une personne ne pouvait à l'avenir être chassée d'une paroisse, habitée par elle depuis cinq ans avant la demande de renvoi ; mais il était entendu que cette période de cinq ans ne pouvait comprendre ni le temps passé en prison, dans un hôpital, dans un asile, ou au service naval et militaire, ni le temps pendant lequel elle aurait reçu des secours publics. Cette disposition allait créer de nouveaux abus, tant il est vrai que cette matière du domicile de secours est d'une réglementation difficile toutes les fois que l'on veut s'écarter des principes de la justice et du droit naturel. En imposant le devoir d'assistance non à la paroisse, où la personne était employée, mais à celle où elle résidait, elle créait une charge trop lourde à certaines paroisses, lesquelles, eu égard à des circonstances particulières, contenaient un grand nombre de maisons ouvrières, dont les habitants travaillaient dans une paroisse voisine ; elle provoquait aussi des spéculations ou des calculs singuliers : car on voyait des propriétaires fonciers détruire les cottages ouvriers, qu'ils possédaient sur le territoire de la paroisse, ou, à l'inverse, des industriels en construire sur les paroisses voisines ; les seconds, comme les premiers, cherchaient à pousser la population ouvrière à établir sa résidence ailleurs, afin d'alléger le fardeau de la taxe des pauvres qui les frappait.

Une nouvelle intervention du législateur devenait nécessaire ; elle se produisit en 1861. Une personne ne pourra plus être renvoyée après trois ans de résidence ; la période qui assure l'*irremovability* se trouve ainsi réduite de deux ans. La résidence dans une partie quelconque de l'Union a, d'ailleurs, le même effet que la résidence dans une paroisse particulière. Bientôt après, le délai de trois ans est lui-même réduit à une année, et encore est-il admis que le pouvoir accordé aux autorités paroissiales de renvoyer les personnes nécessiteuses, dont la résidence avait été inférieure à une année, n'avait pour objet que de fournir un moyen de prévenir le vagabondage. Mais cette résidence de trois ans, d'abord, d'un an, ensuite, tout en assurant le bénéfice de l'*irremovability*, ne conférait pas le

domicile. Une loi de 1876 (39 et 40, Vict., c. 61) dispose
qu'à l'avenir le domicile sera attaché à la résidence inin-
terrompue dans une paroisse pendant trois années, et que
ce domicile se continuera jusqu'à l'acquisition légale d'un
autre.

Ces nouvelles règles n'étaient pas de nature à porter
une grave atteinte aux intérêts respectifs des paroisses,
parce qu'elles allaient se combiner avec une autre réforme,
qui, au lieu de faire subir à chaque paroisse la charge de
l'assistance de ses pauvres, avait pour but de répartir sur
l'ensemble de l'Union les dépenses d'assistance s'appliquant aux indigents de chacune de ses paroisses. Cette réforme — est-il besoin de le dire ? — ne s'opéra que graduellement. Nous avons parlé plus haut d'une sorte de
fonds commun de l'Union. Ce fonds commun, qui était
alimenté, d'après les dispositions de l'*Act* de 1834, par
une contribution fournie par chaque paroisse proportionnellement à la dépense moyenne qu'elle avait eu à subir
dans les trois dernières années, devait servir à payer les
dépenses de construction et d'entretien des *workhouses*, et
le paiement des agents ; en 1844 il s'étendit par la création des écoles de district ; on ne tarda pas à l'appliquer à
la dépense de secours de ceux de ces *paupers*, qui, bien
que sans domicile, ne pouvaient être renvoyés, ainsi que
des voyageurs et des enfants trouvés.

Cette extension du fonds commun ne provoquait pas de
réclamations pour elle-même, mais paraissait dure à certaines paroisses, à celles précisément qui se trouvaient déjà
les plus fortement taxées avant 1834, et dont la contribution au fonds commun restait fixée à une proportion trop
élevée. On comprit qu'une sorte de nivellement s'imposait ; mais cette réforme exigea de longs efforts. Nous pas-
serons sur les détails, pour consigner deux résultats très
importants : 1° les paroisses furent appelées à contribuer
à l'avenir au fonds commun proportionnellement à la va-

leur taxable de leurs propriétés (1) ; 2° le fonds commun
dût comprendre la totalité de la dépense d'assistance, en
d'autres termes l'Union fût substituée à la paroisse pour
toutes les dépenses. C'était là une très grosse réforme ;
mais quelque grande qu'elle fût, elle ne constituait pas une
révolution dans la législation, parce qu'elle était plutôt le
résultat d'un *processus* graduel (2).

Pendant que s'accomplissaient ces modifications, applicables à toute l'Angleterre, il s'en élaborait une, ne concernant que la métropole, et qui, elle aussi, fit sa trouée
lentement. Un premier acte législatif, qui passa assez aisément, mais ne se produisit que timidement, puisqu'il ne
fût promulgué tout d'abord que pour douze mois (3), pres-
crivit qu'il serait établi dans chaque union ou paroisse un
asile pour les voyageurs, les vagabonds, les enfants trouvés et pour tous individus cherchant un abri pour la nuit.
Ces nouveaux agencements étaient soumis à l'examen du
Poor Law Board. C'était là l'embryon d'un système nouveau, ayant pour objet de faire de la métropole un district
unique. Le système devait recevoir peu après une expression plus complète (4). Il était créé un fonds commun pour

(1) Acte de 1861 (24-25, Vict., c. 55).

(2) Cette réforme fut accomplie par l' « *Union chargeability Act* »
de 1865 (28 et 29, Vict., c. 79).Cet acte, un des plus importants, avait
été préparé par le rapport d'un *Select Committee*, nommé en 1861,
et dont M. Villiers avait été le président.

(3) *Metropolitan Homeless Poor Act*,1864 (27 et 28, Vict., c. 116).Cet
acte fut modifié et rendu permanent dans l'année suivante (28, Vict.,
c. 34).

(4) Acte de 1867 (30, Vict., c. 6); cet acte est ainsi qualifié : « Acte
« pour l'établissement dans la métropole d'asiles pour les malades, les
« insensés et autres catégories de pauvres, et de dispensaires, —
« pour la répartition sur la métropole d'une partie des dépenses
« d'assistance, et pour d'autres objets relatifs à ce service dans la
« métropole ». Cet acte fut complété en 1869 (32 et 33, Vict., c. 63).
En 1870, nouvel acte : *Metropolitan Poor Amendment Act* (33 et 34,
Vict., c. 181).

certaines dépenses d'assistance dans la métropole (*Metropolitan Common Poor fund*); ce fonds était alimenté au moyen de contributions perçues sur les différentes unions et paroisses proportionnellement au revenu de leurs propriétés, soumises à la taxe des pauvres; il était destiné à subvenir aux dépenses suivantes : entretien des fous dans les asiles, frais de séjour dans des hôpitaux spéciaux (1) des malades, atteints de la variole ou de fièvres contagieuses, d'enfants pauvres jusqu'à l'âge où il leur serait possible d'entrer dans des écoles hors du *workhouse*, etc., des pauvres sans asile (*casual poor*); sur ce fonds, on devait encore imputer toutes les charges résultant du service de la médecine et de l'allocation des médicaments, ainsi que les appointements de tout le personnel des asiles, écoles de district et dispensaires (2).

Le transfert à l'Union des charges frappant jusque-là la paroisse, et la mise en commun d'une partie des dépenses d'assistance concernant la métropole commandaient et rendaient urgente une autre réforme : il fallait établir des règles uniformes relativement à la taxation et à l'évaluation des propriétés. D'autres raisons rendaient nécessaire cette réforme : notamment les dispositions concernant l'électorat, et le système financier en vertu duquel certaines taxes se greffaient sur la taxe des pauvres (*Union assessment committee Act*, — 25-26, Vict., c. 103) (3).

Il est enfin un acte tout récent, datant de quelques mois,

---

(1) Ces hôpitaux étaient à construire.

(2) On y ajoutait également un certain nombre de dépenses imputées sur la taxe des pauvres. V. le chapitre VIII.

(3) Deux actes avaient précisé la nature des biens à taxer, matière qui restait régie par le statut d'Elisabeth, et qui, à raison des expressions mal définies dudit statut, était pleine d'obscurités : le premier est daté de 1836 (6 et 7, Will. IV, c. 96) ; le deuxième est intitulé : *Poor rate assessment and collection Act*, et il est de 1869 (32 et 33, Vict., c. 41).

et qui a apporté un certain nombre de modifications dans
l'organisation et l'élection des bureaux de gardiens; c'est
l'acte connu généralement sous le nom de « *Parish councils Act* », mais portant la rubrique « *Local Government
Act*, 1894 » (56 et 57, Vict., c. 72). Cette disposition législative a eu pour objet principal, comme on le sait, de créer
les conseils de paroisse.

Telles sont brièvement résumées les principales modifications apportées depuis 1834 à la législation de l'assistance. Nous avons laissé dans l'ombre celles des règles
nouvelles, (1) qui ne touchent qu'à des points de détail, ne
nous attachant qu'aux modifications, dont la connaissance
est nécessaire pour comprendre l'organisation actuelle.

(1) V. l'ouvrage cité du Dr Aschrott.

DEUXIÈME PARTIE

ORGANISATION ACTUELLE

———

CHAPITRE VI

PRINCIPES ET CONDITIONS.

Existe-t-il un droit au secours ? — Le droit n'est pas sanctionné ; il y a presque impossibilité pour l'indigent de se pourvoir contre le refus dont il serait victime. — Protection dont il jouit ; garanties qui lui sont accordées. — Droit pour le *casual pauper* d'obtenir son admission au *workhouse*. — Principe qui guide l'administration de la loi des pauvres: l'intérêt social. — Conséquences qui en découlent : 1° le dénûment (*destitution*) condition essentielle à l'obtention du secours : 2° on ne doit pas rendre enviable la condition du *pauper* ; 3° déchéances électorales du *pauper*. — Le domicile de secours ; son acquisition ; ordres de renvoi.

L'étude succincte, que nous avons présentée, de la loi de 1834, et des modifications qu'elle a subies, nous permettra de glisser rapidement sur certains détails de l'organisation actuelle. Les chapitres précédents allégeront beaucoup les suivants.

Entrons immédiatement en matière. — La première question, qui se pose, est celle des conditions exigées pour l'admission au secours. Ces conditions ne sont pas nombreuses ; mais il suffit qu'elles existent, ou plutôt il suffit qu'il en existe pour que l'on ait à se demander si, lorsque ces conditions sont remplies, il y a un droit au secours. Ce droit au secours paraît incontestable à certaines personnes. Est-ce que le système de la charité légale, disent-elles, n'implique pas au profit du pauvre un droit de créance? et, d'ailleurs, si la société se reconnaît débitrice du secours, cette dette n'est-elle pas sanctionnée par un droit corrélatif au profit de celui vis-à-vis duquel elle est tenue?

Voici comment s'exprime M. Leroy-Beaulieu : « L'acte « de 1834 a modifié l'organisation de l'assistance publique, « sans en modifier les principes. Il reste admis que l'indi- « gent *a droit* à l'assistance de la commune et de l'Etat : « les secours qu'on peut lui donner ne sont pas des actes « gracieux et de charité, ils constituent l'accomplissement « d'une obligation formelle. L'indigent a toujours le pou- « voir d'invoquer l'appui du juge pour se faire secourir en « cas de besoin. Cependant si l'indigent a une créance lé- « gale contre la société, s'il peut réclamer l'appui de la « justice pour se faire payer cette créance, il n'est pas « dépourvu de toute obligation envers la société qui l'as- « siste. Les secours, qui sont, d'ailleurs, obligatoires, sont « considérés comme des avances ou des prêts..... » (1).

Nous pensons que, malgré ces termes, le savant auteur n'a voulu dire qu'une seule chose : c'est que l'obligation,

---

(1) *Administ. locale*, p. 229. — M. Leroy-Baulieu, résumant plus loin, dans le même ouvrage, la législation des pauvres, dit ceci : « Cette législation repose sur le principe de la charité légale. Le droit « à l'assistance est reconnu de la manière la plus nette et la plus « claire. Comme correctif de ce qu'il y a d'exorbitant dans cette « créance légale du pauvre contre la société, l'on a établi l'obligation « du travail et de la vie en commun, sauf la séparation des sexes, « dans de grands établissements, qui participent du cloître et de la « prison » (p. 236).

imposée par la loi aux administrations locales, d'allouer des secours aux pauvres, constitue un devoir public, une dette sociale, et c'est la vérité. Le devoir de secours n'a, en effet, que ce caractère, mais il n'est pas une obligation civile, créant un véritable lien de droit entre le pauvre et la société, lien qui permettrait au premier d'actionner les représentants de celle-ci devant certaines juridictions. Or précisément la sanction fait ici absolument défaut. Un Bureau de gardiens peut refuser l'assistance, sans qu'il y ait possibilité d'appel pour celui qui subit le refus. Autrefois, on le sait, il était permis dans ce cas de recourir aux magistrats ; mais cette faculté d'appel, qui a créé les abus, que l'on a vus, n'existe plus sous la nouvelle législation, ou plutôt elle n'existe plus que dans les cas d'urgence ; dans ces hypothèses, le magistrat peut ordonner le secours, mais fait-il exactement fonction de juge d'appel? — Il existe bien, sans doute, une voie de recours devant la Cour du banc de la Reine, après obtention d'un ordre de *mandamus*; mais si l'on examine, d'un côté, la condition extrêmement humble de celui qui implore le secours, et, de l'autre, l'accès difficile de cette haute juridiction, on comprendra qu'il y ait absence de sanction. Mais si l'indigent est dépourvu, en fait, de toute action, il est juste de dire qu'il est absolument protégé contre la dureté ou la sévérité éventuelle des gardiens, d'abord par le contrôle de la presse, et ensuite par la surveillance exercée par le *Local Government Board* ; ses inspecteurs assistent fréquemment aux réunions des gardiens, examinent les livres, reçoivent les plaintes, etc., et s'ils reconnaissent que la loi des pauvres est appliquée, en quelque endroit, d'une manière inhumaine, ils ne manquent pas d'en faire l'observation au bureau des gardiens, et de provoquer la révocation des agents salariés coupables. Ajoutons que la loi assure une garantie d'une autre nature à l'indigent, en ce qu'elle autorise l'exercice d'une accusation contre ceux,

quelque soit leur rang, dont la négligence a amené la mort
d'un individu. Aussi les gardiens, devant lesquels se présente un indigent, ne refusent-ils pas, en général, le secours, et prononcent-ils son admission dans le *workhouse* ;
cette mesure est plus prudente, et elle leur est conseillée (1).
Ce n'est guère qu'au cas où le pauvre, après avoir refusé
cette admission, se représenterait à nouveau devant les
gardiens, que ceux-ci se borneraient à le renvoyer, sans
aucune allocation de secours (2).

Quoique la sanction fasse défaut au droit de demander
le secours, il est toutefois un cas où la solution adoptée
cadre assez mal avec cette règle. Les vagabonds et les
pauvres sans abri obtiennent, comme nous l'avons déjà
vu, et comme nous le verrons plus loin, leur admission au
Casual Ward, sans décision préalable d'un bureau de gardiens, et l'homme, chargé de la surveillance de ce quartier, ne peut leur en refuser l'entrée. Aussi est-ce un peu
cette raison qui a fait établir la jurisprudence des gardiens,
dont nous parlons plus haut.

Au-dessous du principe général du droit au secours,
principe qui domine toute la matière, il est un certain
nombre de règles destinées à lui servir pour ainsi dire
d'interprétation. C'est qu'en effet l'assistance n'étant pas
une des fonctions essentielles de l'Etat, il importait de déterminer exactement à quel mobile devraient obéir ceux
qui présideraient à son administration. Serait-ce la philanthropie? ou plutôt l'intérêt social, nous voulons dire
l'intérêt de la Société? On sent bien que, selon qu'on prend

(1) M. Davy, un des inspecteurs les plus distingués du *Local Government Board*, recommande aux gardiens de recourir à cette pratique
plutôt que de refuser tout secours.

(2) Nous avons sous les yeux un certain nombre de fiches dressées
par les gardiens de la paroisse de Brighton, chaque solliciteur ayant
une fiche. Sur l'une, nous lisons, à une première date, le mot « *House* »
et, à une date ultérieure, « *No order made* ».

pour guide l'un ou l'autre de ces sentiments, on est amené à des conséquences toutes différentes. L'ancienne loi des pauvres s'inspirait de mobiles humanitaires, on sait ce qu'elle a donné ; la nouvelle s'attache à l'autre idée. Or cette autre idée engendre un frein, en même temps qu'elle crée une obligation ; car si elle assure le secours, au nom de la société intéressée à ne pas laisser dans le dénûment une partie de ses membres, elle commande aussi impérieusement de ne pas aller au delà ; car la communauté serait aussi défavorablement affectée par la mauvaise et trop large distribution que par l'absence de secours.

L'assistance est donnée à ceux qui sont frappés de dénûment (*destitution*) et elle doit leur assurer seulement les moyens de parer aux besoins les plus nécessaires et les plus pressants.

C'est le dénûment qu'elle doit soulager ou faire disparaître, quelle que soit la personne, et quels que soient ses défauts ou ses qualités : elle le soulage d'une manière impersonnelle, quels que soient les antécédents de l'individu ; de plus, si elle doit s'efforcer de supprimer le dénûment, elle n'a pas charge de le prévenir et de l'empêcher d'arriver. C'est une plaie qu'elle doit panser ; mais elle ne pénètre pas dans le domaine de l'hygiène. A la charité privée de faire mieux, et de combler les insuffisances de l'assistance officielle ; celle-ci laisse à faire à celle-là.

La *destitution*, c'est-à-dire la misère extrême, est une condition nécessaire. Une personne a-t-elle quelques moyens pécuniaires, elle ne sera pas assistée ; vient-elle à les dissimuler ou à ne pas les avouer aux gardiens, ou à leurs agents, qui l'interrogent à cet effet, elle est punissable ; vient-elle à acquérir une propriété, elle cesse d'avoir droit aux secours, et les gardiens ont même le droit de s'attaquer à cette propriété pour récupérer le secours donné dans les douze mois précédents, aussi bien qu'à celle qui leur aurait été cachée. Règle applicable même après la mort du *pauper*. Une personne a-t-elle des proches, tenus de son entretien, c'est-à-dire des ascendants et des descendants, les gardiens ont le droit de recouvrer sur eux les dépenses de secours, à la condition toutefois que cette personne ne soit pas valide ; cette restriction se conçoit, car si l'on est tenu de secourir ses parents âgés, malades ou infirmes, on ne saurait être tenu de nourrir ceux qui sont valides (1).

Il y a certains cas où un secours donné à une personne est censé donné à une autre, et ceci est important à deux titres : d'abord parce que le secours ne sera alloué que si cette seconde personne est dans la situation voulue pour le recevoir, et, en second lieu, parce que l'obtention du secours par la première entraîne à la charge de la seconde les mêmes déchéances que si celle-ci le recevait elle-même. C'est ainsi qu'un secours donné à une femme est considéré comme donné à son mari, et qu'un secours donné à un enfant, âgé de moins de seize ans (2), est regardé comme accordé au frère ou à la mère.

En se bornant à prescrire que le pauvre ne recevra que le strict nécessaire, l'État tient à rendre sa condition moins enviable que celle d'un ouvrier, qui vivrait uniquement du produit de son travail ; c'est là une règle de comparaison qu'il ne cesse avec raison de formuler, car, dans un pays de charité légale, il faut, — et l'expérience est là pour l'enseigner, — éviter que la catégorie des *paupers* ne s'enfle démesurément. La ligne de démarcation entre les pauvres et certaines classes d'ouvriers n'existe pas naturellement, et si le sort des premiers est rendu trop bon, et presque désirable, il n'y a pas de motif pour que de nombreux ouvriers, soumis souvent à des privations, ne la

(1) Lorsqu'une personne est à la veille de tomber à la charge de la paroisse, les gardiens peuvent obtenir des magistrats une décision pour obliger, sous peine d'amende, ses proches, ou son mari s'il s'agit d'une femme, à la secourir ou à payer une somme à cet effet.

(2) Réserve faite du cas où l'enfant serait aveugle ou sourd-muet.

franchissent ; il est si facile de vivre sans travail, si doux de déserter la lutte pour la vie ! Les impôts augmentent alors indéfiniment, et la démoralisation gagne le pays.

Que ces précautions violent quelque peu les sentiments d'humanité, nous sommes le premier à le reconnaître, mais elles sont nécessaires dans un pays, qui consacre le droit au secours, et qui le consacre même au profit des individus valides. Le législateur Anglais de 1834 a eu tort de ne pas supprimer ce droit, mais ne l'ayant pas aboli, il devait en empêcher les abus.

Une autre différence sépare les individus assistés d'avec les autres classes de la population, et c'est la législation électorale qui l'a tracée. L'obtention d'un secours fait perdre l'exercice du droit électoral pendant une année ; le *pauper* ne peut prendre part ni aux élections au Parlement ni aux élections locales. On dresse et on publie la liste des électeurs le 31 juillet, et on en exclut ceux qui ont été secourus dans les douze mois précédents. Cette règle a pour objet de flétrir le *pauper* ; susceptible peut-être de s'expliquer lorsqu'il s'agit d'un *pauper* vivant habituellement des ressources paroissiales, elle nous paraît trop rigoureuse dans les cas où il aurait reçu accidentellement un secours, et notamment un secours médical. On sent tellement bien en Angleterre que cette rigueur est exagérée dans cette dernière hypothèse, que, lors de la discussion du nouveau *Bill de Franchise*, en 1887, la Chambre des Communes avait adopté un amendement aux termes duquel la perte du droit d'électorat ne serait plus attachée à l'allocation d'un secours médical.

Le droit à l'assistance est encore subordonné à une condition importante, celle de domicile. L'assistance ayant été et étant encore uniquement locale, il en résulte que la circonscription administrative, chargée de ce service, ne saurait être tenue de recevoir indistinctement tous les pauvres. Cette circonscription, qui était autrefois la Paroisse, et qui est actuellement l'Union de paroisses, n'est tenue de secourir que ses propres pauvres. On désigne par le nom de *settlement* la paroisse ou l'Union dans laquelle chaque pauvre a le droit d'être secouru, c'est-à-dire ce qu'on pourrait nommer son domicile de secours.

La première loi, qui ait trait à cette matière, paraît avoir été promulguée en 1662 sous Charles II (12 et 13, Car. II, c. 12). C'est la première qui fit du domicile une condition de secours ; car l'acte d'Elisabeth, en obligeant les paroisses à donner l'assistance, avait négligé de déterminer les personnes à qui elles devraient la donner. — Nous avons parlé de quelques-unes des très nombreuses lois, qui se sont succédé depuis deux siècles relativement au domicile de secours, et le lecteur a pu remarquer que c'est là une matière singulièrement complexe et arduc, d'autant plus que chaque paroisse autrefois avait le droit de renvoyer dans leurs paroisses respectives les pauvres étrangers à la localité (faculté de *removal*).

Notre intention n'est pas de revenir ici sur l'histoire de ces lois de *settlement* et de *removal*, mais seulement de faire connaître l'état actuel de la question. Aussi bien la condition d'un domicile de secours se justifie, toutes les fois que l'obtention n'en est pas rendue trop difficile, et, à plus forte raison, impossible. Or actuellement les entraves à l'acquisition d'un nouveau domicile ont diminué, et le renvoi des pauvres à leurs paroisses est restreint dans des limites très étroites ; ce renvoi occasionne, en effet, toutes sortes d'abus, sans compter des frais considérables ; il est, de plus, une violation des principes de la liberté individuelle. Dans la pratique, beaucoup de localités, et spécialement les grandes villes, usent fort peu de la faculté de renvoi (1). On arriverait même probablement à la sup-

(1) Il y a chaque année une décroissance marquée dans le nombre des « ordres de renvoi ». En 1840, on en comptait 13,867, touchant 40,000 personnes ; en 1882, 4,211, n'affectant que 6,203 per-

primer, s'il n'y avait ici en jeu l'immigration considérable
des Irlandais en Angleterre ; cette immigration affecte
surtout les ports de mer, et ce sont précisément les villes
maritimes, qui tiennent à conserver les anciennes garanties de domicile.

Quoique la circonscription actuelle de secours soit l'U-
nion, c'est encore dans la Paroisse que le domicile s'acquiert, et non dans l'Union. Telle est la règle, mais, il faut
bien l'ajouter, elle a perdu la plus grande partie de sa
signification, par suite de certaines modifications étudiées
précédemment ; on peut se rappeler notamment que l'U-
nion a été substituée à la paroisse sous le rapport de la taxe
des pauvres. Dès lors, un individu tombe-t-il dans la misère, il n'est renvoyé de la paroisse, que s'il n'appartient
pas à quelque autre paroisse de l'Union ; car à quoi servi-
rait-il à une paroisse d'user de la faculté de renvoi, si le
pauvre devait échouer dans une autre paroisse, appartenant à la même Union, et si les dépenses de secours devaient finalement être supportées par le même fonds ?

Le domicile de secours s'acquiert de différentes manières : 1° par la naissance, qui donne ou impose à la personne
nouvellement née le lieu de naissance comme domicile ;
2° par le domicile même des parents ; l'enfant, tant qu'il
est sous la garde de ses parents, a le domicile de son père,
et, en cas de mort de celui-ci, celui de sa mère ; lorsqu'il
échappe à leur garde, il conserve ce domicile jusqu'à ce
qu'il en acquière un lui-même (1). Ce domicile se confon-

sonnes, chiffre auquel il faut ajouter 2,692 individus renvoyés sans
« ordre ». Les chiffres ont encore baissé dans ces dernières années,
et le nombre total des personnes, frappées par une mesure de renvoi, ne dépasse pas actuellement 5,000.

(1) Ce que nous disons s'applique aux enfants légitimes ; pour les
enfants naturels, qui ne pouvaient autrefois se créer un domicile
par parenté, l'Acte de 1834 disposa qu'ils suivraient le domicile de
leur mère. Cette règle a fait cesser un abus révoltant : les enfants

dra souvent avec le domicile acquis par la naissance ; mais il pourrait en être autrement, par exemple dans le cas où les parents auraient un domicile autre que le lieu de naissance de l'enfant, ou en auraient acquis un nouveau pendant que l'enfant est sous leur garde (1) ; 3° par le mariage, relativement à la femme qui suit obligatoirement le domicile du mari, et le conserve après la mort de celui-ci ; ce domicile supprime tout autre domicile acquis antérieurement ; 4° par l'apprentissage, si l'apprenti, en exécution de son contrat, réside pendant quarante jours dans un lieu déterminé ; 5° par le fait de la location d'un bien ayant un revenu au moins égal à 10 fr. ; 6° par le fait d'être soumis aux taxes paroissiales ; 7° par une résidence se prolongeant au moins pendant trois ans. Cette dernière manière d'acquérir le domicile date seulement de 1876.

Telles sont les manières d'acquérir un domicile de secours. Ce domicile devient le lieu où l'indigent a droit d'être secouru, d'où il ne peut être chassé, et où il doit être renvoyé, au cas où il viendrait ailleurs à tomber dans le dénûment. L'acquisition du domicile produit, en effet, ce triple résultat.

Si nous supposons qu'un individu devienne malheureux dans une paroisse autre que celle où il est domicilié, il peut se produire deux alternatives : dans certains cas, il peut être secouru dans la paroisse où il se trouve. Ces cas sont ceux-ci : il a son domicile dans une paroisse faisant partie de la même Union, ou encore il est de nationalité étrangère et n'a aucun domicile en Angleterre (2) ; ou,

naturels ne pouvant avoir, comme premier domicile, que leur lieu de naissance, les paroisses expulsaient les filles pendant leur grossesse, pour que, l'accouchement ayant lieu ailleurs, l'enfant ne pût tomber à leur charge.

(1) Il est évident que, dans ces hypothèses, ce dernier domicile détruirait le domicile créé par la naissance.

(2) Un étranger peut acquérir un domicile de secours, indépendamment de toute naturalisation.

avant tout ordre ou même toute demande de renvoi, il a résidé un an sans solution de continuité sur le territoire d'une Union. Il en serait de même, si le dénûment était seulement provoqué par une maladie ou un accident, à condition toutefois que cette maladie ou cet accident ne produisît pas une incapacité permanente (1).

La seconde alternative est celle où l'individu ne se trouve pas dans les cas ci-dessus, et où la paroisse, non obligée de le secourir, peut et veut user du droit d'expulsion. Un ordre de renvoi (*order of removal*) est nécessaire ; il est demandé par les Gardiens, et prononcé par deux magistrats. Cet ordre n'est que très exceptionnellement prononcé, en cas de maladie. Ajoutons que l'ordre est adressé aux Gardiens du lieu où le *pauper* a son domicile de secours, et « il a pour objet de les obliger à le recevoir (2) ». A côté de cette procédure judiciaire, il est une procédure d'ordre purement administratif, relative aux questions de domicile ; deux Unions ou deux paroisses peuvent s'en remettre au *Central Board* du soin de statuer. Au reste, les difficultés peuvent être et sont fréquemment tranchées d'une manière tout à fait amiable entre les paroisses.

(1) Lorsqu'une personne se trouve dans les cas ci-dessus désignés, qui la soustraient au risque d'un renvoi, elle communique cet avantage à ses enfants au-dessous de seize ans, vivant avec elle. Nous ne pouvons entrer dans le détail de ces règles.

(2) Cet ordre peut donner lieu à un appel. Il y a, à cet égard, une série de règles concernant soit les délais, soit les effets de l'appel ; mais ces règles, qui doivent figurer dans un manuel pratique, n'offrent aucun intérêt dans la présente étude.

CHAPITRE VII

LES CIRCONSCRIPTIONS ET LES AUTORITÉS CHARITABLES.

La Paroisse, ancienne circonscription du service d'assistance ; son origine ; ses inconvénients ; les petites paroisses. — L'Union de paroisses, nouvelle circonscription ; formation des unions ; différences entre elles. — Les autorités locales étaient autrefois les *overseers* et les *magistrats* ; attributions que ceux-ci ont conservées. — Organisation et composition du *Board of Guardians* ; le vote et les élections ; les femmes électeurs et éligibles. — Les agents rétribués sous les ordres du Bureau (*Board*) : le *clerk* ; le *relieving officer*. — Du pouvoir central : le *Local Government Board* ; son contrôle administratif et financier ; ses Inspecteurs et ses *Auditors*.

La loi de 1834, nous avons eu l'occasion de le dire plusieurs fois, a créé une circonscription nouvelle de secours, l'*Union de paroisses*, et a institué un organe nouveau dans le fonctionnement du service, le *Bureau de Gardiens* (*Board of guardians*), qu'il a soumis en même temps au contrôle d'une autorité centrale. Ce sont même là ses innovations principales, pour ne pas dire exclusives, les autres dispositions de cet acte n'ayant pas été des innovations proprement dites, mais des réformes dans l'application de règles anciennement établies, ou plutôt la substitution à la jurisprudence antérieure de principes d'interprétation différents.

Dans l'étude, que ce chapitre doit contenir, de l'Union de paroisses et du Bureau de Gardiens, notre tâche sera fort abrégée par les développements qui précèdent.

Avant 1834, la circonscription administrative pour le

service de la loi des pauvres était la paroisse ; celle-ci avait été choisie, à l'origine, par suite d'une raison historique. Elle était la circonscription ecclésiastique, et elle constituait le domaine, où l'activité religieuse et charitable de chaque prêtre devait s'exercer. Lorsque l'assistance fut érigée en fonction sociale, elle resta l'unité administrative, chargée de ce service, et obligée en même temps de pourvoir à ses besoins ; de là ses fonctionnaires spéciaux. Puis, les habitudes administratives Anglaises aidant, on greffa sur cette attribution d'autres attributions, et on fit de la paroisse le foyer de la vie administrative locale ; cette paroisse laïque, née de la paroisse ecclésiastique, perdit en même temps son caractère religieux (1).

La paroisse ne présentait, nous l'avons dit, ni la population suffisante pour fournir des administrateurs éclairés et impartiaux du service d'assistance, ni une surface assez grande pour asseoir une taxe qui fût tout à la fois suffisante et relativement légère. D'ailleurs, les inégalités les plus grandes existaient et existent encore entre les paroisses. Sans doute, si l'on procédait par moyenne, on trouverait que la moyenne de la population d'une paroisse est de 1700 habitants environ. Mais les moyennes n'ont jamais eu une bien grande signification ; et c'est le cas ici : en effet, sur 15,000 paroisses, que l'on compte en Angleterre et dans le pays de Galles, il y en a actuellement 6,000 dont la population est inférieure à 300 habitants ; il y en a même 788 dont le nombre d'habitants est au-dessous de 50 ; en revanche, beaucoup de paroisses ont une population supérieure à 10,000 âmes. On le voit, les mêmes difficultés et les mêmes problèmes se présentent de l'un et de l'autre côtés de la Manche ; si l'Angleterre a ses petites paroisses, la France a ses petites communes. Comme surface, il y a

(1) Nous verrons plus loin la distinction entre les paroisses ecclésiastiques et les paroisses civiles.

des paroisses, dont le territoire n'atteint pas 50 acres, d'autres dont la superficie dépasse 10,000.

La réunion de plusieurs paroisses constituait donc une nécessité. On l'avait compris bien avant 1834. En 1721, il avait été décidé, relativement à l'établissement de *work-houses*, que les paroisses, trop petites pour avoir un établissement qui leur fût particulier, pourraient s'unir à cette fin avec les paroisses voisines; soixante ans plus tard, le *Gilbert's Act* ordonnait la même combinaison. Mais, malgré ces antécédents historiques, c'est à l'acte de 1834 que les Unions actuelles doivent leur existence. Le nombre en est de 647.

La création d'une Union est le fait du *Central Board*, qui dans le groupement des paroisses, et dans le choix qui y préside, doit tenir compte d'éléments et de circonstances de nature différente : la population, la superficie, la valeur des biens fonciers, l'importance de la population à secourir, etc. On comprend dès lors que les Unions ne puissent être toutes taillées sur le même patron ; dans l'une, il aura fallu comprendre une forte population pour obtenir une superficie raisonnable ; dans l'autre, à l'inverse, la population est faible, mais l'étendue territoriale était déjà trop grande pour qu'on pût songer à en accroître encore les limites. De là, d'assez grosses différences soit relativement au nombre des paroisses groupées dans la même Union, soit relativement à la population et à la superficie des diverses unions. Faut-il citer quelques exemples ? L'Union de Welwyn, dans le Hertfordshire, ne se compose que de quatre paroisses, comprenant une population de 2,300 habitants, sur une étendue de 6,457 acres, tandis que celle de Morpeth, dans le Northumberland, groupe 72 paroisses, d'une population de 36,074 âmes, sur un territoire total de 97,404 acres ; la première n'a que cinq gardiens, alors que la seconde en a 79. Celle-ci, au reste, n'est pas parmi les plus grandes ; la Lincoln Union, dans le Lincolnshire, a 99 paroisses, une étendue de 158,792 acres, et une population de 64,512 individus ; la Chorlton Union, dans le Lancashire, n'a que 12 paroisses, et une étendue de 11,697 acres ; mais sa population dépasse 260,000 individus. Dix Unions ont une population supérieure à 200,000 habitants, et, à l'inverse, quatre Unions n'en ont pas 3,000. Les mêmes contrastes existent quant à la valeur des biens soumis à la taxe des pauvres ; dans une Union, le revenu imposable atteint presque 4 millions de £ ; dans une autre, il n'atteint pas 15,000 £.

Certaines Unions ne se composent que d'une seule paroisse, ou, pour parler plus exactement, certaines paroisses, d'une population, d'une superficie et d'une richesse suffisantes, font fonction d'Unions, et forment à elles seules la circonscription administrative de secours. Il en est plusieurs à Londres. Mais ces paroisses ne sont pas nombreuses ; elles sont au nombre de 25 (1).

Les Unions peuvent, à leur tour, se grouper ou être groupées pour la création et l'entretien de certaines branches du service d'assistance, telles que des écoles, des asiles, etc. Il a surtout été fait usage de cette latitude dans la métropole. A certains égards, la métropole est regardée comme un seul district. En effet, certaines branches particulières de la *Poor Law* sont administrées par un corps spécial, le *Metropolitan Asylums Board*, créé en 1867, et composé de 60 membres, 45 élus par les Unions, et 15 nommés par le *Local Government Board*. En outre, sous la direction de ce corps, certaines charges sont égalisées par le moyen du *Common Poor Fund*.

Nous ne rappellerons pas ici comment l'Union, créée en 1834 pour établir et supporter certaines institutions com-

---

(1) Certaines autres paroisses ont une administration séparée ; elles doivent cette particularité à des actes locaux antérieurs à 1834. Elles tendent à disparaître, et le *Local Government Board* a le pouvoir de les soumettre au nouveau régime.

munes à plusieurs paroisses, fut peu à peu appelée à se
substituer presque complètement à la paroisse. Les dépenses, dites communes, ont été graduellement étendues, si
bien qu'à l'heure actuelle la charge pécuniaire du service
d'assistance pèse sur l'Union, qui la répartit entre les diverses paroisses, au lieu de frapper respectivement chacune d'elles.

Est-ce à dire que la Paroisse ait perdu toute importance
dans la matière qui nous occupe? Il lui reste encore une
petite signification, en ce qu'elle a ses représentants, et
même ses fonctionnaires spéciaux. Chacune des paroisses
d'une Union nomme un ou plusieurs représentants pour
siéger dans le *Bureau des gardiens* ; et, en second lieu, elle
a, dans la personne des *Overseers*, des fonctionnaires propres, chargés de la perception de la taxe des pauvres ;
cette taxe est établie sans doute par l'Union, mais ce sont
les *Overseers* de chacune de ses paroisses qui en opèrent
le recouvrement.

L'Union de paroisses étant aujourd'hui la circonscription administrative du service d'assistance (1), il y a lieu
pour nous d'étudier en détail l'autorité qui y préside. Cette
autorité, c'est le *Board of Guardians*, ou Bureau de gardiens des pauvres ; mais cette autorité locale est placée
sous le contrôle d'une autorité centrale, dont nous avons
vu la naissance et le développement, et qui constitue un
véritable département ministériel, le *Local Government
Board.*

Avant 1834, l'autorité locale était représentée par les
overseers, fonctionnaires de la paroisse, la paroisse étant
l'unité administrative, et le contrôle était exercé par les

(1) Le comté est substitué à l'Union, en ce qui concerne l'assistance des aliénés ; aussi est-ce lui qui crée et entretient les asiles,
et est-ce la taxe de comté qui fournit les ressources. Mais l'État supporte une partie de la dépense, en payant une contribution de 4 shill.
par semaine et par tête.

magistrats. Ces deux autorités ont été remplacées par l'organisation nouvelle, que nous venons de décrire ; mais il ne faudrait pas connaître les mœurs administratives anglaises pour croire un instant que ces deux autorités, détrônées, on peut le dire, par les Bureaux de Gardiens et par le *Central Board*, aient disparu ; elles subsistent, et elles ont même gardé, dans la matière, qui nous occupe, quelques petites attributions. Les *overseers* ne sont plus les inspecteurs des pauvres tels qu'ils l'étaient d'après l'acte d'Elisabeth ; ils n'interviennent plus dans l'administration du service ; réserve faite des cas d'urgence et de nécessité absolue, ils restent étrangers à toute allocation de secours. Ils sont demeurés chargés du service financier ; encore ici même leurs pouvoirs ont été considérablement réduits, d'abord au point de vue de la taxation par la création d'un Comité pris dans le sein du *Board of Guardians* ; en second lieu, au point de vue du recouvrement, par la surveillance de fonctionnaires spéciaux, sous laquelle ils ont été placés, et aussi, en troisième lieu, par la nomination, dans les paroisses les plus importantes, de deux catégories d'auxiliaires rétribués, sous le nom d'*assistant overseers* et de *collectors*, qui les ont déchargés presque complètement de leurs fonctions (1).

A l'arrière-plan sont également placés aujourd'hui les magistrats, qui, en 1834, ont été dépossédés des attributions trop étendues, dont ils jouissaient. Une expropriation trop complète eût été brutale : on décida qu'ils feraient, de droit, partie des Bureaux de Gardiens ; c'était une fiche de consolation analogue à celle qui leur fut donnée cinquante-quatre ans plus tard, en 1888, lors de la création des Con-

____

(1) La fonction d'*overseer* est obligatoire ; sans ce caractère, il serait difficile d'en assurer le recrutement. La fonction dure un an. Il y a de 2 à 4 *overseers* par paroisse ; les femmes peuvent être *overseers*. Ils étaient nommés par les magistrats ; ils le sont actuellement par les *parish councils*, ou les *parish meetings*.

seils de Comté ; c'était là,au reste,une compensation,qu'ils n'appréciaient que peu dans la pratique, et qui vient de leur être enlevée en 1894, par la loi sur les *Conseils de paroisse.* — D'autre part, on leur maintint un certain nombre de petites attributions : droit d'ordonner l'allocation d'un secours, en cas d'urgence, droit de contrôle sur les *workhouses* et autres établissements de la *Poor Law*, et enfin différents droits, concernant l'application des taxes, et dont il sera parlé dans le chapitre suivant.

En résumé, les anciennes autorités n'ont gardé que des vestiges de leurs attributions, et c'est le Bureau des Gardiens des pauvres qui constitue aujourd'hui le pouvoir vivant.

Qu'est donc ce Bureau et que fait-il ? Siégeant dans chaque Union, il comprend un nombre de membres variant selon le nombre et l'importance des paroisses, et déterminé, d'ailleurs, par le *Local Government Board*. Chacune des paroisses, faisant partie de l'Union, doit y être représentée ; elle élit, au moins, un Gardien, mais elle peut avoir un plus grand nombre de représentants ; c'est encore au *Local Government Board* à déterminer le nombre de Gardiens à élire par chaque paroisse (1).

Il y avait jusqu'en 1894, outre les Gardiens élus, des Gardiens de droit : c'étaient les juges de paix, résidant dans l'Union (2). Ces Gardiens *ex-officio*, comme les appellent les Anglais, ont été supprimés, et les juges de paix cessent d'être membres du Bureau des Gardiens en raison de leurs fonctions. Pour faire accepter cette suppression, le Gouvernement dut insérer une disposition dans l'acte de 1894, qui autorise le Bureau à s'adjoindre quatre membres pris

---

(1) Lorsqu'une paroisse a son *Board of Guardians* séparé, on la divise en quartiers pour l'élection ; on abandonne alors le scrutin de liste. On peut en faire autant lorsqu'une paroisse a une population supérieure à 20,000 habitants.

(2) Il y avait 20,687 gardiens élus et 7,412 gardiens *ex-officio.*

en dehors de son sein (1). Les Gardiens, en vertu de la loi
de 1894, sont élus pour trois ans, mais le Bureau est renou-
velé par tiers chaque année, autant que faire se peut, ajoute
le texte ; le renouvellement a lieu au 15 avril.

L'élection se faisait d'après des règles diamétralement
opposées à nos idées françaises. Lorsque nous aurons dit
que le vote était plural, qu'il pouvait avoir lieu par mandataire et à domicile, qu'il y avait pour l'éligibilité un
cens, on comprendra toute la distance qui séparait ces
élections locales des nôtres. Mais ces particularités ont
cessé.

La pluralité des suffrages basée sur l'importance du revenu soumis à la taxe était très vivement critiquée par le
parti libéral. « *One man, one vote* », dit-on dans les déclarations du parti Gladstonien. C'était surtout relativement
à l'une des deux classes d'électeurs que la critique était faite:
un propriétaire non résident dans la commune, et ayant
dès lors des intérêts contraires à ceux des habitants, pouvait avoir, et il avait le plus souvent (à raison de la concentration des fortunes immobilières dans les mêmes mains)
six voix ! Depuis l'*Act* de 1894, ce système a fait place à
un système beaucoup plus démocratique, dont le point de
départ est l'abolition du cens d'électorat et d'éligibilité.

Pour être éligible, il n'y a pas de condition de sexe :
les femmes, qui peuvent voter pour ces élections, peuvent
aussi être élues, et nous avons eu personnellement l'occasion, à une séance du Bureau des Gardiens de Brighton, à
laquelle nous avons été admis, de voir siéger deux femmes. Il n'y avait pas de texte précis, et cette absence avait
donné lieu à des doutes ; mais la pratique avait consacré

(1) Parmi ces quatre membres, peuvent se trouver le président et
le vice-président. Une disposition de la loi du 5 mars 1894 déclare
que la désignation de ces membres additionnels devra porter pour
la première fois sur les personnes qui, en vertu de la législation antérieure, étaient Gardiens *ex-officio*.

l'éligibilité des femmes, de même que la jurisprudence avait autorisé les femmes à être investies des fonctions d'*overseers*.

On discutait sur le point de savoir si les femmes mariées bénéficiaient de ces avantages. On semblait admettre la négative, à raison même de la condition générale de l'électorat et de l'éligibilité, qui résidait dans la propriété ou l'occupation, en son nom, par l'électeur, d'un immeuble sujet à la taxe ; or les femmes non mariées sont les seules qui aient l'indépendance de fortune leur permettant de remplir cette condition (1). Cette différence entre les femmes mariées et celles non mariées a disparu depuis la loi de 1894 (*no person*, dit le texte, *shall be disqualified by sex or marriage for being elected or being a guardian*). On ne peut qu'applaudir à cette modification de la législation ; car il était regrettable que les femmes mariées ne pussent, aussi bien que les célibataires et les veuves, siéger dans les Bureaux de Gardiens ; elles sont susceptibles d'apporter dans des discussions, très variées quant à leur objet, une connaissance de la vie qui fait souvent défaut à de vieilles filles. La naïveté de certaines de ces dernières est proverbiale, et on se raconte dans le monde des Inspecteurs du *Local Governement Board* leurs réflexions ingénues.

Quelque opinion que l'on puisse avoir de la capacité politique des femmes, nous ne pouvons nous empêcher de reconnaître que leur présence dans les Bureaux des Gardiens est de la plus grande utilité ; elles y rendent de sé-

---

(1) V. Ostrogorski, *La femme au point de vue du droit public*, p. 95 et s. — De Franqueville, *Le Gouvernement et le Parlement Britanniques*, 2 vol. p. 441. — Les femmes figurent également dans le corps électoral des conseils de comté, créés en 1888 ; mais elles ne sont pas éligibles à ces assemblées. Quant à la *franchise* politique, le Parlement a été, à maintes reprises, et tout récemment encore, saisi de propositions tendant à la leur conférer également.

rieux services, soit par leurs conseils, soit par les enquêtes discrètes, dont elles se chargent, soit par leur intervention personnelle auprès des pauvres qu'elles visitent, auxquels elles procurent du travail, et qu'elles éloignent de l'assistance officielle. Très souvent membres de sociétés charitables privées, elles constituent un heureux trait d'union entre le service de la loi des pauvres et la charité. L'inspection des agencements et des détails intérieurs du *workhouse*, la nomination du personnel, etc., leur conviennent mieux qu'aux hommes.

Peut-être sont-elles moins bien préparées pour les fonctions multiples des Bureaux de Gardiens de la campagne, qui, comme nous le verrons plus loin, ont reçu des attributions tout à fait étrangères à l'objet primitif de l'institution. Peu de femmes sont élues dans les Unions rurales ; on en rencontre davantage dans les villes. En 1884, il y en avait 44, dont 14 pour Londres, 5 pour Birmingham, et 3 pour Bristol. C'est en 1875 qu'une femme fut élue pour la première fois comme Gardienne ; c'était dans le district de Kensington, à Londres (1).

Au reste, les *Boards* des villes et ceux des campagnes n'offrent pas une composition identique quant aux choix des personnes. Dans les villes et surtout dans les grandes villes, les *guardians* sont généralement des commerçants, administrant bien, mais ne portant pas leur ambition plus haut ; ainsi nos conseillers municipaux et nos conseillers

---

(1) Peut-être pourrait-on s'étonner que des femmes pussent réussir à se faire élire. Mais il faut dire que la *Charity Organisation Society*, qui prend un vif intérêt aux élections des *Guardians*, et cherche à faire nommer des personnes, partageant ses idées et ses principes, a fait les plus grands efforts pour obtenir l'admission des femmes dans les Bureaux de Gardiens. Puis il s'est fondé à Londres et dans d'autres villes des sociétés pour assurer la nomination de femmes comme Gardiennes de la « *Poor Law* ». — Celle de Londres remonte à 1881 ; elle est la première.

de fabrique. Dans les campagnes, au contraire, ces fonctions sont recherchées, parce qu'elles peuvent mettre un homme en relief et lui assurer, à raison de la diversité des attributions de ces assemblées, une certaine prépondérance dans l'Union ; la situation de *Guardian* est un marchepied pour arriver à d'autres mandats, et elle est très souvent briguée par des hommes intelligents, qui cherchent à se faire une carrière politique.

Les Gardiens élisent eux-mêmes leur président (*chairman*), et un ou deux vice-présidents. Le secrétaire ou plutôt le greffier est tout naturellement le *clerk*. Leurs réunions (*meetings*) sont périodiques ; en général, elles ont lieu tous les quinze jours. Une réunion extraordinaire est toujours possible, à la demande de deux membres. Ces assemblées ne sont pas publiques, et se tiennent le plus souvent au *workhouse*. Il faut au moins trois membres pour qu'une délibération soit valable (1).

Nous verrons, dans un chapitre ultérieur, comment les *guardians* exercent leurs fonctions d'administrateurs de la loi des pauvres, et comment se passent les choses dans leurs *meetings*. C'est dans ces réunions qu'ils se décident en faveur de l'un ou de l'autre mode de secours, et qu'ils vérifient si les conditions exigées pour l'obtention du secours sont remplies.

Les Bureaux de Gardiens sont chargés de fonctions multiples et assez différentes. Aussi, pour la facilité du travail, nomment-ils, dans leur sein, des comités chargés d'étudier certaines catégories d'affaires.

Au-dessous des gardiens, et sous leurs ordres, se trouvent des fonctionnaires rétribués, assez nombreux, dont la situation est particulière : ils dépendent tout à la fois de l'autorité locale et de l'autorité centrale ; choisis par les

______

(1) La procédure et les formalités sont uniformes partout. Elles sont, d'ailleurs, réglées en détail par le « *General Consolidated Order* » du 24 juillet 1847.

gardiens, ils sont, aussitôt leur nomination, indépendants d'eux, et subordonnés au *Central Board*, qui les rétribue et qui, seul, a le droit de les révoquer. A vrai dire, pendant que les gardiens constituent le corps électif, et représentent les intérêts locaux, les agents rétribués (*paid officers*) sont chargés de maintenir les traditions, et représentent plus spécialement ce que nous appelons l'administration.

L'un d'eux notamment constitue le pouvoir permanent, et jouit d'une réelle importance ; c'est le *clerk*, le secrétaire ou le greffier du bureau, comme nous l'avons désigné plus haut. C'est le personnage influent de l'Union, quoiqu'il soit hiérarchiquement le subordonné des Gardiens. Pris généralement parmi les hommes de loi, il se trouve être le conseiller et souvent l'inspirateur du Bureau (1). Il préside, d'ailleurs, à l'élection des Gardiens. Sa situation hors du *Board* n'est pas moins grande ; entr'autres attributions, il est, nous le verrons, officier de l'état civil (2) ; aussi certains *clerks* arrivent-ils à la position *d'auditeurs*.

La nombreuse légion (3) de ce que les Anglais appellent les *officiers payés* ne comprend pas seulement les *clerks*; il y en a de plusieurs catégories: les distributeurs de secours (*relieving officers*), les directeurs (*masters*) de *workhouses*, les surveillantes (*matrons*), les infirmières (*nurses*), les employés de toute nature, etc. Nous aurons l'occasion de dire plus loin un mot du personnel du *workhouse*; nous devons, au contraire, indiquer dès maintenant les attributions des *relieving officers* (4). Ces agents ne peuvent, à aucun point de

(1) Le *clerk* de l'Union de Whitechapel, à Londres, M. William Vallance, jouit d'une légitime autorité.

(2) A Londres, leur traitement est de 500 à 600 liv. st.

(3) En 1883, 19,000.

(4) Il y a, en tout, 1540 fonctionnaires de cette catégorie, et 87 *assistant relieving officers*. On en compte, en moyenne, 2 à 3 par Union ; chacun a sa circonscription particulière.

vue, être comparés aux *clerks* : ni au point de vue de l'origine, ceux-là étant généralement des hommes de basse extraction, d'anciens militaires choisis précisément dans les classes les plus humbles de la population, ceux-ci étant des hommes instruits, possédant une connaissance au moins superficielle du droit, ni au point de vue de la situation, les premiers étant un rouage indispensable, sans doute, mais sans prestige, les seconds jouant un rôle prépondérant dans l'Union.

Le *relieving officer* est le receveur, la *boîte aux lettres* des demandes de secours dans sa circonscription ; il en étudie la légitimité, scrute chaque cas, visite chaque solliciteur, et soumet au bureau des gardiens, dans les réunions périodiques auxquelles il assiste, le résultat de son enquête, et son avis. Il exécute ensuite la décision des gardiens ; s'agit-il d'un secours à domicile, il doit le payer lui-même, s'il est en argent ; il est également obligé de visiter régulièrement le bénéficiaire de ce secours, lequel n'a jamais qu'un caractère temporaire. Il peut aussi, en cas de nécessité urgente, accorder un secours, pourvu que ce ne soit pas un secours en argent. Bref, c'est un agent modeste, mais absolument nécessaire, et il est permis de dire que, selon ses qualités ou ses défauts, le service de la *poor law* sera bien ou mal administré dans l'Union, tant il est vrai que de l'action des fonctionnaires les plus humbles dépend souvent le sort des institutions.

Le *Bureau des Gardiens*, qui est l'autorité locale, est soumis à une tutelle très étroite de la part d'un pouvoir central, dont nous avons trouvé l'origine dans l'acte de 1834, et étudié les transformations ou plutôt les extensions, et qui aujourd'hui constitue un véritable département ministériel. Créé sous le nom de *bureau des commissaires* de la *poor law*, il est aujourd'hui le *Local Government Board*, comprenant dans ses attributions des objets étrangers à son caractère primitif. Aucun service n'est aussi centralisé

en Angleterre que celui de la loi des pauvres, et nous ne
pensons pas qu'il y ait en France beaucoup de branches
administratives qui le soient autant. Presque rien ne peut
se faire dans cette matière sans une approbation du pouvoir central (1). Le rôle de celui-ci s'est modifié avec le
temps. Dans les premières années de son existence, il s'occupa particulièrement de la détermination des circonscriptions et de l'organisation des autorités locales ; c'était la
période de création ; il fallait tracer le périmètre de chaque
Union, et constituer les *Boards of Guardians*. Dans cette
période, il eut à interpréter et à compléter la législation ;
la loi était nouvelle ; il lui fallait un commentaire ; de là
une série de dispositions, connues sous le nom « d'ordres
et de règlements », et qui ressemblent beaucoup à nos décrets pour l'exécution d'une loi et à nos circulaires minis-
térielles (2). La tâche d'organisation achevée, une autre
commence : le *Local Government Board* exerce un contrôle
permanent, tout à la fois au point de vue administratif et
au point de vue financier. Les agents chargés du premier
contrôle sont des inspecteurs; ces inspecteurs ne sont
autres que les anciens *Assistant Commissionners*, dont la
situation s'est transformée en 1847, en même temps que
le *Poor Law Board*; ils assistent une ou deux fois par an
aux réunions des gardiens, visitent les *workhouses*, constatent les irrégularités, font des enquêtes, etc. ; ils conseil-
lent et aident les gardiens, qui voient en eux moins des
supérieurs que des conseillers. On peut dire de l'inspecteur
qu'il est l'ami et le tuteur des *Boards of Guardians* de son
district (3).

(1) A chaque instant on rencontre ces mots « sauf approbation du
Central Board ».

(2) Il en est un célèbre ; c'est le *General consolidated order*, de
1847.

(3) Il y a actuellement 15 circonscriptions d'inspection ; celle de
Londres comporte, à elle seule, 2 inspecteurs ; il y a donc 17 inspec-

Quant au contrôle financier, il est exercé par une catégorie de fonctionnaires appelés *auditors* (1). Ce système de contrôle existe depuis 1834, mais il a été agrandi et rehaussé par une série de dispositions, le souci constant ayant été de soustraire les *auditors* à l'influence des Gardiens, qui n'ont aujourd'hui à intervenir ni dans la nomination ni dans le paiement de ces agents. Leurs fonctions sont des plus importantes; ce sont celles de nos inspecteurs des finances; elles les obligent à vérifier au moins deux fois par an (2) la comptabilité et les registres de tous les agents locaux.

Grâce à la double action des Inspecteurs et des *Auditors*, le pouvoir de contrôle du pouvoir central est fortement organisé; c'est, du reste, sa fonction essentielle, mais non exclusive, car outre que ce département ministériel est, comme nous l'avons dit en commençant, un complément du pouvoir législatif, il en est également un stimulant; c'est lui qui suscite et provoque les réformes ou les améliorations. Réunissant les faits, et les divulguant au moyen de ses publications, il tient sans cesse en éveil l'action législative. — Le *Local Government Board* constitue également une juridiction d'appel, et nous avons déjà eu l'occasion de le constater.

---

teurs généraux, et, en plus, quelques sous-inspecteurs généraux. Il y a, en outre, 4 inspecteurs des écoles de *workhouses*, 1 inspecteur des *audits*, et 1 inspecteur des emprunts locaux.

(1) Il y a 37 circonscriptions d'*audit*, et, par conséquent, 37 auditeurs.

(2) Quelques jours après le 25 mars, et après le 29 septembre.

CHAPITRE VIII

Taxe des pauvres synonyme du système de charité légale. — Origine de
la taxe des pauvres en Angleterre. — La taxe des pauvres est la ressource normale et principale. — Critique de ce système. — Autres
ressources du service d'assistance : les emprunts ; les subventions. —
Caractères de la taxe des pauvres ; cette taxe est un impôt local, direct, distinct des taxes directes nationales, spécial ; inconvénients de
la spécialité relativement à cette taxe. — Assiette de l'impôt ; nature
des biens taxés ; qualité des contribuables. — Etablissement et perception de la taxe.

Nous touchons ici au point le plus caractéristique du
système anglais d'assistance publique, nous voulons parler
de la *taxe des pauvres* (*poor rate*), impôt dont le produit
est exclusivement destiné à fournir des secours aux pauvres.

L'existence de cette taxe est le criterium peut-être le
plus certain du régime de *charité légale*. Chaque fois que
l'Etat ou les communes ont un service d'assistance, il n'y
a pas nécessairement taxe des pauvres ; il peut se présenter, en effet, deux autres situations très différentes : ou
l'Etat et les communes se bornent à susciter, centraliser
et répartir les aumônes particulières, à diriger les établissements charitables, créés par les libéralités privées, et à
se faire pour ainsi dire les mandataires des particuliers —
et c'est, à quelques exceptions près, le système français ;
— ou ils puisent sur les ressources générales de leur budget pour alimenter les services publics de l'assistance ;

dans ce dernier cas, l'assistance peut revêtir le caractère obligatoire, malgré l'absence d'une taxe spéciale.

Ce qui différencie très nettement ces autres systèmes de celui de la *taxe des pauvres*, c'est ce fait que, dans celui-ci, la dépense détermine le taux de la recette, que le besoin fixe le montant de la taxe. Et, comme, dans la législation anglaise, la taxe est spéciale, il en résulte que c'est le besoin spécial, provoqué par l'application de la *poor law*, qui détermine l'importance du *poor rate* (1).

L'acte d'Elisabeth, lequel a, sinon créé, du moins réglementé pour la première fois, d'une manière complète, le régime de l'assistance publique en Angleterre, disposait que les fonds nécessaires aux dépenses charitables seraient demandés à une taxe levée dans l'intérieur de chaque paroisse par les soins d'*overseers* nommés par les magistrats. Et bien que près de trois siècles se soient écoulés depuis cet acte, c'est encore, à quelques modifications près, le régime en vigueur. Il est à noter, en effet, que tandis que l'administration de la *poor law* passait de la paroisse à l'Union, et que celle-ci également prenait la place de la paroisse, comme aire de *chargeability*, c'est encore la paroisse qui lève actuellement la contribution par ses propres fonctionnaires ; il y a plus : pendant que certains services particuliers, certaines branches spéciales d'assistance, étaient transférés de l'Union à des districts tout à la fois plus élevés et plus étendus, c'est encore la taxe levée dans les paroisses individuelles, qui fournit les ressources finan-

---

(1) La taxe des pauvres existe dans quelques pays, mais son pays classique est l'Angleterre ; et l'assistance y ayant précisément un caractère obligatoire, il en est résulté que l'on a souvent confondu les deux mots de « taxe des pauvres » et « d'assistance légale ». C'est ainsi que dans l'ancien *Dictionnaire d'Economie politique*, l'auteur du mot « taxe des pauvres » s'était principalement attaché à faire sous cette rubrique l'histoire et la description du système anglais de la *Poor law*, c'est-à-dire de la loi des pauvres.

cières du service. On pourrait même dire que la paroisse n'a guère conservé son autonomie que sous ce rapport, et que ses *officers* n'ont à peu près gardé que cette fonction.

Il y aurait cependant erreur à croire que le *poor rate* fût la seule ressource du service ; il y a lieu de placer à ses côtés deux autres sources, à coup sûr moins abondantes, mais non négligeables toutefois : nous voulons parler des emprunts et des contributions de l'Etat. Les emprunts sont autorisés chaque fois qu'il s'agit d'une dépense, telle que la construction ou l'élargissement de *workhouses*, dépense qu'il serait excessif de faire supporter en une seule fois par les contribuables, et qu'il vaut mieux répartir sur plusieurs années. On a, par la suite, allongé quelque peu la liste des objets pour lesquels des emprunts pouvaient être levés ; c'est ainsi qu'on les autorisa chaque fois qu'il s'agit de l'amélioration ou de la modification des *workhouses* existant, de l'érection d'écoles de district ou d'asiles métropolitains. On a lontemps autorisé les emprunts faits dans le but de faire émigrer les *paupers* dans les colonies britanniques.

Mais le motif, pour lequel on permit aux Unions l'emprunt, pouvait aussi constituer un danger, les Unions pouvant être portées à transférer trop volontiers la charge des dépenses présentes sur les générations futures. Aussi accorda-t-on au *Local Government Board* les pouvoirs les plus étendus pour examiner et approuver non seulement l'opportunité de l'emprunt, mais encore le montant et les conditions de remboursement ; la loi, au reste, a déterminé elle-même la durée maxima de l'emprunt d'après le motif de cet emprunt, tout en permettant au *Local Government Board* d'abréger le terme légal, dans le cas où l'objet de l'emprunt paraîtrait ne pas devoir justifier un terme aussi long. Les emprunts sont généralement remboursables en trente ans, et actuellement la durée du remboursement n'excède pas cette période. La loi a également déterminé la proportion, qui doit exister entre la somme empruntée et le *poor rate* du district, lequel est destiné à lui servir de garantie.

A côté des emprunts, viennent les dons du Parlement. Ces allocations sont motivées par l'entretien des *pauper lunatics*, pour chacun desquels l'Etat paie, sur le fonds consolidé, une contribution hebdomadaire de 4 shillings au district, qui est responsable de son entretien ; elles servent aussi au paiement des maîtres et maîtresses d'école, et à celui des officiers médicaux de la *poor law*. Ces contributions s'expliquent par des raisons de principes : pour les *pauper lunatics* (fous indigents), il y a une question de sécurité publique, qui intéresse l'Etat, et qui justifie son intervention ; pour le paiement des instituteurs, il y a ici application du principe général, suivi en Angleterre en matière d'éducation, et d'après lequel partie des dépenses du service doivent être payées par l'Etat sous la forme de contributions aux salaires des instituteurs ; enfin sous le rapport du remboursement partiel des salaires des officiers médicaux, il suffit de dire que, dans plusieurs contrées, et particulièrement en Irlande, la nomination et le paiement des officiers médicaux de la *poor law* sont considérés comme une matière d'Etat, et non comme une branche du service d'assistance.

On pourrait concevoir que cette intervention financière de l'Etat donnât l'idée de transférer au budget Impérial les dépenses de la *poor law*, mais c'est là une modification, contre laquelle protestent avec aversion les hommes politiques anglais, malgré la centralisation très intense qu'a reçue l'organisation du service de la *poor law* ; et il n'est pas douteux que la solution, qui s'est maintenue, soit beaucoup plus conforme aux données de la science charitable, quoiqu'elle ait parfois dans la pratique l'inconvénient de créer entre les diverses circonscriptions des inégalités de charges.

Il est nécessaire de s'étendre ici sur le fonctionnement, et les caractères financiers de la taxe ; celle-ci, en effet, a, au point de vue de la science financière, comme à celui de l'Economie charitable, une physionomie tellement particulière qu'elle éveille une série de considérations sinon complètement inconnues, du moins très intéressantes. Plus loin, nous parlerons de l'influence qu'elle exerce sur le système financier des localités anglaises (1).

La taxe des pauvres a des caractères bien nettement définis ; c'est un impôt local, et, à ce titre, elle offre tous les caractères, que revêtent les impôts locaux en Angleterre : elle constitue un impôt, qui est direct, absolument distinct des impôts de l'Etat, et spécial. Ce sont là des points, qui méritent l'attention.

La taxe des pauvres est un impôt local, c'est-à-dire perçu dans la paroisse, au profit des besoins paroissiaux, et sur les contribuables de la paroisse, par lesquels il est voté. On a dit des Anglais que l'art de gouverner leur paraît consister surtout à faire voter chaque dépense par ceux qui la paient ; mais si l'on examine de près comment cette idée, qui appartient au domaine libéral, est appliquée en pratique, on verra combien peu les faits sont l'expression des principes, mais aussi combien habiles sont les Anglais d'avoir su maintenir dans l'esprit populaire la conviction d'un *self-government*, dont leur pratique est si éloignée. Quoiqu'il en soit, il subsiste un point important ; c'est que les dépenses d'assistance sont couvertes par un impôt local, et qu'elles constituent une charge locale.

On doit se demander dans quelle mesure on peut recourir à l'impôt pour les dépenses d'assistance ; nous avons dit ailleurs (2) que l'assistance officielle doit puiser le moins possible ses ressources dans l'impôt : sans condamner tout prélèvement sur le produit de l'impôt, nous proscrivons

(1) Voir le chapitre XVII.
(2) Dict. d'Ec. Pol. V° *Assistance.*

les taxes spéciales avec affectation charitable ; nous pensons aussi que la part de l'impôt ne doit constituer que la ressource accessoire du budget de l'assistance, dont la charité privée et les libéralités particulières doivent fournir les principaux aliments. Mais si l'on demande à l'impôt les ressources du budget de l'assistance, ces ressources doivent être locales.

Or les impôts locaux en Angleterre ont des caractères très particuliers, et le *poor rate* n'échappe pas à la loi commune : il est direct, absolument distinct des impôts de l'État, et spécial.

L'impôt direct, constituant le fonds auquel puisent les dépenses locales, a l'inconvénient assez grave de manquer d'élasticité. Le revenu, sur lequel il est basé, n'a pas la vertu de s'élever ou de diminuer avec le niveau de la richesse publique ; il en résulte, d'une part, que les dépenses s'élevant avec le développement de la richesse ou de la civilisation, il faut charger les contribuables dans la mesure de dépenses, qui augmentent sans cesse ; et, d'autre part, qu'en supposant que les charges restent les mêmes, l'impôt pèse lourdement aux époques de détresse, tandis qu'à l'inverse, aux moments de prospérité, l'on n'en retire pas tout ce qu'il pourrait donner.

Ces imperfections n'empêchent pas les impôts directs d'avoir dans tous les pays, une tendance de plus en plus marquée à prendre un caractère local, tandis que les impôts indirects prennent de plus en plus un caractère général, et constituent les ressources du gouvernement central ou fédéral. Cette localisation, si nous pouvons ainsi parler, diminue, partout où elle existe, le poids des impôts directs ; car les impôts locaux sont toujours plus aisés à supporter ; on supporte mieux une charge destinée à payer des dépenses, qui s'accomplissent près de soi, et dont on peut mesurer ou voir l'utilité. — Évidemment, il ne faudrait pas aller à l'extrême, et le taux excessif des taxes locales, combiné avec une assiette vicieuse ou imparfaite desdites taxes, a amené, dans quelques districts de l'Angleterre, des abandons de terres. C'est ce qu'a révélé la grande enquête de 1834 relativement à la législation charitable. Dans le Leicestershire, cette charge dépassait une livre sterling par acre (62 fr. par hectare).

Le *poor rate*, en qualité de taxe locale, et à l'instar des autres taxes locales, est absolument distinct des taxes directes nationales. Il n'a aucun lien avec le *land tax* (taxe sur la terre), ou le *house duty* (droit sur les maisons), qui sont établis par l'Etat, et qui, d'ailleurs, ne composent qu'une très faible partie des ressources de l'Etat ; on sait, que Pitt a déclaré le *land tax* rachetable et en a provoqué ainsi la conversion. De même, il est perçu, ainsi que les autres taxes locales, par les fonctionnaires des localités, lesquels sont justiciables non pas de l'*Audit office*, qui est l'analogue de notre Cour des comptes, mais de vérificateurs ou *auditors* que les localités nomment elles-mêmes, s'il s'agit de bourgs, et qui, dans les autres cas, sont nommés par le *Local government Board* ; c'est donc, on le voit, un système tout différent de celui des taxes locales en France. Chez nous, comme en Angleterre, ce sont, sans doute, les taxes directes, qui forment la presque totalité des recettes des principales circonscriptions administratives, et qui constituent aussi une forte partie des ressources communales ; mais l'assiette en est différente : en France, ce ne sont que des surtaxes mobiles au principal des contributions directes nationales, surtaxes connues sous le nom de centimes additionnels, et la perception s'en fait par les agents mêmes de l'Etat ; ce régime des contributions directes offre ainsi une grande uniformité, et les taxes locales, n'étant qu'une annexe des taxes directes nationales, en présentent les mêmes inconvénients, mais aussi les mêmes garanties (1).

(1) M. Leroy-Beaulieu fait remarquer avec raison (*Traité de la*

Enfin le *poor rate* est un impôt spécial, et, on peut le
dire, la clef de voûte de tout le système des impôts spéciaux ; ce système de la spécialité n'est, au reste, appliqué
que pour les localités ; il n'existe pas pour les finances de
l'État ; quant aux comtés, du moins ceux qui ne se composent que de paroisses rurales et ne comprennent pas de
bourgs municipaux, en plus d'une taxe générale appelée
county rate, ils ont deux taxes spéciales, l'une pour les
aliénés, l'autre pour la police.

On peut disserter longuement sur les avantages et les
inconvénients du principe de la spécialité. Il n'est pas douteux que, si l'on se place au point de vue théorique, on
devrait approuver un système d'impôts spéciaux, qui ferait
payer directement par chaque citoyen le prix du service
qui lui est rendu par l'État, la province ou la commune.
Mais si, pour certains services, ce principe est conforme à
la vérité, il nous semble qu'il prête à critique en ce qui
concerne le *poor rate*. Ici, en effet, l'impôt est payé précisément par ceux, auxquels il ne profite pas ; la spécialité
ne peut donc se justifier par les mêmes raisons. Il faut ajouter qu'il est mauvais de déterminer, sur la feuille remise
au contribuable, la part d'impôts perçue sur lui au profit
d'une autre classe de la population ; on risque de produire

science des finances, 3ᵉ éd., p. 712) que si le système anglais, qui est
également celui des États-Unis, est plus conforme au principe du
self-government, et assure, mieux que tout autre, aux localités leur
complète autonomie, il a l'inconvénient, la comptabilité et la perception ne se faisant pas par les agents de l'État, de rendre la gestion des finances locales moins simple, moins claire et plus dispen-
dieuse, et de donner aux contribuables beaucoup moins de garanties
contre le péculat et les concussions. Sans doute si ce régime n'a
pas eu en Angleterre des inconvénients énormes, il a été aux États-
Unis la cause de véritables scandales ; c'est aux facilités offertes par
ce système qu'il faut attribuer les abus inouïs de la municipalité de
New-York, connue sous le nom de *Tammany ring*, et les vols de
Tweed et de ses complices.

une division profonde entre ces deux classes, de tarir chez
la première la sympathie et la pitié, dont elle doit être ani-
mée envers la seconde, et d'arriver ainsi à faire de celle-ci
une catégorie de *parias*; c'est précisément ce qui se produit
en Angleterre. Enfin on rend trop frappante cette dîme de
l'imprévoyance sur la prévoyance : quand cette dîme aug-
mente, il est permis de voir quels sentiments cette aggravation éveille chez ceux qui la subissent. C'est en vain que
l'on pourrait nous objecter que, dans un système fiscal où
il n'y aurait pas de taxes spéciales, toute augmentation
d'impôts, due à une extension des dépenses charitables, produirait les mêmes effets ou les mêmes irritations ; car au
moment où le contribuable reçoit sa feuille d'impôts, il ne
se rappelle plus, — à supposer qu'il les ait sues, — celles
des dépenses qui l'expliquent ; avisé du chiffre global qu'il
a à supporter, il en ignore le détail.

Ce que nous disons ne s'applique qu'au *poor rate*, la
seule taxe pour laquelle la spécialité nous semble criti-
quable ; pour les autres taxes, au contraire, nous préférons ce principe de la spécialité, qui assure un meilleur
contrôle de la part du contribuable.

Laissant de côté ces considérations théoriques, il nous
faut déterminer l'assiette de notre taxe, la nature des biens
taxés, et le contribuable. Nous terminerons par quelques
détails sur la perception et le recouvrement.

L'acte d'Elisabeth avait spécifié les catégories de biens,
qui seraient assujettis à la taxe des pauvres, mais sans
penser, le croyons-nous du moins, à présenter une énumération limitative. Des dispositions interprétatives et
complémentaires intervinrent ; mais, le législateur s'étant
cru lié par certains des termes employés dans l'acte de
1601, elles ne visèrent que la propriété *real* ou immobilière, pour laquelle seulement des règles détaillées furent
données. La propriété *personal* ou mobilière fut, en général, exemptée, — exemption qui n'avait véritablement

pas une grande importance, tant que la propriété mobilière n'occupa qu'une place restreinte à côté de la propriété foncière ; il en fut autrement le jour où la *personal property* prit, dans le patrimoine de chacun, une importance croissante.

Ainsi la propriété *personal* resta-t-elle exempte du *poor rate* pour tous, à l'exception toutefois du curé et du vicaire, qui furent et sans raison frappés par l'acte d'Elisabeth ; la propriété réelle seule fut taxée ; encore y eut-il des exemptions tenant au silence gardé par le célèbre acte (1). C'est son revenu net annuel qui est la base de la taxe.

Le *poor rate* a donc pour base le revenu net annuel des terres, carrières, sources, etc. (*lands*) ; des maisons et constructions quelconques pouvant servir d'abri (*houses*) ; des dîmes (*tithes*) ou des *rent-charges* que l'on paye à la place des anciennes dîmes ; des houillères (*coalmines*) ; des bois destinés à la vente et exploités par coupes périodiques (*saleable underwoods*), etc. Bref, ce ne sont guère que les différentes faces du revenu foncier qui sont atteintes par la taxe des pauvres (*the real visible property in the parish*).

Le revenu net ou imposable de la propriété immobilière est réglé par une loi de 1836 : ce doit être le loyer, qu'on pourrait raisonnablement attendre de chaque immeuble, déduction faite de toute redevance foncière, de toute dîme et de tous frais d'entretien, d'assurances ou autres.

En ce qui concerne la détermination de la personne contribuable, l'*act* de 1601 décide que ce sera l'occupant, c'est-à-dire le possesseur bénéficiaire de la propriété taxable. Ce n'est qu'exceptionnellement que le propriétaire paie la

---

(1) Ainsi l'acte de 1601 avait parlé des *coalmines* (mines de charbon), mais n'avait rien dit des autres mines ; devait-on soumettre celles-ci à la taxe ? Il y avait doute. De même pour les *sporting rights.* Le *rating Act* de 37 et 38, Vict., c. 54 procéda par assimilation.

taxe, au lieu de l'occupant ; il en est ainsi, lorsqu'il s'agit de petites locations, ou de locations faites pour un court laps de temps. — Pour permettre la taxation, le propriétaire est requis, sous la sanction d'une pénalité, de donner une liste de ses locataires aux *overseers*, qui doivent inscrire le nom des occupants sur le *rate book*.

Le *poor rate*, au point de vue de l'incidence, produit des effets très différents suivant les cas. Dans les villes, où il constitue une addition au loyer des maisons, il peut être classé parmi les taxes sur les dépenses ; au contraire, dans les districts ruraux, où l'habitation proprement dite ne représente qu'une petite partie de la rente, payée par l'occupant, et généralement déterminée par le produit de la terre affermée, il peut être envisagé comme une taxe sur le revenu. Sous ce dernier point de vue, le *poor rate* semble injuste, puisqu'il s'applique seulement aux revenus de la propriété réelle, et arrive à frapper moins fortement un riche fermier, qui n'occupe qu'une petite terre, et place le reste de sa fortune en valeurs de bourse ou dans le commerce, moins fortement, disons-nous qu'un fermier, dont tout le capital est placé dans sa ferme, et qui doit vivre sur le revenu que celle-ci produit, après paiement du fermage et des autres dépenses.

Envisagé comme taxe sur les consommations, le *pour rate* est beaucoup plus justifiable, attendu que le loyer d'un individu est, en général, la meilleure indication de ses moyens. Cependant le loyer de la maison, sur lequel le *poor rate* est basé, comprend deux parties : le loyer sur la construction, et le loyer sur l'emplacement ; et, à l'inverse de la construction, dont le coût varie peu dans l'intérieur du pays, l'emplacement a un prix très différent selon les différentes parties non seulement de l'Angleterre, mais encore du même district ; il en résulte que, suivant qu'il s'agit de petites localités ou de grandes villes, c'est le loyer de l'emplacement (*ground rent*) ou le loyer de la construction (*building rent*) qui constitue la part princi-pale du *house rent*, nous voulons dire du loyer. Mais nous ferons ici une observation analogue à celle que nous avons présentée plus haut ; c'est qu'à l'origine, c'est-à-dire au moment de l'introduction de cette taxe par l'*Act* d'Elisa-beth, l'injustice existait à peine, attendu que la proportion du prix de l'emplacement dans le loyer était assez faible, et qu'il y avait peu de différences, entre les localités, au point de vue de la valeur de l'emplacement. Mais, avec le temps, l'injustice s'est accrue ; car le développement du commerce et la formation de grandes villes ont amené de considérables changements, et ont produit des modifica-tions profondes, lesquelles ont fort altéré l'égalité des élé-ments entrant dans le loyer.

Si nous insistons ainsi sur les vices de l'assiette du *poor rate*, c'est que sur cette taxe sont venues se greffer de nou-velles charges, et qu'en outre, elle a servi de base à d'autres taxes. Mais ses inconvénients ne pourraient disparaître sans un bouleversement complet de tout le système fiscal du pays. Aussi a-t-on hésité jusqu'ici à modifier le régime des finances locales, et s'est-on borné à en corriger les in-justices, soit par des allocations prélevées sur le budget de l'Etat (*consolidated fund*), soit par l'abandon d'impôts perçus par l'Etat, et frappant la richesse mobilière.

La fixation et l'établissement du *poor rate* incombent aux *overseers*, c'est-à-dire à des fonctionnaires paroissiaux, qui, inspecteurs des pauvres avant la réforme de 1834, n'ont guère retenu aujourd'hui de leurs anciennes attri-butions que les fonctions relatives à l'impôt. La fixation (*assessment*) est faite par les *overseers*, sous la direction de l'*Union assessment Committee*, qui est une émanation du Bureau des Gardiens des pauvres (*Board of guardians*), et se compose de 6 à 12 membres. La levée est également faite par les *overseers*, quand elle a été autorisée par les magistrats. Les *overseers* enfin doivent tenir les comptes, c'est-à-dire relater sur des livres spéciaux les recettes, et les paiements concernant la taxe. Bref, tout le mécanisme du *poor rate* dépend de l'action des *overseers*, qui peuvent être assistés par des *overseers assistant* et par des collecteurs salariés.

Le montant de la taxe est réglé par la dépense probable (*competent sums of money*); la taxe est donc levée par avance, et, en pratique, elle est levée par trimestre ou par semestre. Si la somme nécessitée par les besoins est supérieure à celle qui a été levée, il y a lieu de recourir à un « *additional rate* ».

Quant à la dépense probable, c'est-à-dire quant à la somme à percevoir pour subvenir aux besoins de l'administration des pauvres, elle est fixée périodiquement par le *Board of guardians*. Ce conseil est élu par le vote direct des contribuables. On peut donc dire que c'est le vote des contribuables ou de leurs délégués spéciaux qui fixe et règle la dépense.

Par rapport à chaque contribuable, le taux ou quotité de la taxe est des plus simples : il est fixé à tant de *shillings* et de *pences* par *livre* de revenu. Le montant total du revenu de la paroisse étant connu, et nous verrons plus loin par quels moyens on le détermine, il suffit de diviser la dépense par le nombre de livres sterling de revenu des biens paroissiaux, pour obtenir la contribution à faire supporter par chaque livre sterling de revenu, et partant, la somme à payer par chaque contribuable ; celui-ci reçoit une feuille ou avertissement, sur lequel se trouvent consignés tout à la fois le chiffre du revenu net de ses biens taxables, et la proportion à supporter par livre de revenu.

Le Comité n'a pas le pouvoir de donner aux *overseers* la direction en ce qui regarde la taxation (*assessment*), mais peut ordonner la préparation de listes d'évaluation nouvelles et supplémentaires ; à cet effet, il peut nommer des surveillants ou des évaluateurs expérimentés, et peut entendre et résoudre les objections. La liste d'évaluation établie, des observations peuvent être faites soit par un *overseer*, qui considère la situation de sa paroisse comme aggravée par la liste d'évaluation d'une autre paroisse de l'Union, soit par un contribuable, qui se plaint d'inexactitude ou d'inégalité dans l'évaluation, ou de l'omission d'un bien taxable. Le comité statue.

C'est après la confection de la liste d'évaluation que les *overseers* fixent la taxe, et la soumettent à fin d'autorisation à deux magistrats. Puis avis doit en être donné par une affiche placée le dimanche suivant sur les portes de l'Église ou dans quelque place visible et publique de la paroisse. — Les appels contre les taxes sont portés en premier lieu devant l'*Assessment committee*, et, en seconde instance, devant les magistrats. Ils peuvent être, d'ailleurs, formés soit par les contribuables, soit par les *overseers* au nom de leur paroisse.

La levée de la taxe appartient aussi aux *overseers*, ainsi que nous l'avons dit plus haut ; mais, dans certaines paroisses, cette branche de leurs fonctions est aujourd'hui déléguée à des collecteurs salariés. La taxe, une fois payée, doit être remise au *Board of guardians* des pauvres.

Les *overseers*, ou les anciens inspecteurs des pauvres, jouent donc le même rôle que nos percepteurs, et les *guardians*, ou tuteurs des pauvres, réunissent sur leur tête les trois caractères de receveurs, d'ordonnateurs et de payeurs.

CHAPITRE IX

Un *meeting* de Gardiens. — Examen des cas présentés. — Choix du secours. — Les deux grandes variétés de secours : l'*in-door* et l'*out-door*.
— Règles concernant l'allocation du secours à domicile ; les restrictions ;
les deux règlements différents. — Le secours en espèces ou en nature.
— Abandon de la pratique de l'*out-relief* dans un grand nombre d'u-
nions. — Diminution de la dépense elle-même, et diminution du nombre des *paupers* hospitalisés. — L'exemple de l'Union de Whitechapel, et de quelques Unions voisines. — L'Union de Bradfield ; celle de
Brixworth. — Comparaison entre l'Union de Whitechapel et celle de
St-George in the East ; entre l'Union de Bradfield et celle de Hungerford ; entre St-Ives et St-Neots. — Le secours dans le *Workhouse* ; ses
caractères et ses avantages. — Surveillance de l'emploi du secours.

Assistons à un *meeting* d'un Bureau de Gardiens, c'est-
à-dire à une des séances périodiques. Huit ou quinze jours
se sont écoulés depuis la précédente réunion (1). Dans
l'intervalle, plusieurs demandes de secours (2) ont été
faites, et le *relieving officer* en a été saisi. Il n'a pas
cru devoir, de sa propre autorité, y donner satisfaction,
ces demandes visant des cas où le pouvoir de se prononcer lui-même sur l'allocation du secours lui échappe absolument ; il a, d'ailleurs, fait l'instruction de chaque af-

(1) A Brighton, par exemple, les réunions ont lieu le mardi de
chaque semaine ; il y en a une le matin pour entendre les femmes,
une autre le soir, destinée aux hommes.

(2) Le mardi 12 août 1890, nous assistions au *meeting* du Bureau
de Brighton. Le Bureau a examiné 37 cas à sa séance du matin et 15
dans sa séance de l'après-midi.

faire, et se tient prêt à fournir les renseignements. Il assiste donc à la séance, et prend place auprès du président.

Le défilé des affaires commence. Pour chacune, le président lit la note sommaire rédigée par le *relieving officer*, demande à ce dernier des détails complémentaires, et fait entrer le solliciteur (*the applicant*) qu'il interroge. Le Bureau délibère, et détermine la nature du secours, et, s'il s'agit d'un secours à domicile, sa quotité. Nous savons que les Bureaux de Gardiens hésitent à refuser tout secours, et à inscrire sur la fiche *ad hoc* les mots « *no order* ».

Les gardiens accorderont donc un secours. Mais lequel ? Nous supposons qu'il ne s'agit ni d'un enfant, ni d'un malade, ni d'un cas de folie (1), ni d'aucune de ces hypothèses qui exigent un traitement spécial, et qui constituent, d'ailleurs, l'exception. Le secours sera, pour nous servir des expressions anglaises, soit l'*out-door relief*, soit l'*in-door relief*. Le premier, c'est le secours à domicile, consistant en argent ou en nature; le second, c'est l'hospitalisation dans le *Workhouse*. Cette terminologie, ou plutôt cette distinction existe même pour les secours médicaux, et nous verrons qu'il y a l'*out-door medical*, et l'*in-door medical relief*; cette distinction est même appliquée aux autres circonstances où l'assistance est donnée (2).

Les gardiens, qui doivent se prononcer entre les deux formes de secours, n'ont pas toute latitude à cet égard, leur option n'étant pas absolument libre. Veulent-ils appliquer l'*in-door relief*, ils ne rencontrent aucune restriction même dans les cas où ils pourraient accorder un secours à domicile. Se prononcent-ils, au contraire, en faveur de cette dernière forme de secours, ils engagent leur responsabilité, et s'exposent à être condamnés ultérieure-

(1) Les gardiens ne se prononcent pas nécessairement sur l'internement d'un aliéné.

(2) Elle cesse d'être claire dans certains cas, et notamment lorsqu'il s'agit de l'assistance donnée aux aliénés.

ment par les *auditeurs* à supporter la dépense, à moins d'y
être autorisés par les règlements ou *orders* en vigueur. La
loi proprement dite est muette sur ce point. Les Commissaires de 1834 auraient voulu qu'elle s'expliquât à cet
égard, et ils le réclamaient énergiquement. Mais trancher
ce point, c'était rompre brusquement avec les traditions,
et on avait préféré s'en remettre à l'autorité centrale
du soin d'apporter graduellement des modifications à
l'ancien ordre de choses, afin d'arriver ainsi peu à peu à
remplacer la pratique du secours à domicile par une application plus complète, sinon exclusive de l'*in-door relief*.

Le secours à domicile a d'immenses inconvénients. C'est
lui qui a amené les abus qui ont précédé 1834 ; il est fréquemment demandé, parce qu'il n'a rien de désagréable,
et tend dès lors à paupériser. D'autre part, il rend ceux
des ouvriers, qui le reçoivent, moins exigeants pour les
salaires, et amène pour cette raison un abaissement du taux
de la rémunération du travail. La remarque en a été faite
dans l'est de Londres ; lorsque fut réalisée la suppression
de l'*out-relief*, les *sweaters* augmentèrent immédiatement
les salaires du montant du secours que leurs ouvriers recevaient auparavant (1).

Le *Central Board* élabora deux règlements. L'un, du
21 décembre 1844, est connu sous la rubrique d'*Out-door
relief prohibitory Order* ; l'autre date du 14 décembre 1852,
et se nomme l'*Out-door relief regulation Order*. Le premier est plus sévère que le second ; il prohibe, en principe,
l'allocation du secours à domicile, tandis que le second la
permet sous des limitations spéciales (2). Celui-là, par
exemple, n'autorise le secours à domicile au profit des
paupers valides que dans les cas de nécessité soudaine et

____

(1) V. le *Help.* (n° de juillet 1891). *Interview* de M. Albert Pell,
président du Comité central des Conférences de la *Poor Law*.

(2) Nous renvoyons pour les détails, aux ouvrages d'Aschrott et
de Fowle.

urgente, de maladie, et aussi, mais avec certaines restrictions, de veuvage (1). Ce règlement est applicable dans toutes les parties de l'Angleterre, sauf à Londres et dans certaines autres grandes villes, notamment dans les centres manufacturiers, où l'on n'a pas cru possible de l'appliquer, et pour lesquels on a établi le second règlement, beaucoup moins prohibitif ; ce dernier, en effet, ne fait aucune restriction en ce qui concerne l'allocation du secours *out-door* aux femmes adultes ; il autorise même l'allocation de ce secours aux hommes, pourvu que le secours soit donné au moins pour moitié en nature, qu'il ne s'ajoute à aucun salaire, et que le bénéficiaire soit soumis à une tâche (*labour test*). Il est bien entendu que, dans les cas de nécessité soudaine et urgente, ces restrictions disparaissent.

L'*out-door* peut être donné en espèces ou en nature. Quoique le *Central Board* pousse beaucoup au secours en nature, il n'y a de dispositions ni légales ni réglementaires ; aussi l'usage est-il bien différent d'une Union à une autre : la somme dépensée en secours en nature varie de 1. 3 0/0 à 44 0/0 (2) proportionnellement à celle remise en espèces.

Ces *ordres* ou règlements n'avaient peut-être pas été exécutés scrupuleusement par les Bureaux de Gardiens, et l'allocation du secours à domicile restreinte aux cas spécifiés. Plusieurs circulaires, en effet, sont venues rap-

---

(1) Si les Gardiens croient nécessaire d'accorder un secours à domicile en dehors des cas indiqués par l'*Order*, ils doivent dans la quinzaine le signaler au *Central Board*, qui donne ou non son approbation.

(2) Dans deux hypothèses, le secours doit être donné totalement ou partiellement en nature : la première est celle où le secours est donné par le *relieving officer* ou par l'*overseer* pour raison d'urgence, nous l'avons vu dans un chapitre antérieur ; la deuxième est mentionnée au texte du présent chapitre : il s'agit du cas où un secours est donné à un homme valide, dans une Union où on applique l'*Outdoor relief regulation Order*.

peler les Gardiens à l'application des règles et à la saine
interprétation de la *Poor Law*. Le 20 novembre 1869, parut une circulaire de M. Goschen, bientôt suivie d'une
autre de son successeur (2 décembre 1871).

Depuis une vingtaine d'années, on a, un peu partout,
abandonné ou restreint la pratique du secours à domicile.
On l'a abandonnée dans un grand nombre de districts ruraux, ainsi que dans plusieurs Unions urbaines ; nous citerons, en particulier, l'Union de Whitechapel, à Londres.

Aussi les statistiques des dernières années constatent-
elles une diminution considérable dans le nombre des
paupers, diminution qui ne s'explique que de cette manière (1). Pour un lecteur étranger à ce revirement de la
jurisprudence administrative, il semblerait que le paupérisme eût décru ; il n'en est rien. Le nombre des secourus
a seul décru, parce que le seul secours à recevoir est
moins agréable dans certaines Unions.

(1) Nombre moyen des *paupers* ADULTES VALIDES, à l'exclusion des
vagabonds, en Angleterre et dans le pays des Galles :

ANNÉES	PAUPERS IN-DOOR	PROPORTION par rapport à la population	PAUPERS OUT-DOOR	PROPORTION par rapport à la population
1849	26.558	1.5	202.265	11.7
1871	24.700	1.1	147.760	6.6
1883	21.558	0.8	77.592	3.0
1892	26.302	0.9	66.073	2.3

Les statistiques nous donnent toujours un chiffre plus élevé pour
l'*out-door* ; mais on comprend, sous cette expression, bien autre
chose que le secours à domicile ; d'ailleurs, il y a ici des bizarreries
de classement : les *lunatics*, par exemple, sont classés comme *out-
door*, s'ils sont placés dans des asiles spéciaux, et comme *in-door*,
s'ils sont dans le *workhouse*.

Ce n'est pas seulement le nombre des *paupers* qui a diminué, c'est également la dépense. Résultat qui peut paraître étrange ; car l'hospitalisation, en elle-même, est un secours beaucoup plus coûteux que le secours à domicile, et exige, en outre, la construction et l'appropriation de constructions dispendieuses. Mais résultat qui se conçoit, si l'on réfléchit que le nombre des assistés diminue beaucoup avec la limitation même du secours à domicile. Il semblerait que la diminution du nombre des individus, admis à l'*out-door relief*, a pour effet d'amener un accroissement du nombre de ceux qui reçoivent l'*in-door relief*; il n'en est rien. Nous avons vu qu'en 1849, au moment où la pratique du secours à domicile était dans son plein, il y avait 26,558 adultes valides *hospitalisés* ; en 1871, année où elle n'avait pas encore disparu de certaines Unions, il y en avait 24,700 ; en 1883, le chiffre était tombé à 21,558, pendant que celui des secourus à domicile avait passé de 202,265 (en 1849) à 147,760 (en 1871) et à 77,592 en 1883. Il est vrai que le nombre des valides adultes hospitalisés s'est relevé à 26,392 en 1892, mais celui des secourus à domicile s'était considérablement amoindri, baissant de plus de 11,000.

Mais il n'est pas inutile de citer ici des exemples particuliers ; certaines Unions, examinées à des dates différentes, vont confirmer ce fait.

A Whitechapel, qui est une Union pauvre de l'Est de Londres, l'assistance à domicile a été supprimée à la suite de l'hiver 1869-1870. Cet hiver avait été particulièrement rigoureux. Pendant la sixième semaine du premier trimestre de l'année, le nombre des indigents hospitalisés avait été de 1,419, et celui des indigents secourus à domicile de 5,339 ; la dépense hebdomadaire pour les secours à domicile s'était élevée à 4,221 fr. 65. La situation a complètement changé depuis la suppression des secours à domicile. Les chiffres pour la semaine correspondante de

1879, hiver également rigoureux, sont: 1,431 hospitalisés, y compris 165 idiots, et 143 secourus à domicile, plus 36 enfants placés à la campagne chez des nourriciers. La dépense hebdomadaire, relative à l'assistance à domicile, ne s'est montée qu'à 244 fr. 05. En 1886 : 1,356 hospitalisés, y compris 127 pensionnaires d'asiles ; 63 secourus à domicile, dont 41 enfants assistés ; dépense hebdomadaire pour le secours à domicile : 63 fr. 60.

M. Vallance, le distingué *clerk* de l'Union de Whitechapel, dans une déposition devant le Comité spécial de la Chambre des Lords, en 1888, après avoir fait un exposé des abus considérables, qui s'étaient produits jusqu'en 1870 à raison des allocations de secours à domicile, ajoutait : « Les *Guardians* résolurent d'amender un pareil état de « choses. Ils pensèrent qu'il serait possible de distinguer « nettement l'assistance publique de l'assistance privée, « de restreindre la première aux secours donnés dans le « *workhouse* ou autres établissements institués pour les « gens tout à fait misérables, de laisser à la seconde le « terrain de la sympathie active et de la bienfaisance qui « relève. Ils commencèrent par diminuer graduellement « les secours à domicile, accordés aux ouvriers sans tra- « vail. En 1870, on ferma l'atelier de charité qu'avait fait « fonctionner jusque-là le *workhouse* ; il n'a pas été « réouvert depuis. Par ce procédé, l'on constate que sur « dix individus, auxquels on offrait l'assistance hospita- « lière au lieu du secours à domicile, un seul consentait à « entrer dans le *workhouse*, ceux-là même qui y étaient « entrés en sortirent l'un après l'autre, et l'assistance hos- « pitalière put être ramenée à ses conditions normales ».

Le même système a été adopté dans deux autres Unions de l'extrémité-Est de Londres, Stepney et St-George, et y a donné les mêmes résultats. Un des Gardiens de cette dernière Union, la plus pauvre de Londres, a dit à propos de ce changement : « Les pauvres s'arrangent certainement

« de façon à ne pas se trouver plus mal de la suppression
« des secours à domicile..... Ce qui était inévitable, ils
« l'ont accepté.... ».

L'essai ayant été également tenté dans quelques Unions
rurales, nous devons en rappeler le succès (1).

L'Union de Bradfield, dans le comté de Hampshire, est
une union agricole, comprenant 62.977 acres ; le recensement de 1871 lui attribuait une population de 15,853 habitants, et celui de 1881, de 17,972. Les Gardiens, jusqu'en
1871, avaient la fâcheuse pratique des secours à domicile ;
aussi, à cette date, y avait-il 1 *pauper* sur 13 habitants.
En 1888, au contraire, il y en avait 1 sur 126, et la taxe
des pauvres était tombée de 24 den. 1/2 en 1881 à 5 3/4 en
1888. Voici, du reste, le tableau donné par M. Bland-Garland, président de l'Union, à une conférence de la *Poor
law*, tenue le 12 décembre 1888 :

ANNÉES	MOUVEMENT DU PAUPÉRISME à l'exclusion des aliénés et des vagabonds				DÉPENSES		
	INDIGENTS SECOURUS le 1er Janvier			PROPORTION d'indigents à la population	HOSPITALISA-TION	SECOURS à domicile	PROPORTION par livre sterling de la valeur imposable
	Secours à domicile	Hospita-lisation	TOTAL	1 sur	Livres	Livres	Pence
1871	999	259	1,258	13	2.235 (55,875 fr.)	4.658 (116 700 fr)	24 1/2 (2 fr. 45)
1881	202	151	353	45	1.365 (34.125 fr.)	1.194 (29.850 fr.)	9 (0 fr. 90)
1888	42	100	142	126	977 (24.425 fr.)	305 (7.625 fr.)	5 3/4 (0 fr. 55)

Une autre Union rurale, celle de Brixworth, près de
Northampton, a également supprimé le secours *out-door*,

(1) M. C. S. Loch, *Charity Organisation*.

sous l'influence d'un homme très compétent dans les questions d'assistance, M. Albert Pell, qui a longtemps occupé un siège au Parlement. M. Pell est un des adversaires les plus convaincus et les plus déterminés de ce mode de secours.

SEMESTRE FINISSANT A LA SAINT-MICHEL 1890
(*29 Septembre*) (1)

ANNÉES	POPULATION	NOMBRE DE *PAUPERS*				DÉPENSES du secours à domicile			Dépense annuelle par tête d'habitant
		In-door	Out-d'or	TOTAL	Proportion des paupers relativement à la population	L.	Sh	D	
									S. D.
Semestre finissant à la St-Michel 1870. (29 septembre)	13.866	130	1822	1952	1 à 7	2851	2	1	0, 2 1/2
Semestre finissant à la St-Michel 1890.	13.336	102	39	141	1 à 94	146	14	9	1, 7 3/4

Dans l'Union de Brixworth, il y a eu presque suppression du secours à domicile ; le nombre des *paupers*, recevant ce secours, était tombé de 1,822 à 39, diminution considérable qui a amené par contre-coup celle des *paupers* hospitalisés ; ceux-ci étaient de 130 en 1870 et de 102 en 1890.

Il n'est pas inutile de comparer maintenant entre elles des Unions voisines ou placées dans les mêmes conditions économiques, appliquant les unes la suppression presque absolue de l'*Out-relief*, et les autres en maintenant la pratique ; car il serait permis d'objecter à une comparaison faite seulement entre deux époques différentes que la diminution est due non à la modification des règles adoptées

(1) V. le rapport de Brixworth Union.

par les Gardiens, mais à une amélioration de l'état social du pays (1).

Deux Unions voisines dans Londres sont : celle de la Cité et celle de *St-George in the east*. La première pratique le secours à domicile ; la population y était de 51,439 âmes au 1er janvier 1890 ; c'est une Union très riche, où se trouve le siège des affaires, et qui ne comprend que peu d'indigents ; elle compte néanmoins 3,490 *paupers*. La seconde, contiguë à la précédente, est la plus pauvre de la métropole ; sur une population de 47,157 habitants, elle ne compte cependant que 1,895 *paupers*. La population des *workhouses* de chacune de ces deux Unions étant la même, la différence porte uniquement sur le nombre des assistés à domicile, qui sont 1,822 dans la Cité, et 368 seulement dans l'Union de St-George.

L'influence de la suppression des secours à domicile se révèle d'une manière encore plus manifeste, si l'on établit un rapprochement entre quelques Unions rurales. La comparaison entre l'Union de Bradfield et celle de Hungerford, dans le même comté, est topique. Ces deux Unions ont la même population : 17,972 habitants à Bradfield, et 17,802 à Hungerford. Mais, pendant que Bradfield ne comprend que 114 *paupers* hospitalisés, et 32 secourus à domicile, l'autre Union a 123 hospitalisés et 568 assistés *out-door*.— Les mêmes résultats se dégagent d'une comparaison entre deux Unions voisines du petit comté rural de Huntingdon. La population des deux Unions est la même, les conditions économiques absolument identiques ; ce sont l'une et l'autre des Unions rurales. Or l'une d'elles, St-Ives, au 1er janvier 1890, avait 125 *paupers* dans le *workhouse*, et 430 secourus à domicile, soit trois fois davantage ; St-Néots n'avait dans le *workhouse* que 100 *inmates*, et le même

---

(1) Nous empruntons les détails, qui vont suivre, à une étude très documentée de M. Albert Pell, faite sous forme de conférence, et intitulée « *Out-relief* ».

chiffre d'assistés *out-door*. Pendant que cette dernière Union
n'avait dépensé dans un semestre (1) que 716 *liv. st.*, dont
260 en secours à domicile, l'Union de St-Ives avait dépensé, pendant le même laps de temps, 1,709 *liv. st.*, dont
1,118 en secours *out-door*. Le coût de l'assistance, à
St-Néots, représente 1 sh. 8 den. par tête d'habitant, et, à
St-Ives, 4 sh.

A Bradfield, il n'y a que 1 3/4 *paupers out-door* sur
1,000 habitants ; dans l'Union de Nantwich, du comté de
Cheshire, il y en a 28 sur 1,000, de sorte que si le Bureau
des Gardiens de Nantwich était transporté à Bradfield et y
appliquait sa méthode de secours, il arriverait à transformer en pauvres 506 personnes, qui en ce moment se suffisent à elles-mêmes, et, inversement, si le Bureau de Bradfield remplaçait celui de Nantwich, il ne tarderait pas à
réduire le nombre d'*out-door paupers* d'environ 1,670. A
Bradfield, on dépense, pour l'assistance, 1 sh. 6 den. par
tête ; à Nantwich, 3 sh. 9 den. (2).

(1) Le semestre se terminant *at Lady Day* 1890, c'est-à-dire au
25 mars 1890.

(2) Nous avons puisé la plupart de ces renseignements dans la
conférence faite par M. Albert Pell, le 14 octobre 1890 sur l' « *Out-
relief* ». — Pour rendre plus frappants ces rapprochements entre
différentes Unions, nous les donnons ici sous forme de tableau. —
Ces chiffres sont ceux du 1er janvier 1890.

UNIONS	POPULATION	PAUPERS IN DOOR	PAUPERS OUT-DOOR (à l'exclusion des fous)
Bradfield (Berks)............	17.972	114	32
Hungerford id.	17.802	123	508
Brixworth (Northants)......	13.336	93	34
Woodstock (Oxford).........	13 320	214	603
Saint-Néots (Hunts)	16.755	100	100
Saint-Ives id.	16.007	125	430
Nantwich (Cheschire).......	61.566	263	1.778

L'autre forme de secours, c'est l'assistance dans le *Workhouse* ; c'est l'hospitalisation. Il semble bien que, dans l'intention des organisateurs de la « *poor law* » moderne, cette forme d'assistance doive être la règle, parce qu'elle est la moins susceptible d'être recherchée, tandis que le secours à domicile doit être l'exception. Le *Central Board* ne cesse de le rappeler. Pour cette forme de secours, il n'y a pas de règles imposées aux gardiens ; ils peuvent l'appliquer aux cas où le secours *out-door* peut ou non être accordé. Le *Workhouse* a encore cet autre avantage d'éviter les réclamations fondées sur l'insuffisance du secours. De plus, il est la preuve du paupérisme (*Workhouse test*), et s'applique dès lors exclusivement aux cas véritablement intéressants. Enfin cette forme de secours n'influe pas, comme l'autre, sur le taux des salaires.

On lui reproche bien d'être plus coûteuse que le secours à domicile, et d'exiger des frais considérables de premier établissement ; mais quelle valeur a ce reproche, puisque ce secours arrive à diminuer la dépense totale d'assistance, et à faire décroître le paupérisme !

A Londres, il y a une raison spéciale, qui incite les Bureaux de Gardiens à préférer la forme *in-door* ; c'est la contribution qu'ils reçoivent sur le *Common Poor Fund*.

Aussi les Gardiens la préfèrent-ils maintenant presque partout (1). Il y a là une tendance tout à fait inverse de celle qui prévaut en France, où le secours à domicile domine aujourd'hui. La situation n'est pas la même dans les deux pays ; car, en France, le budget des recettes de l'assistance n'est pas, en principe, alimenté par l'impôt, et surtout la dépense n'y dicte pas la recette. Mais, réserve faite du cas

(1) La multiplication des secours à domicile compte des partisans parmi ceux qui n'obéissent qu'au sentiment populaire. La *Contemporary Review* de 1894 (I, p. 305-323) a publié, sous la signature de M. W. A. Hunter, un article favorable à ce genre de secours.

de maladie, il y a là une tendance fâcheuse dans notre pays, et ce qui se passe pour les secours de loyer, à Paris, ressemble assez à une cloche d'alarme.

Le Bureau des Gardiens, éclairé par la note fournie par l'officier de secours, par les réponses obtenues de l'indigent lui-même, voire même par les enquêtes verbales, qui ont pu être faites par chacun de ses membres, et qui servent à contrôler l'exactitude des renseignements, le Bureau, disons-nous, a accordé le secours. Le président ou le *clerk* l'inscrit sur un registre spécial (*relief order book*), et son exécution est confiée à l'officier de secours. Il reste au Bureau à en surveiller l'emploi. S'agit-il de l'*in-door relief*, ce soin retombe sur le *Visiting committee*, qui est une émanation du Bureau. S'agit-il, au contraire, de l'*out-door relief*, comme ce secours n'est accordé que temporairement et en général pour une période, qui ne dépasse pas trois mois, le *Board of Guardians* a un contrôle constant à exercer; il en charge l'officier de secours. Dans certaines villes, à Birmingham, par exemple, les Gardiens emploient un contrôleur, chargé de visites à faire à l'improviste pendant l'année; ce contrôleur s'appelle *crossvisitor*. Il aide à faire des révisions fréquentes des secours anciennement accordés. « Il arrive ainsi à découvrir, dit M. Loch, que les uns n'ont « pas besoin de secours, que d'autres ne les méritent pas, « que d'autres ont des parents qui doivent les entretenir et « qui sont en situation de le faire. Toutes ces circonstances « avaient été, bien entendu, soigneusement cachées, et « n'ont été révélées que par une visite imprévue. Le fils « était en Amérique depuis des années, disait-on; on le « trouve chez lui. Et quelles histoires ! On aperçoit sur une « table un outil. « Hélas ! c'était à mon pauvre mari, il y « a douze ans qu'il est mort. » Un chapeau d'homme est « accroché derrière la porte, un veston traîne sur une chaise, « un homme est en train de se laver dans la cour. « Je ne

« le connais pas, mon bon monsieur ; c'est un passant qui
« vient de me demander la permission d'entrer et de se
« laver ; pour moi, je suis, comme vous le savez, toute
« seule ! »........ » (1).

(1) *Loc. cit.*

CHAPITRE X

LES DIFFÉRENTES SORTES DE SECOURS (SUITE).
L'ASSISTANCE DE L'ENFANCE, DE LA MALADIE, DE LA FOLIE.

Tendance à éloigner du *workhouse* les enfants, les malades et les vagabonds, et à leur affecter des établissements spéciaux. — Assistance de l'enfance. — Sa légitimité. — Les enfants assistés. — L'éducation dans le *workhouse*. — Les écoles séparées. — Les orphelinats et écoles privés. — Le placement chez des nourriciers (*Boarding-out system*). — L'apprentissage. — Les métiers manuels. — La musique, la marine pour les garçons. — L'émigration. — La maladie. — Le secours médical à domicile (*out-door medical relief*) et l'hospitalisation dans le *workhouse* (*in-door medical relief*). — L'assistance médicale dans la métropole; les grandes infirmeries; les hôpitaux pour maladies contagieuses. — La folie. — Caractères de la législation anglaise. — Accroissement du nombre des aliénés. — Trois catégories d'aliénés. — Les fous indigents; établissements où ils peuvent être renfermés.

Dans le chapitre qui précède, nous nous sommes placé en face de la situation du *pauper* qui se trouve dans les conditions ordinaires de la vie, et nous avons indiqué les deux formes de secours entre lesquelles les Gardiens ont à choisir, l'*out-door* et l'*in-door*; nous avons paru admettre ensuite que le *workhouse* est le seul établissement où se donne le secours hospitalier.

Mais, à côté des circonstances ordinaires de la vie, il y a les circonstances exceptionnelles, celles qui exigent un traitement spécial, la maladie, la folie, etc. En outre, l'*out-door relief* ne consiste pas nécessairement en secours matériel à domicile, et, d'autre part, il y a des établissements autres que le *workhouse*, où se donne le secours *in-door*. Sauf les asiles d'aliénés, qui paraissent avoir une

existence à part, et qui relèvent du comté, ces établissements sont plutôt des dépendances, — moralement parlant, — du *workhouse*, que des établissements distincts.

Depuis plusieurs années déjà, la tendance de l'administration centrale et du législateur a été de soustraire au
workhouse trois classes de *paupers* et de leur affecter des
établissements spéciaux et séparés ; ces trois classes sont :
les malades, les enfants pauvres, et les *casual paupers*,
autrement dit les vagabonds. Aux malades, les infirmeries
séparées des autres locaux du *workhouse*, séparation dictée
par les lois de l'hygiène ; aux enfants pauvres, les écoles
séparées, les orphelinats, par lesquels on les soustrait au
contact peut-être pernicieux des autres *paupers*, et à l'atmosphère de cette maison à caractère mal défini ; enfin
aux vagabonds, qu'on isole, non pour eux, mais contre
eux, les *casual wards*, où l'on applique, autant que
faire se peut, le système cellulaire, et qui sont mieux placés dans une construction séparée que dans l'intérieur du
workhouse.

Nous réservons pour un chapitre suivant l'inventaire des
écoles, des infirmeries, et des *casual wards*.

De tous les âges de la vie, l'enfance est celui qui doit
principalement provoquer l'assistance publique ; car, outre
ses misères propres, elle est innocente de l'état de dénûment dont elle souffre, et dont elle est la première victime.
Quelle que soit l'opinion que l'on se fasse de l'assistance
en général, on ne pourra certes pas adresser d'objections à
l'assistance dont l'enfant doit être l'objet ; celui-ci souffre
d'une situation, qu'il n'a pas créée et qu'il ne pouvait con-
jurer ; il est la victime des vices ou des malheurs de ses
auteurs, victime au moins de leur indifférence. L'enfance,
d'autre part, constitue l'espoir de la société ; elle est le
germe dont la floraison viendra rémunérer celle-ci des peines qu'elle aura prises pour son éducation. L'assistance

infantile est aussi féconde dans ses résultats que légitime dans son origine; elle ne saurait, en effet, se tromper, voyant ce qu'elle fait et sachant à qui elle s'adresse. La nature de son action la met à l'abri des surprises.

En France, la protection de l'enfance s'applique à différentes situations. Mais l'assistance proprement dite, c'est-à-dire la charge complète, ne profite qu'aux orphelins, aux enfants abandonnés et aux enfants trouvés. La législation anglaise ne saurait faire ces distinctions, et elle assiste tout enfant, pour lequel l'assistance est demandée. Un individu ou plutôt un ménage entre-t-il au *workhouse*, il y entre avec ses enfants; on sépare sans doute les différents membres de la famille, mais il n'est pas permis d'accepter les uns et de refuser les autres. De là pour les *workhouses* une forte population infantile. L'y laissera-t-on? On y est quelquefois obligé, surtout dans les Unions rurales, malgré les inconvénients que peut présenter ce système autant pour l'éducation que pour l'instruction de ces jeunes *inmates*. Dans ce cas, l'instruction leur est donnée tantôt dans le *workhouse* même, sous la direction d'un instituteur ou d'une institutrice à leur usage, tantôt à l'école primaire (*elementary school*) la plus voisine. Le premier système a ce désavantage d'assimiler d'une manière trop complète les enfants à la population *pauper*; le second est meilleur, quoiqu'il ait pour les enfants le tort de se voir chaque jour ramenés au *workhouse*, pendant que leurs camarades retournent vers leurs parents.

Dès 1839, la situation des *pauper children* préoccupait les pouvoirs publics, et on s'ingéniait à trouver des solutions meilleures. Bientôt après, on engageait les gardiens à construire des écoles séparées pour y placer cette population, ou à former une association de leur Union avec d'autres Unions afin d'alléger la dépense respective. Ces écoles ne peuvent, d'ailleurs, convenir qu'à des Unions riches, et dont la population infantile comporte cette lourde dépense. Au reste, l'application de ce système se poursuivait avec des variantes, susceptibles de répondre à la fois aux idées de tolérance religieuse et au bien-être des enfants ; on autorisait les gardiens à placer leurs *children* dans un certain nombre de grands internats et d'institutions privés, acceptés et contrôlés par l'autorité supérieure (*certified schools*). Les enfants catholiques de l'un et de l'autre sexe sont envoyés à des pensionnats dirigés par des religieux ou des religieuses. Les enfants, atteints d'infirmités physiques ou mentales, aveugles, sourds-muets, idiots, peuvent être envoyés dans des asiles spéciaux ou dans des écoles d'apprentissage ; les bureaux de gardiens paient à ces *certified schools* une rétribution hebdomadaire de quelques shillings par enfant.

Pendant que se poursuivaient ces améliorations, on cherchait dans une autre voie la solution du problème de l'assistance des jeunes *paupers*. On sait qu'en France nos enfants assistés sont pour la plupart confiés à des femmes de la campagne, chargées de les nourrir et de les élever (1). Ce système a été, nous ne dirons pas, importé, mais, du moins, imaginé aussi en Angleterre, où il porte le nom de *Boarding-out system*, et où on lui attribue une supériorité au point de vue hygiénique et moral. Différents règlements édictés à ce sujet, ont déterminé la surveillance à exercer. On n'applique le système qu'aux orphelins et aux enfants abandonnés ; il ne serait pas possible de l'étendre aux enfants, dont les parents sont internés au *workhouse*, et qui peuvent, en le quittant, faire cesser l'assistance donnée à l'enfant ; il y aurait donc des inconvénients de diverses natures à placer chez des nourriciers des enfants, dont les parents sont vivants, et qui seraient engagés à en faire l'abandon, précisément à cause de l'assurance qu'ils auraient des bons soins donnés à leur enfant. Nous ne nous

____

(1) Emile Chevallier, *De l'assistance dans les campagnes*, p. 281.

étendrons pas sur les règles à suivre ; qu'il nous suffise de
dire qu'on recommande de bien choisir les parents nourriciers et de les prendre à la campagne (1) ; ajoutons que
ceux-ci doivent être de la même religion que les enfants,
et doivent leur faire donner l'éducation intellectuelle et religieuse. — Le *Boarding-out system* est surtout employé
pour les filles ; on a remarqué, en effet, que, parmi les
enfants élevés dans les *workhouses*, les filles, qui tournent
mal, sont deux fois plus nombreuses que les garçons.

Le problème de l'assistance des *pauper children* ne réside pas seulement dans le choix de l'école, où ils seront
instruits, ni même du système, qui sera suivi pour leur
éducation (2) ; il se complique du choix d'un métier, l'enfant devant plus tard occuper une place dans la société et
en retirer ses moyens d'existence. Aussi verrons-nous,
dans un chapitre ultérieur, l'apprentissage se poursuivre
simultanément avec l'instruction ; non seulement on donne
un métier à l'enfant, mais on cherche à lui assurer un emploi, à sa sortie du *workhouse* ou de l'école. La plupart
des jeunes filles sont placées comme domestiques. Nous
ne savons si on n'a pas redouté l'influence de l'atavisme
pour les garçons ; quoique cette idée ne soit exprimée nulle
part, elle perce dans le souci qu'on a eu de mettre les enfants dans une situation, où ils seront pour ainsi dire em-
brigadés, ou, du moins, soustraits à toute atmosphère pau-
périsante qui pourrait développer les germes déposés chez
l'enfant par l'hérédité. Dans beaucoup d'écoles, on fait des
musiciens pour l'armée et pour la marine ; un vaisseau-
école, aujourd'hui l'*Exmouth*, dépendant du *Métropolitan
Asylums Board*, reçoit les enfants, propres à la carrière

____

(1) Ils reçoivent 4 sh. par semaine, non compris les frais scolaires et médicaux, et non comprise une indemnité pour les vêtements.

(2) On tente d'appliquer aussi le système dit de Mettray, ou *cottage system*.

navale ; ils lui sont envoyés par les gardiens de la métropole, ou même par les gardiens de certaines Unions extra-métropolitaines, autorisés à traiter à cet effet, et ils sont dirigés soit vers la marine royale soit vers la marine marchande (1). Enfin on prépare les enfants à l'émigration (2).

Avec la maladie, nous retrouvons encore la distinction entre les deux formes de secours, l'*in-door* et l'*out-door*, le secours médical pouvant se donner dans le *workhouse* ou en dehors de cet établissement, chez le malade, ou chez le médecin, suivant la nature de la maladie. Les préventions justifiées, qui existent contre l'*out-relief* s'appliquant aux circonstances ordinaires de la vie, ne se représentent pas ici, quoique le secours médical *out-door* donne lieu lui-même à des abus, et que la libéralité dans la manière de l'allouer puisse paralyser dans toute une classe de la société le souci de la prévoyance. Les gardiens ont donc à fixer celle des deux formes de secours qui sera donnée, et, dans le cas du secours à domicile, ils ont ultérieurement à se prononcer sur les suppléments de régime, ordonnés par le médecin, tels que l'usage de l'alcool, etc.

Mais, pour déterminer d'une manière plus précise les caractères du secours médical, il importe de distinguer entre les Unions rurales et les Unions urbaines, particuliè-

---

(1) Le 21ᵉ rapport annuel du *Local Government Board* (année 1891-1892) donne un tableau indiquant la nature des emplois, qui ont été donnés aux enfants sortis en 1891 des écoles de la *Poor Law* pour la métropole. Le nombre des enfants placés, des deux sexes, a été de 1,204 dont 72 sont entrés dans la marine royale, 77 dans la marine marchande, 144 dans la musique militaire ou navale. Tous les enfants placés dans la marine royale et dans la marine marchande, à l'exception de 2, sortaient de l'*Exmouth* ; il en était de même de 58 des jeunes musiciens (page 475).

(2) V. le chapitre XIX. — Plusieurs *Acts*, concernant l'assistance des enfants, ont été rendus récemment. V. le *Poor Law Act*, 1889 ; le *Custody of Children Act*, 1891 (54 Vict. c. 3) ; le *Elementary Education Act*, 1891 (54 et 55 Vict. c. 56).

rement celles de la métropole. En province, et surtout à
la campagne, l'*in-door medical relief* se donne dans le *workhouse* ; un médecin est attaché à l'établissement et y vient
faire régulièrement une visite, aussi bien pour les *inmates*
ordinaires que pour les malades. Quelques Bureaux de gardiens traitent avec les hôpitaux privés de la contrée pour
y faire soigner les individus atteints de maladies dangereuses ; c'est un droit qui leur a été reconnu. — Quant à
l'*out-door medical relief*, il consiste dans des visites faites
par le praticien au patient et à son domicile. S'il s'agit
d'une maladie légère, c'est au malade à aller chez le médecin, à défaut d'un lieu public spécial, où il lui serait possible de le consulter. Ce service de médecine gratuite paraît bien organisé. Chaque Union est divisée en un certain
nombre de districts, ayant un médecin différent, et les districts ne doivent comprendre une population supérieure à
15,000 habitants, ni une superficie dépassant 15,000 acres.
Aussi n'est-il pas rare de voir une Union rurale se subdi-
viser en quatre districts (1). La pensée, qui a présidé à ces
règles, est de rapprocher le médecin des malades qu'il
peut être appelé à soigner (2).

Si nous examinons maintenant l'organisation du service médical dans la métropole, nous trouverons un système absolument complet, et que rendent seules possible
l'importance de la population et celle des ressources. En
premier lieu, l'hospitalisation est donnée non plus dans le
workhouse, mais dans une construction différente, appelée

(1) V. le chapitre XII, et l'Appendice, où nous reproduisons les
détails relatifs aux différents services d'une Union rurale.

(2) Le malade reçoit des Gardiens un *ticket* ; c'est le titre au secours, et l'ordre pour le médecin. — Il reçoit les médicaments du
médecin ou de l'officier de secours, suivant qu'ils coûtent bon marché ou cher. — Beaucoup d'individus s'adressent préférablement au
médecin de la *Poor Law* dans l'espoir d'obtenir la gratuité des médicaments, et l'allocation de *medical extras*.

infirmerie, et généralement éloignée du *workhouse* ; s'agit-
il d'une maladie contagieuse, comme la fièvre typhoïde
ou la variole, elle est soignée dans des hôpitaux spéciaux.
On a voulu exclure du *workhouse* les malades, et on y est arrivé. Les Unions métropolitaines sont assez importantes
pour que la construction d'une infirmerie séparée soit tout
à la fois justifiée et possible. Ne peuvent-elles ou ne veu-
lent-elles pas assumer seules cette dépense, elles ont le
droit de s'associer à d'autres Unions. D'ailleurs, au dessus
des Unions, il y a une organisation métropolitaine, qui
représente leurs intérêts généraux ; mais nous ne pouvons
insister ici sur des détails qui ont trouvé ou trouveront
leur place ailleurs.

En second lieu, et relativement au secours *out-door,*
lorsque le médecin ne se transporte pas chez le malade,
celui-ci vient le consulter dans un dispensaire, où il se
trouve à jour et à heure fixes. Toutes les Unions de la métropole ont un dispensaire, depuis 1867, et, pour les obliger à faire cette création, le Département Central a usé
d'un moyen, que nous avons signalé plus haut, celui de
suspendre le remboursement des sommes qui pourraient
être dues à l'Union réfractaire.

Dans les grandes villes, le service médical de la *Poor
Law,* sans être aussi complet que celui de la métropole,
offre avec lui quelque ressemblance. Il y a des dispensaires, et souvent aussi des infirmeries (1).

Il est une maladie terrible, la folie, dont une société ne
peut se désintéresser, parce qu'elle constitue un danger
pour l'ordre et la sécurité. En France, elle donne même lieu
à un des deux seuls cas de charité légale, (2) qui existent
dans notre organisation administrative. Il était impossible
à l'Angleterre de ne pas s'en préoccuper. La législation

(1) V. un article du colonel E. Monteflore, paru dans la *Charity
Organisation review* du mois de mai 1890.

(2) Aujourd'hui trois.

anglaise relative aux aliénés (*lunatics*), et actuellement en vigueur, comprend plusieurs dizaines de statuts spéciaux, sans compter un très grand nombre de dispositions éparses dans d'autres statuts, dont l'objet principal est tout différent. Mais elle est toute moderne, la plupart des dispositions appliquées ne remontant pas au delà du règne de la reine Victoria. Toutefois quelques années avant son avènement, un statut de 1832, dans le but de faire exercer une surveillance effective sur les maisons de fous, avait créé la fonction de *Commissioners in lunacy*, qui s'est étendue depuis cette époque (1); ces *Commissioners in lunacy* ont été les promoteurs des réformes accomplies depuis soixante ans.

La législation anglaise, comme la nôtre, est une législation à la fois de sécurité et d'assistance. Loi de sécurité, en ce qu'elle entoure le malade d'une foule de précautions, et y fait concourir des autorités différentes qui se contrôlent mutuellement. Loi d'assistance, en ce qu'elle assure aux aliénés la possibilité d'un traitement approprié à leur état, et impose la gratuité de ce traitement aux indigents.

Tandis que le XIX⁰ siècle se préoccupait de l'assistance à donner aux aliénés, le nombre de ceux-ci augmentait. C'est une remarque faite depuis longtemps que le développement de cette affection suit celui de la civilisation. Les docteurs Constans, Lunier et Dumesnil ont écrit, sans être contredits, que « l'aliénation, dans sa fréquence, suit » la civilisation, en est, en quelque sorte, le parasite, vit » et s'accroît à ses dépens ». Il est à observer, en effet, et la constatation en a été faite par Fodéré et Humbold, que l'on ne trouve pas d'insensés dans les peuples sauvages ; il n'en est pas question dans leur histoire. Tous les

____

(1) V. l'étude substantielle présentée sur la législation des aliénés en Angleterre par M. Bertrand dans le *Bulletin de la Société de législation comparée*, n° de mars 1870.

voyageurs sont unanimes sur ce point ; tous ajoutent, à titre de corollaire, que l'existence d'aliénés est le propre des pays civilisés. Encore, parmi ceux-ci, est-il bon de noter que les campagnes fournissent moins d'aliénés que les villes, et que celles-ci en donnent d'autant plus, — proportionnellement parlant, — qu'elles sont plus importantes. Disons toutefois que ce n'est pas la civilisation, mais que ce sont les accidents des peuples civilisés trop entassés, déclassés ou dépaysés, qui, sur des points particuliers, et dans des conditions exceptionnelles, exercent une action prépondérante sur le développement de la folie. Comme le disent avec infiniment de raison MM. Constans, Lunier et Dumesnil, « si la vie n'est qu'une bataille, » si cette bataill² devient de plus en plus acharnée, en » raison du nombre infiniment croissant de ceux qui veu- » lent y participer, espérant une part au butin, a-t-on le » droit de s'étonner et de se plaindre de ce que le nombre » des blessés s'accroisse aussi » ?

La progression n'est pas moindre en Angleterre qu'en France (1) ; ainsi, en ne tenant compte que des seuls aliénés indigents, trouvons-nous l'augmentation suivante : en 1859, il y en avait 31,782 ; en 1892, 78,647.

Les légistes anglais divisent les aliénés en trois classes : 1° les *private lunatics* ; 2° les *pauper lunatics* ; 3° les *criminal lunatics and insane prisoners*. — La première classe (2)

____

(1) Emile Chevallier, *loc. cit.*, p. 337.

(2) Les *private lunatics* sont ceux qui peuvent se faire traiter sans recourir à l'assistance publique ; ils comprennent : 1° les *chancery lunatics*, ou *lunatics by inquisition*, c'est-à-dire ceux dont la personne et les biens ont été soumis à une tutelle ou à une curatelle légale, le plus ordinairement après certaines formalités judiciaires ; 2° les *lunatics under certificates*, aliénés renfermés dans des établissements publics ou privés, et dont l'aliénation est constatée par de simples certificats médicaux ; 3° les *lunatics not so found by inquisition*, dont l'aliénation n'a pas été légalement constatée, et qui ne sont pas ren-

et la troisième (1) n'intéressent pas nos études, puisque, réserve faite de quelques individus de la troisième classe, ils ne donnent pas lieu à assistance.

Occupons-nous seulement des *pauper lunatics*, et occupons-nous en seulement au point de vue de l'assistance. Deux points doivent retenir notre attention. Où et aux frais de qui sont-ils internés?

Les *pauper lunatics* sont enfermés : 1° dans des asiles publics, appartenant aux Comtés ou aux Bourgs ; 2° dans des *licensed houses* ou asiles privés ; 2° dans des *registered hospitals ;* 3° dans des *workhouses* ; 5° dans des *unlicensed houses*, ou à domicile.

Dans le système général de la loi sur les aliénés, tout *pauper lunatic* doit être envoyé à un asile public, dès qu'il est établi que son état réclame une surveillance, et qu'il est nécessaire qu'il soit renfermé pour recevoir des soins et être traité (*a proper person to be taken charge of and detained under care and treatment*) ; il importe de faire remarquer que cette formule porte que c'est surtout en vue d'un traitement et des soins à lui donner que l'aliéné pauvre est renfermé. Avant la loi organique de 1853 (16, 17. Vict., c. 97) la formule était différente. L'aliéné ne devait être renfermé que si la sûreté et la sécurité de la société l'exigeaient. — La plupart des asiles publics ont été construits dans ce siècle. En 1853, pour vaincre les résistances et généraliser le traitement des indigents aliénés, l'*Act* précité obligea les bourgs et comtés à construire des asiles, en les autorisant à se réunir pour les construire en commun ou à traiter pour la réception de leurs aliénés dans les asi-

fermés. — Les *private lunatics* peuvent être reçus dans les divers établissements, dont nous parlerons à propos des indigents, à l'exception, bien entendu, des *Workhouses.*

(1) Les *criminal lunatics* sont internés dans des asiles spéciaux. Leurs dépenses sont supportées par le *poor rate,* à moins qu'ils n'aient des biens suffisants.

les d'autres bourgs et comtés. Créés spécialement pour recevoir les aliénés indigents des bourgs et comtés, auxquels
ils appartiennent, et leur assurer des soins et un traitement,
les asiles peuvent cependant, lorsqu'ils sont plus que suffisants pour les aliénés du district, recevoir ceux des autres
bourgs et comtés ; il leur est même permis de recevoir des
aliénés placés par leurs familles et payant pension. Les
dépenses d'érection des asiles sont supportées par la taxe
du bourg ou du comté.

Les bourgs et comtés, auxquels les ressources manquent
pour construire des asiles, ont été autorisés à traiter pour
la réception de leurs aliénés avec des *registered hospitals* ou
des *licensed houses*. — Les hôpitaux, en Angleterre, ne
sont pas, comme en France, des établissements publics ;
ce sont des établissements fondés par des particuliers, qui
les administrent au moyen de commissions (*committees*),
dont la composition est déterminée par l'acte de fondation.
Les hôpitaux pour les aliénés sont définis par la loi elle-
même : « Toute maison ou institution, autre qu'un asile,
» où les aliénés sont reçus et entretenus en totalité ou en
» partie, par des contributions volontaires, ou par des dons
» ou legs charitables, ou par l'application aux besoins des
» autres de l'excédant des pensions payées par quelques
» malades. » Tout hôpital, où l'on veut recevoir des aliénés,
doit être enregistré (*registered*) sur un livre spécial par les
Commissioners in lunacy. — Les *licensed houses* sont des
asiles privés, autorisés à cet effet. La loi anglaise exige une
autorisation, une *license*, pour recevoir deux aliénés ou
plus ; cette *license* est accordée par les *Commissioners in
lunacy* dans les limites de leur juridiction immédiate, qui
ne comprend que Londres et sa circonscription, et, partout ailleurs, par les juges de paix réunis en sessions trimestrielles.

Les dépenses d'entretien des *pauper lunatics*, dans les
asiles, *registered hospitals* et *licenced houses*, sont suppor-

tées par leur Union. Depuis 1874, l'État donne une contribution hebdomadaire de 4 sh. pour chaque aliéné admis dans un asile public ou dans un *registered hospital*. Cette contribution a pour effet d'augmenter le nombre des aliénés admis dans les asiles, et de diminuer celui de ceux qui sont admis dans les *workhouses*.

Il ne faudrait pas conclure de cela qu'il n'y ait pas de fous indigents en dehors des asiles et des *registered hospitals*. Les gardiens des pauvres sont autorisés par la loi à allouer des secours suffisants pour laisser les aliénés aux soins de leurs familles ou les mettre en pension chez des étrangers (1). Ils peuvent même les placer dans des *workhouses*, si les aliénés appartiennent à la catégorie des chroniques et incurables, et si leur folie n'est pas dangereuse ; si, au contraire, ils sont susceptibles de guérison, ou s'ils sont dangereux, ils doivent être envoyés à un asile, et défense expresse est faite de les garder plus de 14 jours au *workhouse*.

Il n'est pas sans intérêt d'indiquer le nombre des aliénés enfermés dans les différents établissements, que nous venons d'énumérer. N'oublions pas de faire remarquer que l'on comprend parmi les aliénés des *workhouses* ceux qui sont dans les institutions spéciales pour idiots et imbéciles.

(1) Pour recevoir en pension un aliéné seul, aucune autorisation administrative spéciale n'est nécessaire. En Écosse, il en est un peu autrement ; on sait que la loi écossaise diffère de la loi anglaise (V. l'étude précitée de M. Bertrand).

La matière de l'assistance des aliénés sortant quelque peu du cadre de notre étude, nous n'insistons pas sur le placement des aliénés chez les particuliers, système surtout usité en Écosse, et dont la ville de Paris songe à faire l'essai.

Aliénés indigents en Angleterre et dans le pays de Galles (1).

ANNÉES	NOMBRE DE PAUPERS A LA CHARGE DU *Poor rate*					Nombre de paupers à la charge des taxes de comté et de bourg	TOTAL
	Dans les Asiles de Comté et de Bourg	Dans les registe-red hospitals et *Licensed Houses*	Dans les work-houses et asiles de district mé-tropolitain	Résidant avec leurs parents ou dans des lodgings ou *boarded-out*	TOTAL	Dans les asiles, hôpi-taux, etc.	
1859	14.263	2.106	7.963	5.798	30.130	1.652	31.782
1860	15.595	1.454	8.219	5.980	31.248	1.745	32.993
1870	26.029	2.061	11.358	7.086	46.534	1.899	48.433
1880	37.815	1.335	16.464	5.980	61.594	1.876	63.470
1890	50.241	1.568	17.825	5.811	75.445	1.581	77.026
1891	51.795	1.630	16.990	5.813	76.228	1.556	77.784
1892	52.772	1.724	16.898	5.706	77.100	1.547	78.647

(1) XXIe rapport annuel du *Local Government Board.*

CHAPITRE XI

La dernière catégorie des pauvres qu'on cherche à isoler des *inmates* du *workhouse*, ce sont les vagabonds, que
la langue anglaise désigne sous le nom de *vagrants* ou
sous celui de *tramps*. Le premier mot se traduit lui-même.
Il en est autrement du second, qui est littéralement intra-
duisible. *To tramp*, dans l'idiome vulgaire, signifie marcher
avec effort et péniblement vers un but désiré. Ici le mar-
cheur est un pauvre, et le but un gîte légal, et une maigre
pitance, juste de quoi ne pas mourir de faim. Le *tramp* ar-
pente les routes d'Angleterre, marchant tout le jour, et
s'arrêtant, le soir, après l'étape faite, à la porte de l'asile,
où il doit passer la nuit. Il est sans foyer, sans ressources,
sans famille ; il est seul dans la vie ; il n'a au cœur ni espoir, ni désespoir, ni affection, ni haine ; il n'a aucun métier ; ses mains sont rebelles à tout travail. C'est l'analogue
de notre vagabond, de ce vagabond qui parcourt lui aussi
sinon nos routes, du moins nos chemins écartés, mendiant
ici ou là, maraudant quelque peu, et trouvant le soir, dans

une ferme, une grange pour l'abriter et une botte de paille pour s'étendre. Le *tramp* est un produit britannique ; le *cheminot* un produit français ; mais ils ont une même mère, qui est la paresse et le dégoût du travail ; l'un et l'autre sont dévorés de la même soif d'indépendance. Le *tramp* inscrit, dit-on, sur le mur des habitations la somme qu'il y a reçue, afin de prévenir les autres *tramps* ; le vagabond français a son carnet, sur lequel son itinéraire est fixé, avec l'indication des aumônes qu'on a coutume de donner dans telle et telle maison de son parcours (1). Le *tramp* diffère de notre vagabond, en ce qu'il est presque à l'abri des poursuites, tandis que celui-ci est traqué par la gendarmerie, et comparait fréquemment devant nos tribunaux correctionnels.

Le vagabondage n'est cependant pas licite en Angleterre. Loin de là, les mendiants et les vagabonds ont toujours été traités par la législation anglaise avec une sévérité extraordinaire. Primitivement, il y avait même tout un système de pénalités progressives et barbares ; le fouet, puis, en cas de première récidive, l'ablation des oreilles, et, en cas de deuxième, la pendaison. Le fouet subsista longtemps, et il survécut à l'*Act* de 1713, dont les dispositions étaient beaucoup plus humaines ; il constitue encore une des aggravations de peine applicables aux récidivistes. La législation actuellement en vigueur résulte d'un acte de 1824 ; elle frappe les mendiants d'emprisonnement, avec travail forcé : un mois d'abord, trois mois en second lieu, puis douze mois avec faculté d'appliquer le fouet.

La mendicité est donc interdite (2), mais, peut-être à

(1) Un vagabond disait récemment à une personne, de qui il venait de recevoir une aumône : « Je vais coucher à la ferme de..... ; la paille y est toujours fraîche, et on nous donne la soupe. — Un voyageur m'a dit qu'on y a tué hier un porc gras ; il y fera bon ce soir ».

(2) A moins d'une autorisation spéciale, qui porte le nom de

cause de la sévérité même de la loi, qui rend la pénalité difficilement applicable, elle s'exerce d'une manière plus ou moins discrète, et d'ailleurs l'individu, qui ferait ouvertement profession de mendiant, trouve dans le système de l'assistance, un moyen de vivre de la vie d'oisiveté, tout en échappant aux pénalités de la loi ; c'est de s'adresser à l'assistance officielle elle-même. Autrefois rien de plus simple et de plus agréable en même temps : l'entrée du *workhouse* étant accordée à tout malheureux qui la réclamait, et la possibilité d'en sortir existant à tout moment, le vagabond entrait le soir au *workhouse*, il y trouvait un souper, un lit pour la nuit, et un déjeûner le lendemain matin ; puis il reprenait, avec sa liberté, sa vie errante jusqu'au soir, où il retrouvait un nouveau *workhouse* et une nouvelle hospitalité. Combien s'accommodaient de cette existence si libre et si assurée à la fois ! un lit et deux repas, une journée entière pour mendier et mener l'existence vagabonde, c'était là un sort qui ne paraissait pas trop désagréable. On comprit que cet état de choses ne pouvait être maintenu, et le législateur fit une disposition pour autoriser les Gardiens à prescrire une tâche en échange de leur hospitalité.

Malheureusement la disposition n'avait qu'un caractère facultatif ; les *tramps* ne tardèrent pas à connaître ceux des *workhouses*, où le travail était obligatoire, et à s'en éloigner ; dans leurs pérégrinations, ils brûlaient cette étape, et délaissaient ces *workhouses* pour se porter en nombre sur ceux où l'on ne prescrivait aucune tâche. Aussi, en 1871, fit-on de nouvelles dispositions, et décida-t-on que partout le *pauper* ne serait rendu à la liberté qu'après l'accomplissement d'une tâche. Nouvel acte en 1882 ; les portes de l'asile sont ouvertes à partir de 6 heures du soir, en

---

« *Pedlar's certificate* », et qui permet, moyennant une rétribution annuelle de 5 sh., de mendier, en vendant des allumettes.

été, et de 4 heures en hiver (1) ; le *pauper* admis (2) est fouillé, il prend un bain, revêt le costume de l'endroit pendant que ses vêtements sont désinfectés. On l'enferme soit dans une cellule, soit dans une salle commune où sur un grabat, lit de sangle ou sac de paille, il a l'hospitalité d'une nuit en échange d'une somme de travail. Ce qu'il fait comme travail, nous le verrons ailleurs ; la besogne exige trois heures, et son inexécution expose le *pauper* à être puni. Celui-ci ne peut quitter, être *discharged*, que le lendemain de l'admission après onze heures, ou après l'accomplissement de sa tâche ; mais les gardiens sont autorisés à le détenir deux nuits, l'obligeant à travailler un jour entier, et ne le libérant que le 2ᵉ jour qui suit celui de son admission, à 9 heures du matin. A-t-il déjà été secouru dans le mois par la même Union (et, à ce point de vue, la métropole ne forme qu'une seule Union) on lui inflige deux journées de séjour en plus, et on ne le libère que le 4ᵉ jour, qui suit son admission, à 9 heures. — Le dimanche ne compte jamais dans le nombre ; aussi les admissions du samedi soir sont-elles moins nombreuses ; on ne se soucie pas de passer le dimanche dans le *workhouse*. Cette règle a été prise à la suite d'un abus, que l'on avait remarqué : le dimanche, on les laissait partir de bonne heure sans exiger la tâche habituelle ; aussi les *tramps* chérissaient-ils le samedi soir, où l'hospitalité leur était garantie gratuitement, et arrivaient-ils en foule. Maintenant tout *pauper*, admis le samedi, y est enfermé jusqu'au lundi, afin

---

(1) L'hiver, dès 3 heures, on voit les malheureux, en attendant d'y pouvoir pénétrer, se ranger le long des murs du *workhouse*. Est-ce pour avoir une meilleure place? ou pour être certains de leur admission dans ces asiles, dont les places sont comptées ?

(2) L'admission ne suppose pas un ordre des Gardiens, mais seulement du *relieving officer* ou d'un *overseer*, ou encore une permission du maître du *workhouse* ou même du surveillant du *casual ward*.

d'accomplir la tâche réglementaire, le puritanisme anglais ne permettant pas qu'elle soit faite le dimanche (1).

Le quartier réservé à ces *paupers* de passage se nomme le *Casual Ward*. Situé dans le *Workhouse*, il est isolé ; mais, dans les grandes villes, et notamment à Londres, il se trouve dans une construction séparée, cette séparation permettant mieux d'appliquer une discipline sévère, et un régime qui tient à la fois de l'assistance et de la pénalité ; au surplus, des considérations de police la rendent désirable. Il est préférable d'éviter la promiscuité entre les clients de passage et les habitants à demeure et pour ainsi dire attitrés. — L'hôte du *casual ward* se nomme le *casual pauper*.

L'établissement de ces quartiers a diminué beaucoup le nombre des *casual paupers* (2) ; faut-il s'en étonner ? — Mais a-t-il diminué le nombre des vagabonds ? C'est moins cer-

(1) M. Hector France raconte une révolte de *tramps*, dont a été témoin le *casual ward* de l'Union de *Croydon*, voisine de Londres. (*Les va-nu-pieds de Londres*, p. 264 et s.)

(2) Ainsi, dans la métropole, pendant la première année, qui suivit l'exécution du nouvel acte, en 1883, il y en eut seulement une moyenne de 482.4 par jour, alors que la moyenne de 1882 avait été de 813.9. — Voici le nombre moyen des vagabonds secourus chaque jour en Angleterre ; pour arriver à cette moyenne, on prend les dates du 1er janvier et du 1er juillet :

Angleterre et Pays de Galles

ANNÉE finissant le *Lady-day*	VAGABONDS SECOURUS		NOMBRE MOYEN pour l'année
	au 1er juillet	au 1er janvier	
1858	2.005	2.416	2.700
1850	2.069	2.153	2.111
1860	2.207	1.548	1.005
1870	6.609	5.430	6.001
1880	7.665	5.914	6.700
1890	4.157	5.704	4.920
1891	5.552	5.552	5.552
1892	6.008	6.988	6.408

tain ; car il y a, au moins durant l'hiver, des asiles de nuit, établis par la charité privée, et ces asiles recueillent les anciens habitués des *casual wards*, que la dureté du nouveau régime en éloigne ; il y a aussi des *lodgings* à prix réduit, où, pour 6 sous, on a, sinon un lit, du moins un abri. — Ce système produit, d'ailleurs, des effets déplorables : le *tramp*, ce vagabond de profession, en tant qu'il devient un *casual pauper*, c'est-à-dire en tant qu'il peut justifier à la police, qu'il rencontre sur son chemin, qu'il sort de tel *casual ward* pour se diriger vers tel autre, est sacré ; n'est-il pas dans une situation légale, puisqu'il demande l'hospitalité à une institution officielle ; il mendiera sans doute dans sa journée, mais fera en sorte de ne pas se laisser surprendre, il fera surtout en sorte de dissiper, avant le soir, le produit de ses aumônes, le *superintendant* du *ward* ne pouvant le recevoir que s'il est sans ressources, et devant le fouiller pour s'en assurer. Quant à l'ouvrier sans travail, qui est sérieusement en quête d'ouvrage, et qui garde assez de pudeur pour ne pas mendier, il est fatalement conduit au *casual ward*, où il subit un traitement, qui n'a pas été prescrit pour lui, mais qui lui est applicable ; car le règlement ne distingue pas. A-t-il, du moins, l'espoir, en demandant un abri pour la nuit, de trouver du travail le lendemain, à sa libération ? Non ; car il ne quitte qu'à une heure, où il est trop tard pour en trouver. Il peut sans doute obtenir du surveillant la faculté de quitter un peu avant l'heure prescrite ; mais il n'obtiendra au *workhouse* aucune indication utile pour trouver du travail.

C'est, nous le savons, un problème difficile à résoudre que d'appliquer un régime identique à deux classes d'individus aussi dissemblables : des vagabonds, qui souffrent moins d'indigence que de paresse, dont la recherche d'ouvrage n'est que le prétexte, mais dont la dégradation morale a tué les habitudes de travail, et, d'autre part, des ouvriers, qui, chassés d'une ville par une crise industrielle

ou par la fermeture d'un atelier, ou encore par l'achève-
ment d'un travail pour lequel ils avaient été embauchés
temporairement, sont en quête d'ouvrage. Aux premiers,
la société ne doit pas d'assistance ; aux seconds, elle doit
sa compassion et sa bienveillance. Mais, quelle que soit la
difficulté du problème, nous ne pouvons approuver la solution anglaise. Ce système est qualifié d'assistance ; il est,
en réalité, une répression, qui a le tort de se revêtir du
caractère charitable. Nous préférons la condamnation à
cette assistance pénale de nature hétéroclite ; nous aimons
mieux le pénitencier que cet internement dur et rigoureux
dans un établissement d'assistance (1).

Il n'est pas un seul auteur, traitant cette question, qui
n'en critique la solution (2). Un des inspecteurs du *Local
Government Board*, avec lequel nous visitions certains
workhouses, nous l'avouait. « C'est la partie défectueuse
de notre système », disait-il. Dans certaines Unions, on a
pris le parti d'améliorer le régime pour les sujets qui paraissent justifier une faveur. Quelques-unes leur donnent
une sorte de permis de circulation, (*way-ticket*), qui leur
fixe un itinéraire, mais les autorise, aux endroits désignés,
à demander un morceau de pain, et un gîte pour la nuit
dans le *casual ward*, où ils ne sont astreints qu'à une très
légère tâche, le matin suivant, et où on leur délivre un
nouveau permis, qui leur confère jusqu'au lendemain matin les mêmes avantages. Cette pratique opère une sélection entre les deux classes de *casual* et facilite l'œuvre de
la justice ; mais elle n'est pas adoptée partout.

L'opinion publique réclame énergiquement une réforme.
Il y a quelques mois, M. Ritchie, président du Bureau du
gouvernement local, dans le cabinet Salisbury, et M. Lees

(1) V. le Nouveau Dictionnaire d'économie politique, V° *Mendicité*.
(2) V. les ouvrages de MM. Aschrott (p. 247), Fowle (p. 144), etc.
V. aussi la préface de M. Henry Sidgwick, qui précède l'ouvrage
d'Aschrott.

Knowles, son secrétaire parlementaire, ont tenu à s'assurer par eux-mêmes de quelle façon fonctionnaient ces refuges de nuit. On prétend qu'ils se sont parfaitement rendu compte des inconvénients de ce système. Une réforme ne saurait tarder (1).

(1) Une modification a été apportée au système que nous avons exposé : les vagabonds, qui ont été détenus deux nuits, peuvent quitter le surlendemain de leur admission dès la première heure, c'est-à-dire vers 6 heures.

CHAPITRE XII

Qu'est-ce qu'un *workhouse* ? La traduction littérale nous donne les mots « maison de travail ». L'origine nous dit que ce nom est venu de l'idée que l'on avait eue primitivement de soumettre les *paupers* valides à l'obligation du travail, comme pierre de touche de leur misère. Mais la traduction littérale, aussi bien que l'étymologie, seraient bien trompeuses ; car, d'une part, on ne travaille que peu dans le *workhouse*, et, d'autre part, ceux des *inmates*, qui sont réellement valides (*able-bodied*), sont comparativement en petit nombre ; on y rencontre des enfants, des vieillards, des infirmes, des malades, des aliénés, des femmes en couches, des valides, des mendiants de passage, et d'autres catégories encore, de telle sorte que, si on ne peut pas le qualifier de maison de travail, on ne peut davantage l'appeler un hospice, un hôpital, un orphelinat, un dépôt de mendicité, un pénitencier, un lieu d'asile, etc. ; mais on peut aussi dire que c'est tout cela. Bref, ne cherchons pas une traduction du mot « *workhouse* » ; et appelons simplement l'institution de son nom anglais. Il y a des mots intraduisibles, parce qu'ils répondent à des choses intraduisibles. Ainsi en est-il du *workhouse*, institution anglaise plus encore que n'est le mot.

Quel est son aspect? Ceux de nos compatriotes, qui connaissent Londres, et auxquels on a montré l'aspect extérieur d'un de ces établissements, vous diront qu'il ressemble à une prison ; les *workhouses* de la métropole ont, en effet, un peu cette apparence, et les agencements intérieurs ne sont pas pour éloigner l'esprit de cette ressemblance. Mais ailleurs il en est différemment : le *workhouse* d'Oxford se trouve dans un des faubourgs de la ville, et la construction principale est précédée d'un immense potager ; celui de l'Union de *Windsor* ressemble à un petit château ; adossé contre le magnifique parc de ce nom, enclavé même, il offre de loin l'aspect d'une agréable résidence de campagne ; une grille le sépare de la route ; un jardin, planté de fleurs, sépare l'entrée d'avec la construction, due, nous a-t-on affirmé, à un architecte célèbre, qui reconstruisit le Palais du Parlement. Mais ce n'est là que la façade, et les détails intérieurs nous replongent dans l'idée de la prison.

Partout, en effet, aussi bien à Londres que dans les Unions rurales, ce sont de longs couloirs, blanchis à la chaux, tristes, sinon sombres ; ils sont coupés de fortes grilles, destinées à isoler chaque quartier ; car le principe est la séparation des sexes, des âges, des catégories. La discipline est partout la même ; (1) partout aussi il y a

(1) Notamment la défense de sortir, sauf exception.

uniformité du costume entre les *inmates* (1). Les sexes sont séparés, avons-nous dit ; le mari et la femme doivent vivre séparés, ainsi que les membres d'une même famille ; on veut rendre aussi désagréable que possible le séjour dans le *workhouse* ; il n'est fait exception que pour les ménages séxagénaires, la vie commune ne paraissant plus, à cet âge, pouvoir passer pour un plaisir. Dans un *workhouse*, à Marylebone, où nous avons vu une série de chambres affectées à des ménages, on nous dit que ces vieux ménages passent leur temps en récriminations ; tantôt le mari reproche à sa femme d'être cause qu'ils sont là ; tantôt c'est la femme qui fait ce reproche. Aussi ne compte-t-on, dans tous les *workhouses* réunis, qu'un nombre de ménages légèrement supérieur à 200. Dans les *workhouses* importants, les gens de religion différente vivent dans des quartiers distincts, — du moins les catholiques et les protestants ; car s'il fallait séparer toutes les sectes anglaises, on rencontrerait une impossibilité matérielle. Le respect de la religion de l'*inmate* est le caractère dominant de la maison. D'ailleurs, la section 19 de l'*Act* de 1834 s'exprimait ainsi : « Aucun *inmate* des *workhouses* n'est obligé « d'assister à un service religieux contraire à ses princi- « pes, ni aucun enfant d'être élevé dans une autre croyance « que celle de ses parents (2) ».

Partout, dans les salles, les corridors, chambres, cuisines, on voit sur les murailles des préceptes évangéliques destinés à rappeler aux hôtes de céans l'humilité, la patience, le détachement des vanités du monde :

(1) Il y a des exceptions à cette règle.

(2) Dans chaque *workhouse*, un registre spécial doit être tenu sur les croyances religieuses des *inmates*. Lorsqu'il s'agit d'enfants au-dessous de 12 ans, on doit inscrire la religion des parents. Les enfants au-dessus de 12 ans sont autorisés à choisir eux-mêmes la religion dans laquelle ils doivent être élevés. Il y a dans chaque *workhouse* un chapelain spécial ; au cas où son culte n'y serait pas observé, l'*inmate* pourrait suivre un service divin hors du *workhouse*.

168   DEUXIÈME PARTIE. — CHAPITRE XII

— *Heureux les humbles, le royaume du ciel est à eux.*

— *Les premiers seront les derniers, et les derniers, les premiers.*

— *La terre est une vallée de larmes. Heureux ceux qui s'en vont.*

— *Ne regarde pas au-dessus de toi, mais au-dessous de toi, et quelque misérable que tu sois, tu en trouveras de plus misérables.*

— *Jésus-Christ est né pauvre.*

Dans les réfectoires, on lit :

Waste nothing

Want nothing

« *Ne gaspillez rien, ne demandez rien* (1). »

Le régime alimentaire est administrativement fixé, et, s'il n'y a pas identité absolue dans les quantités, il y a, du moins, une synonymie complète. Nous reproduisons, à titre de spécimen, un menu (*dietary*) publié par le Département Central :

RÉGIME (*dietary*) (2).

	DÉJEUNER		DÎNER							SOUPERS	
	Porridge (soupe)	Lait	Viande cuite	Pommes de terre et autres légumes	Pain	Soupe	Bouillon	Pudding à la graisse	Haricots	Porridge (soupe)	Lait
	pt.	pt.	oz.	oz.	oz.	pt.	pt.	oz.	lbs.	pt.	pt.
Dimanche	1 1/2	1/2	4	12						1 1/2	1/2
Lundi	1 1/2	1/2			7		1			1 1/2	1/2
Mardi	1 1/2	1/2				1/2		14		1 1/2	1/2
Mercredi	1 1/2	1/2			6	1				1 1/2	1/2
Jeudi	1 1/2	1/2	4	12						1 1/2	1/2
Vendredi	1 1/2	1/2					1/2	14		1 1/2	1/2
Samedi	1 1/2	1/2							1	1 1/2	1/2

Le personnel des *workhouses* est le même partout, sinon comme nombre, du moins comme cadre. A la tête, se trouve le *Master*, qui est assez souvent un ancien officier, ou un ancien marin ; sa femme occupe la fonction de *ma-*

(1) M. Hector France, *loc. cit.*, p. 252.

(2) Aschrott, p. 210.

tron, c'est-à-dire de surveillante pour le quartier des femmes ; on trouve ensuite une infirmière (*nurse*), un portier, et, si les enfants sont instruits dans le *workhouse*, un maître ou une maîtresse d'école. Un docteur, tantôt résidant dans la maison, tantôt habitant au dehors et faisant de la clientèle, ainsi qu'un aumônier, sont également attachés à l'établissement. Il y a, en outre, un certain nombre d'agents ou de domestiques auxiliaires dans les *workhouses* importants. On choisit fréquemment des *inmates* pour certains travaux domestiques ; les femmes notamment sont affectées à la cuisine, au blanchissage, à la lingerie, voire même à l'infirmerie ; des hommes sont chargés de travaux de jardinage, de réparations, etc. En échange, ils ont quelques privilèges de nourriture. — L'un des agents du *workhouse*, le portier, est l'image de la contrainte ; c'est sur lui que repose le soin de ne laisser personne entrer ni sortir ; il a, dans les petits *workhouses* la garde du *casual ward*, ce séjour passager des *tramps*.

Le *workhouse* est divisé en quartiers. Il doit y en avoir au moins sept : le premier pour les hommes âgés ou infirmes ; le deuxième pour les hommes valides ; le troisième pour les jeunes garçons (*boys*) de 7 à 15 ans ; le quatrième, le cinquième et le sixième pour les femmes des trois mêmes catégories ; le septième pour les enfants au-dessous de 7 ans. Toutefois ceux de ces enfants, dont la mère est internée, peuvent rester avec elle, et, par conséquent, séjourner dans le quartier des femmes. Il y a bien aussi le quartier pour les *casual paupers*, qui doit être distinct ; mais on le considère plus encore comme un établissement séparé que comme un quartier du *workhouse*. — Voilà la division obligatoire ; mais, dans la pratique, la division est poussée beaucoup plus loin, et il y a souvent des subdivisions de chaque quartier ; il y a notamment les infirmeries, celle des hommes et celle des femmes.

La population est très variable, depuis 50 dans les Unions

rurales (1) jusqu'à 3.000 *inmates* dans les villes manufac-
turières. Les *workhouses* des grandes villes sont généralement pleins, et ils sont trop petits pendant l'hiver; ailleurs, ces maisons ne contiennent pas souvent la moitié
ou même le quart des pensionnaires, pour lesquels ils ont
été construits; leur construction montre bien que l'on s'at-
tendait à ce qu'elles continssent un plus grand nombre de
personnes, poussées là par le manque du travail. Il en résulte une proportion trop forte de dépenses consacrées aux
salaires et à la nourriture du personnel; l'état-major est
trop considérable et trop dispendieux.

Tous ces pensionnaires-là travaillent-ils, et quelles sont
leurs occupations? Il n'est pas permis de répondre que le
travail est organisé partout, bien qu'il soit obligatoire, et
il n'est pas possible d'indiquer en deux mots la nature des
occupations, quoique la confection de l'étoupe (*oakum picking*) et celle des petits fagots soient le travail le plus généralement adopté. Ces petits fagots, que les épiciers ven-
dent un sou, exigent le travail de quatre *inmates*; l'un
scie le bois, un autre le fend, un troisième lie les morceaux et un quatrième les range par douzaines. La ficelle
qui sert de lien, est tirée par un cinquième de câbles hors
de service. Pour les femmes valides, dont l'admission est
moins onéreuse que celle des hommes, elles sont, pour la
plupart, utilement employées au service de la propreté et
aux travaux de ménage, aux soins qu'exigent les malades,
les vieillards et les enfants, au blanchissage du linge, à la
confection ou à l'entretien des vêtements.

Nous connaissons les traits généraux de la physionomie
des *workhouses*. Mais ils ne sont pas tous coulés dans un
moule uniforme; chacun d'eux a ses lignes particulières,
et nous ne croyons pas inutile, dans ce tableau, d'esquis-

____

(1) Deux Unions du pays de Galles en contiennent, en moyenne,
12 seulement.

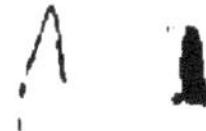

ser et d'animer la figure propre de quelques-uns d'entre
eux.

L'Union de *Chailey*, dans le comté de Sussex, est une
Union absolument rurale. Elle comprend onze paroissses,
une population de 10,873 habitants, et un territoire de
36,677 acres ; le revenu imposable se monte à 57,277 liv.
st. Le nombre de *paupers* secourus, dans la première semaine de janvier 1890, se montait à 358, dont 86 *in-door*,
et 272 *out-door*, soit respectivement 24 et 76 0/0. On comptait donc 3,5 *paupers* par 100 habitants. La dépense avait
été, pour l'année 1889, de 770 liv. st. pour l'hospitalisation, et de 1,748 pour les secours à domicile ; elle représentait par tête d'habitant, 1 sh. 5 8/10 et 3 sh. 4 4/10. —
Le *workhouse* de Chailey est construit sur une étendue de
6 acres dont 4 1/2 sont en jardin ; il est dirigé par un ancien marin ; lui et sa femme ont sous leurs ordres le portier, une garde-malade, une institutrice et une cuisinière.
L'école est dans le *workhouse*. Le nombre des *inmates*, au
11 août 1890, jour de notre visite, est de 69 (1). L'établissement est trop grand même pour les mois d'hiver ; car la
population, de même que la pauvreté, diminuent dans l'U-
nion. Pas de sujets valides ; (2) la *matron* nous dit qu'elle est
dans l'obligation de prendre une femme de journée pour
les travaux de lessivage. A l'infirmerie, distincte des autres
quartiers, sont 3 filles-mères, nouvellement accouchées.
Le service médical est fait par un médecin du dehors, qui
reçoit à titre de traitement, 40 liv. st. environ (3).

(1) Parmi ces *inmates*, il y avait 4 enfants au-dessous de 4 ans, et
8 garçons et 4 filles au-dessus de cet âge.

(2) Il y a peu d'adultes valides dans les *workhouses* ; encore leur validité n'est-elle souvent qu'apparente. Ce que l'on trouve beaucoup,
ce sont des vieillards valides ; le *workhouse*, nous le dirons, abaisse
l'âge de la vieillesse.

(3) Le secours médical à domicile est assuré par 4 médecins, l'Union
étant divisée en 4 districts.

Le *workhouse* de Windsor est à la campagne, avons-nous dit plus haut; mais l'Union de Windsor n'est pas précisément rurale ; elle comprend six paroisses seulement, avec une superficie de 22,631 acres, et une population de 31,976 habitants (en 1881) ; c'est donc une réunion de petites villes et de bourgs. Le nombre des *inmates* est d'environ 220 ; ils coûtent par tête et par semaine 3 sh. 3 den. (vêtements, nourriture, etc). Au moment de notre visite, il y avait 30 petits garçons et 30 petites filles ; les garçons vont à l'école de la localité; les filles ont une école dans le *workhouse*.

Le *master* est le portrait d'un garde-régisseur d'une propriété rurale ; dans son cabinet, un fusil, des chiens de chasse, qui vont le suivre ; au mur des gravures et chromolithographies représentant des volailles et animaux primés. Ne lui demandez pas des aperçus élevés sur le système d'assistance publique de son pays; mais comme il est pratique, et comme il a le souci des intérêts pécuniaires de l'Union ! Suivons-le, la visite sera profitable. Et d'abord, il nous fait remarquer que l'intérieur du *workhouse*, couloirs et salles, est entièrement peint avec une composition qui éloigne les insectes et microbes : « voyez comme c'est » propre, nous dit-il ; la peinture a pourtant deux ans de » date ; ce sont mes *inmates* qui font tout cela (1) ». Il nous montre successivement le quartier des enfants, où nous voyons une crèche ; dans la lingerie, il nous fait remarquer que tous les travaux de couture sont faits par les

(1) Nous lisons dans la *Vie de village en Angleterre* quelques lignes qui nous rappellent les mots ci-dessus : « Le directeur de l'Union, « gros homme débonnaire, nous montra avec orgueil ses magnifiques « récoltes de betteraves, de froment et de pommes de terre, obte- « nues, sous sa surveillance, par les habitants du *workhouse*, qui, « bien entendu, ne reçoivent pas de salaire. Quoique n'ayant pas « une grande étendue, cette terre donnait des produits considérables « qui figuraient dans le budget des recettes » (p. 165).

femmes du *workhouse* ; dans la buanderie et le séchoir, il nous fait une remarque identique ; puis nous visitons l'infirmerie, et, un peu plus loin, un bâtiment d'isolement pour les maladies infectieuses. Un bâtiment est en construction ; nous nous en approchons ; il est destiné à servir d'atelier pour la fabrication des petits fagots ; le *master* y fera installer une scierie mécanique. Grâce à ce nouveau local, on remplacera la confection de l'étoupe par celle des petits fagots ; il y voit des avantages. Un homme aussi pratique doit avoir des notions précises sur la productivité de l'*oakum picking* ; nous l'interrogeons. « J'achète les vieux « cordages à Londres ; j'y revends l'étoupe un peu plus « cher. Mais, comme j'ai à subir les frais de transport des « vieux cordages, de Londres à Windsor, et ceux de l'é- « toupe de Windsor à Londres, la petite différence de prix « est complètement absorbée par ce double transport, et « il ne me reste aucun bénéfice ; quelquefois même je su- « bis une petite perte ». Il espère que les petits fagots seront plus lucratifs. Aussi presse-t-il la construction du nouvel atelier ; toute la maçonnerie sera faite par ses *inmates* ; il tient à utiliser ses ressources propres. Nous voyons, entre autres, trois individus, occupés au travail de maçonnerie ; ils nous paraissent valides. Pourquoi sont-ils là ? « Celui-ci, dit le *master*, a 18 ans ; il est quelque « peu écervelé ; le second est âgé d'environ 55 ans, il tra- « vaille bien, mais il manque d'initiative et ne trouverait « pas d'ouvrage, s'il était livré à lui-même ; le troisième a « 65 ans ; il est un peu boiteux, et ne gagnerait pas le « même salaire que d'autres ouvriers, différence que son « orgueil ne lui permettrait pas de supporter ». Le *master* nous ajoute qu'ils sont sans famille. Malgré ces raisons peut-être plausibles, ces individus-là ne seraient pas hospitalisés en France, et nous pensons qu'ils y trouveraient avantage, et la société aussi.

Nous quittons le *workhouse*, et, dans un coin du jardin

isolant, séparant le bâtiment principal du chemin public, nous visitons le *casual ward*, qui est absolument séparé, et où l'on applique le système cellulaire.

Ce *casual ward* est cependant moins raffiné dans sa cruauté que celui d'Eastbourne ; ce dernier a produit de merveilleux résultats ; il a diminué dans une large proportion le vagabondage, qui sévissait d'une manière épouvantable, et qui amenait un afflux de *tramps* dans le *workhouse*. Pendant une période de 6 semaines du printemps de 1889, avant la construction des nouveaux quartiers, il y avait eu 392 vagabonds ; dans la période correspondante de 1890, après la construction, il n'y en avait eu que 131. Quel est donc l'agencement ? Une première cellule, avec un lit de sangle, sans matelas ; derrière, et séparé par une porte, un autre réduit, où l'hospitalisé (?) casse des pierres. On lui en apporte une brouettée. Ce réduit est séparé d'une petite cour interne par un grillage, à mailles très fines et au travers duquel il doit faire passer les pierres, une fois cassées. Ce treillage est à la fois la fenêtre, et le contrôle inconscient de la bonne exécution du travail. — A côté, le *casual ward* pour les femmes ; il est moins barbare ; elles font de l'étoupe. — Ces nouveaux quartiers sont distincts des bâtiments principaux du *workhouse*, quoique faisant partie du même immeuble.

L'Union d'Eastbourne est une Union mi-urbaine, et mi-rurale ; elle comprend 14 paroisses, avec une population totale de 27. 756 habitants ; Eastbourne, à elle seule, en a près de 22,000. Il y a 3 paroisses, qui ont une population de 1.000 à 1,700 âmes. Les autres paroisses sont très petites : l'une a 94 habitants, une autre 89, une troisième, 16 seulement. La superficie est de 36,539 acres : le revenu imposable de 163,630 liv. st.

Le *workhouse* ne contient que 4 enfants ; les autres sont placés au dehors chez des nourriciers. Nous voyons un garçon de 14 ans environ, sourd-muet ; on ne l'a pas mis dans une institution spéciale, parce qu'il est phtisique. Sauf ces 5 enfants, les *inmates* sont tous âgés : un seul paraît valide, mais il est atteint d'idiotie. L'infirmerie, ou plutôt les infirmeries étaient vides lors de notre visite ; il y a un quartier pour les aliénés, ainsi qu'une salle particulière pour la maternité.

Le nombre des *paupers* secourus dans la première semaine de janvier 1890 était de 144 *in-door*, et de 559 *out-door*, soit au total 703 ; ce qui représentait une proportion de 2,5 par rapport à la population de l'Union. La dépense d'hospitalisation se montait à 1,504 liv. st. ; celle pour les secours à domicile à 3,158 liv. st. Elles se montaient ensemble à 3 sh. 4 d. 3/10 par tête d'habitant.

Avec le *workhouse* d'Eastbourne, nous voyons apparaître un système quelque peu différent des précédents : une classe de personnes, les enfants, en sont éloignés. Ce système est beaucoup plus accusé encore dans les grandes villes et notamment dans la métropole. La tendance du *Central Board* et du législateur, on le sait, est d'enlever au *workhouse* et de renvoyer à des établissements spéciaux trois classes de *paupers*, les enfants, les malades, et les vagabonds.

Les *workhouses* de Londres se trouvent donc dégagés d'une certaine quantité et d'un assez grand nombre de catégories d'*inmates*. Pénétrons dans *Whitechapel*. Les services de cette Union sont disséminés en plusieurs endroits. Il y a le *workhouse*, l'*infirmerie*, l'école de district de *Forest Gate* pour les enfants de cette Union et de celle de *Poplar*, et le *casual ward*. Ce sont quatre constructions distinctes et séparées. Le *workhouse* est situé à *South Grove*, à un mille environ de l'infirmerie, dont les bâtiments contiennent les bureaux du *clerk* de l'Union, ainsi que la salle de réunion des Gardiens (1) ; cette infirmerie se trouve dans

____

(1) Habituellement cette salle est placée dans le *workhouse* ; s'il en

Baker's Row ; nous la retrouverons plus loin. Le *casual ward* forme également une construction à part, mais non éloignée de l'infirmerie ; il a reçu, pendant le semestre finissant au *Lady-Day* (25 mars) 1890, 3,486 *vagrants* : le 1ᵉʳ janvier 1890, il y en avait 32.

En août 1890, lors de notre visite, le *workhouse* contenait 247 personnes. Nous n'y voyons pas d'adultes, mais seulement des vieillards, qui, pour la plupart, travaillent ; il est vrai que, dans la catégorisation des *workhouses*, on est assez vite classé parmi les vieillards. Il y a des ateliers divers : de tailleurs, des cordonniers, etc. (1). Les femmes sont occupées aux travaux de couturerie et de blanchissage nécessités par les besoins de la   . Un travail nouveau frappe notre attention. Des *inmates* sont chargés de moudre du café, et voici la disposition des lieux : un couloir, fermé sur ses deux côtés par une cloison en bois ; à l'une des extrémités, une porte vitrée ; le long de chaque cloison, plusieurs moulins, actionnés chacun par une roue, que fait tourner un *inmate*, placé derrière la cloison, et dans une sorte de boxe ou de stalle. Le malheureux ne peut voir ni ses voisins, ni le café ; il ne peut même en aspirer l'odeur.

Dans une des chambres, nous apercevons trois garçons de 14 à 15 ans ; ils nous paraissent subir une punition ; ce sont, en effet, des jeunes gens, qui ont été acquittés en justice comme ayant agi sans discernement ; ils ont été toutefois condamnés à séjourner huit jours au *workhouse*.

L'infirmerie de Whitechapel est une construction un peu ancienne ; elle est, d'ailleurs, extrêmement propre. Les médecins, qui y sont attachés, ne font pas de clientèle privée, et n'ont pas le droit d'en faire. Les malades, qui y

est autrement à Whitechepel, c'est que les locaux actuellement occupés par l'infirmerie, abritaient autrefois tous les services.

(1) Le travail y est bien organisé et il est *useful* ; l'Union de Whitechapel est remarquablement dirigée par M. Vallance.

sont soignés, à l'exception de deux lépreux, que nous y avons vus, sont atteints presque tous de maladie de langueur ou de sénilité; pas de maladies aiguës, pas même de cas chirurgicaux. Les fièvres sont soignées dans des infirmeries spéciales, dépendant du *Metropolitan asylums Board*; les cas intéressants sont dirigés sur les hôpitaux, qui sont des manifestations de la charité privée.

Le régime adopté quant aux enfants n'est pas un. Il est des enfants qui sont placés chez des particuliers (*boarded-out*); il en est qui sont envoyés à une école de district, celle de *Forest Gate*, qui reçoit les enfants de deux Unions; il en est enfin qui entrent dans des orphelinats, et pour lesquels on paie un prix de pension. Les enfants catholiques notamment sont reçus dans des orphelinats religieux.

En additionnant la population (1) de tous les établisse-

(1) Voici le détail :

In-door.

Hommes valides (dans le *workhouse*)	35
Femmes valides (—)	28
Hommes non valides, y compris les malades . .	505
Femmes non valides, — — . .	380
Enfants dans les écoles, etc	260
Imbéciles dans l'infirmerie et dans les asiles. . .	152
Vagabonds.	32
Total.	1392

Out-door.

Hommes valides	13
Veuves valides	7
Autres femmes.	20
Hommes non valides	4
Femmes non valides	9
Enfant de veuve	1
Autres enfants	19
Enfants placés chez des nourriciers.	42
Fous et idiots dans les asiles.	211
	326

Les deux totaux nous donnent le chiffre de 1718 *paupers* secourus.

ments d'assistance de l'Union de Whitechapel, on arrive à un assez gros chiffre ; en effet, au 1er janvier 1890, les *paupers*, de toutes les catégories, secourus par l'Union, étaient au nombre de 1718.

Ce chiffre n'est rien en comparaison de celui de l'Union de St-Pancras. Dans celle-ci, le *workhouse*, qui, en juillet 1890, contenait 1,457 *inmates*, avait des succursales ou plutôt une succursale, comprenant à cette date, 357 *paupers* ; il demandait au *workhouse* d'une autre Union place pour 130 *paupers* soit, en tout, 1,944. A St-Pancras, le travail nous paraît à peine organisé. Outre ces trois établissements, il y a une infirmerie, qui contenait 465 malades. Les enfants sont placés à Leavesden ; il y en avait 628. En outre, 293 étaient envoyés dans d'autres écoles, ou chez des nourriciers. Bref, y compris les pensionnaires des *imbecile asylums* et d'autres établissements, il y avait 4,755 *paupers in-door* (1).

Le *casual ward* de St-Pancras est également situé à une certaine distance du *workhouse* principal. Sur les murs sont affichés les règlements, qui visent trois points : la durée de séjour des *casual paupers*, le régime de la nourriture, et la tâche à accomplir. Nous connaissons ce qui concerne le premier point ; inutile d'y revenir. Quant au régime, le voici :

Déjeuner.. { Hommes et { 6 onces de pain et 1 pinte
            { Femmes.   {   de gruau.
                           (once = 28 grammes).

Dîner ..... { Hommes : — 8 onces de pain et 1 1/2 once
             {   de fromage.
             { Femmes : — 6 onces de pain et 1 1/2 once
             {   de fromage.

Souper....   Comme le déjeuner.

(1) A ce nombre, il fallait ajouter, 1,281 *paupers out-door.*

Le travail consiste à briser des pierres ou à faire de l'étoupe ; naturellement les femmes ne font que de l'étoupe. Voici la tâche des hommes : 7 cwt de pierre à casser (355 kil.), ou 4 lbs d'étoupe (1 kil. 812 gr.). Celle des femmes est de moitié moindre ; à défaut d'étoupe, elles doivent donner 6 heures au nettoyage de la maison.

Le *workhouse* de St-Marylebone est un de ceux qu'on fait visiter le plus volontiers aux étrangers, moins à cause de lui-même, quoiqu'il soit bien agencé, que de son infirmerie, qui est absolument remarquable.

L'extérieur de l'établissement est sévère ; il en est de même des arrangements intérieurs. A l'entrée, on nous montre la salle de bains ; on sait que le nouvel arrivé doit prendre un bain, dès qu'il a franchi le seuil de la maison. Nous visitons ensuite le quartier des vieilles femmes, dont beaucoup sont catholiques ; celles-ci sont, d'ailleurs, séparées des protestantes, et ont leur chapelle particulière. Plus loin, dix chambres dans une cour séparée ; ce sont les ménages sexagénaires qui les occupent. La lingerie est assez bien aménagée ; il y a des séchoirs mécaniques parfaits. La nourriture paraît bonne, et les soins suffisants. Il en est autrement dans le quartier des jeunes femmes. La nourriture laisse à désirer ; juste le nécessaire. Les lits sont également moins bons. L'occupation des femmes est principalement la couture ; les unes font des toiles à matelas ; les autres font des chemises pour l'Australie ; la fameuse étoupe y tient aussi sa place. — Les hommes forment deux quartiers : les *vieux* font des petits fagots ; les plus jeunes ou plutôt les moins vieux fendent le bois pour ces petits fagots. Il n'y a pas précisément d'individus valides ; cette catégorie se trouve ailleurs ; un corps de bâtiment spécial pour les folles, ou mieux les idiotes ; quelques-unes seulement. — Les enfants enfin ; ils sont 8 à 10 seulement, s'amusant avec des jouets envoyés par des personnes charitables ; les autres sont à l'école de *Southall*, près de Londres.

L'Inspecteur du *Local Government Board*, qui nous accompagne, nous dit, en terminant cette première visite, et pour nous donner la raison des différences de traitement, que nous avons remarquées : « Beaucoup de sympathie « pour les enfants ; beaucoup de sympathie pour ! ma- « lades et les infirmes ; petite sympathie pour les vieil- « lards ; aucune sympathie pour les valides ».

Nous poursuivons notre visite des établissements de la paroisse de Marylebone. C'est vers l'infirmerie que nous nous dirigeons. Elle est située assez loin de là, dans le quartier de *Kensington*, *Nothing Hill*, au centre d'une autre Union. L'air y est très bon. C'est une construction presque neuve, formant un magnifique hôpital ; elle remonte à douze ans environ. Tout autour un jardin rempli de verdure et de fleurs. — Chaque chambre ne contient que 28 lits, et elle reçoit le jour et l'air par un grand nombre de fenêtres, — 1 fenêtre pour 2 lits, — soit 7 de chaque côté. La propreté y est excessive. Trois médecins sont attachés à cet établissement. — En face de la construction principale, il y a un bâtiment destiné au logement des infirmières, qui sont des jeunes filles de famille ; leur situation est analogue à celle de nos religieuses.

Les enfants de Marylebone sont dans l'école de *Southall*, banlieue de Londres. C'est une école mixte. Une grande partie des jeunes garçons sont destinés à la musique militaire ; aussi s'explique-t-on que cet art y soit largement cultivé. Il faut voir ces tout jeunes enfants, au moment où ils s'exercent ; ils sont à quatre pour porter la grosse caisse. Les filles suivent un cours de couture. On nous fait remarquer une belle piscine, qui sert autant à l'hygiène qu'à la natation. Le régime alimentaire de cette école, comme de toutes les autres, est-il besoin de le dire ?

est fixé par le *Local Government Board*. L'école de *Southall*
ne contient que des enfants appartenant aux sectes protestantes. Les jeunes catholiques sont envoyés dans des écoles
privées (*certified schools*) (1).

Il nous restait à voir le lieu où séjournent les *able-bodied*
de la paroisse de Marylebone (2). C'est à Kensington que
se trouve l'établissement, qui est tout à la fois le *casual
ward* pour l'Union de Kensington, et le *workhouse for able-
bodied*, (c'est-à-dire le *workhouse* des individus valides)
pour 20 Unions, dont Marylebone. Cet établissement est loin
d'être plein ; il est, du reste, le seul de ce genre dans la
métropole et ne contient que 90 lits. Des cellules, et dans
la cour des stalles semblables à celles d'une forge-maré-
chalerie. Dans chaque stalle, le *pauper* est en face des
pierres qu'il a à casser.

La paroisse de St-Marylebone ne fait partie d'aucune
Union, et elle forme à elle seule un district de la *Poor Law*,
et un district important, puisqu'elle a son infirmerie et son
école particulières. Beaucoup d'Unions ne possèdent pas
une école séparée, mais forment, à deux ou trois, un district pour l'érection et l'entretien d'une école ; ainsi l'école
de *North Surrey*, à *Anerley*; près de Londres (presque toutes les écoles sont à la campagne) reçoit-elle les enfants
de deux Unions, celle de *Lewisham*, et celle de *Wandsworth
and Clapham*. La population y est de 450 garçons au dessus de 7 ans, et de 300 filles de même âge ; il y a, en outre,
48 *infants*, c'est-à-dire d'enfants au dessous de 7 ans.
L'école est très bien située, sur une hauteur, au milieu
d'un grand jardin ; la propriété comprend 50 acres. Tout

(1) L'une de ces écoles est située précisément à *Southall, North
Hyde ;* elle contient seulement des enfants du sexe masculin, et est
dirigée par des religieux.

(2) Dans tous les établissements de la paroisse de St- Marylebone,
il y a 2000 vieillards ou infirmes, 700 malades, et 400 enfants.

ce qui concerne l'hygiène et la propreté y est remarquable.
Les garçons apprennent différents métiers ; il y a des ateliers de forgerons, de menuisiers, de cordonniers, de tailleurs ; il y a des boulangers, des peintres, des jardiniers ;
nous retrouvons les futurs musiciens de l'armée ; nous
voyons des apprentis matelots, qui s'exercent sur un mat
de navire planté dans le pré. On applique le système des
écoles de demi-temps : la moitié de la journée consacrée
à l'instruction, l'autre moitié au travail manuel. On nous
dit qu'il n'est pas rare que les enfants, sortis de l'école,
gagnent, dans la menuiserie, 23 sh. par semaine ; à l'école,
on les occupe aux réparations. Les jeunes filles s'exercent
aux travaux de couture, au lavage et au repassage du linge ;
il en est une vingtaine qui apprennent l'art culinaire, dans
une petite cuisine spéciale, où elles fabriquent des mets
variés ; malheureusement c'est la cuisine anglaise qu'elles
apprennent ; pourquoi ne leur donne-t-on pas un professeur français? La musique joue un grand rôle dans la
maison ; c'est à ses sons que se fait la gymnastique, que se
dit la prière aux repas, etc. ; les jeunes filles font des
exercices physiques au son du piano. Outre le quartier des
filles et des garçons, et l'infirmerie, il en est deux autres,
l'un pour les enfants, de 4 à 7 ans, et l'autre pour les tout
jeunes. On les traite sans doute avec la plus grande dou-
ceur, et la vue des visiteurs leur fait espérer quelques ca-
resses ; aussi ces petits bébés nous entourent-ils, nous
prenant les mains et les vêtements, formant un joli troupeau de petites têtes blondes, qui nous empêchent d'a-
vancer. Enfin un quartier isolé ; c'est là que s'établit la
quarantaine, et que les nouveaux venus attendent trois
semaines avant d'être mélangés aux autres. Au moment
précis, où nous visitons ce quartier, un convoi de 10 enfants arrive ; il en est de très jeunes, il en est de plus âgés ;
les uns sont pauvrement vêtus, les autres sont couverts
de vêtements presque luxueux. Nous nous éloignons le

cœur serré, et cependant cet internement physique est peut-être la délivrance morale.

Par ces détails, relatifs à quelques Unions, on voit combien sont nombreux les établissements de la *poor law* dans la métropole. Ils ne se montent pas à moins de 105 pour les 30 Unions de Londres (1) non compris les *certified schools, institutions, and sanatoriums*, au nombre de 38 (2).

Ces établissements, on a dû le comprendre, sont entretenus d'une manière différente. Les uns appartiennent exclusivement à une Union ; il en est ainsi des *workhouses*,

(1) On peut se rappeler que ces 30 Unions se divisent ainsi: 17 Unions, et 13 paroisses ayant leur service distinct d'assistance.

(2) Voici le détail des établissements d'assistance pour la métropole :
44 *workhouses.*

24 *separate infirmaries* (infirmeries séparées).

12 *separate schools* (écoles séparées).

Ces établissements sont gérés et entretenus par les Unions respectives auxquelles ils servent.

2 *Sick asylum districts.* . . .
1. *Central London,* pour les Unions du Strand, de St-Gilles et de Westminster.
2. *Poplar* et *Stepney,* pour les deux Unions de ce nom.

11 *district schools* (écoles de district).

Ces *sick asylum districts* et ces *district schools* sont la propriété de syndicats d'Unions.

7 *Fever and small pox hospitals* (hôpitaux pour les fiévreux et varioleux).

3 asiles pour les imbéciles.

1 école pour les jeunes idiots.

1 vaisseau-école (l'*Exmouth*).

Ces douze établissements sont sous la direction du *Metropolitan asylums Board,* qui est chargé de leur entretien.

Les établissements privés, autorisés à recevoir des *paupers,* sont dits *certified,* et se divisent ainsi :

11 *roman catholic schools.*

16 *training institutions.*

8 *asylums.*

3 *sanatoriums.*

et des *casual wards*, chaque Union ayant son *workhouse*, et
aussi, à l'exception des Unions de Chelsea, Stepney, Poplar
et Bethnal-Green, son *casual ward* distinct ; beaucoup d'U-
nions ont aussi leur infirmerie séparée, et leur école séparée.
D'autres établissements ont été érigés et sont entretenus par
une association de plusieurs Unions. Nous pouvons citer le
workhouse de Kensington pour les valides, ainsi que certaines infirmeries, dites *sick asylums* (1), et certaines écoles, qualifiées de *district schools*. Ces associations permettent d'avoir quelquefois des écoles près de la mer. Il en
est une troisième catégorie ; ce sont des établissements
créés par le *Metropolitan Asylum Board*, dont nous avons
déjà parlé, et qui constitue une représentation des Unions
de Londres, avec son budget spécial ; nous avons dit ailleurs que la tendance s'était depuis longtemps manifestée
de centraliser le service d'assistance de Londres, et de
créer un budget commun, alimenté par les diverses Unions,
et destiné à la fondation et à l'entretien d'établissements
d'assistance devant servir à l'ensemble de la population
pauvre de Londres. De là est née la pensée, réalisée, du
reste, d'hôpitaux pour les maladies contagieuses (fièvres
et variole) ; il y en a actuellement 7, non compris certains
navires sur lesquels se soignent actuellement les cas de
variole (*hospital-ships*) ; — de là l'établissement aux frais
de la métropole d'asiles pour les imbéciles, (*Caterham,
Leavesden* et *Darenth*) ; — de là le *training ship*, l'*Exmouth*, destiné à faire faire l'apprentisage de la marine à
600 enfants ; — de là, l'école de « *Darenth* » pour les
idiots (2).

(1) Une seule Union, celle de *Bethnal Green*, n'a ni infirmerie séparée, ni association en vue d'un *syck asylum district*.

(2) Nous ne parlons pas des asiles d'aliénés, qui sont administrés
par un comité du Conseil de Comté, et sont sous la juridiction du
Ministère de l'Intérieur (*Home office*). Ce ne sont pas, à proprement
parler, des établissements de la *poor law*.

Le système hospitalier de la métropole est le plus complet, et il pouvait l'être. Au contraire en province, il ne peut y avoir cette variété et ce luxe d'établissements hospitaliers. Les ressources des Unions ne sauraient y prêter, ou plutôt aucune nécessité impérieuse ne commande une dépense qui serait en disproportion avec la somme qu'il est permis de demander à la taxe. A l'exception de quelques grandes villes, où il y a des écoles et des infirmeries séparées, la majorité des Unions extramétropolitaines se bornent à un *workhouse*. Sans doute des raisons sérieuses d'hygiène commanderaient la séparation des infirmeries ; mais les Unions devraient s'associer entre elles, et qui ne voit qu'un établissement hospitalier, éloigné du domicile des malades, ne rendrait pas les mêmes services, et aurait même des inconvénients sur la santé de ceux qu'il doit être appelé à guérir ou à traiter ! Certaines Unions désireuses tout à la fois de s'éviter une grosse dépense de construction et de donner satisfaction à la préoccupation de la santé publique, envoient les maladies dangereuses aux hôpitaux privés de la contrée, moyennant un prix de journée déterminée à l'avance (1).

(1) V. plus bas ce que nous disons des hôpitaux et des autres *charities* (V. chapitre XXVᵉ).

CHAPITRE XIII

Un conte de Noël ; une lutte de deux jeunes enfants pour éviter d'entrer
au *workhouse*. — L'horreur générale pour cette institution ; raisons. —
Distinction entre les *paupers* et les *poors*. — Villes et campagnes. —
L'aversion des ouvriers pour la *Poor Law*. — L'opinion publique. —
La bourgeoisie. — Les esprits éclairés. —La condamnation de l'*out-
relief*. — L'opinion de MM. Loch, Vallance, Albert Pell, Bradlaugh,
James Bryce. — Le cardinal Manning. — La *Fabian Society* ; ses criti-
ques ; ses idées de réforme.

Parmi ces contes de Noël, qui éclosent en si grand nombre chaque année en Angleterre à l'approche de la grande
fête du *Christmas*, et pour lesquels il semble que les litté-
rateurs anglais réservent leur sentimentalisme, il y en eut
un qui charma nos voisins, rappelant à beaucoup d'égards
celui de l'*Oncle Tom* (1). Ce récit est rapide, mais combien
il est émouvant ! L'histoire est des plus simples, mais elle
est navrante, et arrache les larmes ; c'est celle de deux enfants des rues de Londres, *Froggy* et son frère, qui luttent
de toutes leurs forces enfantines pour échapper au *workhouse*. La mère est morte, épuisée par les privations et les
peines physiques, comme meurent beaucoup de femmes
du peuple, lorsque, ne pouvant compter sur le salaire irré-
gulier d'un mari ivrogne, et dociles à la manière du chien,
elles continuent à partager sa vie. Le père c'était un des
bohèmes de la grande ville ; c'était *Master Punch*, mon-

(1) Ce conte de Noël a été publié dans le *Temps* (nos du 8 décembre 1888 et des jours suivants).

trant des marionnettes de rue en rue, et buvant, au fur et à mesure qu'elle arrivait, sa maigre recette. Un jour, il est plus maladroit ou plus ivre que de coutume, il tombe sur le pavé, et est écrasé par une voiture. Que vont devenir les pauvres enfants ? Froggy, l'aîné, sait qu'il existe une maison, où ils seraient reçus, lui et son frère ; mais il ne veut pas y aller, ou plutôt il veut épargner au petit Benny, à ce petit frère, dont il est devenu le protecteur, le séjour de ce *workhouse*, dont il a toujours entendu parler avec épouvante. Il vend pièce par pièce le misérable mobilier qu'ils possèdent ; il tente différents moyens de se créer des ressources ; un jour, un de ses camarades l'entraîne, en lui disant qu'ils vont gagner de l'argent ; il s'aperçoit qu'il est au milieu de voleurs, et s'en éloigne, emportant un vif dégoût dans son petit cœur, naïf et honnête. Mais la fatalité pèse sur lui : le pauvre petit Benny devient malade, que faire ? il écrit à la Reine et implore sa pitié : « J'ai bien peur, dit-il, d'aller au *workhouse*. Tout le monde « dit que c'est pire que la prison ». L'état de Benny s'aggrave ; la propriétaire du méchant taudis, où ils vivent, apprenant cette maladie, fait venir un médecin. L'homme de l'art s'étonne de voir seuls ces deux pauvres enfants : il prononce le mot de *workhouse* ; à ce mot..., mais laissons la parole à l'auteur : « Froggy couvrit son visage de ses « mains, et Benny comprit qu'il pleurait amèrement. Le « petit lui-même réprima un sanglot à l'idée de ce *work-* « *house*, dont il avait entendu les voisins parler avec crainte « et horreur, comme si en arriver là fut le plus grand mal- « heur et la plus grande dépradation qui pût les frapper « dans leur misérable existence ». Le pauvre petit Benny meurt. Et alors, après les lugubres formalités, après les affres de l'enterrement, après l'intervention tardive des autorités paroissiales, le dernier terme de cette navrante odyssée d'un enfant de douze ans, c'est ce *workhouse* ; il s'y laisse traîner sans résistance ; mais il en voulait épargner les angoisses à ce petit Benny qu'il se regardait comme appelé à protéger. Lui mort, son énergie a disparu.

Sans doute, c'est un conte ; mais l'imagination d'un romancier ne fait qu'asseoir ses fictions sur des réalités. Un auteur n'éveillerait pas l'intérêt de ses lecteurs, s'il transportait l'action dans un monde absolument fictif ; son talent est de coudre ensemble des détails empruntés à la vie réelle, et d'en faire la trame d'une action qui n'a pas été vécue. Froggy et Benny n'ont eu d'existence que dans le cerveau du romancier ; mais ce que celui-ci n'a pu inventer et ce qui précisément donne un intérêt poignant à son œuvre, c'est l'horreur qu'inspire le *workhouse* au peuple ; ce qui existe dans la vie réelle, ce sont des enfants, aux oreilles de qui sont parvenus, avec l'exagération qui ne tarde pas à s'attacher à un récit sans cesse colporté, aux oreilles de qui sont parvenus, disons-nous, les épisodes de l'enfance d'Olivier Twist, et les actions de M. Bumble et Mᵐᵉ Mann.

Cette crainte du *workhouse* est l'idée qui hante le cerveau de tous les malheureux ; et il est permis de la constater partout. Dickens l'a mise en scène, et il a pris parti pour les pauvres (1). Beaucoup préfèrent la prison ; on a vu de pauvres diables, qui, après avoir passé quelque temps sous les verroux et avoir obtenu leur libération provisoire (2), ne pouvant trouver de travail, et n'ayant pas mangé depuis deux jours, demandaient à achever leur temps de prison plutôt que d'être envoyés au *workhouse*. On prétend qu'une fois devenus les hôtes de la sinistre maison, les *paupers* perdent à son égard une grande partie de

---

(1) *Our mutual friend.* V. M. Taine, *Notes sur l'Angleterre*.

(2) Le *ticket of leave man* assure une remise provisoire de la peine ; mais le condamné, s'il donne lieu à des plaintes, et s'il ne justifie pas de ses moyens d'existence, peut être réintégré en prison, pour y finir son temps.

leurs préventions, et que la plupart finissent par s'y faire.
Nous ne le croyons pas ; nous avons interrogé quelques
inmates, et tous nous paraissaient soupirer après leur sortie.
Est-ce parce qu'ils y ont peu de liberté ; qu'ils doivent y
vivre séparés de leur femme et de leurs enfants, qu'ils ne
peuvent sortir qu'un jour par mois, et porter, même ce
jour, un vêtement distinctif, qui est pour ainsi dire la livrée et la marque de leur *pauperism* ? Il est bien probable
que ces règles ne sont pas de celles qui pourraient faire aimer l'établissement où elles doivent être observées. Mais
sont-ce les seules raisons qui expliquent l'horreur du *workhouse* ? ou plutôt ne faut-il pas y associer ces fantastiques
récits, dont nous parlions plus haut, et qui suffisent pour
créer une légende dans l'esprit populaire ?

Toutefois l'aversion n'est pas la même pour les différentes sortes de pauvres. Il y a, comme on le sait, deux catégories de pauvres : les *paupers,* c'est-à-dire les très pauvres, et les simples *poors*, qui sont moins enfoncés dans la
misère. Les *paupers* n'ont aucune prévention contre l'assistance officielle, et peut-être est-il permis de dire qu'ils
comptent sur elle ; ils préfèrent sans nul doute l'*out-door*
à l'*in-door relief*, mais ils se résignent au *workhouse*, lorsqu'ils ne peuvent obtenir la première forme de secours ; ce
n'est pas cependant de gaieté de cœur qu'ils abdiquent leur
liberté. Quant aux moins pauvres, leur horreur pour le
workhouse est bien connue ; très souvent les *Guardians*
voient se présenter successivement trois et quatre fois un
pauvre, auquel ils offrent l'assistance dans la « *House* »,
et qui la refuse jusqu'à ce que, de guerre lasse, il renonce
à implorer la pitié du Bureau des gardiens et à comparaî-
tre à ses *meetings*.

Dans les campagnes, au contraire, l'aversion pour le
workhouse est moindre ; les pauvres sont tous *paupers* à
ce point de vue. Sans logis qui soit leur propriété, avec des
enfants chez qui la *poor law* a tué le respect filial, rarement

affiliés à une société de secours mutuels, moins jaloux de leur indépendance, ils savent que c'est là qu'ils doivent finir leurs jours, et ils s'y résignent; pour eux, le *workhouse* est l'antichambre du tombeau ; ils y trouveront le repos provisoire avant le repos définitif. Et ce n'est pas là le moindre grief, que nous adresserons à l'organisation sociale de l'Angleterre, qui n'a pas su constituer, ou plutôt qui n'a pas laissé se former cette classe de paysans-propriétaires, qui, en même temps qu'elle soustrait au paupérisme rural les ouvriers agricoles, assure à un pays l'existence d'une large démocratie aisée et laborieuse à la fois.

Quittons les *paupers*, voire même les *poors*; portons nos regards sur un échelon un peu plus élevé de la hiérarchie sociale, et préoccupons-nous de la manière dont est envisagée la *poor law* par les ouvriers, non encore atteints par la pauvreté ; chez ceux-ci, nous trouverons une opinion bien arrêtée. Ouvriers *skilled* ou *unskilled*, tous n'ont que fort peu de sympathie pour l'assistance officielle et son administration ; ils éloignent, autant qu'ils le peuvent, de leur esprit la pensée d'être un jour dans la nécessité d'implorer son intervention et ses secours ; (1) cette aversion pousse quelques-uns d'entre eux soit à économiser, soit à mettre, par un autre moyen, leur vieillesse à l'abri du besoin. Aussi les *friendly societies* et les *trades unions* (2), ont-elles, depuis 1834, vu accroître considérablement le nombre de leurs membres, et ont-elles, à leur tour, développé parmi leurs adhérents, le sentiment de répulsion pour la *poor law*. Dans le *workhouse* de *Whitechapel*, il

---

(1) Au moment de la terrible grève de Durham, de 1892, un journal de Paris recevait de Londres la correspondance suivante : « ....
« Dans le Cleveland, 14,000 personnes ont dû recourir au bénéfice
« de la *Poor law*, malgré la répugnance que l'ouvrier anglais nourrit contre cette institution officielle de charité... »

(2) *La vie de village en Angleterre*, p. 123.

n'y a aucun *inmate* qui ait été membre d'une société amicale ou d'une association professionnelle ; ce n'est là ni une simple coïncidence, ni un fait spécial à ce quartier de l'Est de Londres ; partout ailleurs, les sociétés de secours mutuels éloignent de la même manière leurs membres des secours officiels ; il faut la ruine ou la disparition d'une société, pour les y conduire.

Sans doute, la classe ouvrière n'est pas la seule à faire l'opinion publique, et dans une matière où il y a deux camps bien tranchés, celui des personnes appelées à profiter éventuellement de l'institution, et, d'autre part, celui qui comprend les contribuables, il est loin d'être indifférent de scruter l'opinion de ces derniers. Ceux-ci, en Angleterre comme ailleurs, sont représentés par la classe si nombreuse des gens, qui vivent au milieu de leurs affaires privées, et n'ont ni la possibilité matérielle, ni la capacité d'observer les effets d'une institution, et de se former un jugement. Ils sont légion. Demandez leur ce qu'ils pensent de la *poor law*. Un peu ahuris de prime abord par cette question, qui les surprend, les uns répondent que le système anglais, d'après ce qui leur a été dit, est le meilleur de tous ; les autres n'en connaissent qu'une chose ; la carte à payer. Aucun n'a visité un *workhouse*.

Si nous nous adressons à la classe véritablement éclairée du pays, nous rencontrons les opinions les plus opposées. Il en est qui affirment que ce système est tellement entré dans les mœurs anglaises qu'il serait téméraire de l'en faire disparaître, parce que sa suppression s'achèterait au prix d'une révolution. Mais il en est un plus grand nombre pour condamner l'*out-relief*, et cette opinion groupe ensemble des hommes appartenant aux situations les plus variées et aux partis politiques les plus différents : citons, par exemple, le très sympathique secrétaire général de la *Charity Organisation Society*, M. Loch, qui proscrit ce mode de secours, comme contraire à la bonne administration financière, à l'esprit d'épargne et de prévoyance (1) ; M. Vallance, *clerk* de l'Union de *Whitechapel*, un des hommes qui connaît le mieux la pratique de l'assistance, et qui a réussi à faire abandonner par cette Union l'usage de cette catégorie de secours ; M. Albert Pell, qui ne cesse d'écrire et de parler sur ce sujet, et d'apporter contre *l'out-relief* les arguments les meilleurs et les raisonnements les plus documentés, et qui montre notamment les effets sur le taux des salaires et les conséquences fiscales qu'il entraîne (2) ; enfin, — car nous ne voudrions pas étendre la liste des autorités citées, — M. Bradlaugh, dont on connaît les opinions avancées, nous écrivait, quelque temps avant sa mort, qu'il se prononçait contre ce mode de secours, sauf dans des circonstances exceptionnelles. Le révérend Barnett, de *Toynbee Hall*, est contraire aussi au système des secours à domicile.

Mais trouve-t-on, parmi les Anglais, des adversaires résolus de la *poor law* ? A part les économistes, qui se sont prononcés énergiquement contre l'assistance légale, à la suite de Malthus, qui avait été témoin des immenses inconvénients de l'ancienne pratique, on peut dire qu'il en existe peu. M. James Bryce, aujourd'hui Membre du Cabinet, n'hésite pas cependant à dire qu'il condamne le principe de l'assistance légale, mais reconnaît que l'application, qui en est faite, est excellente.

Beaucoup d'auteurs, écrivant sur cette question, semblent approuver la loi des pauvres, mais, dans les développements auxquels ils se livrent pour en fournir la justification, ils laissent échapper beaucoup de considérations, qui se retournent contre cette justification, et impliquent un blâme du système existant.

Nous ne pouvons terminer cette rapide revue des opi-

(1) *De l'organisation de la Charité.*
(2) V. plus haut le chapitre IX. — M. Pell nous paraît, au fond, opposé à la *poor law.*

nions émises, sans mentionner celle d'un homme qui a honoré sa patrie et l'Eglise, malgré des idées qui n'étaient celles de l'une ni de l'autre. Le cardinal Manning, de regrettable mémoire, se prononçait en faveur de la *poor law*. « Tant que la propriété du sol constituera une sorte « de monopole, nous disait-il, la *poor law* sera une néces- « sité, parce qu'elle est une compensation ». Opinion qui s'harmonise avec les tendances véritablement démocratiques de cet illustre prélat, qui, d'accord avec l'agitateur John Burns, et la main dans la sienne, cherchait une solution à la grève des *deckers*, et obtenait, dans cette circonstance, un succès auquel sa grande autorité morale et son immense popularité n'ont pas été étrangères (1).

Le socialisme du cardinal Manning était un socialisme individuel ; il ne se rattachait à aucune école ; il était lui-même. Tout autre est le socialisme de la Société *Fabienne*, qui précisément, touchant à toutes les questions sociales, a eu à donner son avis sur celle de l'assistance. Née en 1883, cette société est composée de jeunes gens instruits de la classe moyenne, et comprend également parmi ses membres une certaine proportion d'ouvriers intelligents. Sans être nombreuse, elle compte des membres dont l'intelligence et la capacité lui assurent une influence, qui n'est pas négligeable. Ses tendances sont collectivistes ; mais sa politique est une politique de temporisation et d'opportunisme. Agissant à la façon de Q. Fabius Cunctator, elle a emprunté son nom à ce personnage historique.

Parmi les Fabiens, se trouve un jeune écrivain du nom de Sidney Webb, assez versé dans les théories économiques. Il a écrit sur la question de la journée de huit heures, sur la réforme de l'administration de la ville de Londres, etc. ; il est également l'auteur d'un article sur la

(1) *Le Cardinal Manning et son action sociale*, par M. l'abbé Lemire, député du Nord, p. 104 et *.*

réforme de la *Poor Law* (1). Il rejette bien loin l'idée d'un retour à l'ancienne pratique, mais il déclare que le système actuel a rendu tellement pénible la condition des très pauvres, que les plus sensibles d'entre eux souffriraient la mort plutôt que de s'y soumettre, et que les autres préfèrent la prison. Après cinquante ans d'épreuve, ce système n'a pas réussi à détruire le paupérisme, et, si, dans quelques cas peu nombreux, il empêche la misère, il n'a pas su prévenir la démoralisation. Un vieux domestique ou ouvrier de ferme a-t-il amassé 50 liv. st. (1250 fr.), il doit dissiper ses épargnes avant de pouvoir réclamer un secours. Un individu, qui reçoit un shilling (1 fr. 25) par semaine d'une société de secours mutuels, n'est pas mieux traité que celui qui n'a rien (2). Aussi Sidney Webb propose-t-il le système de pensions de vieillesse, pour le service desquelles on emploierait l'argent actuellement dépensé en secours ; ce système aurait, selon lui, l'avantage de ne pas décourager l'épargne, et aussi de ne pas pousser les enfants à abandonner leurs vieux parents sous prétexte que leur assistance particulière allégerait le chiffre des taxes. Les gens âgés sont à la charge de la classe qui travaille ; il en est ainsi dans la loi actuelle des pauvres ; il en sera encore de même dans le système des pensions de vieillesse.

Le même auteur propose, en outre, des réformes rela-

(1) *Contemporary Review, July* 1890 « The reform of the poor law ».

(2) Quelques Bureaux de gardiens trouvent cette pratique tellement contraire au sentiment d'épargne, qu'ils accordent le secours normal, en le réduisant seulement de la moitié de la pension que le pauvre reçoit de son *club*. Ainsi un individu reçoit-il deux shillings, par semaine, il a droit au secours régulier, qui n'est réduit que de 1 shilling. Le révérend Barnett propose la même solution, une loi du 20 juillet 1894 (57 et 58 Vict. c. 25), appelée *Out-door Relief Friendly Societies Act*, 1894, autorise l'allocation de secours aux membres des sociétés de secours mutuels.

lives à l'éducation des enfants assistés. Il voudrait l'extension du *Boarding-out system*, qui jusqu'ici est limité aux orphelins et aux enfants abandonnés, et désirerait aussi que les enfants reçussent l'apprentissage d'une profession bien payée. — La suppresion du *casual ward* pour les *vagrants*, et la modification profonde des rouages de l'administration de l'assistance, à laquelle il voudrait attacher un caractère absolument démocratique, sont d'autres réformes que propose l'écrivain de la *Contemporary review*, et que partage toute l'école Fabienne, dont il est un des plus brillants coryphées (1).

En résumé, les personnes possédant sur la *poor law* des opinions réfléchies, ne sont pas nombreuses ; car, en Angleterre, plus encore qu'ailleurs peut-être, celles qui savent observer et peuvent concevoir des idées générales, forment une faible exception. Mais quoiqu'il en soit, l'opinion publique, prise dans l'ensemble, est favorable à cette institution, dont les partisans les moins enthousiastes, pour ne pas dire les adversaires, sont certainement ceux qui sont appelés à en profiter (2).

(1) V. *A plea for poor law reform.* *(Fabian tract, n° 25)* ; — *Questions for poor law Guardians (Fabian tract, n° 20).*

(2) En France, la *Poor Law* anglaise a trouvé de la part de M. le comte d'Haussonville une appréciation favorable (*Socialisme et charité*, p. 428 et s.).

TROISIÈME PARTIE

LES CONSÉQUENCES.

SECTION PREMIÈRE

LA LOI DES PAUVRES ET L'ORGANISATION ADMINISTRATIVE.

CHAPITRE XIV

LES DIVISIONS ADMINISTRATIVES.

L'Union de paroisses devenue l'unité administrative. — Attributions variées, confiées au Bureau des Gardiens. — Tendance centralisatrice. — La taxe des pauvres servant de modèle aux autres taxes. — Explication de ces faits dans les mœurs administratives anglaises. — L'organisation administrative avant la loi de 1834 : le comté ; la paroisse. — Les services du comté ; les différences entre l'administration du comté et celle du département français ; les fonctionnaires du comté. — Les localités urbaines. — La paroisse et sa physionomie administrative. — Le nouveau rouage administratif créé par l'acte de 1834 ; l'Union des paroisses et le Bureau des Gardiens. — Affaiblissement du pouvoir des magistrats ; maintien de leurs attributions relatives à l'administration du comté. — Critiques adressées. — Projets de création des conseils de comté ; résistance des conservateurs. — La réforme de l'administration locale en 1888 ; les Conseils de comté ; la nouvelle organisation administrative de la métropole. — La loi de 1894 et l'organisation paroissiale. — Les Conseils de paroisses. — Résumé.

La réforme de 1834 a eu son écho dans l'administration locale de l'Angleterre. Cette influence du *Poor law Amendment* s'est traduite sous différents aspects, que nous allons successivement envisager dans les chapitres suivants.

La création des Unions de paroisses n'a pas amené seulement une modification dans la législation de l'assistance, mais aussi une réforme de l'organisation administrative anglaise. L'Union est devenue une véritable circonscription administrative, et il est même permis de dire qu'elle était devenue l'unité administrative, sans que les autres cellules du corps administratif eussent disparu ; ce que deux lois récentes ont quelque peu altéré.

Ainsi comprise, l'Union devait servir de cadre à une foule de services civils, et ces services furent précisément confiés à l'autorité chargée de l'assistance publique, au *Board of Guardians.*

Mais le service de l'assistance, on le sait, est un de ceux où l'esprit de centralisation a pénétré le plus profondément, et où il s'est introduit de meilleure heure. Il devait en résulter que la même tendance centralisatrice devait se faire sentir dans les autres services.

Dans l'ordre financier, la taxe des pauvres devint le type de la plupart des autres taxes locales, qui vinrent se modeler sur elle ; elle se fit, en quelque sorte, — pour nous servir d'une expression française, — le *principal,* dont les autres impôts sont aujourd'hui comme les centimes additionnels.

Pour comprendre que ces effets aient pu se produire, il est nécessaire de se bien pénétrer des mœurs administratives anglaises. C'est la connaissance de ces mœurs, qui seule peut rendre compte des contrastes, qui se remarquent en Angleterre, et expliquer le décousu des institutions qu'on y rencontre, contrastes et décousu auxquels nous autres Français, habitués à la symétrie en fait de

gouvernement, nous avons une certaine difficulté à nous
initier. On sent que rien n'y a été fait d'ensemble et symé-
triquement; tout y est le produit d'additions successives
et superposées (1). C'est qu'en effet les Anglais, alors même
qu'un rouage a cessé d'être utile et de répondre à un besoin
ou au goût public, ne peuvent pas se résoudre à le supprimer; ils se bornent à mettre, à côté, un autre rouage,
qui rend le premier inutile. Le premier subsiste, mais
sans rôle et sans fonctions. Aussi rencontre-t-on partout,
dans tous les services, le contraste d'institutions nouvelles, vivant à côté d'institutions surannées, qui n'apparais-
sent que comme des vestiges d'un âge disparu. Il semble
qu'on ait voulu réunir, côte à côte, le mécanisme vieilli et
le mécanisme nouveau, et mettre ensemble et sous le
même toit les pièces d'un musée archaïque et les instru-
ments d'une usine moderne (2). C'est ainsi que la paroisse
avait cessé jusqu'en 1894 de jouer un rôle administratif,
mais qu'elle avait continué à subsister.

Toutefois, s'ils ont le respect du passé, les Anglais
éprouvent, en sens inverse, le besoin de ne pas trop créer

(1) *La vie de village en Angleterre*, p. 97.
(2) Comment, sans ces mœurs, serait-il permis d'expliquer dans
l'ordre judiciaire ces costumes bizarres, dont sont revêtus les membres de la magistrature et du barreau, ainsi que ces processions sin-
gulières, dont ils sont les ornements ! Comment expliquer, dans
l'ordre politique, ce fanatisme piétiste, qui empêche les catholiques d'exercer les fonctions de vice-roi d'Irlande et de Lord Chancelier, alors qu'ils peuvent devenir ministres de la Reine ? Le Lord
Chancelier, il y a deux siècles, portait entre autres titres celui de
« gardien de la conscience du Roi ». Telle est la raison qu'on oppose à une réforme ; mais le véritable motif, pour lequel, à nombreuses reprises, la Chambre des Communes a refusé d'adopter un
bill accordant l'exercice de ces fonctions aux catholiques, c'est
simplement le respect du passé, et la preuve en est que, dans la
séance du 4 février 1891, on a vu parmi les membres du Parlement,
opposés à la réforme, des radicaux, des israélites et des catholiques.

de rouages ni d'institutions nouvelles ; ont-ils inventé un
rouage pour un objet particulier, ils ne tardent pas à le
faire servir à d'autres fonctions ; ont-ils créé une institution, ils lui demandent bientôt d'autres services que ceux
pour lesquels ils l'avaient originairement fondée. C'est
précisément ce qui s'est passé pour l'*Union de paroisses*,
et pour l'autorité, qui y a été préposée, nous voulons parler du *Board of Guardians*. L'Union de paroisses est devenue, comme nous l'avons dit, une véritable circonscription administrative, et le *Board of Guardians* un véritable
conseil, chargé de fonctions multiples, et investi d'un
rôle qui serait à peu près celui qu'aurait, chez nous, le conseil cantonal, s'il venait un jour à être créé.

Pour comprendre comment la circonscription nouvelle,
créée en 1834 pour l'application de la Loi des pauvres, est
devenue la principale division intermédiaire entre le comté
et la paroisse, il est bon de jeter un coup d'œil sur l'organisation administrative, telle qu'elle existait avant cette
réforme.

Avant 1834, il n'y avait que deux circonscriptions administratives importantes : en haut, le comté ; en bas, la
paroisse. A côté, il y avait, sans doute, quelques centres
d'administration particuliers ; mais les deux seuls centres,
qui eussent un caractère général, étaient, ainsi que nous
venons de le dire, le comté et la paroisse.

Le comté, qui est resté une circonscription administrative depuis la réforme de la *Poor Law*, et qui a acquis une
importance nouvelle depuis la création des conseils de
comté, correspond au département français, quoiqu'il soit
moins considérable ; le comté n'a qu'une étendue moyenne
de 269,442 hectares, mais une population moyenne de
687,052 habitants en Angleterre, et de 126,576 dans le pays
de Galles, tandis que notre département a en moyenne
610,168 hectares et 420,022 habitants ; ainsi notre département est au comté, pour l'étendue, ce que 5 est à 2 ;

en outre, les villes importantes sont constituées en unités indépendantes. Chaque comté comprend, en moyenne, 12 Unions et 281 paroisses ; chacun de nos départements correspond, en moyenne, à 33 cantons et 422 communes. Il y a, en Angleterre et dans le pays de Galles, 52 comtés.

La subdivision principale du comté était la *centurie* (*hundred*), sous-division qui tira son nom et son origine de l'organisation de l'armée royale ; dans le Nord, elle s'appelait *wapentacke* et quelquefois *ward*. La centurie, qui était principalement une circonscription judiciaire et de police, a fini par disparaître en fait, et elle se confond avec la division plus nouvelle de l'*Union de paroisses* (1).

Au comté, s'administrent les prisons de comté, les maisons de correction, les asiles d'aliénés et la police des campagnes. Ces services sont administrés aux frais et pour le compte commun des habitants du comté ; il y est pourvu par une taxe, dite taxe de comté, sur laquelle nous nous proposons d'insister plus loin, afin d'en dégager les affinités avec la taxe des pauvres. Les services du comté sont à peu près ceux du département français ; mais combien différente était l'administration du comté anglais d'avec celle de notre département français. M. Leroy-Beaulieu a pu écrire, il y a vingt ans, sans être taxé d'exagération, les lignes suivantes : « Il serait assurément impossible de trou-« ver deux systèmes d'institutions plus opposées que les « institutions du département français et les institutions du « comté anglais. Chacune des deux nations aurait voulu, « par un dessein prémédité, prendre le contrepied de l'au-« tre, qu'elles ne seraient pas parvenues à former un plus « parfait contraste ; si opposés ont été dans l'histoire les « courants de civilisation des deux pays, si contraires sont « encore aujourd'hui leurs mœurs et l'esprit général de « leurs populations (2) ».

(1) M. Leroy-Beaulieu, *De l'administ. locale*, p. 7.
(2) *Loc. cit.*, p. 51.

Les caractères principaux de l'administration du comté se distinguent et surtout se distinguaient très nettement, de ceux du département, et il semble que les traits, qui constituent la physionomie du comté, soient précisément la négation de ceux des principes, auxquels nous paraissons le plus attachés ; pendant que nous invoquons la fameuse théorie de la séparation des pouvoirs et l'indépendance réciproque des autorités administratives et des autorités judiciaires, et que nous tenons à la mise en pratique de ce principe, nous voyons, dans le comté anglais, les mêmes fonctionnaires réunir entre leurs mains les attributions administratives et les attributions judiciaires ; pendant que toute notre organisation locale est basée sur la célèbre maxime : *délibérer est le fait de plusieurs, administrer est le fait d'un seul,* — le comté anglais nous montre l'administration aux mains d'un corps collectif, généralement très nombreux, auquel appartiennent l'action comme la délibération ; enfin tandis que, chez les Français, le principe que l'impôt doit être voté par les contribuables jouit d'un caractère sacro-saint, les Anglais le méconnaissaient absolument ici, et les taxes du comté étaient jusqu'en 1888 votées par les membres du corps collectif, qui n'ont reçu aucune délégation directe ou indirecte de leurs concitoyens, mais ont été nommés par le souverain.

Dans le comté, on trouvait plusieurs classes de fonctionnaires, chargés, dans une mesure plus ou moins large, d'attributions administratives et judiciaires. Le premier dans l'ordre hiérarchique était le *shérif*, dont la fonction, d'un an de durée, était obligatoire, et purement honorifique. Il était le représentant du souverain dans le comté, et, à ce titre, avait certaines charges, notamment en ce qui concerne la police judiciaire ; mais ses pouvoirs avaient presque entièrement passé aux juges de paix. — Au-dessus du shérif, dans l'ordre hiérarchique, vient le *lord-lieutenant*, le chef des forces militaires propres au comté. Il lui arrive souvent d'être rattaché au corps des juges de paix (*justices of the peace* ou *magistrates*) et d'être le premier entre ces magistrats. Mais l'administration centrale du comté appartenait toute, il faut bien le dire, aux juges de paix, lesquels étaient administrateurs en même temps que juges. Leurs fonctions, étant gratuites, leur rendaient nécessaire le concours d'agents salariés pour préparer le travail et les aider dans les nombreux détails de l'administration ; le principal de ces agents était le greffier de paix (*clerk of the peace*), qui réunissait, de fait, entre ses mains, les différents services du comté.

Jusqu'à la réforme du gouvernement local en 1888, c'est-à-dire jusqu'à la création des conseils de comté, les juges de paix se trouvaient chargés presque exclusivement de l'administration du comté (1). Ils tenaient, soit pour l'examen des affaires judiciaires, soit pour l'expédition des affaires administratives, trois genres de sessions : les sessions générales ou trimestrielles (*general or quarter sessions*), les sessions spéciales (*special sessions*) et les petites sessions (*petty sessions*). Ces sessions ressemblent aux sessions de nos Conseils généraux (2).

Au-dessous des comtés ou plutôt à côté d'eux, sont les villes importantes, qui constituent des organes administratifs spéciaux ; ces villes peuvent, d'ailleurs, se catégoriser : les unes sont les *municipal boroughs* (les bourgs municipaux), et sont constituées en personnes morales, jouissant du droit de s'administrer elles-mêmes, et absolu-

---

(1) « Ils votent les dépenses, nomment et contrôlent la plupart « des fonctionnaires. Ils sont choisis par le souverain parmi les « propriétaires fonciers, possédant au minimum 2,500 francs de re- « venu en immeubles libres de toute charge. Leur nombre n'est pas « limité ; en général, il est très considérable et souvent il s'élève à « plus d'une centaine par comté. En fait, ils sont inamovibles ». — M. Leroy-Beaulieu, *loc. cit.*, p. 51 et s.

(2) *La vie de village en Angleterre*, p. 99.

ment indépendantes des comtés, sauf au point de vue de
la justice et de quelques services accessoires ; encore certains bourgs municipaux ont-ils rang de comté (*counties
corporate*). Le nombre des *municipal boroughs*, qui, depuis
Henri III, ont reçu ainsi l'indépendance par actes spéciaux,
dépasse 200. — L'autorité, au point de vue administratif,
se trouve appartenir tout entière au Conseil municipal ;
le Conseil est composé de trois éléments : le maire, les *aldermen*, et les conseillers.

A côté de ces bourgs municipaux, il existe une catégorie de localités urbaines, qui sont, elles aussi, de véritables unités administratives, quoiqu'elles n'aient pas la
plénitude de l'indépendance. Ce sont celles qui ont invo-
qué le bénéfice de l'acte de 1858 (*Local Government Act*,
21 et 22 Vict. ch. 98) (1).

A la base de toutes les unités administratives, que nous
venons d'étudier, et qui forment un édifice des plus dis-
parates, se trouve la paroisse. La paroisse est la cellule
embryonnaire de tout le système administratif de l'Angleterre ; elle est une circonscription territoriale, ayant pour
centre l'église consacrée au culte anglican ; on la retrouve
aussi bien dans les villes que dans les campagnes ; elle
fut primitivement une simple division ecclésiastique (2).

---

(1) Un ouvrage, paru il y a quelques semaines (*Le gouvernement
local de l'Angleterre*, par M. Maurice Vauthier) doit être consulté sur
cette question particulière, qui sort du cadre de cette étude.

(2) A l'époque où le service de l'assistance était entre les mains
de l'Église, c'était la paroisse, — avec sa signification exclusivement ecclésiastique, — qui secourait les pauvres. Lorsque ce service devint une fonction sociale et laïque, la paroisse en resta chargée. L'acte d'Elisabeth eut donc pour effet de faire de la paroisse
une des pièces de l'administration locale ; la législation subsé-
quente en augmenta les fonctions. La paroisse, ainsi investie, a graduellement perdu ses rapports originaires avec l'organisation ecclésiastique, et a revêtu un caractère simplement civil. On distingue
même aujourd'hui la paroisse civile et la paroisse ecclésiastique.

et elle l'était presque redevenue, après avoir eu de nombreuses attributions, qu'elle avait successivement perdues depuis près de deux cents ans au profit des comtés et des bourgs; mais, malgré son amoindrissement, elle continuait à occuper une place, quelque étroite qu'elle fût devenue, dans l'ordre administratif, et elle conservait une autonomie absolue. « Le principe constitutif de la paroisse « anglaise, dit M. G. de Beaumont, est que le pouvoir souverain réside dans l'assemblée de tous ceux de ses habitants qui payent la taxe des pauvres, *all rate payers* ; « cette assemblée se nomme *vestry*, et tout membre du « *vestry* se nomme *vestryman*. De ce premier principe découle toute l'organisation paroissiale. C'est le *vestry*, « corps constituant, qui élit les officiers de la paroisse, et « ceux-ci, n'agissant que comme mandataires du *vestry*, « lui rendent compte de tous leurs actes ; ce compte, tous « les *vestrymen* ont le droit de le demander. Le *vestry* « s'assemble toutes les fois qu'il plaît à ses membres d'en « provoquer la réunion; dans cette assemblée, tout *ves-* « *tryman* peut exposer ses vues, ses griefs, ses plaintes; « la discussion y est complètement libre ; tous les intérêts « de la paroisse y sont livrés à la controverse, et c'est la « décision de la majorité qui fait la loi ».

Jusqu'au vote de l'*Act* de 1894, les paroisses pour la plus grande partie de leur administration, dépendaient des comtés ou des bourgs, où elles se trouvaient placées, et relevaient par conséquent des juges de paix ou des conseils municipaux des villes dont elles sont un fractionnement.

Certains services, tels que la tenue des registres de l'état civil, sans parler de l'assistance des pauvres, ont été enlevés à la paroisse, et dévolus à des autorités plus élevées. Ce fut précisément aux autorités constituées pour le service de la *Poor Law*, et mises à la tête de la nouvelle circonscription, créée par la réforme de 1834, que furent dévolues la plupart des attributions enlevées à la paroisse.

Nous avons vu, dans une autre partie de cette étude, que la réforme de la *Poor Law*, en 1834, a créé pour le service de l'assistance des pauvres une circonscription nouvelle, l'*Union de paroisses*, et lui a attribué ce pénible service, confié jusque-là aux paroisses. Cette circonscription territoriale, intermédiaire entre la paroisse et le comté, a pour centre le *workhouse*, c'est-à-dire l'établissement dans lequel s'exerce principalement, d'après les règlements nouveaux, l'assistance des pauvres. Elle a, d'ailleurs, été créée, à titre d'essai, selon une méthode qui est chère au Parlement. Les Unions, qui se partagent le territoire de l'Angleterre et du pays de Galles, comprennent chacune en moyenne 23 paroisses. L'Union est donc absolument l'analogue de notre canton ; mais alors que notre canton ne constitue qu'une circonscription administrative, qui, à part la justice de paix, n'est le siège d'aucun service particulier, qui surtout n'a aucune personnalité, n'a pas son budget, n'a pas une assemblée qui lui soit propre, l'Union, au contraire, a une vie réelle ; elle a son *Board of Guardians*; ce conseil élu possède de nombreuses attributions ; il n'est pas seulement une assemblée chargée des intérêts des pauvres : il est un véritable conseil cantonal, si nous pouvons ainsi parler, chargé de tous les intérêts collectifs de la circonscription.

Nous ne rappellerons pas les motifs, qui ont amené la grande réforme de la législation anglaise sur l'assistance ; on sait les abus nombreux qui avaient signalé l'administration ancienne des secours publics. Nous ne rappellerons pas davantage comment la paroisse, par suite de la substitution des *select vestries* aux *open vestries*, offrait une organisation aristocratique, de démocratique qu'elle était ; les *vestries*, en effet, qui devaient être des assemblées ouvertes, c'est-à-dire comprenant tous les contribuables de la paroisse, avaient dans la plupart des cas, fini par ne çomprendre que quelques membres, et n'être que des assemblées oligarchiques.

L'Union de paroisses n'était pas, on le sait, une circonscription inconnue avant 1834. Non seulement il en existait avant cette date; mais une loi rendue sous Georges IV avait permis aux magistrats de modifier les anciennes circonscriptions du comté au point de vue de la police, en leur recommandant de mettre ces nouveaux districts autant que possible en harmonie avec les divisions nouvelles adoptées pour l'application des lois des pauvres.

L'acte de 1834, en réformant le mode d'assistance, devait généraliser la nouvelle circonscription administrative. L'Union de paroisses ne devait pas tarder à devenir, en réalité, la division intermédiaire principale entre le Comté et la Paroisse. Il ne pouvait en être autrement, d'ailleurs ; car l'esprit, qui présida en 1834 à la création de l'organisme nouveau est le même que celui qui assura la réforme ultérieure de 1888. Cet organisme, comme plus tard l'institution des *County councils*, donnait une satisfaction aux classes moyennes et même aux classes inférieures en admettant les simples contribuables à voter et à siéger, et, d'autre part, rassuraient l'aristocratie par les restrictions mises au suffrage populaire, et par les privilèges dont elle-même était dotée (1).

Les Unions de paroisses avaient bien affaibli l'élément aristocratique, et enlevé aux juges de paix la plupart de celles de leurs attributions par lesquelles ils intervenaient dans l'administration paroissiale ; mais elles ne pouvaient amoindrir ceux de leurs pouvoirs, qui concernaient l'administration du comté, et, malgré le rôle sans cesse grandissant des *Boards of Guardians*, il subsistait, au profit des juges de paix, certains pouvoirs, absolument contraires à

____

(1) M. Flach, *Ann. de l'École des sciences polit.*, n° du 15 janvier 1889.

l'esprit de la Constitution anglaise : ces magistrats gardaient le droit d'établir et de fixer les taxes de comté, contrairement au principe suivant lequel tout impôt doit être voté par les représentants des contribuables ; en outre, l'organisation du comté se trouvait en contradiction avec cette maxime fondamentale du *Self-Government* que les sujets doivent avoir quelque part aux mesures pour lesquelles on réclame leur obéissance.

Déjà, il y a plus de cinquante ans, M. Hume avait demandé la nomination de conseils de comté élus (1). Depuis une quinzaine d'années, à diverses reprises, l'attention publique s'était portée vers un développement des institutions électives, et plusieurs fois le Parlement avait été saisi de propositions tendant à la création de conseils locaux constitués dans chaque comté pour s'occuper des affaires locales, et pour enlever aux *quarter sessions*, c'est-à-dire aux assemblées des *justices of Peace*, leurs attributions administratives (2). Les conservateurs purs avaient opposé de vives critiques à ces projets : ils paraissaient regretter que l'on touchât à l'antique institution des *quarter sessions*, et estimaient que l'élément électif doit être absolument banni de l'administration des comtés. Et cependant, malgré cette opposition, ce sont les conservateurs qui ont réalisé la réforme demandée, nouvelle application de ce fait qu'en Angleterre, où l'on est plus accoutumé que chez nous aux difficultés parlementaires, on n'a presque jamais vu une réforme faite par le parti, qui en avait pris l'initiative dans le pays, et ce fait, pouvons-nous dire en passant, est aussi heureux que singulier, parce qu'il assure à la réforme libérale un caractère de sagesse et de

(1) Communication de M. Bertrand sur l'administration anglaise. V. *Bulletin de la Société de législation comparée*, numéro de février 1874.

(2) *Bulletin de législation comparée*, numéro d'avril 1877, p. 274 ; numéro d'avril 1878, p. 307.

retenue qu'elle n'aurait point si elle était accomplie par ceux-là mêmes qui l'ont conçue.

La réforme de l'administration locale de 1888 a été concentrée dans la région administrative supérieure ; les comtés, d'une part, la ville de Londres, de l'autre, ont seuls fait l'objet d'une réorganisation profonde.

En ce qui concerne les comtés, les juges de paix, nommés par le Gouvernement, et tenant de lui leur investiture, sont remplacés dans leurs fonctions administratives par un conseil élu (*county council*) ; ils gardent, bien entendu, leurs attributions judiciaires. Le *County Council*, qui est très nombreux, ne peut administrer lui-même ; il se réunit quatre fois par an, et, dans l'intervalle, il gère les affaires par l'organe de comités exécutifs spéciaux, qui lui rendent périodiquement des comptes. Ses attributions sont à peu près celles qu'avaient les *magistrates* en matière administrative (1).

Par certaines concessions d'éligibilité, sur lesquelles il ne nous est pas permis de nous étendre dans la présente étude, on a cherché à ne pas se priver du concours de certaines classes de la population, où se recrutent largement les juges de paix, c'est-à-dire ceux qui jusque là avaient été les administrateurs du comté, et que l'on espérait voir entrer en grand nombre par l'élection dans les nouveaux conseils, et faire ainsi l'éducation des nouvelles assemblées. Pour donner satisfaction à là même préoccupation, et pour ne pas rompre la tradition administrative,

(1) Sauf « l'octroi des licences aux cabaretiers, — matière délicate « qui a dû être réservée, à cause de l'opposition habilement exploi- « tée du parti de la tempérance, — et la police, — matière judiciaire « autant qu'administrative, qui est confiée non au conseil ou à un « comité du conseil, mais à une commission mixte de *magistrates* et « de conseillers ». — V. sur la réforme de l'administration locale de 1888 en Angleterre l'étude qu'y a consacrée M. Boutmy dans les *Annales de l'Ecole des Sciences politiques*, n° de janvier 1889.

le législateur décida que les « *clerks of the peace* », actuellement en charge, rempliraient les mêmes fonctions auprès du « *County Council* ».

La réforme de 1888 n'était pas un tout complet. Elle était, comme on l'a dit avec esprit, l'amorce d'une large reconstruction, dont le plan subsistait. Et d'abord elle n'avait pas touché à l'administration de la paroisse ; celle-ci restait intacte dans sa nullité ; elle continuait à gérer elle-même ses affaires, bien qu'elle n'en eût presque plus. — A un autre point de vue, cette réforme n'est pas une œuvre de décentralisation ; le Gouvernement sans doute proposait de transférer aux Conseils de comté un certain nombre d'attributions exercées par différents départements ministériels : Intérieur, *Local Government Board*, Conseil privé, *Board of Trade*, etc. Mais le Parlement a cru imprudent de déposséder des services, fortement organisés, au profit d'un organisme naissant, chez lequel tout était à faire (1). — Enfin la nouvelle organisation des Conseils de comté n'est guère appelée à administrer que des campagnes et des villages. En effet, toutes les villes de 50,000 âmes sont soustraites à sa dépendance, et constituées, précisément à cette fin, en *comtés dans le comté*. Quant aux villes moyennes, elles se sont vu appliquer des régimes différents, selon leur population, et selon le degré d'autonomie, dont elles jouissaient jusque là.

Le système du Conseil de comté a été appliqué à la ville de Londres, qui est une ville-comté, et ce conseil a été constitué à l'instar des Conseils du même nom, et choisi au suffrage direct par tous les électeurs municipaux.

(1) Deux articles de la loi autorisent le *Local Government Board* à transporter aux *County Councils*, par simple ordre provisoire, à confirmer par le Parlement, les pouvoirs d'ordre administratif, concernant le comté, et qui sont actuellement exercés soit par les juges de paix, soit par certaines commissions spéciales, soit même par un des départements ministériels.

Cé *county council* a remplacé le Comité métropolitain
des travaux publics, lequel, avec le Comité d'éducation,
réalisait seul l'unité métropolitaine, la Cité ayant, dans
son cercle et sur un territoire très restreint, sa constitution à part et son lord maire. Mais, aux très nombreuses
attributions de l'ancien *Board of works*, sont venues s'a-
jouter toutes celles que la loi transporte des magistrats aux
Conseils de comté (1).

S'inspirant des idées, qui avaient dicté la création des
Conseils de comté, le gouvernement de M. Gladstone avait
déposé dès 1893 un projet de loi complétant la réforme
ébauchée en 1888 ; ce projet, devenu la loi de 1894, crée
les conseils de paroisse ; d'ailleurs, le titre de : « *Loi sur
les conseils de paroisse* », qu'on donne couramment à l'*Act*,
indique suffisamment quelle en est la partie essentielle.
Etant donné que l'organisation des villes et des bourgs est
soumise à un régime spécial, on peut ajouter que cette loi
a surtout trait aux paroisses rurales. Deux catégories de
paroisses sont distinguées : en premier lieu les petites
paroisses, et l'on entend par cette expression celles dont
la population n'atteint pas 300 habitants, et, en deuxième
lieu, les paroisses ayant un nombre d'habitants égal ou
supérieur à 300. Pour les premières, la loi de 1894 main-
tient le principe de l'administration directe par les habitants constitués en *parish meeting,* c'est-à-dire en *assemblée paroissiale.* Toutefois ces paroisses peuvent obtenir
la création d'un conseil, *parish council*, création qui est
autorisée par le conseil de comté, lorsque la paroisse a

(1) Le Conseil de comté de Londres a respecté néanmoins le Comité
d'éducation, qui, ainsi que l'organisation de la police, demeure un
service spécial; il ne constitue pas un service municipal, mais dépend du Ministre de l'intérieur. Il ne touche pas davantage à la constitution de la Cité et aux attributions du Lord-Maire, des *aldermen*,
et du Conseil commun ; il y a là des souvenirs historiques auxquels
il paraissait téméraire de toucher.

moins de cent habitants, et qui résulte d'une décision de l'assemblée paroissiale elle-même, lorsque la population atteint ou dépasse cent habitants. Les paroisses de moins de 300 habitants peuvent être groupées, sur la demande de leur *parish meeting*, par le conseil de comté ; dans ce cas, il y a un conseil de paroisse pour le groupe tout entier qui peut être considéré comme une paroisse unique ; cependant chaque paroisse du groupe a son « assemblée paroissiale » composée de tous les « électeurs paroissiaux ».

En ce qui concerne les paroisses d'au moins 300 habitants, l'organisation d'un *parish council* est obligatoire. Ce conseil, qui comprend 5 à 15 membres, se réunit au moins quatre fois par an. Ce conseil ne fait pas disparaître le *parish meeting*. — Dans ces paroisses, par conséquent, le système de la gestion directe par l'assemblée paroissiale se combine avec celui de la délégation de certains pouvoirs à un corps électif. Mais les pouvoirs de l'assemblée paroissiale, pour ces paroisses, sont moins étendus que ceux de la même assemblée dans les petites paroisses ; pour celles-ci, en effet, le *parish meeting* s'occupe des mêmes questions que celles dont la solution est attribuée au *parish council* dans les paroisses plus étendues (1).

Notre dessein n'est pas ici, sous forme d'un résumé des lignes qui précèdent, de montrer les grandes différences entre l'organisation locale de l'Angleterre et celle de la France. Sans doute le rapprochement offrirait d'intéressants sujets de méditation ; nous verrions, en Angleterre, le pouvoir exécutif revêtir le caractère collectif, tandis qu'il est, chez nous, *unitaire* et *personnel*, ce qui ne nous paraît pas constituer une supériorité pour la France. Nous verrions aussi, à la place de notre uniformité française ou plutôt de notre manie uniformisante, cette dualité de ré-

____

(1) V. dans les *Annales de l'Ecole des sciences politiques*, numéro du 15 nov. 1894, l'article de M. O. Festy. — V. également l'ouvrage cité de M. Maurice Vauthier, *Le Gouvernement local de l'Angleterre*.

gime, suivant qu'il s'agisse de communes urbaines ou de communes rurales. Chez nous, le régime est le même pour un pauvre village de cent habitants que pour une cité de quelques centaines de mille habitants (1). Enfin l'Angleterre a créé, de nos jours, de nouveaux centres administratifs, qui, tantôt sous le nom d'*Union de paroisse*, tantôt sous celui de *district de routes* ou de *district scolaire*, etc., constituent une véritable association de paroisses pour mieux accomplir certains services publics.

Est-ce à dire que l'organisation administrative d'Outre-Manche soit supérieure à la nôtre? Là n'est pas notre pensée. Le système anglais peut avoir certaines supériorités, mais n'est pas supérieur à tous égards. Il est des plus compliqués, et contient un enchevêtrement d'autorités diverses; non seulement il n'est pas uniforme, — ce qui n'est pas un défaut, — mais il est disparate, étant le produit de superpositions, dont nous avons fourni plus haut l'explication.

Mais nous nous écartons de notre sujet. Notre dessein, dans ce chapitre, était de montrer la *Poor Law* arrivant à créer un nouveau centre administratif, supérieur à l'ancienne unité, la paroisse, et destiné à lui enlever la plupart de ses attributions, puis faisant servir de modèle ce nouvel organe administratif à l'organisation du comté d'abord, de la paroisse elle-même ensuite.

(1) « La même loi, disait Vivien, peut-elle convenir là où les lu-
« mières et les ressources varient dans de si fortes proportions?...
« Une loi uniforme place le législateur dans une rigoureuse alter-
« native ; il faut qu'il restreigne les droits de tous en raison de
« l'incapacité de quelques-uns, ce qui est une injustice, ou qu'il
« accorde à tous les droits dont quelques-uns sont incapables d'u-
« ser, ce qui peut compromettre les intérêts généraux ; et comme
« ces derniers doivent toujours prévaloir, une organisation uni-
« forme a pour résultat nécessaire de rendre impossible l'affran-
« chissement de l'administration communale ».

CHAPITRE XV

LES ATTRIBUTIONS MULTIPLES DES « BOARDS OF GUARDIANS ».

Attributions diverses, d'ordre administratif, conférées aux *overseers*
avant 1834. — Attributions des Bureaux de Gardiens dans toutes les
Unions, urbaines ou rurales: nomination des officiers de l'état civil ;
le service de la vaccine ; établissement de l'impôt local ; direction des
écoles. — Attributions complémentaires dans les Unions rurales : le
service sanitaire, le service des routes. — Les Unions composées d'une
ville et de paroisses rurales. — L'Irlande.

En France, lorsqu'un mécanisme rencontre quelque
obstacle dans sa marche ou révèle quelque défectuosité,
nous cherchons à le remplacer par une machine parfaite,
en supprimant le rouage défectueux. Les Anglais, au contraire, nous l'avons déjà dit, procèdent différemment : ils
ne le détruisent pas ; ils se bornent à lui enlever son utilité
et à le laisser se rouiller ; ainsi avaient-ils fait de la paroisse. A l'inverse, reconnaissent-ils qu'un rouage fonctionne bien, on lui demande davantage et on l'utilise de
différentes manières (1). C'est ce qu'ils ont fait pour l'*Union
de paroisses* et pour son conseil, le *Board of Guardians*.
L'administration nouvelle, une fois créée, servit de cadre
à de nouveaux services, les uns connexes, la plupart tout
à fait étrangers à l'objet primitif de son institution.

Déjà, avant 1834, les anciens officiers de la loi des pauvres, les *overseers*, avaient vu se greffer sur leurs attribu-

(1) M. Flach, *Annales de l'École des sciences politiques*, numéro du
15 juin 1889.

tions originaires de nouveaux services : ils avaient été chargés de l'établissement et du recouvrement des taxes locales (1). La taxe des pauvres étant l'étalon de toutes les autres taxes, il était assez naturel que les *overseers* fussent investis de tout ce qui concerne ces taxes. — Ils sont chargés également du soin de dresser les listes électorales, en vertu des instructions que leur transmet le *clerk of the peace* pour les comtés, et le *town clerk* pour les villes (2) ; il n'y a rien de surprenant à les voir investis de ce rôle : aucun impôt direct à peu près n'étant perçu au profit de l'Etat, et les immeubles n'étant imposés seulement qu'au profit du budget local, les *overseers* ont, entre les mains, les documents nécessaires à l'établissement des listes électorales. Mais leur tâche est assez malaisée ; car il ne suffit pas de s'enquérir des conditions, qui autorisent l'inscription ; il leur faut également s'informer de celles des circonstances qui commandent une radiation ; or les dispositions légales, qu'ils doivent consulter, sont aussi obscures que nombreuses. Aussi l'un des avocats reviseurs les plus expérimentés écrivait-il récemment à l'un de ses confrères, qui le consultait sur certaines difficultés : « Les actes sur « l'enregistrement des électeurs sont un labyrinthe pis que « celui de la Crète, et nous devons chercher à nous y re- « trouver aussi bien que nous le pouvons, ayant grande « pitié des pauvres *overseers*, qui font de leur mieux, au « milieu de très graves embarras ».

Les *overseers* ne sont plus aujourd'hui inspecteurs des pauvres ; mais ils sont chargés de fonctions, que leur ancienne qualité seule peut expliquer.

Ce n'est pas la même raison, qui a donné au nouvel organisme, créé par le *Poor Law amendment* de 1834, cette multiplicité d'attributions, que nous allons parcourir. Au

(1) V. le chapitre VIII.

(2) M. de Franqueville, *Le Gouvernement et le Parlement britanniques*, 2ᵉ vol. p. 377.

moment où se conféraient successivement ces attributions, l'administration locale anglaise présentait, d'une part, une circonscription vieillie, la paroisse, de laquelle les idées de *Self-Government* avaient disparu, parce qu'on n'en avait pas d'en haut respecté le principe, et, d'autre part, un centre administratif un peu trop éloigné des intérêts locaux, le comté, à la tête duquel se trouvait non pas une assemblée élue, mais un corps commissionné, pour ne pas dire nommé, par le souverain. On comprend que les aspirations démocratiques, ne pouvant se reposer ni sur la paroisse, dont la vie s'était retirée, ni sur le comté, constitué aristocratiquement, aient demandé à un organisme plus jeune, et constitué d'après des bases plus démocratiques, tout ce qu'il pouvait donner (1).

Il est assez difficile de présenter une liste complète des attributions dévolues aux *Boards of Guardians* (2) ; car, en Angleterre, toute règle a ses exceptions, et celles-ci dérivent soit d'actes locaux du Parlement, soit encore de ce fait que des lois votées peuvent ou non être adoptées à leur option par les autorités locales.

En outre, il faut tenir compte de ce que le régime est différent pour les villes et pour les villages. Les villes ont des organes administratifs, qui leur sont spéciaux, et qui

---

(1) La loi du 5 mars 1894 a créé les Conseils de district. Mais le corps représentatif qui administre le district rural n'est autre que le Bureau des Gardiens.

(2) « L'Angleterre ne connaît point cet instrument de simplifica-
« tion que la France appelle les pouvoirs *généraux* de l'administra-
« teur. Chaque autorité a dans sa circonscription les attributions
« *spéciales* qui lui ont été assignées par des lois *spéciales* ; elle peut
« en avoir un grand nombre : ce n'est jamais qu'une somme de
« quantités définies. Aucune autorité n'a le mandat implicite et in-
« déterminé de pourvoir à la marche de tous les services dans le
« district auquel elle est préposée ». (M. Boutmy, *Le Gouvernement local et la tutelle de l'État en Angleterre, Annales de l'École des sciences politiques*, n° du 15 avril 1887).

accomplissent quelques-unes des fonctions exercées ailleurs par les *Boards of Guardians*; les Gardiens y ont donc des attributions restreintes ; ils y sont bien tuteurs des pauvres, mais ils n'ajoutent pas à cette qualité toutes celles dont ils sont revêtus dans les Unions rurales. Cependant il est certaines fonctions, qui leur sont réservées dans toute Union, qu'elle soit urbaine ou rurale.

Ils nomment ce que nous appelons en France les officiers de l'état civil, et ce que les Anglais désignent sous le nom de *registrars of births, deaths and marriages*. Jusqu'à un acte de 1836, complété par plusieurs lois postérieures, l'inscription des naissances ou des baptêmes, des enterrements et des mariages était faite par les ministres des différents cultes, les agents des *quakers* et les secrétaires des synagogues. Aujourd'hui, dans les localités, « le personnel, chargé de l'enregistrement des actes de l'état civil, se compose : 1° d'un enregistreur-surintendant (*superintendant registrar*) par paroisse ou Union de paroisses, lequel centralise le service pour les naissances, décès et mariages ; 2° d'un enregistreur de district par subdivision de paroisse ou d'Union de paroisses ; celui-ci reçoit les déclarations des naissances et des décès ; 3° des enregistreurs de mariages, des ministres du culte anglican, des agents des quakers ou des secrétaires de synagogues qui sont exclusivement chargés de l'enregistrement des mariages (1) ». A la tête de cette branche d'administration se trouve un enregistreur général (*general registrar*), nommé par la Couronne et institué *during pleasure*, c'est-à-dire à titre révo-

---

(1) On est tenu de faire enregistrer les naissances et les décès par l'enregistreur civil institué à cet effet, tandis que, pour l'enregistrement des mariages, on peut s'adresser, à son gré, à l'enregistreur civil des mariages ou au ministre du culte. On n'a pas osé jusqu'ici priver l'Eglise anglicane d'une attribution à laquelle elle attache un grand prix. La réforme, en matière d'actes de l'état civil, est donc demeurée jusqu'à présent incomplète.

cable ; le service du *general registrar* constitue un service distinct, mais subordonné toutefois au contrôle du *Local Government Board.*

Les *registrars* des naissances et des décès sont nommés par les Bureaux de Gardiens ; mais une fois nommés, ils ne peuvent être révoqués que par le *general registrar.* — Il en est absolument de même, sous ces deux rapports, des *superintendant registrars* ; toutefois, il est de règle générale de nommer *superintendant registrar* d'une Union le *clerk* de cette Union, c'est-à-dire le greffier du bureau des Gardiens. Quant aux *registrars* des mariages, ils tiennent leur nomination du *superintendant registrar*, et ne peuvent, d'ailleurs, être révoqués que par le *general registrar.*

On voit quelle intimité de rapports existe entre le service de l'assistance publique et celui des actes de l'état civil ; l'unité administrative pour ce dernier service se confond avec celle créée pour l'administration des secours aux pauvres ; les officiers de l'état civil sont nommés tantôt par les Gardiens des pauvres, tantôt par leur *clerk* ; enfin l'enregistreur chef, c'est-à-dire le fonctionnaire chargé du contrôle du service sur toute l'étendue de l'Union, est lui-même nommé par le Bureau des Gardiens, et se trouve être, en général, le *clerk* lui-même de ce Bureau (1).

(1) M. Glasson, *Inst.*, 6ᵉ vol., p. 34 ; M. Leroy-Beaulieu, *Adm. locale*, p. 371 ; *ibid.*, p. 274. « A la fin de chaque trimestre, les enre-
« gistreurs de district envoient à l'enregistreur surintendant une
« copie certifiée de toutes les inscriptions faites aux livres des nais-
« sances et des décès ; les livres d'enregistrement, dès qu'ils sont
« remplis, sont également remis à l'enregistreur surintendant afin
« d'être déposés dans les archives de son bureau. Les mêmes dispo-
« sitions sont prises par les personnes chargées de l'inscription des
« mariages. L'enregistreur surintendant doit vérifier les diverses
« copies certifiées qu'il reçoit de ses subordonnés, en attester l'exac-
« titude, et les envoyer à l'enregistreur général du royaume. Après
« avoir subi une nouvelle vérification à Londres, ces documents

Une deuxième attribution, qui échoit aux Gardiens des Pauvres dans toutes les Unions, qu'elles soient rurales ou urbaines, a trait au service de la vaccine. On sait que la vaccine est obligatoire en Angleterre; c'est là, du reste, l'application d'un principe suivi par l'administration anglaise, qui adopte volontiers des mesures coercitives pour l'accomplissement individuel des précautions reconnues nécessaires. Mais, avant d'en arriver à la contrainte pour la vaccine, l'administration s'est d'abord efforcée de propager cette coutume salutaire par voie de conseil, et d'en assurer la gratuité. En 1841, une loi (4 et 5 Vict., c. 32) a donné à cette pratique une nouvelle impulsion, en décidant que les familles pourront, sur leur demande, être dispensées de contribuer aux frais de ce service, et que les frais mis ainsi à la charge du public seront prélevés sur la taxe des pauvres, sans que toutefois ce genre de secours entraîne, pour les familles assistées, l'inscription sur la liste des indigents, et la qualité de *paupers*, ce qui eût jeté un discrédit sur ce nouveau service. Mais on ne tardait pas à reconnaître l'impuissance de ces efforts. Aussi, par une loi de 1853, la vaccine est-elle devenue obligatoire. Cinq ans plus tard, en 1858, une loi (21 et 22 Vict., c. 97) confiait au Conseil privé le pouvoir de favoriser l'application de cette contrainte administrative. Enfin, en 1861 (24 et 25 Vict., c. 59) une nouvelle loi rendit plus aisée la répression des résistances individuelles, en donnant aux juges de paix la faculté de les punir. Ces mesures furent, semble-t-il, encore insuffisantes, et, dans la pratique, elles ont été aggravées sous l'influence des idées réglementaires qui

« sont coordonnés et formés en registres, dont la réunion constitue l'état civil du royaume » (M. Leroy-Beaulieu, *loc. cit.*, p. 274). — Le *General register office* soumet chaque année au Parlement un rapport offrant le résumé de tous les faits constatés pour l'ensemble du Royaume-Uni.

prévalent de plus en plus dans le Royaume-Uni (1). Dans quelle mesure l'Union de paroisses et son *Board of Guardians* interviennent-ils dans le service de la vaccine? C'est ce qu'il nous faut indiquer. Nous avons déjà vu que les frais de vaccination peuvent être supportés par la taxe des pauvres ; mais, à côté de ce premier lien entre la *Poor Law* et ce service d'hygiène, il y a un rôle actif, dont sont investies les autorités de l'Union. Les parents ou les tuteurs sont tenus, sous peine d'amende, de faire vacciner les enfants dans les trois mois de la naissance. Les fonctionnaires, chargés d'enregistrer les naissances et les décès, doivent aussi enregistrer les vaccines. L'Union de paroisses, afin de faciliter le service, est subdivisée, par les *Guardians*, en districts spéciaux, dits *districts* de *vaccine* (2), placés sous la direction d'un médecin chargé de vacciner les enfants à domicile, moyennant des indemnités variables selon la distance. Une petite indemnité est également allouée au *registrar* ; il est dû à ce fonctionnaire une autre indemnité par les personnes qui réclament des certificats de vaccine.

---

(1) La question de la vaccine a été une des matières où l'esprit interventionniste s'est fait sentir de meilleure heure. Depuis, la doctrine du *laissez-faire* a subi de nombreuses et rudes atteintes ; mais laissons la parole à notre éminent maître, M. Léon Say : « Depuis « quinze ans, le vigoureux individualisme de l'Angleterre n'a cessé « de s'affaiblir. Il n'existe plus aujourd'hui qu'à l'état de souvenir, « et c'est par un véritable anachronisme que quelques hommes « d'État arriérés prennent encore aujourd'hui l'Angleterre pour un « modèle de résistance au socialisme d'État. Il est inexact de dire « que l'Angleterre lutte sérieusement en ce moment contre le socia- « lisme d'État, et que, si elle y cède, elle s'y résigne comme à une « fatalité dans des cas bien admis et sagement limités, comme le « font les armées cernées, quand elles sacrifient un ouvrage avancé « pour rendre la dernière défense plus efficace. L'Angleterre ne se « défend plus, elle se livre ». *Économie sociale*, 2e éd., p. 249.

(2) Dans le rapport publié le 1er janvier 1890 par les *Guardians* de

Il est encore une attribution dévolue aux *Guardians*, et exercée par eux au moyen d'un comité : c'est ce que les Anglais appellent l'*assessment*, c'est-à-dire l'établissement de l'impôt local. Ce comité, *assessment Committee*, souvent composé d'une douzaine de membres, est chargé de contrôle des *overseers*, et a la haute direction sur tout ce qui concerne la fixation de l'impôt. Mais c'est là une matière, sur laquelle nous avons déjà fourni des explications relativement détaillées, et sur laquelle nous nous proposons de revenir dans un des chapitres suivants.

Il y a lieu d'ajouter que lorsqu'une paroisse n'a pas de *school board*, ou corps spécialement élu pour diriger les écoles, les *Guardians* sont chargés de cette fonction, qu'ils exercent au moyen d'un *school attendance Committee* ; ce comité est, d'ailleurs, secondé par un *clerk*, qui n'est autre que celui de l'Union, et par des *attendance officers*, emploi qui correspond à celui d'inspecteur, et qui est, dans les petites Unions, confié à des personnes déjà investies d'autres fonctions de l'Union. Les *Guardians* également

l'Union de Bradfield, laquelle est une Union rurale, nous lisons, à la page 7 :

VACCINATION

		Medical officers	Amount of Fees in the year		
1 st	District	Dr Cox	15 £	16 sh	6 den
2 nd	»	M. Bateman	12	13	6
3 rd	»	M. Fox	6	6	6
4 th	»	M. Davis	9	7	6
5 th	»	M. Jas Henry Breach	11	2	6

Vaccination officers

M. W. R. Bunce	17	1	1
M. James Ford	6	5	10

Ces deux *vaccination officers* sont en même temps *attendance officers* pour le service des écoles ; ils sont aussi *sanitary inspectors* ; il sont également *relieving officers* de la *Poor Law* ; enfin l'un d'eux est *registrar* des naissances et des décès. Bref, ils sont les inspecteurs locaux de tous les services de l'Union.

paient la rétribution scolaire des gens pauvres, qui ne peuvent être classés dans la catégorie des *paupers*, mais ne peuvent cependant supporter les dépenses de l'instruction de leurs enfants.

A ces attributions dévolues, comme règle générale, aux *Guardians* dans toutes les Unions, viennent s'en ajouter d'autres, plus ou moins nombreuses, suivant que l'Union est rurale, mi-urbaine, et mi-rurale, ou complètement urbaine.

S'agit-il d'une Union, composée de paroisses rurales, les *Guardians* sont chargés de tout ce qui concerne le service sanitaire ; ils constituent la « *Rural sanitary authority* » (1), et, à ce titre, ont le contrôle sur toutes les matières relatives à la santé publique, telles que le drainage, les services d'eau, les hôpitaux affectés aux maladies contagieuses, la police des constructions, celle des cimetières, les égoûts, la salubrité des routes, la surveillance de la vente des produits dangereux, les mesures à prendre pour prévenir ou combattre les épidémies, etc. On sait que l'hygiène publique a préoccupé depuis longtemps les pouvoirs publics en Angleterre, et a donné lieu à une réglementation des plus complètes.

Les *Guardians* ont encore une autre attribution, mais d'ordre facultatif ; ils peuvent, en effet, s'ils le désirent, être chargés de l'entretien des routes et chemins de caractère local, et ils contractent quelquefois avec le *County Council* pour l'entretien des grandes routes.

Voilà pour les Unions rurales. Si nous supposons maintenant une agglomération urbaine, où il y ait une assemblée représentative de la ville, et il en est ainsi de toute

---

(1) Nous reproduisons à l'Appendice les détails relatifs à l'Union de Bradfield, et dont nous avons déjà cité une partie. Ils feront pénétrer le lecteur dans le fonctionnement même de l'institution des *Boards of Guardians*.

agglomération urbaine dépassant 6,000 habitants, — les *Guardians* ont des attributions plus restreintes. Ils ne sont pas la *Rural Sanitary authority*, et n'ont aucun rapport avec l'administration de l'hygiène publique, ni avec celle des routes et chemins.

Là où l'Union comprend non seulement une ville pourvue soit d'une municipalité soit d'un assemblée locale, mais en même temps plusieurs paroisses rurales, les *Guardians* ne sont pas chargés, en ce qui touche les paroisses urbaines de leur circonscription, du service de salubrité ; c'est la ville elle-même qui gère ses affaires sanitaires au moyen de son assemblée municipale. Mais le Bureau des Gardiens fonctionne comme autorité sanitaire par rapport aux paroisses rurales.

Il est permis de voir par les détails qui précèdent, que le Gouvernement anglais a conféré à l'Union nombre d'attributions étrangères à sa mission principale et originaire. Ce n'est pas là le côté le moins intéressant du sujet qui nous occupe. Un désir de simplification l'a, d'ailleurs, amené, comme conséquence de cette pratique administrative, à obliger les localités à pourvoir, avec le produit de la taxe des pauvres, aux dépenses de ces services accessoires (1).

L'Irlande n'a pas tardé à recevoir une organisation semblable, et elle a vu grandir les pouvoirs des *Boards of Guardians* (2). Peut-être même leurs attributions y sont-elles devenues, sinon plus considérables, du moins plus étendues, précisément parce que, dans ce pays, la centralisation s'y est montrée plus tôt. « Le jour, dit M. Flach « dans son intéressante étude, le jour où une place dut

(1) V. le chapitre XVII.
(2) M. Flach, *Ann. de l'Ecole des sciences politiques*, numéro du 15 janvier 1889.

« être concédée aux contribuables dans la gestion de la
« chose publique, ce fut l'administration de la loi des
« pauvres, dont tous les fils pouvaient être plus aisément
« concentrés dans une main puissante, qui hérita presque
« seule des attributions enlevées au comté ».

CHAPITRE XVI

LE PROGRÈS DE LA CENTRALISATION ET LA CRÉATION
DU *Local Government Board.*

Le *Self-Government*, idéal de certains pays. — Les idées de décentralisation en France. — Abandon de ces idées par l'Angleterre contemporaine. — Le socialisme d'Etat et la centralisation. — La tutelle de
l'Etat s'exerçant, en Angleterre, sur les nouveaux corps administratifs,
et notamment sur le *Board of Guardians*. — La paroisse perd presque
toutes ses attributions, d'abord au profit du comté, puis au profit des
nouveaux organes administratifs. — Indépendance et autonomie du
comté. — Le nouveau réseau administratif ; ses assemblées représentatives et l'ingérence gouvernementale. — Le contrôle de l'Etat confié
à un département ministériel nouveau. — La genèse de cette révolution
administrative. — Les attributions du nouveau département. — Histoire du *Poor Law Board* ; sa transformation en *Local Government
Board* ; son organisation.

Il est un troisième aspect sous lequel peut être examinée
l'influence exercée par la loi des pauvres sur l'organisation
administrative : c'est celui de l'atteinte portée au *self-
government,* ou, en d'autres termes, du développement
des idées de centralisation. Le mot de *self-government*
implique un système d'administration locale suivant lequel une unité déterminée, que cette unité se nomme une
paroisse, une ville ou un comté, est investie des pouvoirs
nécessaires pour gérer d'une manière indépendante ses
propres intérêts, et suivant lequel, par voie de conséquence, il n'est abandonné à l'autorité centrale que les
affaires communes à toute la nation.

Dans quelques pays, c'est là l'idéal vers lequel on mar-

che ou vers lequel on cherche à marcher. En France notamment, les lois et décrets, dits de décentralisation, quoiqu'ils constituassent des essais assez timides, ont été salués
avec faveur par l'opinion publique ; mais notre pays est si
fortement et depuis si longtemps centralisé que, d'une
part, le pouvoir supérieur semble, lorsqu'il abandonne
quelques lambeaux de son autorité, faire les plus larges
concessions, et que, d'autre part, les administrés paraissent accoutumés à ce régime, qui leur semble naturel,
sauf à déplorer ses lenteurs, le cas échéant. La tutelle de
l'État engourdit les ressorts de l'énergie et de l'activité individuelles. Aussi peut-on se demander si, chez nous, en
dehors du cercle des esprits libéraux et philosophiques, la
décentralisation est réclamée énergiquement par l'opinion
publique.

Ceux qui se font les champions de cette cause, citent volontiers l'exemple de l'Angleterre, qu'ils représentent
comme inféodée aux idées de *self-government*, et du pouvoir central réduit à son minimum d'expression. Mais
l'Angleterre contemporaine s'écarte de plus en plus des
idées qui ont été celles de la vieille Angleterre ; précédemment nous l'avons vue entrant en plein socialisme d'État ;
ici nous allons assister à la constitution de son régime de
centralisation. La centralisation et le socialisme d'État
sont de la même famille, ou plutôt ils sont une seule et
même chose, qui est dans un cas l'exercice de la tutelle
de l'État sur les localités, dans l'autre sur les individus.
En France, la liberté des individus a été plus longtemps
respectée, et elle l'est encore aujourd'hui plus qu'en Angleterre ; elle est sortie triomphante d'une Révolution, qui
a ouvert une ère d'individualisme, et il est une partie notable de l'armée politique, qui lutte encore vigoureuse-
ment contre les tendances socialistes. Mais pendant que
l'on voyait éclore la liberté économique, la liberté des col-
lectivités administratives restait étouffée. De l'autre côté

du Détroit, au contraire, ces deux formes de la liberté ont eu la même origine et la même fortune ; elles avaient leurs racines dans les traditions et dans l'histoire du pays et du peuple ; elles se sont assombries en même temps ; la main pesante de l'Etat s'est posée sur les libertés locales comme sur les libertés économiques, exerçant dans les deux domaines une action presque parallèle.

Cette tutelle de l'Etat s'est révélée d'une manière singulière, et, on peut le dire, bien anglaise. Elle n'a pas envahi les anciens organes administratifs, mais elle a constitué, à leurs côtés, de nouveaux corps administratifs, pétris d'une autre pâte, et auxquels on a imposé l'intervention du pouvoir central. L'un de ces corps est précisément le *Board of Guardians*.

Mais, avant d'indiquer les formes qu'a revêtues l'intervention gouvernementale, il est bon de revenir sur les caractères qu'offrait avant 1834 la vieille organisation administrative. A l'exception des villes et de leur organisation spéciale, les deux organes administratifs étaient, en bas, la paroisse, et, en haut, le comté. La paroisse, qui avait eu ses années d'activité administrative, et qui avait longtemps gardé un caractère de petite démocratie, avait perdu peu à peu son importance sous l'action de deux faits bien distincts : d'une part, la disparition des *yeomen*, c'est-à-dire des petits tenanciers, qui formaient précisément le personnel de l'administration locale, devant l'invasion des grandes exploitations, et le remplacement des petites exploitations agricoles par le régime des *latifundia* (1); et, d'autre part, la perte que fait la paroisse de la plupart de ses attributions: après l'assistance en 1834, c'est la police, c'est l'hygiène publique, ce sont les routes dont elle perdit l'administration, sans que cependant elle

(1) Il faut lire les détails que consacre à ce grand fait social M. Boutmy dans son très remarquable ouvrage sur le *Développement de la Constitution en Angleterre*. V. p. 226.

ne se soit vu enlever aucune parcelle de son indépendance et de son autonomie (1). Telle une maison qui reste debout, bien qu'elle ait été dégarnie de ses meubles.

Il n'est pas douteux que cette annihilation de la paroisse n'ait porté la plus grave atteinte à la tradition du *self-government*, et on comprend que le parti libéral ait fait de l'établissement de Conseils paroissiaux une de ses plus vives revendications. Dans la conception primitive, la paroisse était l'organisation la plus démocratique. Non seulement elle ne possédait rien qui ressemblât à notre maire, et qui fût soit l'agent du pouvoir central, soit le chef exécutif des décisions paroissiales, ou qui réunît ces deux qualités à la fois ; mais elle ne donnait pas même place à l'élément représentatif sous la forme d'un conseil choisi par les habitants. Elle se gouvernait directement par son *vestry*, qui n'était autre que la réunion de tous les paroissiens, et elle offrait le type de la démocratie, esquissé par Rousseau.

La paroisse contemporaine, jusqu'en 1894 du moins, n'existait donc plus guère en réalité. Mais au profit de qui l'absorption s'était-elle faite? D'abord au profit du comté, puis au profit de ces organes administratifs plus jeunes et plus nouveaux, à la formation desquels nous avons assisté.

Mais le comté avait jusqu'à hier une administration éminemment aristocratique, celle des *magistrates* ou *justices of peace*, qui, nous l'ayons vu, étaient bien nommés par la Couronne, mais ne pouvaient être choisis que parmi les grands propriétaires locaux. Ce sont eux qui, pendant longtemps, ont recueilli ou absorbé l'ancienne activité administrative des paroisses. Nous avons étudié trop longuement leurs empiétements dans le domaine de l'assis-

(1) « Elle sert de cadre encore plus que d'agence pour la réparti-« tion de l'impôt local et pour la confection des listes électorales ». M. Boutmy, *Annal. de l'École*, 15 avril 1886.

tance pour qu'il nous paraisse utile d'y revenir ici. Il n'y a peut-être pas de fonctionnaires ou de corps, dont les attributions aient été aussi variées et aussi étendues ; « on « y retrouve, dit avec raison M. Boutmy, pour partie cel- « les de nos préfets, de nos sous-préfets, de nos conseils « généraux, de nos conseils de préfecture, de nos juges « de paix, de nos maires, de nos commissaires de police, « de nos juges d'instruction, de nos tribunaux correction- « nels et même de nos tribunaux civils. Les pouvoirs, « que la France s'est étudiée à tenir séparés, — les pou- « voirs administratifs et judiciaires, — se confondent « entre les mains de ces hauts personnages » (1).

Ces *justices of peace* n'avaient aucun supérieur admi- nistratif ; personne ne pouvait se substituer à eux, ni leur intimer l'ordre d'accomplir un acte quelconque. Ils ne relevaient que de la loi. Ils étaient donc indépendants, et le comté, qu'ils administraient, avait une autonomie ab- solue. En même temps que ces notables échappaient à l'autorité du pouvoir central, ils étaient soustraits à la volonté du peuple. Il est donc bien difficile de voir dans l'ancienne administration du comté une application du *self-government* ; et il avait fallu une grande bonne volonté chez le peuple anglais pour considérer comme voté par lui l'impôt, que fixaient seuls ces juges de paix, à la nomi- nation desquels il n'avait pas participé. Il est vrai que l'a- ristocratie anglaise s'est toujours fait une haute idée de ses devoirs, et qu'elle s'est constamment efforcée, par son dévouement et par ses sacrifices à la chose publique, de se faire pardonner sa prépondérance et son pouvoir.

Les autorités comitales, aussi bien que les autorités pa- roissiales, étaient ainsi soustraites à l'action gouvernemen- tale. Aucune des formes d'intervention, reconnues en

_____

(1) *Loc. cit.* — V. aussi le *Développement de la Constitution anglaise*, par le même.

France, n'était admise. Le gouvernement ne les nommait ni ne les révoquait ; il n'avait que le droit de commissionner les *justices of peace*. Son approbation générale était rarement requise pour la mise en vigueur des actes des autorités locales. L'administration supérieure enfin n'avait pas davantage à s'assurer que la comptabilité avait été régulière.

Aussi n'est-ce pas du côté du comté qu'il faut se tourner pour découvrir le premier germe de la centralisation. D'ailleurs, si les juges de paix ont gardé, à l'encontre de l'Etat, leur indépendance, ils se sont vu, en revanche, enlever quelques attributions (1), par exemple, celles qu'ils avaient dans l'administration de la *Poor Law* ; en outre, il ne leur a pas été donné de services nouveaux. Ces services nouvellement créés, ainsi que celui si considérable de l'assistance, ont donné naissance à de nouveaux organes, et pour ainsi dire à un nouveau réseau administratif. Ce nouveau réseau, dont l'idée initiale date de 1782, n'a pris une sérieuse consistance qu'en 1834 ; il comprend non seulement les Unions de paroisses avec leur *Board of Guardians*, mais encore les districts sanitaires avec leurs commissions d'hygiène publique, les districts pour les routes et ceux d'instruction élémentaire avec leurs commissions respectives. Ces organes, sauf une petite réserve relative aux *Boards of Guardians*, sont spéciaux, créés en vue d'un objet particulier et défini. Les assemblées, qui les représentent, n'ont pas le caractère aristocratique du comté ; elles sont des assemblées élues, mais n'ont pas l'indépendance des anciennes autorités ; elles subissent l'ingérence gouvernementale. Avec les nouvelles unités administratives est née une nouvelle politique administrative. La notion du *self-government* s'étant obs-

---

(1) Nous ne parlons pas en ce moment de la grosse réforme de 1888, et nous nous plaçons avant la création des *county councils*.

curcie avec l'amoindrissement de la paroisse, et le seul
vestige, qui en restât, étant l'administration oligarchique
du comté, avec ses nombreux inconvénients, on mit de
côté les principes, et on rechercha surtout les résultats
pratiques. Mais c'est moins le pouvoir exécutif que le Parlement qui fait sentir son influence (1). Aussi l'intervention gouvernementale se manifeste plutôt par des règlements que par des agents ; elle est plus paperassière que
bureaucratique (2).

Détail qui s'explique de la même manière : le pouvoir
de contrôle, dévolu au gouvernement lors de la création
des nouvelles divisions administratives, ne va pas appartenir à l'*Home office*, ministère qui correspond, en partie,
à notre ministère de la justice, et, en partie, à notre département de l'Intérieur. Un fait nouveau commandait
une institution nouvelle : la tutelle administrative appar-
tiendra à un département nouveau, le *Local Government
Board*.

Que l'on ne croie pas cependant qu'il y ait eu ici un
plan d'ensemble prémédité. Les choses ont été bien plus
simples et beaucoup plus terre-à-terre. Le besoin d'une
division administrative nouvelle se fait sentir, on la
crée ; on sent qu'il y a lieu de soumettre à un contrôle
du gouvernement la création et le fonctionnement de cette
nouvelle division, on institue un bureau central. Ce bureau grandit ; il devient successivement une direction et
un ministère . Puis d'autres besoins se révèlent, on y

(1) Le Parlement a toujours eu de la défiance pour le pouvoir
exécutif, et l'a toujours tenu en suspicion.

(2) *Loc. cit.* — L'étude de M. Boutmy sur le *Gouvernement local et la
tutelle de l'État en Angleterre* a été pour nous un guide extrêmement
précieux.—Il est juste de signaler aussi un article de M. René Millet
sur les *Progrès de la centralisation administrative en Angleterre*, article
paru dans le *Bulletin de la société de Législation comparée* (n° du
mois de juin 1875).

donne satisfaction de la même manière, soit en créant encore quelques nouvelles divisions, soit en ajoutant aux services des divisions récemment créées ; mais on adopte les mêmes principes de contrôle, et les attributions du nouveau département ministériel s'étendent.

Ce premier besoin, qui donna naissance à une nouvelle pratique administrative, ce fut le service de la *Poor Law* ; cette nouvelle division administrative créée, c'est l'Union de paroisses ; ce comité central, c'est le *Poor Law Board*, qui, avec l'extension de ses attributions, prend le nom de *Local Government Board*, et donne à son titulaire le rang de ministre.

Le Comité central, ou *Poor Law Board*, avait reçu pour première mission de tracer les limites territoriales des Unions, de déterminer le nombre des Gardiens que chaque paroisse doit envoyer à l'Union dont elle fait partie, et le taux du loyer à partir duquel on est éligible à cette fonction. Il a le pouvoir de modifier les Unions, si le besoin s'en fait sentir. — Il n'a pas d'agents d'administration proprement dits, à l'exception d'agents de contrôle, ou inspecteurs, qu'il nomme lui-même, qu'il rétribue sur les deniers de l'État, et auxquels il assure une retraite ; il les charge d'assister aux *meetings* des Gardiens. — Il a des droits plus caractérisés : il statue sur la validité des opérations électorales intéressant les Bureaux de Gardiens. C'est encore lui qui institue les fonctionnaires subordonnés aux Gardiens ; il les nomme sans doute sur leur présentation, mais c'est à lui qu'appartient la nomination ; c'est lui qui fixe leur traitement, et c'est lui seul qui peut les révoquer. Aussi ces agents inférieurs sont-ils complètement dans la main du Gouvernement, et, en sens inverse, sont-ils très indépendants vis-à-vis de leurs supérieurs immédiats. « N'est-ce pas virtuellement, dit M. Boutmy « dans l'étude déjà citée, la suppression de ce qui peut « être appelé proprement l'administration locale ? Entre

« l'inspecteur : ingénieur, médecin, hygiéniste, qui se pré-
« vaut justement de sa supériorité professionnelle, et le
« secrétaire toujours présent, mêlé à tout, qui correspond
« avec l'inspecteur en dehors de ses chefs et tourne à l'a-
« gent d'exécution du pouvoir central, les *Boards* locaux
« sont, en fait, réduits à l'impuissance, et l'on voit main-
« tenant pourquoi les *magistrates* montrent peu d'empres-
« sement à y siéger ».

Ce n'est pas tout. Des règlements aussi nombreux que
prolixes enserrent absolument les *Guardians* ; nous en
avons vu quelques-uns. C'est le Comité central, qui autorise, en dehors des *workhouses*, la création des asiles et
des écoles de district ; c'est à lui encore de nommer les
fonctionnaires (*auditors*) qui doivent contrôler les comptes
des Unions, des paroisses, des asiles et des écoles de district. Le séjour et le traitement des *paupers* dans les *workhouses* donnent lieu aux détails les plus minutieux ; on y
spécifie non seulement le nombre des repas et la quantité
de nourriture, mais encore la manière de préparer tel ou
tel aliment. Quant aux soins de santé à donner aux *inmates*,
on peut bien penser qu'ils sont prescrits de la manière la
plus précise. — Nous avons vu également ailleurs les précautions prises lorsque le *Board of Guardians* croit nécessaire d'emprunter ; l'administration centrale règle toutes
les conditions de l'emprunt.

Ce qui s'est fait dans le domaine de l'assistance se fait
dans celui de l'hygiène publique, et donne naissance, d'un
côté, à un Bureau central de la santé publique, et, d'un
autre côté, à des comités locaux. Il se fait également pour
l'instruction primaire ; un comité d'éducation est créé ;
constitué définitivement en 1856, il s'étend et se fortifie
de plus en plus, pendant que des comités scolaires locaux
(*school boards*) se généralisent et deviennent obligatoires.

Mais nous n'avons pas à entrer ici dans ces détails, qui
trouveraient plutôt leur place dans une étude générale du

système administratif anglais. Il nous reste à montrer les développements que reçut le Comité central de la loi des pauvres (*Poor Law Board*).

Le Bureau central, créé en 1834, était alors composé de commissaires extra-parlementaires; il devient, en 1847, un comité supérieur, ayant pour membres les principaux ministres. En 1871, le service sanitaire, qui n'avait pour organe qu'un simple bureau, et dont les attributions s'étaient élargies, se fond avec l'ancien *Poor Law Board*. De cette fusion est né le *Local Government Board*, véritable ministère, ressemblant assez à ce qu'est notre Direction de l'Administration départementale et communale au ministère de l'Intérieur. C'est un second ministère de l'Intérieur.

Ce Conseil du Gouvernement local est un type *sui generis* d'administration; il siège à Londres et se compose du lord président du Conseil, du lord du sceau privé, du principal secrétaire d'État de l'Intérieur, du chancelier de l'Echiquier, membres d'office, d'un président et de deux ou plusieurs membres nommés par la Reine. Le président est toujours choisi parmi les membres du Parlement; il fait généralement partie du Cabinet, mais il n'est pas nécessairement conseiller privé, puisque le comité, qu'il est censé présider, n'est pas, comme ceux du commerce, de l'instruction publique et de l'agriculture, un comité du Conseil. En fait, les membres du Conseil sont plutôt des dignitaires que des membres actifs, et le prétendu Conseil ne s'assemble jamais. Le président dirige donc seul l'administration, et il est assisté de deux secrétaires, l'un parlementaire et l'autre permanent (1). Ce *Board* est donc un véritable département ministériel, dont les attributions sont

____

(1) M. de Franqueville, *Le Gouvernement et le Parlement britanniques*, 1er vol., p. 511.

assez variées, et dont l'existence est le fait de la nouvelle loi des pauvres (1).

(1) Ce second ministère de l'Intérieur a non seulement les fonctions de l'ancien *Poor Law Board*, mais aussi l'administration sanitaire et celle des routes, aussi bien que le contrôle général des autorités locales. Jusqu'en 1875-1876, les rapports annuels du *Local Government Board* étaient divisés en trois parties : secours aux pauvres, gouvernement local et actes sanitaires, santé publique. Depuis ce temps, la disposition est celle-ci : 1° administration des lois relatives au secours des pauvres ; 2° administration des lois relatives au gouvernement local et à la santé publique ; 3° établissement des taxes locales et évaluation des propriétés.

CHAPITRE XVII

INFLUENCE DE LA TAXE DES PAUVRES SUR LE RÉGIME FINANCIER DES LOCALITÉS.

La taxe des pauvres est l'origine des autres taxes locales ; elle explique leurs caractères. — Sens précis de la spécialité ; les anciennes taxes locales anglaises. — Actuellement l'assiette de la taxe des pauvres s'étend à toutes les taxes locales. — Certaines dépenses s'imputent sur le *Poor rate* — La spécialité s'atténue par le fait même de la taxe des pauvres : même assiette ; même recouvrement. — Unification apparente. — La spécialité subsiste au point de vue de l'emploi des sommes recouvrées ; elle figure également sur l'avis de payement remis au contribuable.

Sans qu'il nous soit possible de produire ici une affirmation certaine, il nous est permis de dire que les taxes locales existent depuis la loi des pauvres du règne d'Elisabeth. En mettant à la charge de la paroisse la dépense résultant de l'assistance, l'*Act* de 1601 a donné à la paroisse une autonomie, qui lui a permis ensuite de lever d'autres taxes. La charge de l'assistance étant rendue paroissiale, les autres besoins locaux purent donner lieu à d'autres taxes locales. De là les caractères particuliers des taxes locales anglaises : leur indépendance à l'égard des impôts de l'Etat, et aussi leur spécialité.

La spécialisation des taxes est complète, lorsque les différentes taxes ont chacune une assiette particulière, et que chacune est établie d'après l'évaluation exacte de l'importance que le service spécial, auquel elle doit pourvoir, offre pour chaque contribuable. Cette différence d'assiette existe ou plutôt a existé pour plusieurs des taxes locales anglaises. Autrefois, en effet, on divisait les taxes paroissiales en deux catégories, suivant qu'elles étaient ou n'étaient pas établies sur les mêmes bases que la taxe des pauvres. On rangeait dans la première catégorie six taxes, dont la plupart ont disparu, et dont deux seulement ont de l'importance : la taxe des grandes routes (*highway rate*) et celle d'éclairage et de surveillance (*lighting and watching rate*), et qui ont la même assiette que la taxe des pauvres. La catégorie des taxes paroissiales, qui étaient présumées avoir une autre assiette que celle de la taxe des pauvres, contenait les cinq impositions suivantes : la taxe d'église (*church rate*), la taxe pour réparations ou constructions d'églises (*church rate for repairs, new churches*); la taxe des cimetières (*burial ground rate*) ; la taxe des égouts et conduits (*sewers rate*) ; la taxe de drainage et de clôture (*drainage and enclosure rate*). De ces taxes, la dernière paraît être tombée en désuétude, et les deux premières n'existent plus ; mais toutes, sans exception, sont levées actuellement, quand on recourt à elles, exactement sur les mêmes bases que la taxe des pauvres ; de telle sorte que la division, qui précède, n'est nullement exacte dans l'état actuel, ni conforme aux procédés administratifs aujourd'hui en usage en Angleterre. Toutes les taxes locales directes ont, en fait, la même assiette que la taxe des pauvres ; elles ne sont plus guère maintenant que des annexes du *poor rate*, et s'y superposent comme nos centimes additionnels s'ajoutent à nos contributions directes (1). D'autre part, certaines dépenses, absolument étrangères à l'assistance, sont

(1) Il y a toutefois encore dans les paroisses anglaises quelques taxes spéciales, ayant une assiette particulière : telle est la taxe d'éclairage, qui n'est pas une simple annexe à la taxe des pauvres, mais qui porte proportionnellement trois fois plus sur les propriétés bâties que sur les propriétés non bâties ; il en est de même pour la taxe de police.

imputées sur cette taxe (1). Il y a plus : la taxe des pauvres, qui n'est, sans doute, dans son objet, qu'une taxe purement paroissiale, est, en pratique, le type et la mesure des taxes directes, non seulement de la paroisse, mais aussi du bourg et du comté. On peut donc dire que cette taxe est la clé de voûte de tout le système des finances locales, et qu'elle a altéré, en même temps, le caractère de spécialité des taxes, du moins quant à leur assiette.

Or la taxe des pauvres est un véritable impôt foncier, et les taxes, qui se sont greffées sur elle, sont devenues également des impôts fonciers, si bien que toutes les taxes locales ont participé, et participent encore des inconvénients et des imperfections de ce système. D'abord, à l'instar du *poor rate*, elles ne frappent pas la *personal property*; la propriété mobilière échappe complètement à la taxation locale. Nous avons dit plus haut comment le développement de la propriété mobilière a progressivement amené le Parlement à accorder aux localités et surtout aux comtés des subventions (*grants in aid*) prélevées sur les ressources du budget général de l'Etat, lequel est alimenté principalement par des impôts indirects ; il donnait ainsi

(1) Nous lisons dans le rapport du Bureau des Gardiens de l'Union de Brixworth, s'appliquant au semestre de 1890 finissant à la St-Michel, c'est-à-dire au 29 septembre (*half year ending Michaelmus*) ces lignes : «... And although called Poor rate Returns, the purely « Poor Law Expendice in recent years, has formed only a small part « of the whole. — And when Ratepayers see the usual notice of « the making and allowing a « Poor rate » it should be borne in « mind that is really a Local Government Rate. —The figures, for « the year 1890, show that of each shilling collected, and passing « through the hands of the overseers as « Poor Rate » during the « year, only about four pence was expended for purely Poor Law « purposes ; the Board of Guardians having no power or control at « all over the spending of the other eightpence, which amount was « devoted to other local purposes under the control of other local « bodies and authorities » (page 9).

1,500,000 liv. st. en 1858, et 6,000,000 liv. st. en 1888. Tout récemment, par l'acte de réforme de l'administration locale de 1888, on a remplacé ces subventions par l'abandon fait aux localités du produit de certains impôts : les principaux de ces impôts sont les licences de toute nature, notamment celles pour la vente des boissons alcooliques, et 40 p. 0/0 de la taxe dite « *probate duty* » ; ces impôts frappent d'une manière générale la richesse mobilière ; c'est une satisfaction accordée aux propriétaires fonciers, presque seuls atteints jusqu'ici par les taxes locales, et qui gémissaient sous ce fardeau croissant. L'État a remis ainsi 6,000,000 liv. st., provenant de ses impôts, et il a supprimé les 2,850,000 liv. st. de subvention qu'il fournissait.

De même, le système actuellement appliqué en Angleterre et dans le pays de Galles (1), système en vertu duquel le payement des taxes locales est imposé (sauf quelques exceptions peu importantes) à l'occupant et non au propriétaire des terres ou des bâtiments est un système injuste. Il ne peut s'expliquer que historiquement : dans les dernières années du règne d'Elisabeth, la terre était occupée par les propriétaires eux-mêmes ; les terres affermées étant relativement rares, on n'avait pas jugé nécessaire de prescrire la division de la taxe entre le propriétaire et le fermier (2).

---

(1) En Ecosse et en Irlande, au contraire, la charge en fut répartie entre le propriétaire et l'occupant.

(2) Voici comment s'exprimait M. Gladstone dans une discussion récente au Parlement : « Je ne sais que trop combien les contribu-« tions locales sont lourdes pour ceux qui les paient. Ils sont pris « entre l'enclume et le marteau. C'est à l'occupant qu'incombent toutes « les taxes locales, quelles qu'elles puissent être. Mais quand cela a « été décidé, il s'agissait de taxes légères et bien déterminées. Qu'est-« il arrivé depuis vingt ou trente ans ? De nouveaux besoins se sont « révélés, et aussi de nouvelles exigences. Je les crois légitimes pour « la plupart ; mais je suis frappé de ce que c'est l'occupant qui en « fait les frais, et le propriétaire qui en bénéficie. »

Ce n'est pas seulement au point de vue de l'assiette que
les taxes locales ont perdu leur spécialité, c'est encore au
point de vue du recouvrement. Sous ce rapport comme
sous l'autre, toutes sont venues se confondre avec la taxe
des pauvres, et le produit de tous ces divers impôts a commencé à être versé dans les mains des mêmes administrateurs. Si l'on ne consultait que les apparences, il semblerait qu'il n'en fût pas ainsi ; mais il ne faut pas ici être
dupe des apparences ou des principes théoriques. Prenons,
par exemple, la taxe des grandes routes (*highway rate*) ;
les paroisses nomment des fonctionnaires appelés inspecteurs des routes, chargés non seulement du service administratif, mais encore du service financier des routes ; ils
pourraient donc lever eux-mêmes le *highway rate* ; mais,
en fait, cela n'arrive pas, ou du moins rarement. En effet,
s'ils ont le droit de lever eux-mêmes la taxe, ils ont aussi
le droit de déléguer ce soin à d'autres agents, et ils ne
manquent pas, dans la pratique, de le rejeter sur les *overseers*. Il n'en est pas autrement de la taxe d'éclairage et de
surveillance ; le rôle de cette taxe est publié dans les
mêmes formes que celui de la taxe des pauvres, et la perception se fait au moyen de mandats adressés par les inspecteurs de l'éclairage aux *overseers*. Toutes les autres
taxes paroissiales sont soumises aux mêmes règles pratiques ; et les *overseers* sont les agents uniques de la
levée de ces taxes. Ces mêmes *overseers* sont également
les collecteurs et les percepteurs de la taxe du comté ; cette
taxe est, du reste, perçue sur les bases de la taxe des pauvres dans l'intérieur de chaque paroisse. Les *overseers* sont
autorisés même à simplifier plus encore : ils peuvent, quand
la somme demandée, à titre de *county rate*, leur semble
trop peu importante pour faire l'objet d'une répartition
spéciale, la prélever sur la taxe des pauvres ou en faire
l'avance, sauf à se rembourser sur le produit des impositions subséquentes. La taxe générale du bourg et les taxes

spéciales de la même circonscription sont perçues aussi de la même manière, c'est-à-dire par les *overseers* et sur les bases mêmes du *poor rate*.

On voit donc que si en apparence il semble y avoir une grande complication, en fait cette complication disparaît presque, et c'est la taxe des pauvres, qui a amené l'unification au point de vue de l'assiette et de la levée des taxes locales anglaises si nombreuses. Cette unification a ses inconvénients, mais elle a aussi ses avantages. Au point de vue de l'assiette, elle a exagéré, en les multipliant, les vices du *poor rate* ; mais, au point de vue de la perception, elle a supprimé une complication inutile.

Une fois les deniers perçus, la spécialité des taxes reparaît. Les *overseers* ne gardent pas, en effet, par devers eux les sommes recueillies ; ils en remettent le montant aux chefs des différents services : aux tuteurs des pauvres, aux inspecteurs des routes, aux inspecteurs de l'éclairage, au trésorier du comté et au trésorier du bourg ; il y a lieu alors à autant de comptabilités différentes (1).

La spécialité réapparaît donc, et chaque taxe a sa destination particulière. Cette spécialité constitue, à notre sens, une différence entre le système français et le système anglais ; non pas que nous n'ayons, de ce côté-ci du détroit, certaines taxes spéciales ; mais elles sont l'exception, et, d'ailleurs, leur spécialité, sauf toutefois pour une ou deux, n'apparaît pas aux yeux du contribuable, comme elle lui apparaît en Angleterre.

Un économiste de premier ordre, que nous nous plaisons à citer, a pu écrire ces lignes : « Certains auteurs ont cru « que la spécialité des taxes existait et se pratiquait de

____

(1) Souvent les inspecteurs des pauvres retiennent dans leurs mains le produit des taxes uniquement paroissiales et ils deviennent ainsi payeurs, en même temps qu'ils sont collecteurs. Ils font alors directement face aux dépenses en soldant les mandats que leur adressent les divers administrateurs spéciaux de la paroisse.

« l'autre côté de la Manche, tandis qu'elle était inconnue
« de ce côté-ci du détroit. C'est là une complète erreur. Le
« système de la spécialité des taxes est parfaitement connu
« de la législation française ; il y tient même une place
« considérable ; que sont, en effet, la taxe de pavage, la
« taxe des trottoirs, la taxe pour l'entretien d'un pâtre
« commun, les taxes de pâturage ?..... Que sont aussi ces
« centimes spéciaux pour le cadastre, et ces centimes spé-
« ciaux pour le garde champêtre, pesant uniquement sur
« la propriété foncière ? ces centimes pour la création et
« l'entretien des bourses et chambres de commerce, pesant
« uniquement sur les patentes ? ces centimes enfin dits
« *spéciaux*, et affectés par les lois à des services détermi-
« nés, tels que les chemins vicinaux et l'instruction pri-
« maire ? que sont ces divers ordres de centimes ayant
« chacun une assiette différente, sinon des taxes spéciales
« dans toute la rigoureuse expression du mot ? Oui, ces
« taxes sont bien spéciales pour le législateur, qui les
« autorise, et pour le conseil municipal qui les vote ; elles
« ne le sont peut-être pas, il est vrai, pour tous les contri-
« buables, parce que nos procédés de comptabilité visent
« trop à la simplicité, et que ces différences de nature et
« d'affectation entre les divers centimes additionnels ne
« figurent pas sur la cote du percepteur.

« Il est cependant un impôt communal en France, dont
« le caractère de spécialité est tellement évident, qu'il ne
« peut échapper à personne ; nous voulons parler des *pres-*
« *tations en nature* pour la confection et l'entretien des
« chemins vicinaux » (1).

M. Leroy-Beaulieu, tout en insistant dans ce passage
sur ce fait qu'il existe en France des taxes spéciales, et
tout en faisant observer, dans un autre passage, que la
spécialité, au moins quant à l'assiette, a presque disparu

_____

(1) M. Leroy-Beaulieu, *Administration locale*, p. 348.

en Angleterre par l'assimilation qui a été faite entre le *Poor rate* et les autres taxes, note exactement la différence qui subsiste entre ceux des impôts spéciaux, que nous avons en France, et les taxes spéciales anglaises. Cette différence se manifeste au point de vue du contrôle que le contribuable exerce sur chaque impôt, sur son montant, sur les augmentations ou diminutions qu'il subit. Il n'y a rien de plus instructif pour lui que la feuille qu'il reçoit, et qui correspond à notre avertissement. Sur cette feuille, *demand note* ou *application*, il est donné le détail de ce qui est perçu pour chaque taxe, et souvent même, du moins dans la métropole, on le fait suivre de l'accroissement subi par chacune d'elles dans les années précédentes (1). En province, et surtout à la campagne, le détail figure bien sur l'imprimé, mais en face de chaque taxe l'*overseer* ne remplit pas la ligne, et néglige de mentionner le taux ; la somme totale, réclamée à titre de taxes locales, est seule indiquée sous la rubrique « Poor rate ». Le contribuable doit, pour se renseigner, aller trouver l'*overseer* ou le *clerk* de l'Union (2).

Le libellé de ces feuilles d'impôts est de nature à montrer que la spécialité des taxes locales n'est pas, comme on se plaît à le dire parfois, devenue un vain mot ; elle subsiste, sinon complètement, du moins avec des caractères encore bien accentués. La spécialité de certaines de nos taxes françaises n'a rien de comparable avec la spécialité des taxes locales d'Outre-Manche (3) ; nous faisons toutefois exception pour nos *prestations en nature*.

(1) Nous reproduisons à l'appendice une de ces *applications*, qui concerne la paroisse de St-Pancras, à Londres.

(2) Nous avons eu sous les yeux la *demand note* relative à la paroisse rurale de Hamsey, dépendant de l'Union de Chailey.

(3) Il y a loin de l'affirmation de M. Leroy-Beaulieu à celle que faisait moins de vingt ans auparavant M. Léon Faucher, dans ses *Études sur l'Angleterre* (1er vol. p. 104) : « Les revenus ne sont pas

Ces feuilles d'impôts, auxquelles nous engageons le lecteur à se reporter, prouvent également l'influence exercée par le *Poor rate* sur certaines des taxes locales, qu'il a pour ainsi dire incorporées à lui-même (1).

« plus centralisés que les dépenses; autant de besoins locaux,
« autant d'impôts ; nulle part on n'a poussé plus loin la manie de
« la spécialité ».

(1) Il peut être intéressant de relever ici quelques chiffres, qui feront toucher du doigt l'extraordinaire importance de la vie administrative locale. Dans l'année financière 1889-1890, les recettes locales en Angleterre et dans le pays de Galles ont été de 57,360,957 liv. st., (plus de 1,434,000,000 de francs). Sur cette somme, 27,720,125 livres (près de 700,000,000 de francs) provenaient des taxes. (V. l'étude de M. De Haye, dans le *Bulletin de la Société de législation comparée*, n° de mars 1895).

SECTION II

LA LOI DES PAUVRES ET LES MŒURS.

CHAPITRE XVIII

LA LOI DES PAUVRES ET LA POPULATION.

Les familles nombreuses. — Les erreurs de la statistique relative à l'état civil. — La nuptialité. — Les mariages précoces. — La législation relative au mariage ; ses facilités. — Les anciens mariages devant le forgeron de Gretna-Green ; leur désuétude. — Conditions requises pour le mariage. — Ses formes. — Inconvénients de cette législation : mariages précipités. — Avantages : faible proportion des naissances illégitimes ; la législation relative à la filiation naturelle. — Mariages imprévoyants. — L'effet de la loi des pauvres sur ces mariages. — Différence entre l'Angleterre et les autres pays de charité légale au point de vue du mariage des indigents. — La natalité ; les chiffres. — L'accroissement de la population.

Pour les personnes les moins familières avec les chiffres, il semble que l'Angleterre soit par excellence le pays des nombreuses familles. et que, s'il est au monde une vérité passée pour ainsi dire à l'état proverbial, ce soit précisément le grand nombre des enfants dans les ménages anglais. Quiconque a voyagé en Angleterre, et a surtout parcouru les quartiers populaires des grandes villes, a été frappé de ces légions d'enfants qui en peuplent les rues. « Huit ou dix enfants, c'est la moyenne du pauvre. Moins

« l'homme peut en nourrir, plus il en peuple la cité » (1).

La statistique ne nous donne pas de chiffres aussi gros, quoiqu'elle place l'Angleterre bien avant la France au point de vue de la natalité, et qu'elle la place également avant notre pays pour la nuptialité. Mais ici c'est peut-être la statistique qui se trompe ; car il existe, en Angleterre, relativement à la déclaration des naissances, une règle autorisant dans la pratique un certain nombre d'omissions : le délai d'usage, en effet, est de six semaines pour la déclaration. Il est permis de supposer que, parmi les enfants mort-nés, ou parmi ceux qui meurent dans les premiers jours de leur existence, il en est un certain nombre, dont la déclaration de naissance est omise par des parents qui veulent s'épargner les frais des funérailles (2). Il en résulterait que le chiffre de la mortalité des jeunes enfants, qui partout est considérable, devrait être regardé comme inférieur à celui de la réalité, et que, de même, celui de la natalité devrait être relevé ; il en résulterait aussi que la proportion des enfants naturels, que les chiffres officiels montrent comme étant assez faible en Angleterre, serait, en fait, plus forte.

Quoi qu'il en soit, la proportion de la nuptialité est plus accusée en Angleterre qu'en France ; la moyenne est, pour la période 1865-1888, pour 1,000 habitants, de 7,9, tandis qu'elle n'est en France que de 7,7. La moyenne générale de l'Europe est de 8,4 mariages par 1,000 habitants (3).

---

(1) M. Hector France, *Les va nu-pieds de Londres*, p. 13. — Dans les *Day Nurseries*, c'est-à-dire dans les crèches, la petite rétribution décroît avec le nombre des enfants ; on voit, par exemple, ceci : « Payment, 4 d. for one child ; 7 d. for two ; and 9 d. for three of « same family ». (V. *Charities Register and Digest.*). Ce détail indique bien la fréquence des nombreuses familles.

(2) M. Levasseur, *La population française*, 2ᵉ vol., p. 44.

(3) La Serbie tient le premier rang avec 12,4 mariages.

L'Angleterre nous fournit surtout l'exemple d'une précocité beaucoup plus notable au point de vue de l'âge où se font les mariages ; des mœurs tout autres, ayant leur fondement dans des raisons d'ordre très divers, y portent les jeunes gens à se marier plus tôt qu'en France. Aussi, sur 100 mariages, compte-t-on, en Angleterre, 3,3 *époux* (mâles) au-dessous de 20 ans, et 73, 4 de 20 à 30, alors qu'en France on n'en compte respectivement que 2,4 et 62,3 (1). Près de la moitié des mariages se concluent entre 20 et 25 ans ; sur 100 femmes mariées, on en trouve 49, 2 qui ont cet âge, et, sur 100 hommes mariés, 48,1.

Cette précocité des unions matrimoniales est servie par une législation, qui, loin de créer des entraves au mariage, est peut-être la plus libérale qui existe, s'il nous est permis d'user ici de cette expression, et si le libéralisme dans cette matière n'était parfois synonyme d'imprudence du législateur.

Il y a déjà longtemps que Stuart Mill disait que l'Angleterre est le pays où les mariages sont le plus faciles. Il fut une époque où, à la suite d'un acte du Parlement, rendu sous George II, on avait soumis le mariage à certaines

---

(1) M. Levasseur, *loc. cit.*, p. 215. — Voici un tableau que reproduit l'éminent statisticien :

Sur 100 mariages, nombre d'époux (mâles) :

ÉTATS	au-dessous de 20 ans	de 20 à 30 ans	de 30 à 40 ans	au-dessus de 40 ans
Russie d'Europe	37.8	43.9	11.8	7.4
Ecosse	3.1	68.8	18.8	9.3
Angleterre	3.3	73.4	14.4	8.9
Prusse	»	»	»	»
Bavière	»	»	»	»
Italie	»	»	»	»
France	2.4	62.3	25.1	10.3

conditions destinées à empêcher les séductions ou les actes de légèreté : célébration dans une église paroissiale ou chapelle publique, à moins d'une dispense de l'archevêque de Cantorbéry, publication de bans, et, jusqu'à l'âge de 21 ans, consentement du père. Cet acte n'ayant pas été rendu applicable à l'Écosse, et la loi anglaise posant le principe qu'on peut toujours se marier suivant la forme du pays où l'on se trouve, il en résulta que l'Écosse fut choisie par tous ceux qui rencontraient, en Angleterre, des obstacles à la célébration de leur union ; car, en Écosse, on se contentait et on se contente encore du seul échange des consentements ; le consentement des parents n'est pas exigé.

Aussi ce fait explique-t-il les très fameux et trop nombreux mariages de Gretna-Green. On se rendait à Gretna-Green, le premier village de la frontière écossaise, et là, devant un forgeron, qui servait de témoin, et qui s'en était fait une spécialité, on y échangeait ses consentements (1). Le chemin de Gretna-Green est aujourd'hui oublié ; car à quoi servirait de franchir la frontière, puisque la loi anglaise est devenue des plus accommodantes ? (2) Quelques mots sur les conditions requises pour le mariage, et sur les formes de sa célébration, suffiront à montrer quelles facilités sont données à cet égard par la législation de nos voisins.

(1) « Ce forgeron réalisa de tels bénéfices, que ses successeurs « établirent un véritable office, où l'on vint échanger les consente- « ments ; il était dressé acte dont on obtenait extrait moyennant « argent » (M. Glasson, *Du droit et des institutions de l'Angleterre*, t. 6, p. 168).

(2) L'acte, dit de lord Brougham, du 31 décembre 1856, dans le but d'éviter à l'avenir les unions contractées devant le forgeron de Gretna-Green, déclare nuls les mariages formés *solo consensu* toutes les fois que l'un des deux conjoints n'est pas domicilié depuis vingt et un jours au moins en Écosse. Ce n'est pas là une disposition bien dure : car, pour se marier sans aucune formalité, il suffit de séjourner trois semaines en Écosse.

Outre l'absence d'une première union, d'un lien de parenté à un degré prohibé, et d'une incapacité physique ou mentale, il faut, pour pouvoir se marier, avoir 21 ans, ou fournir le consentement de son père, ou de sa mère en cas de décès de celui-ci, ou, à défaut, d'un tuteur; il faut aussi que l'un des futurs époux réside dans la paroisse ou le district, dans lequel le mariage doit être célébré. La durée de résidence exigée varie selon les circonstances, mais, en pratique, elle est habituellement de 7 à 15 jours.

Le mariage peut être célébré dans l'Église anglicane après des publications faites trois fois de suite le dimanche matin ; on peut obtenir la dispense pure et simple de ces publications, à la condition de prêter serment qu'on ne croit pas à l'existence d'empêchements au mariage, et, si l'un des futurs époux est mineur, de jurer aussi qu'il a obtenu le consentement de son ascendant, ou qu'il n'y a personne pour le donner. Il peut être célébré également suivant les rites d'un autre culte que la religion anglicane ; la loi veut alors qu'il soit célébré dans un édifice désigné à cet effet par l'autorité civile (le *superintendant registrar*), et qu'il soit, à moins de dispense, précédé de publications faites par la même autorité. Lorsqu'on ne veut pas s'adresser à l'autorité spirituelle (1), on peut se borner à contracter un mariage civil devant le *superintendant registrar*, et à son office. Les préliminaires sont, d'ailleurs, les mêmes que ci-dessus. Sauf pour les juifs et les *quakers* (2), les

(1) M. William Vallance, *clerk* de l'Union de Whitechapel, et *superintendant registrar*, à qui nous sommes redevable de nombreux renseignements, nous dit que, dans son district, sur 100 mariages, il y en a environ 60 qui sont célébrés dans l'Eglise anglicane, 20 environ dans les églises catholiques (*Roman catholic*) ou dans les églises non conformistes, et 20 environ au *registrar office*.

(2) Les juifs et les *quakers* peuvent se marier dans tout lieu admis par leurs usages respectifs, et ne sont pas soumis à l'obligation de se marier dans le district où les publications ont été faites.

mariages doivent être célébrés entre 8 heures du matin et
3 heures du soir, et devant deux témoins au moins.

Ces détails, quoique sommaires, permettent d'apprécier
avec quelle facilité il est possible de se marier en Angleterre. Point ou peu de paperasses coûteuses à fournir, ces
paperasses qui effraient notre population ouvrière des
grandes villes, et devant lesquelles beaucoup de mariages
sont différés, souvent indéfiniment. Trois modes de célé-
brer le mariage, au choix. Dispense possible des publications, et dispense sans autre condition qu'une prestation
de serment. Point de nullité du mariage, au cas où il aurait
été contracté sans le consentement du père, de la mère
ou du tuteur, par quelqu'un au-dessous de 21 ans, à moins
qu'il n'y ait eu opposition au mariage ; cette opposition sera
rare, d'ailleurs, puisque la dispense des publications, facile
à obtenir, empêchera les proches parents de connaître le
mariage (1).

La loi anglaise autorise donc les mariages les plus précipités, et se rend donc complice des légèretés les plus re-
grettables. A chaque instant, des familles sont surprises
par le mariage d'un enfant, sans qu'il leur soit possible
d'avoir une autre attitude que celle de s'incliner devant le
fait accompli, quelque subit qu'il ait été ; dans les pays
où la législation n'accorde pas les mêmes facilités, la volonté des parents a souvent raison d'un instant d'égarement,
et peut arrêter à temps une mésalliance, ou une union
honteuse (2).

---

(1) V. l'ouvrage cité de M. Glasson, t. 6, p. 162 et s.

(2) Voici ce que télégraphiait de Londres une agence de renseignements, dans le courant du mois de décembre 1891 ; il s'agissait du
mariage d'une artiste bien connue ; mais nous avons supprimé les
noms.

« Mlle X... a épousé, samedi, M. Y... dans une petite église des
« environs de Londres. Ils s'étaient mariés devant l'officier de l'état
« civil le mercredi précédent. La mère de l'artiste étant opposée à

Si elle est dangereuse, cette législation a, en revanche, des avantages. C'est à sa complaisance qu'il faut attribuer en partie la faible proportion des naissances illégitimes. Pendant que la Bavière nous offre le spectacle de 15,2 naissances naturelles sur 100 naissances, l'Autriche de 13,4, la France de 7,4, nous voyons l'Angleterre et le pays de Galles nous présenter une proportion de 5,3 (1). Cet écart n'est pas le résultat d'une différence dans la moralité publique ; car, même au dire de ceux des Anglais, qui sont impartiaux à l'égard de leur pays, les lois de la morale ne sont pas davantage violées par ici qu'au delà du détroit. D'ailleurs, notre savant maître, M. Levasseur, fait observer avec raison que la débauche éhontée n'est pas celle qui approvisionne le plus la natalité illégitime, et il ajoute, avec non moins de raison, que « toutes les naissances na- « turelles ne sont pas des preuves de dépravation des « mœurs (2) ».

Faut-il attribuer cet écart à la législation spéciale de l'Angleterre sur la filiation naturelle ? La loi anglaise se

« cette union, l'affaire a été faite secrètement et sans que sa famille « ait été prévenue ». Suivent quelques détails, qui n'ont aucune importance, mais qui révèlent qu'une fille, habitant avec ses parents, peut se marier, sans que ceux-ci soient prévenus.

(1) M. Levasseur, *loc. cit.*, t. 2, p. 203 et s. — A Paris, il y a 28,6 naissances illégitimes p. 100, soit 1 naissance illégitime contre 2,49 naissances légitimes ; à Londres, les naissances illégitimes ne seraient que de 3,9 p. 100 (1 ill. contre 24,64 lég.). Ce chiffre, qui est donné par M. Levasseur (p. 400) d'après M. A. von OEttingen, nous paraît trop faible ; il est probable que beaucoup de naissances naturelles, à Londres, ne font pas l'objet d'une déclaration, à raison de la mort de l'enfant dans les premiers jours ou les premières semaines de la naissance.

(2) *Loc. cit.*, t. 2, p. 203. — D'ailleurs, on remarque le progrès de la prostitution juvénile à Londres et dans les autres villes anglaises. M. Raffalovich nous dit que « le relâchement dans les relations entre « enfants de la classe pauvre est très grand et explique bien des « maternités à quatorze ans » (*Le logement de l'ouvrier*, p. 138).

sépare de la nôtre sur deux points importants : l'admission
à la recherche de la paternité, et le sort infligé à l'enfant
naturel, dont la légitimation par mariage subséquent est
impossible, et qui ne saurait être relevé de son illégitimité
que par un acte du Parlement. Cette dernière règle doit
déterminer fréquemment un maria᷄ ᷄ pendant la grossesse
de la femme ; celle-ci doit user de tous les moyens de per-
suasion ou de séduction, qui sont en son pouvoir, pour
arracher au père un consentement au mariage, et, trouvant dans la législation sur le mariage une complaisante
complicité, savoir saisir et mettre à profit le moment où
elle trouve chez lui l'intention de réparer sa faute. Les
règles relatives à la recherche de la paternité fournissent
une explication peut-être moins satisfaisante ; sans doute,
la loi anglaise a constamment, mais avec des conditions
qui ont varié suivant les époques (1), autorisé la mère à
faire la preuve de la paternité, et à mettre à la charge du
père tout ou partie des dépenses d'entretien de l'enfant ;
mais il est bon de faire observer, sans que notre intention
soit d'établir des degrés dans la moralité des différentes
classes de la société, que ce ne sont pas les hommes de la
classe aisée, parmi lesquels on rencontre le plus grand
nombre de séducteurs des filles pauvres ; ils trouvent
ailleurs des plaisirs plus faciles et moins dangereux ; d'autre part, quelle valeur la menace de la loi a-t-elle sur
l'homme du peuple, qui est sans ressources, et dès lors
sans responsabilité pécuniaire ? Il faut bien le dire, les
règles législatives, relatives à la recherche de la paternité,
ne sont pas de celles qui doivent arrêter les conceptions
illégitimes, précisément parce qu'elles auraient surtout
leur effet dans des cas tout autres que ceux où se produisent ces conceptions. D'ailleurs, à supposer que ces règles

(1) Il faut consulter à cet égard l'important ouvrage de M. Glasson,
t. 6, p. 291 et s.

puissent être un frein vis-à-vis des hommes, elles doivent être considérées comme une sorte, sinon d'encouragement, du moins de prime d'impunité vis-à-vis des femmes, qui ont l'espoir de voir réparées les conséquences pécuniaires de leur faute. Aussi comprend-on qu'un démographe, M. Mayr, soutienne que le nombre des enfants illégitimes est plus grand dans les pays où la recherche de la paternité est permise (1).

La facilité de contracter mariage se fait la complice, comme nous l'avons fait observer plus haut, de l'imprévoyance dans les unions. Non seulement on peut se marier avec la plus grande facilité, mais encore, et aussi, on s'y marie avec la plus grande légèreté. La loi autorise l'imprévoyance qui existe. Un ouvrier intelligent, secrétaire d'une *trade union*, racontant un jour sa vie à un de nos amis (2), lui disait entre autres choses: « Je me trouvais, vers mes « dix-neuf ans, sans travail et sans ressources ; n'ayant « rien à faire, et ne sachant que faire, je me suis marié ».

Nous ne voudrions pas soutenir que, lorsqu'un mariage est contracté dans la basse classe, et avec une certaine légèreté, il faille y voir, comme cause, la loi des pauvres ; car nous ne pensons pas que les ouvriers, qui se marient, songent, au moment où ils prennent cette détermination quelquefois un peu irréfléchie, que, grâce à la *Poor Law*, leur existence soit assurée ; un acte irréfléchi peut-il avoir une cause réfléchie ? Mais l'ancienne loi des pauvres contribuait à créer l'esprit d'imprévoyance et d'insouciance. L'épargne et la prévision de l'avenir étaient rendues inutiles ; on savait les secours paroissiaux réservés aux pauvres; on était rassuré sur l'avenir. Quelle raison pouvait retenir de se marier ? L'administration des secours était très large ;

<hr>

(1) M. Levasseur, *ibid.*, 2ᵉ vol., p. 205.
(2) M. David Schloss, auteur d'un excellent ouvrage sur les *Methods of Industrial remuneration*.

elle basait le secours sur le chiffre d'enfants ; pourquoi en aurait-on limité le nombre? Un état de mœurs, une fois créé, subsiste même après la diparition de la cause qui avait contribué à l'établir (1). C'est ce qui s'est produit ici. Rien même aujourd'hui n'est aussi précipité et irréfléchi que les unions anglaises dans la classe ouvrière ; on s'y marie souvent vers la vingtième année. D'ailleurs, il faut bien le dire, telle qu'elle est, même à l'heure actuelle, l'administration de l'assistance publique contribue à faire prévaloir les idées d'imprévoyance. Souvent, en effet, les *Guardians* donnent des secours à domicile, dans certains cas déterminés, lesquels, à première vue, paraissent des plus intéressants, comme aux veuves et aux orphelins, en cas de mort du mari ou du père. Or ces secours, sur lesquels peuvent compter les veuves, sont la cause de bien des mariages i rouciamment imprévoyants, comme nous le lisons dans un rapport des *Guardians* de l'Union de Bradfield, dans le comté de Berks (2) ; aussi les *Guardians* de cette Union décidèrent-ils, en juillet 1876, de supprimer, à cette catégorie de personnes, les secours à domicile, sauf dans le premier mois de veuvage, et de n'accorder que l'assistance dans le *workhouse*.

Nous ne croyons pas utile d'insister davantage sur cette démonstration ; qu'il nous suffise de rappeler ce que l'éco-

(1) Le rapport des Commissaires de 1834 attribue au système des *allowances*, basées sur le nombre des enfants, l'effet d'un encouragement aux mariages hâtifs et imprévoyants ; il affirme que cette pratique a abaissé l'âge du mariage dans les basses classes. V. notamment la déposition de M. Walcott (in North Wales), p. 19 du Rapport.

(2) « Out-relief to widows contributed largely to pauperism. The « expectation which really amounted to a certainty, that in case « of the husband's death, the widow and children would be maintai- « ned in their own homes, was the cause of recklessly improvident « mariages, and made husband and wife careless as to provision « for the future ».

nomiste Senior faisait remarquer dans la préface qui précède le recueil de renseignements relatifs à cette matière, c'est que dans les pays où le droit à l'assistance est légalement reconnu, le mariage est interdit aux personnes qui reçoivent cette assistance, et qu'on ne laisse même pas marier facilement celles qui ne semblent pas posséder le moyen de se suffire. Cette pratique, à laquelle l'Angleterre presque seule a dérogé, ne prouve-t-elle pas l'influence de la charité légale sur l'imprévoyance en matière matrimoniale, en même temps qu'elle révèle de la part des contribuables la pensée bien arrêtée de réduire à sa plus simple expression la catégorie des individus, qu'il y a lieu éventuellement de secourir !

Imprévoyants dans la conclusion du mariage, ceux-ci le seront dans la procréation. Il n'y a pas beaucoup de peuples aussi prolifiques que le peuple anglais. C'est là une vieille tendance de cette race ; Tacite, en décrivant les mœurs des Germains, le constatait déjà en termes extrêmement forts : « Ils considèrent, disait-il, comme un crime « de limiter le nombre des naissances ; les mères nourris- « sent elles-mêmes leurs enfants, qui prennent, en gran- « dissant, ce développement et cette force qui nous éton- « nent » (1).

Aussi de nos jours, et malgré une très active campagne menée depuis un certain nombre d'années dans les milieux ouvriers dans le but de limiter le nombre des enfants (2), l'Angleterre offre-t-elle une natalité supérieure à la

____

(1) *Germania*, ch. XIX et XX.

(2) Il y a quelques années M. Bradlaugh, l'ancien membre de la Chambre des communes, avait écrit, en collaboration avec Madame Annie Besant, sous le titre de *Fruits de la philosophie*, une brochure, où, après avoir démontré que la misère, dont souffrent les ménages ouvriers, tient principalement à la multiplicité des enfants, ils indiquaient les moyens matériels d'éviter cet accroissement sans se priver des plaisirs du mariage.

moyenne ; on trouve, en effet, une proportion de 35, 1 naissances par 1,000 habitants (1), alors que la moyenne n'est que de 34,6, si l'on retranche la Russie, la Turquie, le Montenegro, la Bulgarie et la Bosnie. La natalité de la France n'est que de 25,2 par 1,000 habitants. La natalité, en Angleterre, serait supérieure, s'il n'y avait dans la bourgeoisie un grand nombre de personnes vouées ou condamnées au célibat ; il n'y a pas de pays où il y ait autant de vieilles filles, et où cette situation soit aussi acceptée par le monde, sinon par elles.

La facilité avec laquelle on peut se marier, et avec laquelle on se marie, les mœurs, les traditions de la race, et aussi les dispositions de l'ancienne loi des pauvres, peut-être même quelques-unes des dispositions de la loi actuelle, voilà, pour ne pas parler des autres, les principales raisons qui contribuent à produire une natalité assez forte dans les classes populaires. Aussi la population du Royaume-Uni s'augmente-t-elle rapidement : elle comptait en 1854, 27.700.000 âmes ; le recensement du mois d'avril 1891 donne un chiffre de 38,600,000. Si l'on compare, pour différents pays, le taux moyen annuel d'accroissement depuis 1860, par 1,000 habitants, on trouve que le Royaume-Uni fournit un taux de 13,2, suivi par les Pays-Bas avec une proportion de 10,2, la Belgique et l'empire d'Allemagne avec le taux de 8,4. La France arrive bien au-dessous avec le taux très faible de 2, 3 (période 1861-1880); aujourd'hui même (1880-1888), elle n'a qu'un excédent annuel de 1.3 pour 1000 !

(1) Période 1865-1883.

CHAPITRE XIX

L'ÉMIGRATION.

L'émigration aux siècles précédents. — L'excès de population et l'ancienne loi des pauvres. — La nouvelle loi des pauvres ; l'émigration envisagée comme remède. — Le nombre des *paupers* ayant émigré aux frais des Unions ; résultats de cette émigration ; les chiffres s'appliquant aux dix dernières années. — Enfants et adultes. — Pays où sont dirigés les émigrants. — Le Canada ; situation des enfants qui y sont envoyés. — L'émigration libre à côté de l'émigration officielle. — Les encouragements de l'État. — L'immigration étrangère en Angleterre.

L'émigration anglaise est ancienne, et, de bonne heure, elle constitua un trait caractéristique de la situation économique de ce pays. Elle ne remonte toutefois pas à plus de trois siècles. Au commencement du XVII° siècle, l'Angleterre formait une population sédentaire ; elle n'avait encore aucune possession hors d'Europe (1). C'est dire qu'au début l'émigration n'était pas la conséquence du tempérament national (2). Elle puisait, en effet, son origine dans une nécessité réelle, et ce fut à une crise économique intense qu'elle fut due. Roscher cite parmi les causes de la colonisation anglaise au XVII° siècle : « une sorte d'excès
« de population qui se serait manifesté sous Elisabeth,
« ainsi que le prouvent les lois des pauvres ; le rude coup
« porté aux basses classes en partie par la substitution des
« pâturages, avec le gros et le petit bétail, à l'antique as-
« solement triennal, ce qui réduisait à la misère une foule

(1) M. Boutmy, *Le développement de la Constitution*, p. 169.
(2) M. Glasson, *loc. cit.*, t. 5, p. 94.

« de paysans, en partie par suite de la baisse des métaux
« précieux, ce qui réduisait le salaire réel ; en même
« temps l'éveil des idées socialistes ; et enfin, sous Jac-
« ques Ier, l'avènement d'une longue paix, qui, remplaçant
« un état de guerre presque permanent, força une foule
« de forces aventurières à chercher de l'emploi dans la
« colonisation » (1).

En 1709, une calamité physique, le terrible hiver, dont
la triste renommée dure encore, et dont les effets funestes
furent accrus par une guerre opiniâtre, détermina le gouvernement à promettre le passage gratuit en Amérique à
tous les indigents qui se présenteraient. On en vit accou-
rir près de 30,000.

Mais ce fut là un fait exceptionnel, et l'on peut dire que
c'est à peine si, avant le commencement du XIXe siècle,
on trouve une tentative d'émigration permanente et officielle.

Cette émigration spontanée, quelque bonne et quelque
large qu'elle fût, ne suffisait pas pour attirer en Amérique
tous les bras dont les Anglo-Américains avaient besoin.
Ceux-ci durent, de concert avec la métropole, recourir à
d'autres procédés pour rendre plus abondante la main-
d'œuvre, et employer tour à tour la déportation des crimi-
nels et l'immigration par engagement.

Mais pendant que le problème de l'émigration se posait
de cette manière, il se posait également, sous une autre
forme, pour la Grande-Bretagne, dont il fallait chercher à
réduire la population surabondante. L'excès de population
est un mal considérable ; c'est une cause de misère pour
un pays.

En Angleterre, la population s'était développée avec rapidité à la suite des abus de l'ancienne loi des pauvres,
loi qui, d'après Roscher, avait eu elle-même pour cause

____

(1) M. Leroy-Beaulieu, *La colonisation*, 2e éd., p. 91.

l'exagération de population. En élaborant la nouvelle loi des pauvres, les Commissaires durent se préoccuper de ce danger. Ils pensèrent qu'ils ne pouvaient se borner à rendre l'assistance moins accessible et moins agréable, mais qu'ils devaient aussi chercher dans l'émigration un remède rendu nécessaire.

La section 62 du statut de 1834 recommanda formellement l'émigration comme soupape de sûreté contre le développement du paupérisme, et permit même aux Unions d'emprunter à cet effet jusqu'à concurrence d'une somme égale à la moitié du produit annuel moyen de la taxe des pauvres pendant les trois années précédentes. Les Unions et les paroisses s'imposèrent pour faire émigrer une partie de leurs indigents. Cependant, cette mesure n'eut pas l'importance qu'on pourrait croire. Dès la première année (1835-1836), elle porta sans doute sur 5,000 personnes; mais, dès l'année suivante (1836-1837), le chiffre était descendu à 1,200, pour tomber à 800 l'année d'après celle-là.

Au 31 décembre 1861, c'est-à-dire en 25 années, l'on avait fait émigrer 25,941 personnes, et cette émigration avait entraîné une dépense de 140,841 liv. st. (3,521,025 fr.). Il ne faut pas se dissimuler que l'émigration ne peut raisonnablement porter que sur un nombre assez restreint de *paupers*, les valides et les enfants étant les seuls à pouvoir supporter cette mesure, et capables en même temps de rendre des services au pays d'arrivée.

Néanmoins ce courant, quoique faible et restreint, avait eu une influence sensible et durable, si nous en croyons le témoignage de Mérivale, qui n'est pas suspect, car cet auteur n'est pas très favorable à la cause de l'émigration : « Les conséquences heureuses de l'émigration sous ce « rapport, dans différentes localités, quand elle est accom- « pagnée de bons règlements, sont attestées par les faits, « dit-il; il est remarquable combien une émigration, « même légère, avec de bons règlements, a pu produire

« en peu d'années une révolution matérielle dans le prix
« des salaires et une amélioration de la condition des pau-
« vres dans quelques localités (1) ».

L'émigration, dans les dix dernières années, n'a porté
annuellement que sur des chiffres assez faibles (2); en 1891,
il n'y a eu que 339 émigrants, dont 296 enfants, et 43 adultes, et la dépense s'est élevée à 3,725 liv. st. (93,125 fr.) (3)
que le *Central Board* a autorisé les Bureaux de Gardiens à
prendre sur le produit de la taxe des pauvres.

L'émigration, s'appliquant aux enfants, a des effets très
accusés; si les émigrants sont, dans cette circonstance,
aisément assimilables à la population à laquelle ils se
mélangent, ils forment un trait d'union beaucoup plus
relâché entre le pays d'origine et leur pays d'élection.
D'autre part, cette mesure est une de celles qui *dépaupé-
risent* le plus sûrement, en ce qu'elle détruit d'une manière
presque définitive les prédispositions héréditaires que les

(1) Mérivale, *On colonies*, t. 2, p. 148.
(2) Voici les chiffres, à l'exclusion de ceux de l'Irlande, pays où
le même système existe et reçoit une application plus étendue:

Années	Nombre d'émigrants	Sommes prélevées pour l'émigration
1882	180	678 liv. st.
1883	387	2.100 —
1884	494	3.937 —
1885	208	1.359 —
1886	377	2.241 —
1887	712	5.253 —
1888	809	7.026 —
1889	558	5.266 —
1890	447	4.462 —
1891	339	3.725 —

(3) Somme qui se divise ainsi : 3,450 liv. st. pour les enfants, et
274 liv. st. pour les adultes.

enfants peuvent tenir de leurs auteurs quant à la manière
de vivre, et en ce qu'elle les oblige à respirer, avec un
air nouveau, une atmosphère sociale toute différente de
celle dans laquelle ils ont vécu depuis leur naissance.

Mais cette mesure ne s'applique qu'à deux catégories
d'enfants : les orphelins et les abandonnés, c'est-à-dire
aux deux catégories pour lesquelles l'émigration ne peut
amener une rupture des liens de famille.

Où les émigrants sont-ils dirigés ? L'Australie, le Canada, la Nouvelle-Zélande et l'Afrique du Sud sont les
contrées qui en reçoivent le plus. A la demande des États-
Unis, on n'envoie plus d'émigrants *paupers* dans ce pays.
L'émigration au Canada a pris depuis 1870 une assez
grande importance, sous l'influence de deux dames, Miss
Mac Pherson et Miss Rye. Le Canada offre, parmi les colonies, une physionomie à part. On sait son histoire, ses
anciennes attaches françaises, et sa population encore
française, en partie, de mœurs, de cœur, de religion et de
langage ; l'Angleterre devait chercher à lui infuser son
sang et son caractère national, avant de lui imposer ses
lois. D'autre part, le Canada est une colonie de petits propriétaires, où se portent de préférence les paysans aisés
de l'Angleterre, épris de la possession du sol, et qui ne
peuvent avoir l'espoir d'arriver à la propriété dans la
mère-patrie. Lord Sydenham l'a définie ainsi : « Cette
« colonie ne s'offre pas à l'immigrant comme une loterie
« avec quelques prix exorbitants et un grand nombre de
« billets nuls, elle se présente comme un placement sûr
« et certain que tout homme prudent et raisonnable peut
« aborder sans crainte ».

Les enfants, envoyés au Canada, sont placés chez des
pères nourriciers, chargés de les nourrir, de les habiller et
de les faire instruire jusqu'à l'âge de quinze ans, après quoi
ils sont payés à raison de 3 ou 4 dollars (15 ou 20 fr.) par
mois. Il y a, au Canada, des agents d'immigration dépen-

dant du ministère de l'agriculture de cette contrée, et qui doivent examiner la situation matérielle des enfants envoyés par les Gardiens. Il paraît, au reste, que les établissements et organisations des diverses sociétés d'émigration contribuent aussi à rendre des services à ces enfants, lorsqu'ils sont malades, que leur apprentissage est incomplet, ou encore lorsqu'ils ne sont pas l'objet de bons soins de la part de ceux chez qui ils sont placés. En 1874-1875, le gouvernement anglais délégua un inspecteur, afin d'obtenir une information sur la condition des enfants pauvres, qui y avaient été envoyés.

Sous l'influence de cette émigration, nous voulons parler de l'émigration libre aussi bien que de l'émigration des *paupers*, la population du Canada s'est élevée considérablement : en 1763, au moment de la regrettable renonciation que la France consentit par le traité de Paris, elle n'était que de 82,000 habitants ; en 1871, elle en comprenait 2,812,367 ; la population doit dépasser actuellement 4 millions et demi.

On peut se demander, et les chiffres cités plus haut commandent cette question, si l'émigration officielle des *paupers* n'est pas absolument insignifiante au milieu de l'émigration libre, si accusée et si large. L'année 1891 fournit, avons-nous dit, 339 *paupers* émigrants, alors que le chiffre total des émigrants, l'Irlande comprise, s'élevait à 218,263. De 1815 à 1891, il y aurait eu 13 millions d'émigrants, pendant que l'émigration, facilitée par les Gardiens des pauvres, n'a peut-être pas porté sur un chiffre dépassant 50.000, (1). Mais il ne faut pas oublier que ce mouvement d'émigration est la résultante de l'excès de population, qui lui-même a puisé en partie son origine

____

(1) V. les Tables statistiques relatives à l'émigration et à l'immigration publiées par le *Board of Trade*, 1891. — V. aussi *Emigration statutes and general Handbook*, 1892.

dans la *Poor Law*, ni se dissimuler que cette émigration a été une indication pour beaucoup de sociétés de charité ou de prévoyance (1). La Société d'assistance juive paie annuellement les frais de transport d'un nombre de personnes supérieur à celui dont la taxe des pauvres supporte les frais. Les Trades Unions facilitent l'émigration ; il en est de même d'un grand nombre d'autres sociétés de bienfaisance ou de mutualité. Quarante sociétés d'émigration environ existent dans le pays, et reçoivent du Gouvernement des encouragements.

La tendance générale du *Central Board* est de n'appliquer les fonds de la taxe des pauvres qu'à l'émigration des enfants, et de laisser la charge et la dépense d'émigration des adultes aux sociétés d'émigration et aux œuvres charitables.

Il y a six ou huit ans, il y eut en Angleterre une certaine agitation relativement à la question de savoir si l'Etat ne devait pas aider l'émigration. Le résultat de cette campagne fut presque nul ; il laissa cependant une trace dans l'acte sur le *Gouvernement local*, acte aux termes duquel les Conseils de comté furent autorisés à faire des avances relatives à l'émigration. Nous ne pensons pas que les Conseils de comté aient usé jusqu'à présent de ce pouvoir, qui, d'ailleurs, ne touche en rien aux droits qui appartiennent à cet égard aux Bureaux de Gardiens et au *Local Government Board*.

Le mouvement d'émigration se combine, à l'heure actuelle, avec un courant d'immigration assez accusé lequel porte sur les rivages d'Angleterre des hordes d'Allemands, de Hongrois, de Russes et de Polonais pauvres, qui fuyant, les uns la famine, les autres la persécution religieuse, cer-

----

(1) Dans les années 1869, 1870 et 1871, qui virent une grande détresse à Londres, l'action de la *Poor Law*, relative à l'émigration, contribua à pousser l'opinion publique dans cette direction.

tains la conscription militaire, viennent y échanger leur misère originelle contre la misère des quartiers les plus pauvres des grandes villes et s'offrir aux métiers les plus encombrés et les moins payés. Les ateliers de ces *sweaters* de *Whitechapel* et des autres parties de l'*East End*, dont le Parlement s'est récemment occupé, regorgent de ces malheureux, qui, ignorants tout à la fois et de la pratique du métier, où ils échouent, et de la connaissance de la langue anglaise, acceptent les conditions de travail, qui leur sont offertes, quelles qu'elles soient (1).

Certain jour, aux docks de Tilbury, le même témoin pouvait assister à quelques minutes ou plutôt à quelques secondes d'intervalle, à un double spectacle : le départ d'un navire emportant vers l'Australie des centaines d'émigrants anglais, dans tout l'épanouissement de leur force et de leur jeunesse, et l'arrivée d'un autre navire, qui jetait sur la côte britannique un troupeau de sept cents individus, depuis longtemps dépouillés de leur jeunesse, de leur vigueur, de leur santé même. Le corps anglais subissait ce jour une saignée de son sang le plus généreux et le plus viril, et recevait une infusion de sang moins riche, sinon vicié. C'était une partie de sa sève qu'il perdait, et qu'il remplaçait par le rebut des autres nations.

De ces deux faits, l'un est regrettable, c'est le dernier ; mais l'autre n'est qu'avantageux. L'immigration étrangère est préjudiciable à l'Angleterre et à sa population indigène ; mais on ne peut que la féliciter de voir chaque année une partie de ses enfants, et des plus valides et des plus laborieux, porter ailleurs la langue, les mœurs et l'amour de la mère-patrie. Voilà le secret de ses succès de colonisation !

(1) V. sur cette immigration un excellent chapitre de M. Julien Decrais, dans son ouvrage L'*Angleterre contemporaine*.

CHAPITRE XX

La grande industrie ; ses conséquences au point de vue social ; la situation
de ses ouvriers. — Les œuvres philanthropiques patronales. — Les
institutions créées par les grands industriels en France ; leurs sacrifices en faveur des ouvriers ; le zèle philanthropique des grandes sociétés. — Rareté des institutions patronales en Angleterre ; le silence des
auteurs à ce sujet ; le *truck system* et les abus de la grande industrie
naissante. — Les résultats d'une enquête personnelle. — La participation aux bénéfices. — Ses applications peu nombreuses et l'esprit de
cette participation. — Quelques exemples isolés d'œuvres patronales.
— Explication de la situation spéciale de l'Angleterre ; la résistance des
ouvriers et des associations ouvrières ; l'esprit capitaliste des premiers
patrons et l'existence de l'ancienne loi des pauvres. — La loi actuelle
des pauvres et son influence sur les grandes sociétés industrielles.

Notre siècle a vu la transformation de l'industrie. Les
petits ateliers ont, en partie, disparu, et sont remplacés
par les grandes manufactures et les usines ; cette substitution s'est produite sous l'action d'une double cause :
la découverte ou plutôt l'application de ce moteur nouveau,
qu'on appelle la vapeur, et l'invention des chemins de fer,
qui permettent d'aller au loin chercher les matières premières, et facilitent le transport des produits achevés ; le
marché s'étant étendu, il fallait produire en grande quantité, et c'est ce que l'emploi de métiers, mus par la vapeur,
a permis de réaliser (1).

(1) Les grandes découvertes, qui ont transformé les conditions du
travail en Angleterre, datent de la seconde moitié du siècle dernier ;
la « machine à vapeur » brevetée par Watt en 1769 est appliquée

Cette révolution industrielle devait entraîner une révolution sociale. Dans l'ère de la petite industrie, l'ouvrier n'était pas isolé : ou il travaillait chez son patron, soit seul, soit avec quelques camarades ; il vivait alors de la vie du patron, pénétrait dans son intimité, devenait pour ainsi dire un membre de sa famille, et prenait place dans ses affections ; au point de vue matériel, il habitait chez le patron, s'il était célibataire ; le plus souvent, il prenait ses repas chez lui, et vieillissait dans la famille ; ou il travaillait à son propre domicile, au milieu des siens, à côté de voisins, qui l'avaient vu naître, peut-être même dans une maison lui appartenant ; malade, il était soigné par ceux qui l'entouraient ; vieux, les secours ne lui manquaient pas.

Au contraire, à la naissance de la grande industrie, le patron est aux prises avec des nécessités matérielles, dont il doit chercher la solution, et il se sent sous le coup d'une responsabilité nouvelle. Crée-t-il, en effet, une usine à la campagne, il n'y a pas de maisons pour les ouvriers ; il faut bâtir pour eux ; il n'y a ni fournisseurs, ni marchands ; ne pouvant en faire venir, il doit se faire lui-même marchand ; pas d'écoles, il doit en établir. Au point de vue moral, le patron se voit en présence d'exigences nouvelles. La cité étant de création récente, aucune fondation n'a encore assuré l'existence d'un hôpital ou d'un hospice, comme dans les villes ; le patron croit devoir organiser le service médical ou assurer ses ouvriers contre les risques de la vieillesse. Alors même qu'il s'établit dans un centre ou une agglomération déjà existante, le patron ne se croit pas quitte envers son personnel, en lui remettant un sa-

en 1785 à l'industrie du coton. Mais tous ces perfectionnements n'ont donné leurs résultats que dans notre siècle (M. Boutmy, *Le développement de la constitution et de la société politique en Angleterre*, p. 300).

laire ; il s'ingénie à créer des institutions destinées à améliorer sa condition ou à assurer son avenir.

Ces œuvres philanthropiques, ces institutions créées par les patrons au profit de leurs ouvriers sont relativement récentes ; elles datent de quelques dizaines d'années ; il y en a bien peu qui remontent à cinquante ans. Elles ont suivi la naissance de la grande industrie. Mais pour être récente, leur histoire n'en est pas moins glorieuse, du moins en France : il n'est rien de plus beau que l'ensemble des institutions que présentent, par exemple, la Compagnie des houillères et mines de *Blanzy*, les grands magasins du *Bon Marché*, à Paris, la Compagnie d'*Anzin*, la Cristallerie de *Baccarat*, le *Creusot*, la maison Mame, de Tours, etc.

La Compagnie de Blanzy consacre plus d'un million, en subventions accordées aux œuvres d'initiative ouvrière, en pertes d'intérêts subies par une caisse d'épargne ouverte spécialement pour recevoir les dépôts des ouvriers, en secours, retraites, écoles, ouvroirs, services de santé, etc. ; et ce total représente à peu près 50 0/0 du dividende distribué aux actionnaires de la Compagnie. La Compagnie d'Anzin a dépensé, pour l'année 1888, 1,500,000 francs en pensions et secours, en charbon distribué gratuitement, en pertes sur le prix des logements loués à un prix inférieur à leur valeur, en dépenses d'instruction et en frais médicaux. Dans la même année 1888, le Creusot a dépensé 1,600,000 francs pour les mêmes objets (1).

Une remarque, déjà faite, c'est que les grandes sociétés anonymes comprennent mieux, ou, du moins, réalisent mieux cette étroite solidarité, qui doit exister entre le capital et le travail. Et à celui qui s'étonnerait de voir cet être

____

(1) V. le rapport déjà cité de M. Léon Say sur l'Exposition d'*Economie sociale*.

abstrait qu'on appelle une société prendre mieux qu'un patron souci de l'amélioration du sort de ses ouvriers, de rencontrer chez les actionnaires des préoccupations philanthropiques pour des travailleurs, qu'ils ne connaissent pas, et dont ils ne sont et ne seront jamais connus, il serait permis de faire remarquer tout d'abord que les grandes entreprises, celles où précisément il est le plus intéressant de se concilier le personnel ouvrier, sont dirigées par des sociétés, et d'ajouter, en second lieu, qu'une société, dont la vie doit être longue, étant formée des capitaux de centaines ou de milliers de personnes, peut plus aisément prendre et assumer des engagements qu'un patron isolé, obligé de ne compter que sur ses propres forces, sans certitude du lendemain, et avec une vie limitée (1).

Nous ne parlons pas, bien entendu, du petit patron, lequel est constamment en butte aux préoccupations des échéances, et dont l'existence se confond avec celle des ouvriers. Pour celui-là, il ne saurait être question de créer des institutions au profit des quelques ouvriers qu'il

____

(1) Voici comment M. Michel s'exprimait dans le numéro de l'*Economiste français* du 24 janvier 1891 : « Ce n'est pas le plus souvent « par insouciance, égoïsme ou manque de pitié, que le patron, petit « ou moyen, ne fait pas pour ses collaborateurs, ouvriers ou employés, tout ce qu'il devrait faire..... Les commerçants, sauf de « rares exceptions, sont obligés de compter avec les nécessités de « leur situation. Beaucoup d'entre eux ne demanderaient pas mieux, « par exemple, d'assurer à leurs ouvriers des pensions de retraites « ou des secours permanents, mais qui peut leur répondre que les « années prospères ne seront pas suivies d'épreuves, et qu'à un moment « donné ils pourront tenir leurs engagements ? qui leur dit « que leurs fils ou leurs successeurs voudront ou pourront faire face « aux dépenses nécessitées par des institutions très recommanda- « bles, mais aussi très onéreuses ?..... » La supériorité de la société sur le patron se révèle non seulement en France, mais encore dans d'autres pays, et spécialement en Belgique, où les institutions patronales sont nombreuses.

occupe, et dont le sort est quelquefois, pour ne pas dire souvent, meilleur que le sien (1).

Trouvons-nous en Angleterre des institutions patronales aussi nombreuses et aussi prospères ? Si l'on consulte les Anglais eux-mêmes à cet égard, ils n'hésitent pas à affirmer que la situation de leur pays n'est pas différente de celle du nôtre, et si on leur objecte que la littérature économique n'enregistre pas cette similitude, ils répondent que les institutions patronales existent dans le Royaume-Uni aussi bien qu'en France, mais que jusqu'ici les publicistes et les économistes ont négligé de s'en occuper. Cependant quelques-uns d'entre eux reconnaissent qu'on rencontre plus rarement ce genre d'œuvres dans les entreprises dirigées par des sociétés, que dans les entreprises individuelles, aveu très significatif, dont nous tirerons parti plus loin, et qui dénote la rareté des institutions patronales précisément dans celles des entreprises qui présentent la plus grande importance.

Comment expliquerait-on le silence des auteurs sur les œuvres philanthropiques patronales en Angleterre, si elles s'y rencontraient aussi fréquemment qu'ailleurs ? Qu'on ouvre les *Etudes sur l'Angleterre*, de Léon Faucher (2), qu'on lise avec attention les pages enthousiastes de Le Play sur ce pays (3), qu'on étudie l'ouvrage plus récent de M. le Comte de Paris sur la *Condition des ouvriers en Angle-*

(1) V. notre article sur *La grande et la petite industrie d'après une enquête récente*, (*Nouvelle Revue*, n° du 15 novembre 1891). V. aussi le rapport de la XV° section de l'Exposition d'*Economie sociale*

(2) Léon Faucher consacre de longs détails aux abus du *truck system*.

(3) Dans sa *Réforme sociale*, Le Play constate que le patronage n'existe pas : « Les manufacturiers, dit-il, ne cessent pas d'aggra-« ver le mal (le paupérisme), en propageant le funeste régime des « engagements momentanés, en abaissant la mère de famille à la « condition d'ouvrier, et ce qui résume tout, en abandonnant les « traditions de patronage » (3° vol., ch. 5, 22).

terre, on ne découvre rien sur l'action ni sur les efforts des patrons, rien si ce n'est quelques détails sur de rares cas de participation aux bénéfices (1), des révélations nouvelles sur les abus qui ont amené l'*act* sur le *truck system*.

Il semble, en effet, que l'usage du *truck system* soit la note caractéristique de la grande industrie anglaise, à sa naissance ; c'est, au reste, la caricature de l'institution patronale ; c'est l'institution patronale au profit du patron. C'est que les œuvres patronales ne valent que par l'intention qui préside à leur création, et par l'esprit qui veille à leur fonctionnement. Loger les ouvriers, par exemple, est une chose bonne, si on désire leur assurer un logement hygiénique et à prix réduit ; mais cela devient une chose mauvaise, si l'on entend spéculer sur leurs habitations. L'établissement d'un économat est une œuvre excellente, lorsque le patron n'a d'autre préoccupation que de faire bénéficier son personnel de la bonne qualité et du bon marché des denrées, mais il devient une spéculation odieuse, si le seul but de l'entrepreneur est de profiter de la différence entre le prix d'acquisition et le prix de vente. L'existence d'une caisse d'épargne, ouverte aux dépôts des ouvriers, sera une œuvre salutaire ou fâcheuse, selon que le patron cherchera seulement à garantir et à faire fructifier les économies de ses ouvriers, à ses propres dépens, ou, au contraire, trouvera dans cette institution le moyen de se procurer les ressources nécessaires à son industrie.

Ce n'est pas seulement d'après le silence des auteurs

---

(1) On ne trouve également rien dans les rapports des Consuls américains, de 1885. — Dans le rapport fait en 1891 par M. Léo Caubet sur les *Conditions du travail dans la Grande-Bretagne*, nous ne rencontrons pas la trace d'œuvres patronales, formant un tout ; deux lignes seulement, à propos des sociétés de secours mutuels, ont trait à ce genre d'action du patron (v. page 23). — L'ouvrage de M. George Howell « *The conflicts of capital and labour* » est également muet sur cette question.

qu'on peut conclure à la rareté des œuvres philanthropiques dans les entreprises industrielles. Une enquête, que nous avons poursuivie, nous prouve que ces institutions sont peu nombreuses. Dans les houillères, c'est-à-dire précisément dans celle des industries, où nous trouvons, en France (1), en Belgique et en Allemagne, le plus grand nombre et la plus grande variété d'efforts tentés et réalisés avec succès par les patrons, l'Angleterre ne nous offre rien de semblable (2) ; il semble même que, dans ce dernier pays, les exploitants subordonnent moins qu'en France les considérations d'économie à celles de sécurité (3). Aussi les ouvriers mineurs anglais ont-ils cru nécessaire de fonder des associations destinées à s'assurer contre les risques des accidents ; il y en a huit grandes. Les *miner's permanent relief Societies* datent de quelques années seulement, et constituent le premier essai qui ait encore été

(1) En France, la pratique des institutions patronales est telle dans les houillères que sur 111,317 ouvriers, qu'employait en 1884 cette industrie, 109,237 profitaient des caisses de retraite établies par les compagnies, et, parmi ces compagnies, plusieurs ne distribuaient à leurs actionnaires aucun dividende *Nouveau Dictionnaire d'Economie politique*, vᵉ *Patronage*, par M. Hubert-Valleroux.

(2) M. Ch. Ledoux, *L'organisation du travail dans les mines.*

(3) La statistique des accidents survenus dans les houillères des différents pays en est la meilleure confirmation. Pendant la période décennale de 1872 à 1881, il y a eu dans les mines :

de Saxe,	1 ouvrier tué sur	293	ouvriers employés par an,
de Prusse,	1	—	346	—
de Belgique,	1	—	419	—
d'Angleterre,	1	—	458	—
de France,	1	—	476	—
du Nord de la France,	1	—	628	—

La proportion pour la France est même tombée, de 1881 à 1887, à 1 sur 644 pour toute la France, et à 1 sur 1,087 pour le Nord. Or il y a lieu d'ajouter que les houillères de Prusse et d'Angleterre sont beaucoup plus faciles à exploiter que celles de Belgique et de France.

fait pour séparer l'assurance-accident de l'assurance-maladie. Les *coal miners* ont aussi une large *friendly society*, formée de la réunion de plusieurs, et qui a acquis une grande importance (1). Les quatre principaux fabricants de glaces de l'Angleterre n'ont rien fait en faveur de leurs ouvriers. Deux d'entre eux tentent de créer un groupe d'œuvres ouvrières; mais que sont ces projets, à peine sortis de leurs limbes, à côté des institutions nombreuses et déjà vieilles de St-Gobain !

Il y aurait toutefois erreur à croire qu'il n'existe absolument rien de ce genre de l'autre côté du Détroit. Il y a d'abord un certain nombre de cas de participation aux bénéfices (*Industrial partnerships*, — *Profit sharing firms*). Mais le nombre en est beaucoup moindre qu'en France. A l'automne de 1890, on n'en comptait que 49 (2) ; encore y en avait-il 20, dont la création remontait à cette même année 1890, et 8 seulement dont l'existence remontait à sept années (3). La raison de cette infériorité tient-elle uniquement à l'échec mémorable de MM. Henri Briggs and C°, dans les houillères desquels la participation sombra bruyamment à la suite d'une grève de quatre semaines? Nous ne le pensons pas. Il n'est pas douteux, et l'observation en a été déjà faite, qu'un autre obstacle ait été l'opposition des *trades Unions*, qui considéraient la participation comme une entrave au droit de coalition et à l'augmentation des salaires (4) ; mais cette opposition

(1) Voir l'ouvrage de J. M. Baernreither, sur les *English associations of workingmen*, p. 398 et s.

(2) Nous empruntons ces renseignements à une note publiée par MM. T. W. Bushill et David F. Schloss, ainsi qu'à une communication faite par M. Frédéric Dubois au Congrès des Sociétés savantes, dans la séance du 31 mai 1890 ; cette communication était faite au nom de la *Société pour l'étude de la participation.*

(3) En 1892, on comptait 86 cas, dont 54 ne remontaient pas au delà de 1889. — V. l'*Almanach coopératif* de 1895.

(4) M. Charles Robert, dans son rapport sur la deuxième section

ne s'est-elle pas trouvée, à son tour, provoquée par un
autre fait? ou, en d'autres termes, est-elle, avec la fâcheuse
expérience de MM. Briggs, la seule cause qui ait enrayé
le développement de la participation? C'est un point que
nous retrouverons plus loin; et, pour faire pressentir au
lecteur la solution, que nous croyons la plus conforme à
la vérité, nous terminerons ces détails sur la participation par un trait additionnel, emprunté à un auteur
qui a fait de cette question une étude particulière :
« Au point de vue du mode de distribution des bénéfices
« aux participants, il y a un rapprochement intéressant à
« faire entre la France, l'Angleterre et les États-Unis.
« Dans notre pays, le patron qui fonde la participation
« se montre surtout préoccupé de pourvoir à l'avenir de
« son personnel. A ses yeux, la participation doit être le
« point de départ de l'épargne. S'il paie chaque année
« une part comptant aux intéressés, c'est afin de leur faire
« saisir, par un profit immédiat, les avantages de l'insti-
« tution ; mais son but principal est la sécurité des vieux
« jours. Il met donc en réserve la plus grande partie pos-
« sible des bénéfices annuels qui, autrement, seraient dé-
« pensés inutilement. C'est, en outre, un moyen d'habituer
« l'ouvrier à la prévoyance. Telles sont les idées qui ont
« généralement cours en France, où la distribution totale
« en espèces est un fait exceptionnel. En Angleterre et
« aux États-Unis, au contraire, on semble envisager prin-
« cipalement les résultats de la participation dans le pré-
« sent; on en fait surtout un stimulant au travail et à

de l'Exposition d'Economie sociale, cite le fait suivant: « En juillet
« 1890, The Thames Ironworks and shipbuilding company ayant pro-
« posé à l'acceptation de son nombreux personnel un système com-
« plet de participation aux bénéfices, avec de sérieuses garanties,
« un contrôle des comptes, et pas de déchéances, la Trade Union
« appelée The amalgamated Protection Union of Hammermen, Engine-
« men, Machinemen, Helpers and General Labourers s'y est énergi-
« quement opposée..... »

« l'économie de production, et on laisse à l'ouvrier le soin
« de constituer lui-même son épargne. La différence
« des mœurs de chaque pays s'accuse ici très nette-
« ment..... » (1).

Si, laissant de côté cette institution patronale particulière, nous poursuivons notre enquête sur l'ensemble des
œuvres philanthropiques, créées par les industriels anglais,
nous trouverons. sans doute, quelques exemples isolés
d'institutions de cette nature, mais encore sont-ils peu
accusés, et sont-ils présentés comme assez exceptionnels.
C'est ainsi qu'un auteur anglais, qui a consacré un livre à
l'origine de la Participation aux bénéfices (2), croit devoir
citer les institutions de MM. T̶ ̶ ̶ ̶ ̶s. *Limited, of the
Cornwall Engineering Works*, à V̶ ̶ ̶ ̶ ̶ am, à l'usage de
leurs 1,500 ouvriers ; c'est le seul exemple qu'il donne ; il le
présente donc comme ayant un caractère particulier ; leurs
institutions, d'ailleurs, toutes philanthropiques qu'elles
soient, sont peu importantes, comparées à celles de nos
grands industriels français. — La grande brasserie Guin-
ness, à Dublin, la plus grande brasserie du Royaume-Uni,
transformée récemment en société anonyme au capital de
150 millions de francs, a un groupe complet de maisons
ouvrières, qu'elle loue à prix réduit (3) — On cite encore
sir Titus Salt *and C°*, à Saltaire, Yorkshire, qui occupe
3,000 individus, et qui a fondé une ville et des institutions
dans le genre de celles du Familistère de Guise ; son « *club
and institute* » seul, coûte 40,000 liv. st. Une institution
semblable existe à Bessbrook, près de Newry, dans le
nord de l'Irlande. Comme à Saltaire, le village est une
dépendance de la manufacture ; la population est d'environ 3,560 âmes (4).

(1) V. la communication précitée de M. Frédéric Dubois.
(2) M. Henry G. Rawson, *Profit sharing precedents*.
(3) M. Arthur Raffalovich, *loc. cit.*, p. 174.
(4) Ces renseignements nous ont été fournis par MM. T. W. Bus-

Une compagnie de chemins de fer, le *Great Western Railway Company*, paraît avoir un ensemble d'institutions assez complet. Les autres compagnies ont une société de secours mutuels, subventionnée par elles, mais c'est leur seule œuvre. En revanche, la Compagnie du *London North Western Railway* vient de dissoudre une société de secours mutuels, qu'elle avait fondée il y a longtemps, et qu'elle soutenait de contributions libérales, les ouvriers ne voulant plus être astreints à y faire des versements.

On peut donc conclure que les institutions, créées par les chefs d'industrie en faveur de leur personnel ouvrier, sont peu nombreuses (1). Elles sont surtout rares dans les très grandes entreprises, et spécialement dans celles qui sont dirigées ou exploitées par des sociétés.

Il est bien entendu que nous ne regardons pas comme constituant une œuvre philanthropique le fait pour un propriétaire rural de donner à un ouvrier agricole la jouissance d'un *cottage*. On sait qu'en Angleterre les propriétaires ruraux sont le plus habituellement possesseurs des chaumières occupées par les ouvriers attachés en perma-

---

hill, de Coventry, et William Walker, de Glasgow. — M. Baernreither cite aussi Saltaire comme un établissement industriel possédant un ensemble d'institutions patronales. Les ouvriers, ajoute l'auteur, ne paraissent pas très contents.

(1) C'est également la conclusion du Dr Jul. Post, professeur à l'Ecole technique de Hanovre, qui s'est occupé spécialement de cette question, et qui a écrit un ouvrage sur le patronage. — C'était aussi l'avis du cardinal Manning. — Voici comment s'exprime M. Hubert Valleroux : « Nulle part le patronage n'est aussi rare qu'en Angle-« terre, la première pourtant des nations industrielles.... et les pa-« trons semblent, en dehors du travail, se désintéresser absolument « de ceux qu'il emploient » (*loc. cit.*). — M. Baernreither, dans l'ouvrage remarquable que nous avons déjà cité, consacre un chapitre à ce qu'il appelle les *factory societies and friendly societies in connection with large establishments* ; il en cite quelques-unes, mais reconnaît qu'elles deviennent de plus en plus rares.

nence aux travaux de leurs domaines. « Beaucoup d'entre
« eux possèdent, en outre, enclavés dans leurs terres, les
« bourgs, où se trouvent le marché, les auberges, les mé-
« tiers et les professions nécessaires à une population
« aisée (1) ». Non seulement il n'y a dans ce fait aucun
sentiment charitable ou philanthropique, mais nous con-
sidérons même cet usage comme fatal au sort des ouvriers
agricoles, qui restent sans foyer propre, et qui sont expo-
sés, lorsque l'âge ne leur permet plus de travailler, à se
trouver sans domicile, et à échouer au *workhouse*. Cet
usage entretient le paupérisme rural, maladie toute spéciale à l'Angleterre.

Si, comme nous avons essayé de le prouver, les efforts
et les sacrifices faits par les patrons anglais sont moindres
que ceux des chefs d'industrie français, belges et allemands,
nous devons maintenant en fournir les raisons. Ici notre
tâche devient assez délicate, car nous estimons que les
raisons données généralement, sont le résultat d'une observation superficielle plutôt que réelle, ou, si on le pré-
fère, que les causes alléguées sont elles-mêmes le résultat
de causes plus profondes ou plus lointaines.

L'initiative patronale, affirme-t-on, est découragée par
ce fait que les ouvriers, et surtout les *trades unions*, qui
les représentent et les soutiennent, ne veulent pas l'accepter. Les ouvriers désirent rester tout à fait indépendants ;
ils se méfient des patrons. Quant aux unions de métiers,
elles ne sont pas désireuses de voir les intérêts des ouvriers
rattachés à ceux des patrons, et préfèrent avoir les ouvriers
tout à fait dans leurs mains. — D'autre part, les ouvriers
s'entendent mieux que partout ailleurs à conduire leurs
propres affaires, et à s'assurer contre les divers risques de
la vie. Il n'est pas un pays où l'initiative ouvrière soit plus
éveillée, la mutualité aussi développée, et où la *coopéra-*

(1) Le Play, 3e vol., 5e éd., p. 60.

tion, cette autre forme de l'association populaire, ait davantage progressé.

Mais cette résistance des *trades unions*, et cette initiative ouvrière, si vigoureuse et si ancienne, à quoi sont-elles dues ? Il faut, pour répondre à cette question, remonter à l'origine de la grande industrie. A cette époque, l'Angleterre était encore sous l'empire de la vieille *Poor Law*, c'est-à-dire d'une législation qui, en même temps qu'elle offrait les plus grandes facilités pour l'allocation des secours, imposait les plus lourdes charges aux patrons (1). Quoi d'étonnant à ce que les patrons n'aient pas senti dans leur âme la même responsabilité ! ils savaient que leurs ouvriers trouvaient, en cas de besoin, les secours de la paroisse, que, dans les maladies, elle leur venait en aide, que, dans la vieillesse, elle les assistait, et leur donnait même des secours s'ils éprouvaient une gêne temporaire ; pourquoi se seraient-ils préoccupés de ce soin ? D'autre part, ils contribuaient à cette assistance paroissiale, et ils y contribuaient largement, bien malgré eux ; ne payaient-ils pas de cette manière leur tribut à l'humanité et à la compassion ? ne chargeaient-ils pas, par cet impôt, la paroisse de faire ce qu'auraient fait d'autres patrons, non ou moins atteints par la taxe ? — Si l'on ajoute à cela l'esprit un peu personnel du caractère anglais, on comprendra très bien que, lors de la naissance de la grande industrie, le patronat n'ait pas accompli dans ce pays ce qu'il a accompli dans les autres, et notamment dans le nôtre.

Une femme d'une intelligence supérieure, quoique un peu dominée par les préjugés de sa race et aussi par les mirages socialistes, Miss Beatrice Potter, dans un ou-

(1) Léon Faucher, parlant de la ligue de Manchester, dit qu'elle comprenait l'aristocratie industrielle. « Il y en avait six, disait-il, « dont chacun contribuait pour 2,000 liv. st. (51,000 fr.) à la taxe des « pauvres. » 2e vol., p. 134.

vrage sur le *mouvement coopératif*, a laissé échapper un aveu, qui confirme complètement notre manière de voir :
« A degraded poor law provided the capitalist with mate-
« rial in the form of pauper children, and took from them
« human refuse in the shape of prematurely aged wor-
« kers » (1).

Dégagé pour ces raisons de toute préoccupation philanthropique, l'esprit un peu égoïste des entrepreneurs anglais, qu'on exprime souvent dans ce pays par le mot adouci d'esprit *capitaliste*, s'ingénia à trouver des combinaisons propres à augmenter ses profits : les industriels imposèrent une durée excessive d'heures de travail : ils se firent propriétaires de maisons, boutiquiers et commerçants, fixèrent le prix des denrées et le taux des loyers, et, abusant de leur situation, obligèrent les ouvriers à habiter leurs maisons, et à consommer leurs provisions, dont ils retenaient sur la paie hebdomadaire le prix fort surélevé (2).

(1) *The cooperative movement*, p. 11.

(2) Le système du troc était d'un usage à peu près universel à l'époque où Léon Faucher visitait l'Angleterre : les forges et les poteries du Staffordshire le pratiquaient, aussi bien que les mines du pays de Galles et du comté de Durham ; il était employé dans les fermes de l'Ecosse et du Northumberland comme dans les manufactures de Lancastre. « On voyait des manufacturiers qui fournissaient « les cercueils à la mort des ouvriers, et qui trouvaient dans cette « ignoble spéculation matière à bénéfice. Dans le district des poteries, « les maîtres allaient jusqu'à désigner aux ouvriers les places que « ceux-ci devaient occuper dans les chapelles, et déduisaient le prix « de ces places du salaire qui devait leur revenir ». Ces abus n'étaient rien en comparaison avec l'état de choses qui existait vingt-cinq ans auparavant dans certaines industries, où les paiements des salaires en argent étaient si rares que les ouvriers étaient souvent obligés d'acheter une marchandise avec une autre marchandise, qui leur avait été donnée en paiement : on avait vu un individu n'ayant pour payer le dentiste, qui lui avait arraché une dent, qu'une demi-livre de sucre et un penny ; on avait vu un fossoyeur recevoir son paiement en sucre et en thé.

Parmi les industriels, il y eut sans doute des exceptions, et on peut

Cette pratique causa un scandale tel que le Parlement dut intervenir; mais l'opinion publique l'avait flétrie longtemps avant que la loi ne l'ait frappée.

On comprend dès lors pourquoi les ouvriers anglais n'acceptent pas l'ingérence patronale, et pourquoi leurs sociétés professionnelles leur font une obligation de ne pas l'accepter, préférant obtenir du patron, sous forme de salaire, tout ce qu'elles en peuvent retirer, et, dans le débat relatif aux salaires, l'ouvrier anglais étant bien supérieur à son patron. Sans doute, les chefs d'industrie actuels ne ressemblent pas à ceux qui les ont précédés ; mais leurs devanciers, soit par leur pratique, soit par les autres raisons que nous avons indiquées, ont créé un état de mœurs, qui n'a reçu son expression définitive que plus tard. Les mœurs sont longues à se former ; elles résultent quelquefois de causes absolument ignorées des générations suivantes.

Aussi, dire, comme on le fait quelquefois, que la *Poor Law* est là pour dessécher à l'avance toutes les bonnes intentions qui pourraient éclore dans l'âme de certains patrons, est-ce à notre sens commettre une exagération. La vérité est que ces bonnes intentions sont paralysées par la résistance des ouvriers, cette résistance étant due, à son tour, aux abus des anciens industriels que la vieille loi des pauvres contribuait à éloigner des idées généreuses.

Il se peut que, même à l'heure actuelle, l'existence de la *Poor Law* constitue un obstacle moral à la création

citer parmi les grands philanthropes le célèbre Owen, qui, dans son usine de New-Lanark, prépara dès le commencement de ce siècle toutes les grandes institutions philanthropiques de notre temps : limitation des heures de travail, interdiction du travail pour les enfants, sociétés ouvrières coopératives, caisses d'épargne, magasins d'approvisionnements et jusqu'à des écoles laïques. Malheureusement Owen ne s'en tint pas là, et rêva de fonder des sociétés communistes qui échouèrent ; on connaît sa tentative de New-Harmony, aux Etats-Unis, en 1826.

d'œuvres patronales (1). Nous avons dit plus haut que, dans les entreprises dirigées par des sociétés de capitaux, il y avait, en Angleterre, beaucoup moins d'efforts philanthropiques que dans les entreprises individuelles, situation tout à fait inverse de celle qu'offre la France. Les actionnaires, paraît-il, sont uniquement préoccupés de la quotité du dividende à recevoir. D'autre part, les directeurs, qui sont leurs mandataires, n'ont d'autre cure que de répondre à cette préoccupation ; voudraient-ils, eux qui, par devoir, vivent au milieu des ouvriers, tenter un effort en leur faveur qu'ils seraient arrêtés par l'assemblée des actionnaires ; moins libres et indépendants que ne le seraient les entrepreneurs isolés, ils ne peuvent se laisser aller à leurs bonnes intentions, et doivent faire taire leurs sentiments de responsabilité morale. En France, l'actionnaire sacrifie volontiers une grosse partie de son dividende au profit d'œuvres philanthropiques ; en Angleterre, au contraire, il demeure sourd à tout appel de ce genre. La loi d'assistance obligatoire ne doit pas être étrangère à cette différence. Si elle n'empêche pas un chef d'industrie, vivant au milieu de ses ouvriers, désireux de se les attacher, et connaissant aussi leur horreur pour le *workhouse*, de donner cours à ses sentiments élevés, elle doit arrêter les élans de cœur d'une assemblée, composée d'hommes qui, ne pénétrant guère dans la vie intime des ouvriers, ne peuvent apprécier leur aversion légitime pour une institution que ceux-ci regardent comme dégradante, mais qu'eux, capitalistes, croient excellente précisément parce qu'elle leur coûte cher, et qu'elle est un des plus vieux rouages de l'administration de leur pays.

(1) M. Leroy-Beaulieu, *Economiste français* du 12 avril 1890.

CHAPITRE XXI

Les associations professionnelles ; leur importance grandissante. — Les anciennes corporations ; leur origine ; leurs raisons d'être. — Histoire des corporations en Angleterre. — La corporation des épiciers. — Les costumes ou livrées ; *livery companies.* — Les corporations devenues aristocratiques. — La qualité de membre conférée à titre honorifique. — La liberté de l'industrie ; les compagnies perdent leur influence. — La fortune des corporations ; emploi de leurs ressources. — Les conditions imposées par les donateurs ; les sommes détournées de leur destination ; les dîners.

Ce que les patrons ou sociétés industrielles ne font pas pour leur personnel, les unions ou corporations de patrons le font-elles pour l'ensemble des ouvriers de la profession ? Qu'il s'agisse d'entreprises d'affaires ou seulement d'intérêts professionnels, l'association a généralement pour but de tenter l'effort inaccessible à chacun de ses membres, et de produire des résultats dépassant leurs forces isolées.

Dans l'ordre social, l'association, à l'heure actuelle, est plus usitée dans le monde des ouvriers que dans celui des patrons. De ce côté de la Manche, on n'entend parler que de formation de syndicats, c'est-à-dire de ces groupements qui étaient depuis longtemps connus, de l'autre côté, sous le nom de *trades unions.* Ceux des métiers, où le personnel n'était pas encore uni corporativement, ou n'était encore affilié à aucune autre association ouvrière, ressentent la contagion générale, et organisent leurs associations particulières. En France, par exemple, l'année 1891 a vu, entre

autres, la formation du syndicat des cochers et conduc-
teurs des omnibus de Paris, comme l'année 1891 avait vu,
en Angleterre, sinon l'origine, du moins la naissance effective de l'immense fédération des *dockers*.

Chez nous, les associations patronales sont beaucoup
plus modestes en nombre et en importance : quelques
syndicats de patrons, dont l'objet est de discuter les intérêts généraux de la profession, des chambres de commerce,
qui constituent une représentation officielle du commerce
et de l'industrie d'une région, voilà tout. Autrefois il y
avait les corporations ; supprimées en 1789 et en 1791, elles
n'ont pas reparu ; leur existence même nominale a pris fin
à cette époque.

Ces corporations ne constituaient pas une institution spéciale à la France. Elles y sont nées, sans doute, mais elles
n'ont pas tardé à se répandre ailleurs. On peut dire qu'elles ont existé dans toute l'Europe ; elles répondaient en
effet à une nécessité du moment, nécessité non locale mais
universelle. Le même besoin doit enfanter le même résultat. Partout les artisans, les industriels, les commerçants
s'étaient organisés en compagnies, afin tout d'abord d'assurer la liberté et l'indépendance de leurs personnes, ainsi
que la possibilité de leur métier ; ils songèrent ensuite,
grâce à ce procédé qui leur avait réussi, à garantir la
bonne fabrication des produits ; enfin ils s'en servirent
comme d'une arme de guerre pour opprimer les autres.
Exerçant une profession, ils pensèrent à en faire un privilège pour eux-mêmes, c'est-à-dire à s'en réserver les profits, en supprimant la concurrence. Il paraît si bon, lorsqu'on jouit de la liberté, de l'enlever aux autres ; c'est
une chose si tristement humaine ! De défensives qu'elles
étaient, les corporations devinrent oppressives. Ce fut là,
dans les divers pays, le caractère commun de leur histoire.
Lorsque l'oppression devint excessive, ou cessa d'être sup-
portée, elles furent détruites, comme on démantèle une

forteresse, qui a cessé d'être un moyen de défense pour n'être plus qu'un abri pour la tyrannie.

En Angleterre, ou du moins à Londres, la forteresse subsista, mais privée de ses armes. Les corporations existent, encore aujourd'hui, dans cette ville, mais avec une physionomie absolument distincte et, on peut le dire, insignifiante. Un mot sur leur histoire. Issues des anciennes guildes anglo-saxonnes, les compagnies marchandes anglaises (*trading companies*) étaient déjà florissantes au XIII° siècle ; mais leur véritable importance ne commence qu'à partir du siècle suivant. « Sous le règne d'Edouard III, « lisons-nous dans une étude de M. De Haye sur le régime « municipal de Londres (1), il fallait faire partie d'une « corporation de marchands pour être bourgeois de Lon « dres. C'étaient les corporations réunies qui, sous le nom « de *communitas*, formaient le *governing body* ou corps « dirigeant de la ville. Elles doivent la plupart de leurs « chartes d'incorporation aux rois Edouard III et Richard II. « Sous les derniers Plantagenets, au XV° siècle, il ne « suffit plus d'être bourgeois pour jouir des droits muni « cipaux ; il est devenu indispensable d'appartenir effec « tivement à une guilde. On ne peut plus s'établir à Lon « dres, ni même dans les faubourg, sans s'être fait recevoir « membre d'un corps de métier. On n'était admis dans « les compagnies qu'à la condition d'exercer une industrie « ou un commerce, et tout commerçant ou industriel « pouvait être contraint d'y entrer. La Cité prétendait « encore à ce droit exorbitant et l'exerçait même avec une « extrême rigueur en 1843.

(1) *Bulletin de la Société de législation comparée*, n° de juin 1881. — Il faut consulter sur les corporations le rapport de 1884 de la *Royal commission on the City companies*, ainsi que *The city solicitor's Painful story* par John S. Storr. — La *Contemporary review*, de janvier 1885, a publié sur les corporations une étude de Lord Hobhouse ; la *Nineteenth Century*, n° de juillet 1884, avait donné également un article, sur le même sujet, de R. A. Cross.

« On le voit, c'est un empiétement graduel de ces cor-
« porations qui croît avec leur prospérité. Peu à peu se
« développe ainsi et prédomine l'oligarchie marchande. Les
« réunions, restreintes dans le *Guildhall*, succèdent aux
« assemblées générales sur la place publique ; les intérêts
« commerciaux prennent le pas sur les affaires générales ;
« des conseils recrutés dans leur propre sein font oublier
« l'élection populaire, qui tombe en désuétude : l'usurpa-
« tion, partout, est flagrante ».

Ces usurpations étaient fréquentes et provoquaient de
violentes réclamations. Il en était de même en France,
avant 1789 ; dans notre pays, on sait que les rois se bornè-
rent à surveiller ces corps par la création de nouveaux
officiers ; c'était pour la royauté moins un désir de contrôle qu'un prétexte à la création de ressources ; chaque
nouvelle intervention se traduisait par la naissance de nouveaux offices, et ceux-ci, à leur tour, fournissaient de nouvelles ressources ; car le premier titulaire d'un office nouvellement créé devait en payer le prix. Il semble qu'en
Angleterre la royauté se montra plus accommodante en faveur des corporations, qu'elle encourageait par de certaines chartes et auxquelles elle accordait souvent, à titre de
don gracieux, des terres importantes. La reine Elisabeth
était fière de ses compagnies marchandes de Londres, et
elle se plaisait à s'entourer, dans ses fêtes, de leur cor-
tège pompeux. « On ne peut nier, dit l'auteur auquel nous
« avons déjà fait un emprunt, que ces milliers d'hom-
« mes, lorsqu'ils allaient, chaque année, présenter leur
« nouveau maire au souverain, et suivaient solennellement
« le chemin qui conduit de la Cité à Westminster, vêtus
« de leurs robes de martre, à l'ombre de cinquante banniè-
« res, ne dussent offrir un spectacle saisissant et inspirer
« une magnifique idée du commerce anglais, de sa gran-
« deur et de son opulence (1) ». Aussi peut-on s'expliquer

(1) *Loc. cit.*

que la complicité active et passive de la royauté ait permis aux corporations de métiers de commettre des envahissements sur le terrain municipal.

Lorsqu'on voit la richesse et l'importance au moins honorifique de certaines de ces corporations, on a une certaine peine à se figurer leur origine modeste. Telle association qui dépense aujourd'hui plusieurs milliers de livres sterling n'avait, pendant la première année de sa naissance, qu'un budget de 6 liv. 16 sh. Cette corporation, celle des poivriers (*peppevers*) ou épiciers (*grocers*), a vu le jour d'une manière des plus simples. On raconte que vingt-deux poivriers de *Saper's Lane, Cheapside*, dînant ensemble, un jour de 1384, résolurent de fonder une guilde ; ils désignèrent leur premier gouverneur et leur premier *warden*, engagèrent un prêtre qui fut chargé de chanter et de prier pour « la confrérie (*brotherhood*) et tous les chrétiens » ; ils décidèrent enfin que chaque membre verserait par semaine une contribution d'un *penny*, destinée à supporter les frais de l'association. Bien modestes furent donc les débuts de cette corporation, mais bien puissante sut-elle devenir dans la suite ; il lui arriva, en effet, de compter à la fois parmi ses membres jusqu'à seize *aldermen* ; elle eut l'honneur de donner en son hôtel l'hospitalité à la Banque d'Angleterre, pendant les premiers mois de sa fondation.

On compta un moment à Londres (car nous laissons de côté le reste de l'Angleterre) 89 guildes ; toutes n'ont pas survécu. Il n'en est plus aujourd'hui que 74, dont plusieurs n'ont que peu de ressources. Parmi ces corporations, paraissent au premier rang les douze compagnies « honorables », qui ont le privilège de donner à la cité son lord-maire.

Au milieu du XIVe siècle, sous le règne d'Edouard III, les corporations ou confréries reçurent le titre officiel de *Livery companies*, ou compagnies à livrées, et leurs costumes obtinrent la consécration royale. Cette question des costumes ou livrées a toujours tenu une place importante dans l'histoire de ces associations ; au XIII° siècle, on les voit au mariage d'Henri III ; on les voit ensuite à celui d'Edouard I⁰ʳ. Deux idées successives présidèrent à l'adoption d'un costume : la première fut le désir de se distinguer des simples bourgeois; la seconde fut la préoccupation pour les compagnies de se distinguer les unes des autres. Aussi était-ce une grosse affaire pour une compagnie que le choix de sa livrée (1).

A l'origine, il suffisait, pour être admis dans le *Kraft guild*, d'être honnête, de savoir le métier et de promettre d'observer les statuts corporatifs ; puis, l'égoïsme prenant le dessus, peu à peu les corporations se ferment, ainsi qu'elles se sont fermées en tous pays ; c'est le chef-d'œuvre qui servit de prétexte. De même originairement l'égalité la plus absolue régnait entre les membres de la même

(1) « Quelquefois on priait le roi de la proposer lui-même. On en
« changeait fréquemment les couleurs. Il y avait le costume ordi-
« naire, celui des jours de cérémonie, celui des dignitaires, pour
« lequel, encore aujourd'hui, un comité spécial de la Cour des *al-*
« *dermen* dépense cent à cent vingt livres par an. Le *Governing body*
« de chaque compagnie veillait attentivement à ce qu'on le portât,
« à ce qu'il reproduisit exactement le modèle adopté, à ce que les
« jeunes gens n'en missent pas d'une mode nouvelle, plus coûteuse
« qu'il ne convenait, ou ne répondant pas à leur rang dans la con-
« frérie. Ce contrôle dura des siècles. En 1574, il paraît qu'un cer-
« tain Robert Maltby, trop curieux d'élégance, s'était rendu à son
« *hall* couvert de taffetas et de broderies d'argent ; on le mit en pri-
« son. En 1611, le roi Jacques I⁰ʳ rappelle lui-même aux compa-
« gnies qu'il rentre dans leurs attributions de réprimer les fantai-
« sies de toilette de leurs apprentis et de leurs servantes.

« Une fois par an, en grande solennité, on coupait et distribuait
« le drap destiné aux costumes de l'année suivante. Lorsque ceux-
« ci étaient prêts, et que la fête du patron de la compagnie étai-
« arrivée, on allait en procession entendre la messe...... » (M. De
Haye, *loc. cit.*).

association. Mais l'égalité est une des choses qu'il est le plus difficile de maintenir; car il arrive fatalement que certains membres plus intelligents acquièrent une supériorité sur les autres; puis, après leur disparition, cette situation prépondérante profite à d'autres, jusqu'à ce qu'enfin il en résulte une aristocratie. C'est ce qui se produisit ici; dans chaque corps de métier, il y eut, au bas de l'échelle, les *workmen* ou *ordinary freemen*, les simples membres, et, au-dessus d'eux, les maîtres, c'est-à-dire l'élite. Ces maîtres furent bientôt les seuls à porter la livrée, et seuls il gardèrent l'appellation de *livery men*. Ces derniers devinrent tout puissants, non seulement dans la corporation mais encore en dehors. La distance, qui séparait les *livery men* des *workmen*, s'accentua, précisément parce que le nombre des *livery men* s'accrut dans une très forte proportion, à raison de la faculté qui fut accordée d'acheter le droit d'entrer dans une guilde, et qui dénatura complètement la physionomie des corporations. Celles-ci n'auraient dû comprendre que des personnes exerçant réellement la profession, mais elles ne tardèrent pas à compter, parmi leurs membres, des personnes étrangères tout à la fois au métier, et même à la ville où elles étaient établies (1). Il est telle corporation, par exemple celle des *chiffonniers*, — qui porte ce nom français, — qui ne comprend pas un seul chiffonnier. M. Gladstone fait partie depuis 1876 de la compagnie des tourneurs; lord Granville appartient à celle des poissonniers; le prince de Galles est membre de plusieurs compagnies. — Les *livery men*, devenus par ce fait même trop nombreux, durent se donner ou recevoir des chefs ou administrateurs.

Les compagnies avaient cessé d'exister depuis longtemps en Angleterre, sans qu'aucune loi les eût abolies expressément; mais la transformation de l'industrie, l'avènement

____

(1) V. l'étude précitée de M. De Haye.

de la grande fabrication, et d'autres causes, qu'il serait
trop long d'indiquer, en ont amené la disparition. Elles
s'étaient maintenues toutefois à Londres, où elles ont cessé
d'exercer une action sur la liberté de l'industrie. Depuis
1835, on peut faire le commerce sans appartenir à aucune
d'elles ; néanmoins la Cité persista à s'y opposer jusqu'en
1843. Les corporations, d'ailleurs, depuis longtemps déjà,
ne surveillaient plus la fabrication, la vente et l'apprentissage. Deux compagnies cependant, celle des apothicai-
res et celle des bijoutiers, se sont toujours montrées soi-
gneuses d'exercer leurs droits ; elles font ce qui, dans
d'autres pays, revient à certains fonctionnaires de la police
ou même à l'Etat.

Les corporations ont donc perdu toute raison d'être à ce
point de vue. Elles constituent une pompeuse ruine, dont
la conservation n'a tenu et ne tient qu'à ce culte supersti-
tieux de la nation anglaise pour les vestiges du passé.
Elles ont, en fait, cessé d'exister, et sans secousse. Mais
ont-elles, du moins, gardé quelque utilité? (1) S'occupent-
elles, par exemple, de la question de l'apprentissage, et
subventionnent-elles des écoles professionnelles? Exer-
cent-elles une sorte de patronage au profit soit de leurs
membres, soit des ouvriers du métier? Il n'est pas douteux que cette mission n'ait été dans leurs attributions, et
qu'elle puisse encore servir à justifier leur existence.

Elles ont, en effet, de très grosses ressources, provenant de donations et de legs, et quelques-unes de ces libéralités ont été faites par les donateurs, sous la condition,
au moins tacite, qu'elles servent à un but charitable et

---

(1) Nous ne parlons pas ici de leur rôle dans l'administration municipale de Londres, ou plutôt de la Cité. On sait qu'elles forment à
peu près l'administration de la Cité, qui est une des parties de Londres, et en représente à peine le soixantième, comme population.
La presque unanimité des membres du *Common Council* appartient
aux *Livery companies*.

pieux. On évalue leurs revenus à 20,000,000 de francs, dont le quart environ leur a été donné avec une destination particulière (*trust fund*). Mais toutes ces ressources sont-elles employées par les compagnies dans un but utile? Celles des libéralités, qui leur ont été faites, avec une destination précise, reçoivent-elles leur affectation?

Sur ce dernier point, la réponse est affirmative; mais, pour le reste, sauf de rares exceptions, l'emploi, qu'elles font de ces immenses richesses, n'est que fort peu empreint de sentiments philanthropiques ou de préoccupations professionnelles; c'est à peine si elles exécutent les conditions mises par les testateurs à leurs libéralités, ou plutôt si elles les exécutent au delà de la lettre même du testament, malgré l'énorme accroissement dont a bénéficié la valeur des biens donnés. Il ne nous serait pas difficile de fournir quelques exemples. C'est ainsi qu'en 1570, un certain Robert Donkyn léguait à la corporation des marchands tailleurs quelques misérables petites maisons situées dans Bishopgate, sous la condition d'en employer le produit, qui était de 30 shillings environ, à fournir annuellement quelques vêtements à douze hommes et à douze femmes pauvres; les maisonnettes se sont transformées en magnifiques magasins d'un revenu considérable; et, malgré cela, la Compagnie croit avoir rempli, et au delà, les intentions du donateur, en consacrant à l'acquisition des vêtements le double de la dépense primitive. La corporation des chiffonniers, qui avait été autorisée, sous Richard II, à acheter des terres dans la Cité, jusqu'à concurrence de 20 liv. st. de revenu annuel, à charge d'affecter ce revenu au soulagement de ses membres nécessiteux, retire de ces terres un revenu supérieur à 2,000 livres, dont aucune partie n'est consacrée à l'emploi primitif. Comment la Compagnie des épiciers emploie-t-elle les 300 liv. st., que lui rapporte la maison donnée en 1636 par William Pennefather avec obligation de prélever sur le loyer 4 livres pour entretenir une lanterne de fer et de verre dans Billingsgate, ainsi que 6 livres 10 sh. pour secourir les pauvres ? Il est douteux que les 300 livres reçoivent en entier une destination charitable

Nous ne voudrions pas multiplier les exemples ; ceux que nous pourrions citer s'accorderaient avec ceux qui précèdent, pour bien montrer qu'il n'y a rien d'exagéré dans l'évaluation qui porte à cent mille liv. st. (deux millions et demi de francs) les sommes détournées annuellement de leur destination, sinon littérale, du moins morale.

Il est alors permis de se demander à quoi servent ces immenses ressources ? On peut le dire hardiment, — et sur ce point les Anglais, dérogeant à leur mutisme calculé, font assez volontiers un aveu, — l'emploi principal de ces sommes passe aux diners ; les banquets de plusieurs milliers de livres ne sont pas rares ; on en cite un qui a coûté 27,500 liv. st. Les compagnies, qui se respectent, ne dépensent pas moins, pour cet objet, de 25,000 à 30,000 liv. st. par an. Si l'on ajoute à cela la rémunération de quelques grosses sinécures, on comprendra l'emploi donné par les compagnies à leurs ressources.

Cependant tout leur revenu ne passe pas à ces objets. Les compagnies dépensent d'abord leur *trust fund*, soit environ 200,000 liv. st. (5,000,000 fr.) ; 75,000 liv. st. sont dépensées pour soutenir des maisons de secours, ou pour allocation de secours à des membres pauvres ; une somme à peu près égale est consacrée à l'éducation, dix mille enfants environ étant élevés dans les écoles soutenues par les compagnies ; 50,000 liv. st. enfin servent à des œuvres charitables de toutes sortes.

Outre leur *trust fund*, c'est-à-dire outre les sommes qui leur ont été léguées avec une affectation spéciale, les compagnies consacrent environ 150,000 liv. st. (3,750,000 fr.) en subventions à des institutions de charité, où d'enseignement technique ou commercial (1), en bourses destinées à encourager des recherches scientifiques, etc.

Mais, comme on le voit, une grosse moitié de leurs ressources est affectée en dépenses frivoles et inutiles. Il y a là un sujet de surprise et de récriminations légitimes. Il y a quelques années, le *City's solicitor*, c'est-à-dire l'avoué de la Cité, découvrait une série d'abus : il les signala ; une Commission royale fut nommée. L'opinion publique s'en mêla, et attacha à cette question la rubrique de « *The City's solicitor painful story* », le *solicitor* ayant été le premier à qualifier d'histoire pleine de tristesse (*painful story*) ses pénibles découvertes.

La pression de l'opinion publique obligea les corporations à établir des écoles industrielles, à fonder des bourses et des prix. Ce fut un coup de fouet salutaire.

(1) Parmi les institutions encouragées par les Compagnies, il est permis de citer le *City and Guilds Technical Institute*, le *Finsbury Technical College*, le *Royal College of music*, etc.

CHAPITRE XXII

L'ÉPARGNE.

S'il est **un** fait sur lequel les témoignages sont unanimes, c'est bien, à coup sûr, l'insuffisance de l'épargne populaire. Affirmer que l'ouvrier anglais n'épargne pas,
c'est presque prononcer une vérité banale, un *truism*.
C'est une vieille affirmation ; mais c'est une vérité encore, quoique moins exacte de nos jours, et il suffirait,
pour en être convaincu, de lire les rapports des consuls
américains de 1885; ils constatent qu'il y a peu d'économie, qu'on n'épargne rien pour les vieux jours, qu'on
a de la peine à mettre les deux bouts ensemble, qu'on cal-
cule ses dépenses sur le taux du salaire, etc.

Est-ce là un fait spécial à l'Angleterre? Peut-être pas spécial, mais nulle part il n'y est aussi accusé. Sans doute, l'é-
pargne populaire n'est guère en progrès, surtout en France ;
il fut une époque où l'on pouvait dire du paysan français
« qu'il se prive moins de jouir, qu'il ne jouit de se pri-

ver » (1), tant la prévoyance était innée chez lui ; aujourd'hui le mot, encore vrai pour le paysan propriétaire, cesse de l'être pour l'ouvrier agricole, du moins la plupart du temps (2). La classe ouvrière des villes est encore plus imprévoyante ; non pas qu'on ne trouve encore, même dans les centres urbains, des ouvriers possesseurs de quelques économies ; mais ils constituent l'exception. Les domestiques seuls restent une classe prévoyante, parce que les occasions de dépenses sont pour eux moins fréquentes, et probablement aussi parce qu'ils vivent au contact de gens généralement économes, dont les conseils exercent encore sur eux une influence réelle ; c'est souvent, chez nous, on le sait, une question d'amour-propre pour les maîtres d'user de sollicitations répétées auprès de leurs domestiques pour les déterminer à prendre un livret de caisse d'épargne.

En Angleterre, ces conseils seraient-ils donnés ? Il faudrait pour cela que la classe bourgeoise prêchât par l'exemple, avant qu'il lui fût permis de le faire par la parole. Or, elle-même ne met pas davantage en pratique les préceptes d'économie. Il y a déjà quelques dizaines d'années, Léon Faucher, visitant la petite ville de Hyde, demandait à un

---

(1) M. l'abbé Roux, *Pensées*, 1885.

(2) Il y a trente ou quarante ans, la majorité des paysans épargnaient ; aujourd'hui la proportion est renversée et les vieilles traditions de l'économie rurale se sont altérées : un certain relâchement des habitudes parcimonieuses a été la conséquence de la période de prospérité du travail agricole. Un écrivain charmant, qui envoie au journal le *Temps* des causeries sur la vie aux champs, M. de Cherville, écrivait, il y a quelques années, ces lignes : « La « doctrine de la vie au jour le jour a quelque peu passé de la ville « aux champs, et il n'y manque pas de ménagères, qui, comme les « femmes des ouvriers de l'industrie, ne voient pas la paye arriver « intégralement au logis. Il est bon de ne plus compter que médio-« crement sur l'épargne du travailleur rural » (Le *Temps*, 24 novembre 1887).

grand industriel, du nom d'Ashton, si les ouvriers de ses manufactures, dont les salaires étaient beaucoup plus élevés que ceux des journaliers et des laboureurs, trouvaient le moyen de faire des économies : il en recevait la réponse suivante : « Quelle est la classe, en Angleterre, « qui fait des épargnes sur ses revenus ? » — Un Anglais, à qui nous avons coutume de demander des renseignements, parce qu'il connaît très bien la plupart des contrées d'Europe, et que, très minutieux observateur, il sait voir et saisir les traits distinctifs de son pays, nous faisait récemment une réponse identique ; il ajoutait ce détail personnel : « Moi-même, j'ai pour principe de n'économi- « ser que 2 0/0 de mon revenu, c'est-à-dire seulement ce « qui est nécessaire pour compenser les pertes, que je puis « subir : soit une prime d'assurance. »

Et cependant s'il est un pays qui se soit constamment signalé dans l'étude et l'application des institutions d'épargne populaire, c'est bien l'Angleterre. La première caisse d'épargne fut fondée, en 1798, à Wendover (Buckinghamshire) par un pasteur protestant, Joseph Smith ; mais cette caisse était autant une œuvre de bienfaisance qu'une institution de prévoyance. « Confiez-moi, disait « l'excellent pasteur à ses paroissiens, confiez-moi sur votre « salaire de la semaine les quelques deniers (*pence*), dont « vous n'avez pas un besoin immédiat, je vous les rendrai, « quand vous le désirerez ; mais si, Noël venu, vous m'a- « vez laissé en mains quelques économies, je vous pro- « mets de les augmenter de ma poche d'un bon tiers (1) ». En 1801, une petite *saving bank* est organisée à Tottenham par Mme Priscilla Wakefield, et, seize ans plus tard, le Royaume-Uni possédant déjà 50 caisses d'épargne, le Parlement votait la première loi, dont ces établissements aient fait l'objet (57 Geo. III, c. 105). Or, à cette époque,

_____

(1) M. Léo Caubet, *Conditions du travail dans la Grande-Bretagne.*

l'institution était encore à naître en France (1). C'est encore l'Angleterre qui a été la première à instituer une caisse d'épargne d'État. La création de la *Postal Savings Bank* remonte à 1861. La France a mis vingt ans à suivre sur ce point l'exemple du Royaume-Uni, et cependant l'exemple est de ceux qui ont été les plus féconds et les plus heureux ; on peut même dire que le succès avait dépassé toutes les prévisions. En effet, la *Postal Savings Bank* s'annonçait tout d'abord comme destinée à combler les lacunes inévitables du système des *trustees savings banks* (2) ; mais l'accessoire est peu à peu devenu le principal, si bien qu'à la fin de 1888 le solde dû aux clients de la Caisse postale ressortait à 58, 556, 400 liv. st., alors que les autres caisses n'étaient encore qu'à 46, 404, 700 liv. st.

La législation anglaise sur les caisses d'épargne a, en

(1) V. le rapport si intéressant de M. de Foville sur la VIII° section de l'Exposition d'Economie sociale.

(2) Nous ne pouvons résister au plaisir de reproduire ici quelques lignes du rapport de M. de Foville : « Les caisses d'épargne « ordinaires ne pouvaient desservir utilement qu'une partie du « territoire. On ne les trouve guère que dans les villes d'une cer« taine importance, et leur rayonnement sur les campagnes envi« ronnantes est fort inégal. Les petites économies du paysan n'étant « pas moins dignes de sollicitude et de protection que celles de « l'ouvrier, on s'est demandé s'il n'y aurait pas moyen de généraliser « l'action des *savings banks*, et d'ajouter aux autres mérites de l'ins« titution le don d'ubiquité. Ce don d'ubiquité, si rare ici-bas, il y a « une administration qui le possède au plus haut degré, c'est la « Poste. La Poste est partout, ou, du moins, elle va partout. Elle « ne laisse pas en France une maison, palais ou chaumière, sans la « visiter périodiquement. Elle sait notre nom et notre adresse à « tous. Elle va trouver le bûcheron dans sa forêt, le montagnard « dans ses rochers, le soldat dans sa caserne, le matelot sur son « navire. Il lui suffit d'accrocher une boîte au mur d'une mairie de « village et d'y envoyer tous les jours un facteur rural pour que ce « village se trouve mis en communication avec toutes les parties du « monde..... »

outre, adopté des règles qui permettent la concentration de capitaux relativement élevés dans ces caisses : ainsi, pour les caisses d'épargne privées, la somme portée au crédit d'un déposant peut atteindre 3,750 francs (120 liv.) et même, avec les intérêts, 5,000 francs (200 liv.) ; à la caisse d'épargne postale, la somme totale pouvant rester en dépôt au crédit d'une même personne ne doit pas être supérieure à 2,500 francs (100 liv.), y compris les intérêts acquis, — chiffre qui est encore supérieur à notre maximum. — Ajoutons à cela des facilités de transfert, de dépôt et de retrait, qui augmentent d'une manière très appréciable les services de la caisse postale, et nous comprendrons que, malgré ce que nous avons dit plus haut sur l'imprévoyance des classes populaires, le stock des caisses d'épargne (caisses privées et *Post office*) s'élevait, au 31 décembre 1888, à la somme de 2,623,027,050 francs. Il ne faut pas se dissimuler, en effet, que le taux du maximum de chaque dépôt incite beaucoup de personnes, appartenant aux classes élevées, à s'adresser aux caisses d'épargne pour le placement provisoire ou définitif d'une partie de leurs ressources. Le fait se produit en France avec un taux maximum moindre ; ne doit-il pas se produire avec plus d'intensité en Angleterre, où il rencontre précisément des facilités plus grandes ? Il n'est pas nié, du reste, par les Anglais eux-mêmes. Toutefois nous devons à la vérité de reconnaître que les caisses postales ont surtout attiré à elles la petite épargne, aux besoins de laquelle elles sont tout spécialement adaptées.

En France, le stock des caisses d'épargne, à la fin de l'année 1888, s'élevait à la somme de 2,759 millions de francs (2,493 millions pour les caisses privées, et 266 millions 8 pour la caisse postale). Et cependant la population de la France n'était guère supérieure à celle de l'Angleterre dans l'année 1888 ; peut-être lui était-elle égale. La France a cependant connu, avons-nous dit plus haut, l'institution

des caisses d'épargne, bien après l'Angleterre ; de plus, sa
législation des caisses d'épargne facilite moins que la loi
anglaise l'accumulation de sommes qui ne puisent pas leur
origine dans l'épargne populaire ; son maximum notamment est beaucoup moins élevé.

Si, au lieu d'examiner le stock des caisses d'épargne,
nous portons les yeux sur le nombre des livrets, la distinction s'accentuera. A la fin de 1884, les caisses d'épargne
anglaises comptaient 4,916,149 déposants (3,333,675 pour
la caisse postale, et 1,582,474 pour les caisses privées). A
la même époque, il y avait 4,751,700 livrets pour nos
caisses privées, et 541,000 pour la caisse postale, quoique
ce service ne fonctionnât alors que pour la troisième année, soit, en totalité, 5,292,700 livrets. En 1888, notre
pays avait près de 6 millions et demi de livrets, et l'Angleterre restait bien en arrière.

En France, une grosse partie des économies populaires
est affectée à des acquisitions foncières ; chez nos voisins,
au contraire, l'épargne de l'ouvrier agricole ne se manifeste pas et ne peut que difficilement se manifester sous
cette forme (1). C'est une raison pour regarder comme
plus topiques encore et symptomatiques les chiffres que
nous venons de donner.

Ces chiffres comparatifs montrent bien que l'esprit d'é-
pargne est moins développé de l'autre côté du Détroit que
de celui-ci. Mais que faut-il en conclure ? Est-ce simplement parce que les mœurs et le tempérament du pays ne
sont pas portés vers cet objectif ? ou ne faudrait-il pas
attribuer, pour une autre partie, cette insuffisance de l'é-
pargne populaire à la législation anglaise sur l'assistance ?

Quelques personnes hésitent à faire intervenir ici cette
cause. D'après elles, parmi les ouvriers, ce sont les moins
bien payés et les plus humbles qui épargnent ; ce sont, en

(1) V. le chapitre XXVII.

sens contraire, ceux dont les salaires sont élevés, qui consacrent le moins à l'épargne ; ce sont les districts agricoles qui distancent de beaucoup les centres manufacturiers au point de vue du développement des opérations des caisses d'épargne (1). Il nous est facile de répondre que, loin d'être une singularité, ce fait est constant un peu partout ; il est assez fréquent de voir la prévoyance de l'ouvrier se tenir en raison inverse des facilités qu'elle rencontre pour se produire. En ce qui concerne spécialement l'Angleterre, le fait peut s'expliquer, sans doute, et en outre, par la présence, dans les centres ouvriers, de nombreuses sociétés coopératives et associations de mutualité, qui absorbent une très grande partie des économies populaires (2).

Mais il n'est pas douteux, au contraire, que la marche suivie par le développement de l'épargne ait été influencée considérablement par la loi des pauvres. Avant la réforme de 1834, le stock était peu élevé, et le chiffre des déposants relativement faible ; après 1834, l'accroissement est manifeste.

Années	Stock	Déposants
1830	13,507.565 £	412,217
1839	22,425,812 »	748,396
1849	28,837,010 »	1,087,354

Il est, d'ailleurs, facile de fournir des preuves encore plus topiques, Dans les sept années, qui se sont écoulées entre 1831 et 1837, c'est-à-dire dans une période, qui comprend tout à la fois des années antérieures à la réforme, et des années postérieures, il y a eu, pour les comtés de

(1) Ainsi le Yorkshire ne compte que 9 déposants sur 100 habitants ; il est vrai qu'il est à la tête du mouvement coopératif ; le Lancashire compte 11 déposants sur 100 ; le Durham 9. Dans les comtés agricoles de Berks, de Cambridge, de Devon et de Hereford, au contraire, la proportion est respectivement de 19, 13, 19 et 17 sur 100 habitants (M. Leo Caubet, p. 122).

(2) V. le chapitre suivant.

Kent et de Sussex, la gradation suivante dans le chiffre
des dépôts faits dans les caisses d'épargne par les *friendly
societies*, et par les déposants de sommes inférieures à 20
liv. st. ; ce sont les deux classes de déposants qui représentent le mieux la classe ouvrière (1).

Dates	Caisses du comté de Kent.	Caisses du comté de Sussex.
Nov. 20, 1831	93,694 £	41,164 £
1832	87,592 »	39,889 »
1833	91,371 »	44,686 »
1834	94,918 »	43,446 »
1835	97,613 »	45,897 »
1836	106,456 »	50,148 »
1837	110.156 »	51,409 »

Les trois années 1831 à 1833, c'est-à-dire antérieures
au *Poor Law Amendment*, n'avaient pas été malheureuses,
et cependant on voit avec quelle lenteur les dépôts s'é-
taient accrus ; l'année 1832 avait même présenté une diminution très notable.

On peut rapprocher de ce tableau un état indiquant,
pour les caisses d'épargne de Tunbridge Wells, l'accroissement qui s'est manifesté entre les années 1831 et 1837
pour les différentes classes de déposants (2) :

	1831	1837	Accrois.* 0/0
Domestiques (*servants*).	361	483	34
Ouvriers agricoles (*agricultural labourers*)	46	137	200
Enfants (*children*)	357	388	9
Journaliers et apprentis (*journeymen and apprentices*) . .	39	57	46

(1) *The Poor Law as an obstacle to thrift and voluntary Insurance*,
par T. Mackay.

(2) *Ibid.*

Sociétés de charité (*charitable societies*)	14	26	86
Sociétés d'épargne (*benefit societies*). . . . . . , ...	4	5	25
Petits boutiquiers (*small shop-keepers*)	8	16	100
Petits fermiers et autres (*small farmers and others*)	54	68	26
Total	883	1,180	34 °/.

L'augmentation s'est fait surtout sentir de la part des ouvriers agricoles, c'est-à-dire de ceux qui économisaient le moins, et qui constituaient la principale clientèle de l'assistance.

Enfin, — car nous ne pouvons multiplier ces citations, — nous devons reproduire un tableau indicatif de l'accroissement ou de la diminution du nombre des déposants et du chiffre des dépôts, du 20 novembre 1830 au 20 novembre 1837 (y compris toutefois les chiffres s'arrêtant au 18 juillet 1838) (1):

		Déposants		Dépôts	
Dépôts n'excédant pas	20 £	119,479	d'augm.	744,733	d'augm.
»	50 »	58,173	»	1,775,027	»
»	100 »	17,765	»	1,231,487	»
»	150 »	5,132	»	622,447	»
»	200 »	4,417	»	746,601	»
Excédant	200 »	1,535 de dim.		351,340 de dimin.	
Déposants particuliers . .		203,431	d'augm.	4,768,955	d'augm.
Sociétés amicales.		1,238	»	70,997	»

Il semble bien que ces variations dans le mouvement des opérations des caisses d'épargne soient le résultat des changements qui se sont produits dans la *Poor Law*.

L'aristocratie ouvrière n'épargne que peu ; ce n'est pas chez elle que l'on compte les clients habituels des caisses

____

(1) Ibid.

d'épargne. Mais c'est elle qui compose en grande partie les cadres des *friendly societies*, c'est elle qui a été la première à constituer les *trades unions*, c'est également elle qui a donné l'essor à la coopération. En même temps, elle professe un mépris profond pour tout ce qui porte le nom de secours publics ; elle est indépendante, fière, et s'enorgueillit de pratiquer le *self-help*. Cette classe a pu se former, en partie, depuis 1834 ; mais elle n'a que fort peu contribué à l'accroissement du stock des caisses d'épargne et du nombre des déposants.

Au-dessous, vient la classe des journaliers, des ouvriers un peu inférieurs, des domestiques, etc. Celle-ci économise davantage que la précédente ; elle s'affilie moins aux associations, mais elle dépose plus volontiers à la caisse d'épargne. Elle accepterait bien les secours publics, mais à la condition que ces secours ne fussent pas subordonnés au *workhouse test*. Elle les accepte sans difficulté pour les vieux parents, et leur séjour dans la maison des pauvres ne l'effraie pas ; la *poor law* tue, en effet, le respect filial, surtout dans les campagnes. En écrivant, nous nous souvenons du mot, que nous rapportait un jour M. P...., un des plus distingués et plus sympathiques membres de l'Institut. Chez son père, il y avait une jeune bonne anglaise ; seule, de tout le personnel, elle n'économisait pas, bien que ses gages fussent assez forts ; les observations de ses maîtres à ce sujet restaient sans effet ; un certain jour, ceux-ci, afin de l'engager à faire quelques petites épargnes, lui parlaient de sa mère, restée en Angleterre, et qui, arrivant à la vieillesse, pourrait bientôt avoir besoin de son secours : « Mais le *workhouse* n'est-il pas là pour la recevoir ! » répondit-elle.

Cette classe est celle dont l'esprit de prévoyance peut davantage être paralysé par le système de la *Poor Law*. C'est elle par conséquent que la réforme de 1834 a poussée le plus vers la pratique de l'épargne.

Au bas de l'échelle sociale se rencontrent enfin les hôtes éventuels du *workhouse*. Ceux-ci n'épargnent pas, et le plus souvent, du reste, ne le peuvent. Le *workhouse* ne leur inspire aucune terreur, ou plutôt il ne leur offre qu'un aspect un peu rébarbatif, qui ne les épouvante pas trop, et avec lequel ils s'accoutument assez vite. Pourquoi feraient-ils des économies? Leurs parents n'en faisaient pas, avant la réforme du régime d'assistance ; leurs descendants ont recueilli cet héritage d'habitudes qu'ils n'ont pas la force de modifier.

CHAPITRE XXIII

LA MUTUALITÉ.

L'ouvrier anglais, pris entre la crainte de tomber à la charge de l'assistance publique et la froide abstention de son patron, a dû se préoccuper des éventualités de l'existence, et se prémunir, par ses propres efforts, contre les risques de la vie.

De là ce mouvement si prononcé chez les ouvriers anglais vers l'association, mouvement plus accentué dans ce pays que dans tout autre, plus accusé, à l'heure actuelle, qu'autrefois. De là ces *friendly societies*, plus nombreuses et mieux organisées que nos sociétés de secours mutuels, et qui constituent non seulement des combinaisons savantes d'assurance, mais aussi des institutions destinées à enseigner l'épargne, la prévoyance et la préoccupation de l'avenir. De là ces *trades unions*, mal copiées par nos syndicats professionnels, et dont l'objet est d'être, pour ainsi dire, les champions et les gardiens des intérêts économiques des ouvriers. De là aussi ces sociétés coopératives, qui ne procurent pas seulement aux ouvriers anglais le bon marché et la bonne qualité des denrées, mais qui sont aussi des écoles où, avec la connaissance des affaires, ils en apprennent les difficultés et les dangers. Aussi est-il permis de constater que si ces manifestations multiples de l'association sont dues à un essor de l'initiative privée, elles ont, à leur tour, accru et développé ce sentiment.

Mais ce mouvement de l'association est relativement récent ; il date de la réforme de la *Poor Law* en 1834. C'est ce qu'il nous sera facile de montrer par des chiffres, lorsque nous aurons détaillé le caractère et le fonctionnement de chacune de ces trois institutions.

Les *friendly societies* ne sont pas, comme on pourrait l'induire de ce que nous venons de dire, des institutions récentes. Elles ont une double origine historique : les unes sont nées des guildes du moyen âge (1) ; les autres viennent d'institutions françaises importées de France en Angleterre par les réfugiés français à la suite de la révocation de l'Édit de Nantes (2) ; mais il faut bien le dire, les so-

(1) M. Ludlow cite l'exemple d'une guilde dans le comté de Norfolk dont les biens ont été confisqués par l'*act* d'Henri VIII, mais qui, malgré cela, est restée en possession de ses propriétés jusqu'en 1650. Il mentionne deux *friendly societies*, établies à Londres en 1666 et 1687 (*Contemporary review*, avril 1873, p. 738). Dans son rapport annuel de 1883, le même M. Ludlow mentionne 77 sociétés amicales, dont la plus vieille date de 1687, et la plus jeune de 1780. En Écosse, il y en a un certain nombre, qui ont un ou deux siècles d'existence.

(2) M. E. Brabrook, *assistant registrar of friendly societies*, dans une communication faite par lui au Congrès tenu à Nantes en 1875

ciétés amicales ont reçu une nouvelle naissance à l'époque de la transformation de l'industrie.

Les variétés sont grandes parmi ces sociétés (1) : les unes sont des sociétés de secours mutuels en même temps que des caisses d'épargne ou des participations aux bénéfices ; c'est ainsi qu'il y a les *Deposit friendly societies*, basées sur cette règle que l'allocation de secours dérive autant de l'assurance que du crédit individuel de chaque membre, représenté par les dépôts qu'il a faits ; c'est ainsi qu'il faut citer également les « *Dividing societies* » appelées aussi « *Sharing out clubs* », dans lesquelles le fonds, provenant des droits d'entrée et des cotisations, est, après le paiement des dépenses de maladie et de funérailles, partagé, à titre de boni, entre les membres, à la fin de l'année ou à la fin d'une plus longue période, par exemple sept ans (ce chiffre est fréquemment adopté, et, dans ce cas, la société est appelée *seven year's club*) ; on peut citer comme type de ce genre de sociétés « *The union provident sick Society in Birmingham* », qui, en 1880, comprenait 4,923 membres, et avait en caisse 9,179 liv. st.

Certaines sociétés sont exclusivement locales, recrutant leurs membres uniquement dans la localité, village ou ville ; lorsqu'il s'agit d'une société de village, les réunions ont lieu le plus souvent au *public house*. Il est aussi des

par l'Association française pour l'avancement des sciences, parle de ces sociétés établies par des Français à Spitalfields (Londres). L'une, fondée en 1708, est la société de Lintot, établie à Bethnal Green (Londres) : « Elle n'a que 50 sociétaires, mais les fonds de la société « s'élèvent à 51,050 francs. Parmi les sociétaires, on trouve les noms « évidemment français de Racine (trésorier), Duprey, Lussignes, « Levesque, Pottier, Sully, Levillain, Dougray, Bouchard, Boisson, « Saint et Deboos ».

(1) Il faut consulter sur cette question l'ouvrage de J. M. Baernreither, membre de la Chambre des députés d'Autriche. Cette étude des plus complètes a été traduite par Miss Alice Taylor : « *English associations of workingmen* ».

sociétés dites de comté (*county societies*) fondées soit pour un comté soit pour une partie de comté, assez souvent pour une Union (1); ces sociétés ont ce caractère d'être généralement sous le patronage du clergé, de la noblesse du comté, et de la *gentry*, qui fournissent à ces sociétés un grand nombre de membres honoraires ; il n'y a guère que ces sociétés qui comptent des membres honoraires. Leur administration repose assez souvent sur ces derniers, et cela s'explique assez bien, la plupart de ces sociétés ayant été fondées dans le but d'améliorer la condition de ceux qui vivent de la taxe des pauvres, et de les soustraire à la dégradation de la *Poor Law* (2).

Un certain nombre de sociétés amicales ont un caractère professionnel ; elles réunissent les individus exerçant un même métier dans une ville. D'autres groupent les individus d'une grande usine, et c'est ainsi que les employés ou agents des grandes compagnies de chemins de fer sont généralement affiliés à une société amicale.

Viennent ensuite les grandes sociétés, *Ordinary large (or general) societies*, dont la *Société des Cœurs de Chêne (The Hearts of oak benefit society)* est le type. Enfin les grands *ordres*, c'est-à-dire l'affiliation à de vastes sociétés, qui se divisent, en général, en groupes. Quoique la constitution des ordres affiliés implique un grand maître de l'ordre, et un comité central dirigeant, chaque groupe a

(1) Voici ce que dit un auteur, M. George Young : « Some of the « societies have been founded in pursuance of resolutions taken by « the magistrates at quarter sessions, as a means of improving the « condition of those classes which are in part dependent on the « rates, and with the hope of eventually superseding the poor law « by their means ».

(2) Il y a un type de société tout spécial : les « *Burial societies* » ou *sociétés d'enterrement*, qui ont pris une très grande importance, à raison de ce sentiment de l'ouvrier anglais qui tient à avoir un « *decent burial* » et à ne pas être enterré aux frais de la paroisse. La plupart sont postérieures à 1834.

son autonomie complète. Ces groupes portent des appellations différentes suivant l'ordre auquel ils appartiennent. Dans l'un, ce sont des *loges*; un autre a ses *cours*, ses *sanctuaires*; il en est qui ont leurs *tentes*, ou leurs *sénats*, etc. Il est, parmi ces sociétés, des noms connus : l'*Ordre indépendant des Originaux de l'Unité de Manchester*, l'ancien ordre des *Forestiers*, l'ordre des *Druides*, l'ordre indépendant des *Rechabites* (1). Ce dernier, celui des *Rechabites*, constitue non seulement une société de secours mutuels, mais aussi une société de tempérance ; ses membres se souviennent du prophète, qui a dit des fils de Rechab qu'ils ne buvaient pas de vin, et vivaient sous des tentes, et que leur fidélité avait confondu l'infidélité des enfants de Juda.

On verra, par les chiffres que nous citerons plus loin, quelle est l'importance de ces grandes sociétés. « Ces gran-
« des fédérations, écrit M. Ludlow, greffier en chef, sont
« une des gloires de l'association en Angleterre. Aucune
« société locale, si bien organisée qu'elle soit, ne peut
« rendre les mêmes services à ses sociétaires, et, par là,
« à la nation tout entière. Le principe fédéral seul se
« prête à cette mobilité qui caractérise de plus en plus les
« classes ouvrières dans la société moderne. Rien de plus
« difficile dans une société locale que de fournir des se-
« cours à distance, quand un sociétaire quitte le voisinage
« de la société. Rien de plus facile, au contraire, pour
« une grande société fédérée dont le réseau embrasse tout
« le territoire. Chacune de ses loges agit, au besoin,
« comme mandataire de toutes les autres, pour les exa-
« mens et certificats médicaux, pour le payement des se-
« cours, pour la perception des cotisations. Toutes admet-
« tent comme visiteurs tous les membres du corps fédéral,

(1) L'ordre des *Rechabites* est réparti en tentes : la tente de *Un et Tous*, la tente de l'*Étoile d'Orient*, la tente de la *Prospérité*, du *Soleil Levant*, du *Jubilé*, du *Palmier*, de l'*Olivier*, etc.

« et, à certaines conditions, les acceptent comme socié-
« taires. Une fois admis dans la fédération, un ouvrier
« n'est pour ainsi dire jamais dépaysé ; partout où s'ouvre
« une loge de la société, il trouve des amis aussi bien au
« delà des mers que dans le Royaume-Uni. Puis l'étendue
« de la fédération ouvre de larges horizons à la pensée, à
« l'ambition. Le moindre sociétaire de loge peut parve-
« nir de grade en grade aux plus hautes dignités de l'or-
« dre (1). Les réunions annuelles de ces fédérations sont
« de véritables parlements composés de centaines de dé-
« légués. Les intérêts des loges coloniales et étrangères y
« sont représentés. Toutes les questions, d'importance
« vitale pour la société, s'y traitent, et il est rare qu'une
« année se passe sans apporter quelque amélioration dans
« les statuts, ou, du moins, sans manifester un progrès
« dans les idées, progrès qui se propage dès lors avec une
« nouvelle force parmi un demi-million de sociétaires,
« pour aboutir plus tard à des améliorations nouvelles.
« C'est aux *Originaux de l'Unité de Manchester* que l'on
« doit les meilleures statistiques sur la maladie ».

M. Ludlow a raison, et quand on lit, dans le rapport
adressé par un de nos Ministres de l'Intérieur au Président
de la République sur les opérations des sociétés de secours
mutuels en France pendant l'année 1886, ces mots : « L'or-
« ganisation de la mutualité française peut être prise
« comme modèle par les autres nations » (2), on peut
comprendre que le *registrar general* n'ait pas craint d'ajouter, en note, au-dessous de ce passage : « Il est pour le
« moins douteux que ce sentiment trouve un écho de ce
« côté-ci de la Manche » (3).

(1) Ces larges *friendly societies* ont revêtu, pour la plupart, la forme
et les rites de la franc-maçonnerie ; elles ont obéi, en cela, au désir
de se soustraire au contrôle du Gouvernement.

(2) P. XI.

(3) V. M. Léon Say, *Économie sociale*, p. 237.

Ce n'est pas seulement par l'importance de ces grandes fédérations, mais aussi par la diversité des manifestations sous lesquelles se présente la mutualité, que se distingue l'Angleterre ; c'est également par le nombre considérable de membres faisant partie des sociétés de secours mutuels.

Mais, nous l'avons dit en commençant, cet essor des sociétés de secours mutuels est relativement récent ; il a suivi la réforme de la *Poor Law*, de 1834. Avant cette date, la facilité d'admission au secours public et l'absence du *workhouse test* rendaient inutile la prévoyance. Au contraire, depuis 1834, la crainte ou plutôt l'horreur du *workhouse*, l'espèce de déshonneur, qui frappe les gens vivant des secours paroissiaux, la déchéance ou la dégradation sociale qui les atteint, ont, sinon fait éclore, du moins développé largement l'idée et le besoin de la mutualité (1). Nous l'avons déjà noté à propos des *county societies*, fondées en général sous la préoccupation de restreindre le nombre des *paupers*, et de diminuer le taux du *poor rate*, et établies dans les centres ruraux, où précisément la distinction entre les deux classes de pauvres est moins nettement dessinée que dans les villes, et où l'horreur du *workhouse* se fait sentir moins fort. Dans les villes, c'est à l'initiative même de la classe ouvrière qu'est dû ce résultat. Aussi s'explique-t-on que les *friendly societies* ne s'adressent pas aux plus pauvres ; de même peut-on s'expliquer que, lors d'une enquête statistique entreprise en 1882, sur la motion de Lord Lymington, et ayant pour but de rechercher le nombre des *paupers* mâles de toutes les Unions d'Angleterre, ex-membres des *friendly societies*, on n'en ait trouvé que 11,304 ; encore près de 4,000 avaient-ils appartenu à des sociétés qui n'existaient plus.

(1) Voici comment s'exprime M. Baernreither : « Their desire was « to prevent a fellow workman and companion, when ill or aged, « from going to the workhouse, or, when he died, to save his wi- « dow and children from that fate », p. 165.

Si jamais les chiffres sont nécessaires, c'est bien ici, pour montrer l'intime relation qui existe entre la réforme de la loi des pauvres, et le développement des *friendly societies*. Il est sans doute bien difficile d'indiquer le chiffre exact des sociétés ; car les unes sont enregistrées, les autres ne le sont pas : des premières seules on peut se rendre compte d'une manière précise. Quoi qu'il en soit, en 1874, une Commission royale estimait le total des *friendly societies*, enregistrées ou non, en Angleterre et dans le pays de Galles, à 32,000, et M. E. W. Brabrook, *assistant registrar*, estimait que ce nombre devait être surélevé. En 1880, les seules sociétés enregistrées se montaient à 12,867, avec un capital de 13 millions de liv. st., et un personnel de 4,802,249 membres. Au 31 décembre 1889, il y avait 26,865 sociétés enregistrées, avec 7,180,461 membres, et 23,700,421 liv. st. de fonds. Le nombre des sociétés non enregistrées doit être égal à celui des sociétés enregistrées. Nous sommes loin des chiffres antérieurs à 1834.

Mais si nous prenons le développement des grandes sociétés, les chiffres donneront une confirmation beaucoup plus frappante de notre affirmation. La « *Hearts of Oak benefit Society* » date de 1842. Elle ne comprenait, en 1865, que 10,571 membres ; elle en compte aujourd'hui 102,263. Elle avait, à la première date, 20,758 liv. de revenus annuels ; ce chiffre a plus que décuplé. De 40,466 liv., son fonds s'est élevé à 627,012 liv. st. Ajoutons à cela qu'elle a entrepris, depuis cette époque, le service des pensions de retraite. — La grande société « *The Manchester Unity* », dont l'origine remonte à 1822, ne comprenait, en 1832, que 31,042 membres ; en 1834, 60,000 ; en 1846, 251,727 ; en 1884, elle comptait 593,850, avec 6,034,587 liv. st. de fortune (1). A la fin de 1890, l'effectif s'était en-

(1) La société compte des membres dans les colonies et possessions britanniques. Il y a donc lieu d'abaisser quelque peu les chif-

core accru, et la société comprenait 673,073 membres,
chiffre supérieur à celui de l'année précédente (1). — Les
progrès de l'ordre des *Forestiers* ne sont pas moins frappants. Né en 1745, il ne comptait en 1832 que 10.000 membres ; il a été réorganisé en 1834 sous le nom de l' « *Ancien
ordre des Forestiers* », et n'a cessé de s'accroître : en 1845,
65,909 membres ; en 1884, 623,288 avec 3,584,105 liv. st.
(dont 584,600 membres pour le Royaume-Uni, et un capital respectif de 3,223,376 liv. st.). A la fin de 1886, les
Forestiers étaient 667,570 ; à la fin de 1890, 693,505 (2).

Cette progression dépasse de beaucoup les progrès du
commerce et l'accroissement de la population ouvrière ;
elle ne peut donc s'expliquer uniquement par ces causes,
et elle suppose l'intervention d'un autre facteur, qui est
précisément la modification réalisée dans la *Poor Law*.

Cette relation intime entre les *friendly societies* et le
mode d'administration de la loi des pauvres avait déjà été
nettement mise en lumière par Sir F. Eden, en 1797 (3).
Depuis cette époque, de nombreux publicistes ont insisté
sur cette influence de la *Poor Law* sur le développement
de la prévoyance. Dans l'appendice au quatrième rapport
annuel des commissaires de la loi des pauvres (4), M. Tuf-
nell, que nous avons déjà cité dans le chapitre précédent,
constate tout d'abord que les *friendly societies* sont, depuis la réforme de 1834, destinées beaucoup plus à assurer l'allocation de secours en cas de maladie et de vieillesse,
qu'à profiter aux cabaretiers dans les boutiques desquels
elles tenaient leurs réunions ; il ajoute qu'elles sont éta-

fres ci-dessus, si l'on veut en connaître l'effectif pour le Royaume-
Uni.

(1) V. Baernreither, *loc. cit.* ; v. aussi *Memorandum on Insurance
and saving*, publié par la *Charity organisation Society*.

(2) V. les ouvrages cités à la note précédente.

(3) V. son étude *State of the Poor*, 3 vol.

(4) P. 220-222.

blies sur des bases beaucoup plus scientifiques qu'autrefois, et qu'elles n'exposent pas les sociétaires à les voir sombrer au moment précis où il s'agirait pour elles de tenir leurs engagements.

Le même auteur cite la statistique des membres ayant appartenu à trois sociétés de secours mutuels pendant chacune des années qui ont immédiatement précédé et suivi la réforme de 1834. L'une de ces sociétés fonctionnait dans le comté de Sussex, les deux autres dans celui de Kent.

| | SUSSEX | KENT | |
| | | Société A | Société B |
Années	Nombre de membres	Nombre de membres	Nombre de membres
1831	84	—	461
1832	64	378	477
1833	56	363	519
1834	48	356	533
1835	49	353	600
1836	64	420	611
1837	98	478	770

Ces chiffres montrent tous une augmentation rapide après la promulgation de l'*Act* de 1834, et dénotent par conséquent son influence. Que l'on n'objecte pas qu'il s'agisse d'exemples isolés. Le fait reste vrai pour l'ensemble du pays ; c'est ce qu'a mis en relief M. Tidd Pratt, qui fut pendant quelques années *Chief registrar* des *friendly societies* : « L'acte, appelé *Benefit Society Act*, a été rendu en « 1829, et le nombre des sociétés enregistrées de juillet « 1829 à août 1830, dans la première année, fut de 510 ; « dans la seconde, de 560 ; dans la troisième, de 1,180,

« chiffre qu'il regarde comme anormal, et qu'il attribue à
« un changement dans la législation. En 1833, de 470 ;
« en 1834, de 350. Depuis cela, et sous l'empire du *Poor*
« *Law amendment*, le chiffre fut de 700 dans la première
« année, de 670 dans la suivante, et de 739 dans celle qui
« lui succéda » (1).

Avant les restrictions posées par la réforme de 1834,
les classes inférieures n'avaient aucun intérêt à s'affilier
aux sociétés de prévoyance ; car, ainsi qu'on l'entendait
dire un jour parmi les pauvres du sud de l'Angleterre, la
meilleure société de secours est encore la *Poor Law*, puisqu'elle donne des secours et n'exige aucune cotisation.
« *That the poor law is the best benefit club, because every*
« *thing is taken out and nothing paid in* ».

Il y a lieu de remarquer également que la pratique, encore suivie dans certaines Unions, d'allouer des secours à
domicile a paralysé l'essor des sociétés de secours mutuels.
L'Union de Bradfield, dans le Berkshire, suivait la fâcheuse
pratique des secours à domicile, qui a été abolie en 1871.
Or le président de l'Union, M. Bland-Garland, dans une
conférence tenue le 12 décembre 1888, citait, avec chiffres à l'appui, que, dans cette Union, depuis 1871, le nombre des membres des *friendly societies* avait augmenté de
48 0/0, et que celui des adhérents aux « Doctor's Clubs »
s'était accru de 152 0/0. — De même on a constaté que
l'extrème facilité des Gardiens dans l'allocation de secours
à domicile aux vieillards explique, dans une très large
mesure, la lenteur avec laquelle a progressé l'assurance
contre la vieillesse. Même dans les meilleures sociétés, la
cotisation en vue d'une pension de retraite n'est pas populaire. Sans doute, il est des membres qui ont pris, en vue
de leur vieillesse, d'autres arrangements, par exemple, en

______

(1) Quatrième rapport annuel des commissaires de la *Poor Law*,
p. 84.

versant une cotisation à cet effet à leur *trade union* ; mais il n'en est pas moins vrai que les ouvriers, appartenant aux classes inférieures, s'en sont un peu trop reposés sur les avantages et les promesses de la *Poor Law*.

Dans les Unions, où l'on accorde facilement l'*out-door relief*, on constate un moindre nombre d'assurances contre la vieillesse ; les *Boards* de ces Unions se trouvent, de plus, aux prises avec une difficulté, celle de savoir s'il est possible et dans quelle mesure il est possible d'accorder des secours aux membres des *friendly societies*, qui ont droit de ce chef à des secours en cas de maladie ou de vieillesse (1) ; leur donner. c'est augmenter la charge de l'assistance, et produire une aggravation des impôts ; leur refuser, c'est engager la classe ouvrière à abandonner les idées de prévoyance, et décourager l'affiliation à une société de secours mutuels.

La question vient d'être tranchée législativement ; une loi de 1894, dont nous avons parlé plus haut, autorise les Gardiens à allouer des secours aux membres des sociétés de secours mutuels, et leur donne toute latitude quant à la quotité des secours ; mais cet *Act* ne supprime pas la difficulté dans l'application (2).

M. Vallance, clerk de l'Union de Whitechapel, un des hommes connaissant le mieux les questions relatives à l'assistance, et les examinant avec un esprit élevé, racontait, il y a quelques années, le fait suivant dans une conférence

---

(1) Le rev. C. P. Tidd Pratt proposait la solution suivante : Quand la nécessité sera établie, on donnera le secours *à domicile* au membre d'une *friendly society*, tandis qu'on n'allouera que le secours dans le *workhouse* aux autres personnes.

(2) Il est vrai que les sociétés les mieux dirigées répugnent très fortement à faire concourir leurs efforts avec l'intervention de l'administration de la *Poor Law* ; elles sont très jalouses de leur indépendance et de celle de leurs membres, et considèrent que leur liberté vaut mieux que tout. Aussi combattent-elles très vivement le projet de pensions de l'État à allouer aux classes ouvrières.

de la *Poor Law* : « Je me rappelle d'il y a quelques années
« le cas d'un homme avec une femme et plusieurs enfants
« à sa charge, qui, à raison de son état de maladie, était
« secouru par les Gardiens, en argent et en nature. Par une
« singulière coïncidence, vivait, à sa porte, un homme
« occupé dans le même atelier, ne gagnant pas davantage
« que ce que le premier était capable de gagner, et atteint
« de la même maladie. Cet homme, cependant, avait été
« économe et laborieux, et recevait en même temps du
« *Sick Club* environ la même somme que celle que le
« *pauper*, son voisin, recevait à titre de secours ; et, con-
« finé dans sa maison, il se prit à observer la pratique de
« la *Poor Law*, telle que lui révélait le ménage voisin. Il
« voyait l'officier de secours visitant périodiquement cette
« maison voisine, et il voyait la femme aller effrontément
« chaque semaine à l'office de secours, et il la voyait, elle
« et ses enfants, revenant au logis, chargés du pain donné
« par la paroisse ; et il réfléchissait à ce résultat inique
« que lui, homme prévoyant, payait la taxe pour l'entre-
« tien de son voisin imprévoyant. Peu après, il vint me
« trouver, et en termes vifs qu'expliqua l'injustice de sa
« situation; il se plaignit amèrement d'un système de
« secours, qui non seulement ne permettait pas à l'ouvrier
« prévoyant de compter sur le secours paroissial, mais
« encore le forçait à payer une partie de l'entretien de son
« voisin ».

Nous devons rapprocher de l'anecdote qui précède une
citation que nous empruntons à l'ouvrage du Professeur
Fawcett sur le *Pauperism* : « Un événement, qui arriva ré-
« cemment dans un comté de l'Ouest, servira d'exemple
« frappant du découragement profond que produit sur la
« prévoyance la distribution de larges secours paroissiaux
« parmi ceux qui n'ont d'autre titre à l'assistance publique
« que leur imprévoyance. A une large réunion des mineurs
« du Somersetshire, organisée et suggérée par eux dans le

« but de fonder une *friendly society*, le premier sentiment,
« qui se manifesta, et d'une manière unanime, fut l'appro-
« bation du projet ; mais un des orateurs fit observer que
« le premier effet de l'affiliation à une société de cette na-
« ture ferait perdre toute chance d'obtenir les secours
« paroissiaux. Cette observation renversa immédiatement
« l'opinion de l'assemblée, qui vit dans la formation d'une
« société de secours mutuels une simple réduction de la
« taxe des pauvres, et qui abandonna le projet (1) ».

Celle des institutions, qui ressemble le plus aux *friendly
societies*, est celle des *trades unions*. Les Unions de métiers
ont dû le jour au besoin qu'éprouvait le travail de grouper
ses forces pour faire contrepoids à l'accumulation du capital ; cette accumulation, en créant la grande industrie,
devait enlever aux ouvriers les avantages qui résultaient
pour eux de l'ancienne organisation du travail ; car, à l'é-
poque des *Trade Guilds*, composés, comme nous l'avons
vu, des patrons et des ouvriers réunis, c'étaient les statuts
et usages de ces associations qui fixaient les heures de
travail, le taux des salaires, l'apprentissage et les conditions générales de la main d'œuvre. Ajoutons à cela les
fluctuations du travail, et l'on comprendra la nécessité
pour les ouvriers de s'associer. Ceci leur était d'autant
plus facile et plus nécessaire, au moment où les métiers à
domicile et les petits ateliers disparurent pour faire place
aux fabriques.

Les *trades unions* sont donc des associations entre ouvriers, dont le but est d'obtenir, dans le contrat de travail,
les conditions les plus avantageuses au point de vue soit
de la rémunération, soit de la réduction des heures de
travail. Cette organisation des forces ouvrières est trop
connue pour que nous nous croyions permis d'insister à
notre tour. Les Unions de métiers ont rencontré leurs his-

(1) P. 40.

toriens (1), et, si nous leur consacrons ici quelques lignes, c'est moins pour exposer leur origine et leur fonctionnement que pour constater leur action sur la prévoyance, et aussi, en sens inverse, l'influence de la *Poor Law* sur leur développement (2).

Lorsque les *trades unions* naquirent, il y a environ 65 à 70 ans, elles prirent la forme de sociétés de secours mutuels, promettant des secours en cas de maladie et de chômage ; mais à côté de ce caractère, qui expliqua leur succès, elles voulaient être aussi des corps de résistance ou plutôt d'agression, ayant pour but de provoquer la hausse des salaires, la diminution des heures de travail, et toutes les autres améliorations souhaitées par l'ouvrier.

Les Unions de métiers ont pris un développement considérable en Angleterre. Jusqu'en 1871, elles n'étaient pas reconnues en qualité de personnes morales ; à la suite de crimes commis à Sheffield par l'Union des couteliers, l'opinion publique exigea une enquête. On pouvait supposer qu'à la suite des faits qu'elle révéla, on aurait eu recours à des mesures restrictives, et c'est vraisemblablement la solution qu'on eût adoptée en France. Loin de là, on jugea préférable, en Angleterre, de leur accorder la personnalité juridique, à la seule condition de soumettre à la publicité leurs statuts et leurs budgets.

C'est peu de temps après ces événements que M. le Comte de Paris écrivait leur histoire, et l'on comprend qu'il ait pu se demander, cherchant quel pourrait être l'avenir de ces associations, si le cheval de bataille ne pourrait un jour s'atteler à la charrue. Peut-être n'a-t-il pas accordé, ainsi

(1) M. le Comte de Paris, *Les associations ouvrières en Angleterre* ; M. Leroy-Beaulieu, *La question ouvrière au XIXe siècle* ; M. Georges Howell, *Trade Unionism New and Old.*

(2) Dans notre étude sur les *Salaires au XIXe siècle*, nous avons montré l'influence que les Unions ont eue sur l'élévation des salaires.

que ceux qui écrivaient à la même époque, une attention suffisante à la meilleure partie de leur œuvre, et ne l'a-t-il pas assez mise en relief. C'est que si le but principal des Unions anglaises est de poursuivre l'élévation et la condition de l'ouvrier — et c'est même la raison pour laquelle la classe ouvrière a un si grand attachement pour cette institution, à laquelle elle sacrifierait volontiers celle des *friendly societies*, — il faut et il est juste d'ajouter qu'il y a dans l'unionisme un germe excellent, c'est l'assurance, nous voulons dire l'esprit de prévoyance et de mutualité. Mais, avant de montrer les sacrifices faits par les *trades unions* pour secours, il n'est pas sans intérêt d'expliquer brièvement leur organisation.

Chaque branche de l'industrie du Royaume-Uni a son Union particulière, qui est ou purement locale, c'est-à-dire établie dans une seule ville ou un seul district, ou bien générale, c'est-à-dire ayant un centre commun et des succursales ou des loges dans toutes les parties du pays.

A l'origine, presque toutes les Unions étaient locales ; quoique ce caractère local tende à disparaître au profit des grandes Unions, il se rencontre encore dans certaines associations établies dans des villes ayant précisément une industrie spéciale. Toutefois les Unions locales, qui existent encore actuellement, n'ont pas toutes un caractère strictement professionnel, et elles ont une tendance, celle de grouper les individus appartenant à tous les métiers d'une même ville.

Quant aux Unions générales, elles se composent de tous les ouvriers ou plutôt de la majorité des ouvriers appartenant à l'une des grandes industries nationales, c'est-à-dire à une industrie exercée sinon dans tout le pays, du moins dans plusieurs de ses régions. Quelques-unes des Unions principales portent le nom de *amalgamated societies*, (sociétés comprenant et réunissant toutes les branches qui se rattachent à une même industrie) ; c'est ainsi que, dans l'Union représentant l'industrie des machines, sont réunis les ajusteurs, les ouvriers aux modèles, les forgerons, les constructeurs de moulins, etc.

Il est une fédération, dont on a beaucoup entendu parler récemment, la Fédération nationale des mineurs, *Miners national federation*. C'est une association toute nouvelle, fondée en 1889.

« On prétend, lisons-nous dans un rapport déjà cité (1),
« qu'elle ne compte pas moins de 140,000 mineurs des dif-
« férentes mines de charbon de l'Angleterre, à l'exception
« du Durham et du Northumberland. Cette fédération
« n'est pas établie entièrement sur les mêmes bases que
« celle de 1877. Elle est administrée par un comité ou con-
« seil des délégués des différents districts. Chaque délégué
« est payé tant par jour, en dehors de ses frais de voyage,
« quand il se déplace pour le service de la fédération.
« Lorsqu'il y a grève, ce comité fait les fonds pour la paie
« des ouvriers, mais il n'a pas le droit de peser sur les
« règlements et décisions des sociétés indépendantes, qui
« composent la fédération..... »

Jusque dans ces dernières années les *Trades unions* se formaient seulement entre ouvriers *skilled*, c'est-à-dire ayant et sachant un métier. Mais, depuis peu, on a vu la formation d'associations entre *unskilled labourers* (journaliers, ouvriers ne sachant aucun métier proprement dit). On peut citer, en premier lieu, les Unions des ouvriers des champs; on se rappelle également avec quelle rapidité (en six mois environ) l'Union des ouvriers des docks, qui ne comptait que 800 membres (2), atteignit le chiffre de 50,000; les ouvriers des usines à gaz, suivant l'exemple des « Dockers », ont récemment formé une association. Ces Unions, nouvellement fondées, ont davantage que leurs

____

(1) M. Léo Caubet, *loc. cit.*
(2) Le nombre était même descendu à 300.

devancières une tendance politique, fait avec raison observer l'auteur du rapport que nous avons cité plus haut ;
elles ne craignent pas de faire appel à l'intervention de
l'État pour obtenir la réalisation de leurs *desiderata* ; enfin
elles ne songent pas à remplir le rôle de philanthropie
prévoyante des anciennes Unions (1). « L'Union doit res-
« ter une machine de guerre et ne s'embarrasser d'au-
« cune caisse de maladies ou d'accidents », disait-on au
congrès des ouvriers de chemins de fer, tenu à Bethnal-
Green, le 19 novembre 1890.

C'est précisément sur ce caractère de société de prévoyance que nous devons maintenant insister. Dans son
intéressante étude, M. G. Howell nous montre les sacrifices énormes faits par les *Trades unions* en faveur des institutions et œuvres de prévoyance et d'assistance mu-
tuelle (2) ; d'ailleurs, voici le total des sommes déboursées
par quelques-unes des grandes sociétés ouvrières :

(1) Chaque membre de l'Union paie chaque semaine une cotisation, qui l'admet à participer à tous les avantages prévus par les
règlements de l'association. La cotisation varie, suivant les sociétés,
de 2 *pence* (20 centimes), dans les métiers les plus pauvres, jusqu'à
1 shill. (1 fr. 25) dans l'Union des mécaniciens, celle des constructeurs de navires, etc. — Quelques sociétés séparent d'une manière
distincte leurs fonds de métier, *trade funds*, de leurs fonds de secours, *benefit funds* ; dans ce genre d'associations, l'ouvrier, qui
fait déjà partie d'une société de secours mutuels, n'est soumis qu'à
la cotisation du *trade fund*.

Dans les rapports des consuls américains de 1885, sur l'organisation
du travail et les conditions de la vie en Angleterre, nous lisons les
budgets de quelques ouvriers. Un artisan, à Sheffield, qui gagne
30 fr. 35 par semaine, a, parmi ses dépenses hebdomadaires, une
cotisation de 1 fr. 20 pour la *trade society*, et de 0 fr. 60 pour la
friendly society. Un mécanicien, à Londres, dont le gain annuel
est de 3.120 fr., supporte, parmi ses dépenses annuelles, celles-ci :
society dues, 44 fr. 50 ; *insurance of lives of self and family*, 221 fr. 60.
A Birmingham, un *brushmaker* donne 102 fr. à la *Trade union*, et
121 fr. 50 au *Doctor's Bill*.

(2) *Trade Unionism new and old*, ch. VI. — V. aussi les appendices
de l'ouvrage du même auteur : *Conflicts of Capital and labour*, 2ᵉ éd.,
1890. — Un article de l'*English Illustrated Magazine*, du mois d'octobre 1890, nous donne le détail des dépenses faites par un certain
nombre d'Unions par tête et par an pour chacun de leurs différents
services.

NOM DES SOCIÉTÉS	TOTAL DES VERSEMENTS FAITS POUR							
	Frais funéraires	Caisse des maladies	Caisse de la vieillesse	Caisse des accidents	Chômages	Dons bienveillants	Perte d'outils, etc	Grèves
	£	£	£	£	£	£	£	£
Mécaniciens réunis.	209,917	680,311	482,200	52,630	1,492,201	70,598	—	80,661
Constructeurs de machines.	17,825	60,502	22,270	8,116	86,331	1,606	—	3,082
Chaudronniers et construc-teurs de navires	51,570	291,278	49,257	36,660	311,811	—	—	70,255
Fondeurs en fer.	61,511	208,628	111,268	32,850	709,561	3,549	—	50,117
Mouleurs en fer. Ecosse . .	11,228	rien	38,597	compris dans les frais funé-raires.	210,033	—	—	compris dans la caisse de chômage.
Forgerons associés.	5,203	26,203	1,989	2,316	32,918	—	—	
Charpentiers et menuisiers .	43,749	239,665	27,020	25,010	319,193	18,005	24,113	87,091
Ouvriers tailleurs de pierre.	92,717	120,181	81,313	31,679	94,763	7,902	—	112,100
— briquetiers	13,616	51,474	921	971	3,500	929	—	5,160
— plâtriers	12,801	21,792	3,715	10,310	2,722	—	—	7,250
Tailleurs réunis	11,081	131,631	1,711	rien	25 166	2,105	—	20,073
Société des compositeurs de Londres.	16,098	rien	10,216	—	92,058	13,273	507	22,313
Association des typographes.	9,227	—	9,886	—	49,207	—	—	16,860
Carrossiers	31,118	5,360	50,821	1,822	113,577	—	702	compris dans la caisse de chômage.
Total : 14 sociétés. .	653,743	1,810,511	895,006	193,431	3,601,311	118,025	21,822	462,818
Soit en valeurs françaises. . fr.	16,313,575	41,012,775	22,377,400	4,885,850	90,103,527	2,950,625	620,550	11,670,450

Du tableau qui précède, il résulte que le montant de toutes les sommes consacrées (1) à ce qu'on pourrait appeler les besoins constants et permanents des ouvriers, « c'est-à-dire, selon le mot de M. Howell, l'assistance pé- « cuniaire dans le cas où la misère les surprend sans qu'il « y ait de leur faute », atteint le chiffre grandiose de 183,298,800 francs, tandis que le montant total des dépenses occasionnées par les grèves s'élève seulement à 11,570,450 francs.

Si nous prenons une de ces 14 sociétés, celle des mécaniciens réunis, nous voyons qu'elle accorde, à titre de secours de vieillesse, de 10 à 7 sh. par semaine ; elle a dépensé, en secours de cette nature, une somme de 1,004,250 francs, dans l'année 1889. Il est vrai que cette société comptait, la même année, 67.800 membres.

« La plupart des Unions accordent, en outre, des secours « de route aux sociétaires qui se déplacent pour chercher « du travail. L'ouvrier voyageant ainsi se présente aux « succursales, aux loges de l'Union qu'il rencontre sur sa « route ; là, on lui procure souvent un repas et un lit, « mais ce n'est pas une règle générale. Les secours de « route varient suivant les sociétés. Ils peuvent toutefois « être évalués à 1 *penny* (10 centimes) par mille (environ « 1 kilom. et demi). Dans beaucoup d'Unions, on a adopté « le système de donner à l'ouvrier un billet de 3ᵉ classe « en chemin de fer pour se rendre d'un point à un autre « (le prix de la 3ᵉ classe, en Angleterre, est de 1 *penny* « par mille) ; ce mode de procéder était en usage spéciale- « ment parmi les charpentiers et les menuisiers, et a eu « pour résultat de réduire très sensiblement les déplace-

(1) Il s'agit du total des sommes dépensées depuis un certain nombre d'années, et, par exemple, pour l'Union des ouvriers tailleurs de pierre, depuis 50 ans. Certaines des dépenses sont essentiellement irrégulières, et varient chaque année ; ainsi celle consacrée aux grèves.

« ments qui, chez certains ouvriers, dégénéraient en vé-
« ritable vagabondage » (1).

Les vieilles Unions sont les seules à donner des secours
en cas de maladie, de vieillesse, etc. Ce sont aussi celles
où les grèves et les *lock-outs* sont le plus rares. Elles donnent de plus larges secours que les *friendly societies* ; car
elles se composent d'artisans intelligents et d'ouvriers d'é-
lite, c'est-à-dire d'une catégorie d'ouvriers qui échappent
absolument à l'influence de la *Poor Law*, ou plutôt sur lesquels cette influence se fait sentir aujourd'hui comme stimulant à la prévoyance. Il est aussi à noter, qu'on sent à
chaque instant, dans cette matière, le contre-coup de la loi
des pauvres (2). Autrefois la prévoyance n'existait pas,
parce que le secours était assuré ; aujourd'hui encore dans
celles des Unions, où le secours à domicile est maintenu
comme règle, les prolétaires ne songent pas à l'avenir, et
ne se préoccupent pas de s'assurer contre les besoins de la
vieillesse et contre les risques de la maladie (3).

Comme les *trades unions*, les sociétés coopératives ont
été entre les mains des ouvriers anglais un instrument de
progrès ; elles ont été pour eux un autre moyen d'émancipation. Comme les Unions, elles ont pris naissance dans la
constitution de la grande industrie et de ses excès de la première heure. Dans une autre partie de cette étude, nous

(1) M. Léo Caubet, *loc. cit.* — L'auteur du rapport ajoute ces lignes :
« Les fonds destinés aux grèves constituent néanmoins le trait qui
« caractérise les *trades unions*, et qui les distingue des autres asso-
« ciations ouvrières. C'est pour cela que pendant longtemps on les
« considéra comme illégales, et plutôt comme des coalitions que
« comme des associations ».

(2) M. Howell fait remarquer que les principales institutions de
prévoyance des *trades unions* ne datent guère que de quarante ans
(ch. VII).

(3) Voir l'étude déjà citée « *Insurance and Saving* » publiée par la
Charity Organisation Society.

avons parlé de cette spéculation, qui porte le nom de *truck system*, et qui consiste dans le fait de créer, à côté de l'entreprise principale, une entreprise accessoire dont le but plus ou moins avoué est d'accroître par la vente de denrées les bénéfices d'une industrie étrangère au commerce de l'alimentation (1). S'il n'est pas douteux que les Unions de métiers n'aient été formées que pour lutter contre les abus du patronage intéressé, ainsi que pour améliorer le sort de l'ouvrier et assurer son indépendance, il n'est pas plus douteux que l'immense développement, qu'a pris la coopération dans le Royaume-Uni, ne soit dû à des motifs d'ordre semblable ; peut-être aussi les premières manifestations de l'esprit d'association, se révélant dans les sociétés de secours mutuels et les *trades unions*, ont-elles développé dans la classe ouvrière cet esprit d'association, et lui ont-elles donné une maturité plus grande.

Il n'est pas un pays où la coopération de consommation ait eu un succès semblable à celui qu'elle a obtenu en An-

(1) Dans certains pays, et notamment en France, beaucoup d'industriels ont fondé, dans leur usine, des économats, et les dirigent d'une manière absolument désintéressée. Ces économats patronaux sont des établissements d'une utilité incontestable, mais certains publicistes pensent, non sans raison, qu'ils ne forment qu'une étape où l'on s'arrête avant la forme définitive à laquelle il faut tendre, et qui paraît devoir être la véritable société coopérative. Au Congrès des chemins de fer, tenu à Milan en 1887, cette question des économats a été aussi bien posée que résolue ; voici l'ordre du jour qui fut adopté à l'unanimité : « Le Congrès admet que, lorsque, pour
« une raison quelconque, l'initiative individuelle ne peut avoir son
« libre cours, les économats et autres institutions semblables sont
« à recommander, à la condition pourtant qu'ils ne soient jamais
« obligatoires, et que toutes les mesures à adopter tendent à dégager les administrations d'une tutelle qui n'est pas sans danger et
« à développer l'action des sociétés coopératives, dégagées de toute
« ingérence directe des administrations, *desideratum* auquel doivent
« tendre nos efforts incessants ». (M. Léon Say, *Economie sociale*, p. 300).

gleterre, soit au point de vue du nombre et de l'importance de ces sociétés, soit au point de vue de l'élévation de leur chiffre d'affaires. A l'Exposition d'Economie sociale de Paris, en 1889, on pouvait voir une grande colonne quadrangulaire, sur laquelle le *Central Cooperative board* avait fait inscrire les principales données statistiques concernant les sociétés coopératives de consommation. Le nombre de ces sortes de sociétés était, en Angleterre, en 1887, de 1,432; en 1888, de 1,462. Le nombre des sociétaires s'élevait, en 1887, à 894,000; en 1888, à 945,000; en 1889, à 992,000. Leur capital-actions comprenait plus de 200 millions de francs, et le chiffre de leurs ventes se montait à 900 millions de francs par an. En 1893, le nombre des sociétés était de 1,655, et celui des sociétaires de 1,298,587; le capital-actions s'était élevé à 364 millions; le chiffre de leurs ventes, un peu inférieur à celui de l'année précédente, était de 1,260 millions et avait laissé un bénéfice de 116,900,000 francs (1).

Ce grand mouvement en faveur de la coopération est postérieur à 1840. Il existait bien sans doute, dans la première moitié de ce siècle (2), quelques sociétés de consommation. Mais c'est la fondation, en 1844, de la fameuse société des « Equitables pionniers de Rochdale » qui provoqua l'essor de la coopération, les statuts de cette société ayant même servi de modèle à presque toutes les sociétés, qui depuis ont été créées. L'association des *pionniers* de Rochdale fut formée entre vingt-huit malheureux ouvriers tisserands, et ses débuts furent des plus humbles. Chaque ouvrier dut verser une mise insignifiante, quelques *pence*, puis s'astreindre à payer par semaine une cotisation de trois *pence* (trente et un centimes). Au bout de l'année, le capital social était de sept cents francs; la société loua alors un local, moyennant deux cent cinquante francs, et rédigea un

______

(1) *Almanach de la coopération française*, 1895.
(2) V. l'ouvrage de Miss Beatrice Potter.

programme ; il fut convenu qu'elle achèterait de l'épicerie, que chaque associé devrait vendre alternativement, tous les samedis, aux autres associés ; et que toute personne, même étrangère à la société, pourrait, à son gré, s'approvisionner à l'épicerie de l'association ; cette décision fit même, en très peu de temps augmenter considérablement la vente de l'épicerie. Alors l'association ajouta à l'épicerie le thé, le tabac, la viande, etc., et bientôt elle vendit tous les objets nécessaires à l'alimentation. Elle ne donnait, d'ailleurs, ces objets qu'à un prix égal à celui des autres marchands, de manière à paralyser chez les associés le désir de faire de trop grandes dépenses, et à permettre de leur laisser de beaux bénéfices. Dix ans après la fondation de la société, les coopérateurs de Rochdale étaient 900 ; en 1864, ils étaient 4,747 ; en 1874, 7,639 ; en 1878, ils dépassaient le nombre de 10,000 ; leur capital, à cette dernière époque, était de 192,814 liv. st. ; le chiffre de leurs affaires s'élevait à 298,888 liv. st. ; celui de leurs bénéfices à 40,679 liv. st., soit à plus d'un million de francs (1). Leurs profits atteignaient, en 1889, 1,243,775 francs.

Les *pionniers* de Rochdale, en fondant leur société, n'ont pas seulement eu la pensée de réaliser des bénéfices sur leurs consommations ; ils ont eu en même temps un but plus noble, celui d'élever le niveau social et moral de la classe ouvrière. Aussi s'explique-t-on que la direction imprimée à la coopération par l'association de Rochdale ait été acceptée par les sociétés qui ont imité son œuvre. « La « première pensée des fondateurs de la Société des *pion-* « *niers* a été pour l'éducation et l'instruction des sociétai- « res. Avant même qu'ils ne fussent assurés du succès, ils « décidèrent qu'il serait prélevé chaque année, sur les « bénéfices nets, 2 1/2 p. 100 pour la formation d'un fonds « d'instruction. Ce fonds dispose aujourd'hui de sommes « importantes. Il a permis la création d'une très belle biblio-

_____

(1) *Nouveau Dictionnaire d'Economie politique.* Vᵉ Coopération.

« thèque et d'un cabinet de lecture considérable, où sont
« admis tous les coopérateurs. De plus, il a été institué,
« pour les adultes et les enfants, des cours gratuits qui ont
« puissamment contribué à élever la moyenne de l'instruc-
« tion parmi la classe ouvrière de Rochdale. Les « Equi-
« tables pionniers » essaient, en outre, par tous les moyens
« en leur pouvoir, de développer, chez les jeunes gens et
« les enfants, les habitudes de prévoyance et d'économie.
« Ils ont créé à cet effet une caisse d'épargne juvénile qui
« reçoit les plus petits dépôts. Un intérêt relativement
« très élevé, 4 3/4 0/0, est servi sur toutes les sommes
« versées ; mais elles ne peuvent séjourner dans la caisse
« plus de trois mois (1). »

De 1840 à 1850, il ne fut fondé que 34 sociétés ; de 1850
à 1860, il en fut créé 108 ; de 1860 à 1870, le nombre des
sociétés nouvelles s'élevait à 748. Nous avons vu plus haut
quel essor a pris la coopération dans ces dernières années ;
et notre dessein n'est pas de donner de plus nombreux détails sur le mouvement coopératif, ni même de faire connaître les efforts réalisés avec succès par les sociétés, pour
se grouper, soit en vue de l'acquisition des denrées, soit
même en vue des intérêts généraux et d'ordre moral de
la coopération. A la première idée appartient la formation
des « *Wholesale societies* » ou sociétés coopératives de
ventes en gros, et notamment de la *Wholesale society* de
Manchester. A la seconde ressort la création de l'*Union
Coopérative*, expression permanente des congrès coopéra-
tifs, qui se réunissent chaque année, et dont le premier eut
lieu à Londres en 1869 (2).

(1) M. Léo Caubet, *loc. cit.*

(2) Il faut ajouter à ces institutions de mutualité les *Building societies*, dont le capital, en 1889, était de 51 millions de liv. st. — Quatorze Compagnies d'assurances sur la vie, qui font des affaires avec
les ouvriers, avaient, en 1887, 5 millions de liv. st. de fonds d'assurance ; le total assuré était de 83 millions.

CHAPITRE XXIV

Exclusivisme de la charité privée ; les exemples fournis par la France. — Les services de la *Poor Law* ne reçoivent jamais d'aumônes privées. — Les manifestations de la charité privée en Angleterre ; l'aumône aux mendiants, *fait rare* ; l'assistance aux pauvres connus, et la visite chez les pauvres, *faits nouveaux*. Miss Octavia Hill ; son œuvre. — L'institution de Toynbee Hall. — La *Charity organisation Society*, son origine, son fonctionnement, ses résultats.

Il semble que ce soit dans le domaine de la charité privée que l'action de la charité officielle se fasse sentir davantage. N'avons-nous pas l'exemple de la France, où nous voyons les sources de l'assistance privée absolument taries par rapport à celles des catégories d'infortunes, que la société s'est chargée elle-même de soulager ? L'assistance des aliénés et celle des enfants abandonnés sont devenues, chez nous, des services publics ; depuis cette transformation, a-t-on jamais vu des libéralités, aumônes ou legs, venir compléter cette partie du budget de nos départements ? voit-on même des fondations charitables s'appliquer aux aliénés ? Pour les enfants, il se crée sans doute des orphelinats, des refuges, etc., mais la pensée des créateurs est de constituer une œuvre bien distincte du service public parallèle, non de verser dans la caisse des *enfants assistés*. C'est qu'en effet on est porté à regarder l'assistance de ces infortunés comme un service administratif départemental ; on le sait alimenté par l'impôt, et on ne veut pas faire concurrence à cette ressource. La charité est quelque peu exclusive, et elle ne veut pas confondre ses deniers avec ceux des contribuables.

Ce fait bien naturel, dont nous sommes témoins en France, se reproduit en Angleterre. Jamais de libéralités particulières adressées aux Gardiens des pauvres ; jamais de personnes pieuses donnant une partie de leurs revenus en vue de l'exécution de la *Poor Law* ; jamais de testaments contenant des legs en faveur de l'Union ; jamais de fondations. Tout au plus dépose-t-on quelques journaux et quelques livres dans le tronc *ad hoc* placé dans le mur de certains *workhouses* ; tout au plus, voit-on, — nous en avons vu deux à St-Pancras, — de vieilles dames venir parfois causer avec les *inmates* et leur faire quelques lectures ; encore ne sont-elles pas bien nombreuses celles qui donnent cet emploi à leurs loisirs !

Mais toute charité privée est-elle supprimée chez nos voisins ? Loin de là. Il faut passer en revue les différentes manifestations, que revêt l'assistance pour se rendre compte des différences que peuvent offrir à cet égard l'Angleterre et la France.

La forme élémentaire de l'assistance est l'aumône pécuniaire, soit l'aumône sur la voie publique, soit celle que l'on fait à un pauvre connu.

L'aumône pécuniaire, faite aux mendiants de la rue, est unanimement déconseillée ; c'est là une assistance qui n'offre aucune garantie de contrôle sur la réalité ou les causes de l'indigence, ou encore sur l'usage que fera l'assisté de l'aumône reçue. Ajoutons que cette aumône entretient la mendicité ; si l'on s'interdisait généralement et systématiquement cette pratique, on ne tarderait pas à faire disparaître cette plaie de la mendicité. Est-ce là le motif pour lequel les anglais font si peu d'aumônes sur la voie publique ? Les mendiants, dans les rues de leurs grandes villes, n'attirent que peu l'attention publique et ne la retiennent jamais ; il est bien rare qu'on leur donne. A leur humble supplique, le passant ne répond pas, ou il lance un « *I have no money*, — je n'ai pas de monnaie ». Il est vrai que bien souvent ce qui lui manque, c'est ce quelque chose, qui pour lui vaut l'argent, c'est le temps. Le mot d'Hamilton reste bien vrai : « Un anglais qu'on rencontre « dans la cité a toujours l'air d'aller chercher un accou- « cheur ». Plus pitoyables ou plus faibles, suivant le point de vue auquel on se place, sont les employés, les *clerks*, les ouvriers aisés, qui allongent assez volontiers un *penny*, lorsque le porte-monnaie est garni ; les mendiants le sa- vent, et se placent à la sortie des magasins et des fabriques le samedi, jour de la paie.

Il faut donner à cette pratique anglaise une autre expli- cation, que celle du désir de se conformer aux préceptes de l'économie politique. Il se peut que l'ennui d'avoir à ou- vrir son porte-monnaie pour en faire sortir une pièce quel- conque, empêche le gros marchand, occupé par ses cour- ses, de faire l'aumône ; mais le lord, qui se rend à son club en flânant, quelle raison l'arrête ? Un motif bien sim- ple, c'est qu'il supporte le *poor rate*, et que cet impôt est précisément destiné à le débarrasser des mendiants; aussi ne récrimine-t-il pas contre la loi des pauvres, et trouve- t-il ce système bien supérieur à celui des autres nations, parce qu'il lui épargne des soins et des soucis personnels, en lui évitant tout ce qui pourrait choquer sa *respectability*. Ne supposez pas toutefois que ce lord, que ce bourgeois, qui refuse un *penny* au mendiant, se croie quitte, par le paie- ment de sa taxe, de ses devoirs d'humanité; il y aurait là une erreur. Il n'est pas un pays où les riches et les gens aisés donnent aujourd'hui autant qu'en Angleterre ; mais ils donnent autrement : c'est sous la forme de souscrip- tions à des établissements de bienfaisance, hôpitaux ou sociétés, que se manifestent leurs libéralités charitables.

On raconte qu'un évêque anglais, qui était un homme de grand cœur et de beaucoup de bon sens, au moment de rendre le dernier soupir, s'adressant aux amis qui l'assistaient à cette heure suprême, leur dit : « Je ne puis « pas me reprocher d'avoir jamais donné un centime à un « mendiant dans la rue ; mais avec l'argent ainsi épargné, « j'ai créé des œuvres utiles que je vous invite à soutenir « avec les mêmes moyens ».

Fait-on l'aumône aux pauvres connus ? les visite-t-on et les exhorte-t-on ? Ce sont là deux formes supérieures de l'assistance. Donner à un individu, dont on connaît l'état d'indigence, c'est faire acte d'assistance éclairée ; aller chez lui, s'inquiéter des causes de sa misère, l'exhorter, etc., c'est la meilleure expression du devoir de charité. Ces modes d'assistance ne sont pas inconnus en Angleterre ; mais ils y sont relativement nouveaux.

Autrefois, sous l'empire de l'ancienne loi des pauvres, on donnait peu. Il arrivait ordinairement, quand un pauvre s'adressait à quelque homme riche, que celui-ci le repoussait, en lui disant : « Je paie la taxe des pauvres ; « c'est la paroisse qui est chargée des indigents : allez « trouver les fonctionnaires de la paroisse ; c'est leur « affaire, et non la mienne, de vous secourir. » La taxe était lourde, et grevait fortement les contribuables ; il était évident qu'ils n'étaient portés ni à aimer ni à soulager les pauvres. « En Angleterre, la pauvreté est infâme », a dit alors un anglais, et on comprend, en se rappelant les anciens abus, que le mot ait pu être prononcé ; dans ce pays et à cette époque seulement, le mot a pu avoir un sens. La situation s'est modifiée, non pas aussitôt après la réforme de 1834, mais depuis vingt à vingt-cinq ans. Une réforme de la loi n'amène pas une réforme immédiate des mœurs que l'ancienne loi avait pu engendrer. Ces mœurs un peu dures, qui s'étaient formées sous l'empire de l'ancienne *Poor Law* se sont maintenues jusqu'à une époque assez récente ; mais elles ont fini par faire place à des mœurs et à des habitudes empreintes d'un sentiment de

philanthropie élevée (1). Aujourd'hui les dames du monde
ont leurs pauvres, qu'elles visitent ; on assure même
qu'elles apportent à ce soin une certaine affectation et une
certaine coquetterie. Ce mode de charité privée est en
faveur, et la mode ne va pas sans un certain engoue-
ment. Peut-être ces mœurs nouvelles sont-elles moins
apparentes dans les grandes villes, et à Londres, par exemple, qu'elles ne le sont dans d'autres villes européennes ; mais il ne faut pas perdre de vue que l'anglais riche
habite peu Londres. Les grandes familles y séjournent
seulement quelques semaines par an ; les commerçants
y viennent chaque jour pour leurs affaires, mais ils ont
leur résidence dans la banlieue. Il n'est pas douteux que
les *ladies* signalent par de bonnes œuvres leur présence
dans leurs terres ; le château a toujours et partout été

(1) M. Thureau-Dangin père, mort il y a deux ans à peine, allait
souvent, comme membre du Conseil général de la société Saint Vin-
cent de Paul, à l'étranger pour y inaugurer des conférences nouvelles. Au retour d'un voyage en Angleterre, il disait à l'un de nos amis :
« Les anglais ne sauraient être trop loués pour l'empressement avec
« lequel ils ouvrent leur bourse pour toute œuvre charitable. Mais
« ils donnent moins volontiers leur personne que leur argent. Ils ne
« peuvent comprendre qu'en France des hommes et des femmes du
« meilleur monde montent six étages d'une maison sale pour aller
« porter des secours au pauvre en haillons. N'est-il pas plus simple,
« disent-ils, et mieux *dans l'ordre*, de payer des gens pour faire
« ce service de la charité ? — Mais non, leur répondais-je, le mer-
« cenaire que j'enverrais chez le pauvre, pourra lui remettre de
« l'argent, mais il ne lui donnera pas les consolations, conseils et
« encouragements, qui sont plus précieux que l'argent lui-même. —
« Mes interlocuteurs, ajoutait M. Thureau, avaient peine à compren-
« dre ma réponse, et restaient convaincus que la visite personnelle
« au pauvre n'était pas *gentlemanlike* ». — Cette conversation remontait à une quinzaine d'années. Depuis ce temps, vers 1889 ou 1890,
M. Thureau-Dangin, revenant avec mon ami sur le même sujet, affir-
mait que les anglais se convertissaient peu à peu aux idées et procédés de la charité française, et qu'un certain nombre d'entre eux
allaient voir des indigents à domicile.

bienfaisant. Il est peut-être moins certain que, dans les
campagnes suburbaines, où les hommes d'affaires ont leur
habitation, les dames se mettent en frais de zèle charitable ; mais les misères n'y sont pas nombreuses, précisément parce que ces résidences sont le lieu de séjour d'une
population de gens aisés, et que l'expérience prouve qu'il y
a moins de place pour la pauvreté au milieu d'une population riche, à moins que celle-ci, par des aumônes incon-
sidérées et trop abondantes, n'entretienne ou même n'engendre la pauvreté à côté d'elle.

C'est à une femme qu'est due, en grande partie, cette
rénovation de l'esprit charitable des dames anglaises. Il
n'est personne qui ne connaisse ou plutôt qui n'ait entendu
prononcer le nom de Miss Octavia Hill. Ce nom est généralement lié à la question des habitations ouvrières, mais
c'est précisément par son œuvre du logement du pauvre
qu'elle a pénétré auprès de lui, et qu'elle a pu l'assister,
dans le sens le plus élevé de ce mot. Quelques paroles sur
l'initiative et l'œuvre de Miss Octavia ont ici leur place
indiquée : Vers 1865, elle achetait trois misérables maisons
dans une des cours les plus sales du quartier de Marylebone ; peu après, elle en achetait six autres. « Les escaliers
« étaient sombres et humides, nous dit M. Picot, qui le
« tenait de Miss Octavia elle-même, les rampes avaient
« servi à faire du feu l'hiver précédent, les toits laissaient
« passer la pluie, les plafonds tombaient, les planchers
« étaient pourris, et, au milieu de tout cela, le proprié-
« taire s'épuisait en menaces, n'obtenait que des acomp-
« tes, et déclarait à l'acquéreur qu'il ne pouvait se faire
payer (1) »... Mais le changement fut rapide ; il ne demanda
que quelques mois. Chasser les locataires, dont l'inconduite
était notoire, et ne retenir que les familles honnêtes, fut

______

(1) M. Picot, *Les logements ouvriers*, p. 123. — V. aussi M. Raffalovich, *Le logement de l'ouvrier et du pauvre*, p. 193.

la première œuvre de la nouvelle propriétaire ; cette sélection faite, elle s'occupait de l'assainissement matériel, faisait réparer et rendait hygiéniques les chambres habitées par ses locataires. Tous les lundis, Miss Octavia Hill venait elle-même réclamer et toucher ses loyers ; mais cette visite hebdomadaire avait pour but, dans sa pensée, de se mettre en communication avec ces familles, de s'y intéresser, de s'en occuper, de leur donner des conseils, en un mot, d'exercer sur elles une utile influence et de pratiquer une assistance morale. Que l'on ne croie pas qu'elle se montrait accommodante pour le paiement de ses loyers ; elle les réclamait énergiquement et ne souffrait aucun retard, — ce qui ne l'empêchait pas, d'ailleurs, de se montrer charitable, et de faire des aumônes, s'il y avait lieu, aux ménages dignes d'intérêt.

Une telle pratique eut des résultats merveilleux ; l'œuvre de Miss Octavia, en même temps qu'elle avait transformé les maisons, avait amené la santé morale dans les familles, élevé leur niveau, inculqué des habitudes de décence et d'hygiène, extirpé les vices, et ranimé les vertus du foyer. Aussi attira-t-elle l'attention publique ; beaucoup de femmes, mues par l'esprit de charité, ne tardèrent pas à l'imiter. « Elle ne sait, disait-elle à M. Picot, combien « de groupes se sont formés, mais elle croit que chaque « quartier de Londres compte un certain nombre de fem- « mes qui visitent chaque semaine les logements pauvres « qu'elles ont améliorés ».

La charité, telle que l'a comprise et enseignée par son exemple Miss Hill, est la plus noble et la plus efficace qui se puisse imaginer. Ce n'est pas un élan subit et sans lendemain ; c'est un enchaînement raisonné de bonnes actions ; c'est la charité devenant une profession ou mieux un sacerdoce (1).

(1) Le dévouement éclairé de Miss Octavia Hill a fondé des œuvres

On peut rapprocher de l'œuvre de Miss Octavia celle qui est connue sous le nom de *Toynbee Hall*, ainsi nommée en l'honneur d'*Arnold Toynbee*, mort en 1883 à la fleur de l'âge, en faisant aux ouvriers de l'Est de Londres des conférences sur l'économie politique. Ce *hall* comprend des logements pour 20 jeunes hommes, presque tous anciens élèves d'Oxford et de Cambridge, désireux d'étudier sur place la situation des classes pauvres de cette partie de la métropole, et de faire des conférences populaires sur des sujets historiques, littéraires et économiques. Le directeur est le Révérend Barnett, qui jouit d'une grande réputation dans la matière qui nous occupe.

Depuis vingt-cinq ans environ, il s'est produit également en Angleterre et spécialement à Londres un mouvement assez intéressant ; on s'est efforcé de donner à la charité un caractère et une direction rationnels. Il s'est fondé, en 1869, à Londres, sous l'inspiration de M. Goschen, alors président du *Local Government Board*, une *Charity Orga-*

---

durables. On peut citer entre autres l'œuvre entreprise à Southwark par le *Women's University settlement*, qui est une sorte de colonie de personnes ayant reçu l'instruction universitaire, et qui s'adonnent à l'instruction, à l'éducation, à l'assistance du pauvre. « Notre plan, « dit Miss Hill dans le numéro d'août 1891 du *Nineteenth Century*, « consiste à faire faire par une personne beaucoup de choses pour « quelques personnes, non pas une seule chose pour beaucoup de « gens. Nous commençons donc à donner à la dame visiteuse les « quelques personnes qui lui seront confiées dans un rayon limité. « Nous choisissons ensuite une branche d'activité qui lui servira « d'introduction, et qui lui permettra de se rendre utile. En règle « générale, nous commençons par lui demander de recueillir les « économies de ses protégés, de porte en porte ; elle a avec elle des « imprimés du *Post Office* sur lesquels on colle des timbres, qu'elle « vend. Cela évite toute espèce d'écriture et de comptabilité, diffi- « ciles avec une population peu stable. Au fur et à mesure que les « habitudes d'économiser grandissent et que les sommes s'accumu- « lent, on encourage le déposant à se procurer un livret qu'alimente « ce système de collecte à domicile..... »

nisation Society, et un grand nombre de villes d'Angleterre possèdent aujourd'hui une institution semblable (1).

La *Society* de Londres qui a pour directeur un homme extrêmement intelligent, M. Loch, se propose des buts très différents. Par son bulletin, par ses réunions périodiques, par ses congrès, elle vise un but élevé, celui de diriger la charité et de l'améliorer, soit en enseignant les véritables principes, soit en montrant quelles voies elle doit suivre pour ne pas éloigner les ouvriers de la pratique de l'épargne et de celle de la dignité personnelle ; elle étudie également certains détails techniques, tels que les méthodes d'assistance pour les aveugles ; elle se préoccupe de tout ce qui concerne l'amélioration de la condition des ouvriers, comme, par exemple, de la question des habitations ouvrières. — Mais là ne se borne pas son action ; elle vise aussi des objets de pratique charitable : établir une manière de concours et de coopération entre les différentes institutions charitables, et même entre l'administration de la *Poor Law* et les œuvres privées (2), coopération qui a permis de supprimer les secours à domicile dans plusieurs Unions ; donner des renseignements précieux sur chacun des établissements charitables, qu'il y a intérêt à faire connaître, et, pour atteindre ce résultat, la société publie annuellement un manuel des plus complets sur les œuvres de bienfaisance ; faire des enquêtes sur les mendiants par lettres, et déjouer éventuellement leur imposture ; faire des investigations sur tous ceux qui implorent le bénéfice de telle ou telle institution de charité.

(1) Il y en a 68 en Angleterre et en Écosse. Il existe de ces sociétés à Adélaïde, à Melbourne et à Sidney. On en compte 78 aux États-Unis.

(2) La société compte à Londres 40 comités de district. Leur ressort est celui des Unions.

CHAPITRE XXV

Les établissements hospitaliers à côté des établissements de la *Poor Law*
— La clientèle des uns et des autres ; la ligne de démarcation. — Le
nom de *Charities* (charités) donné aux établissements hospitaliers. —
Les hospices et asiles de vieillards sont rares. — Les hôpitaux proprement dits, assez nombreux, ne reçoivent pas les *paupers*. — Hôpitaux généraux et hôpitaux spéciaux. — Le nombre de lits dans les
hôpitaux généraux. — L'origine et les ressources des hôpitaux. — Les
fondations, les souscriptions, l'*Hospital Sunday Fund*, et l'*Hospital
Saturday Fund*. — Différences entre l'Angleterre et la France au point
de vue de l'importance des fondations charitables.

L'assistance individuelle, telle que la pratiquent Miss
Octavia et ses imitatrices, est sans contredit la forme la
plus élevée de la charité ; mais elle n'est pas complète en
ce qu'elle ne peut répondre à tous les besoins. Elle ne
remplace pas l'orphelinat pour l'enfant abandonné ou or-
phelin, l'hôpital pour le malade, l'hospice pour le vieillard et l'incurable. Cela est vrai ; mais à quoi bon, pourrait-on dire, de tels établissements dans une Société, dont
le système d'assistance publique comprend l'existence
d'une maison accessible à toutes les variétés de l'infortune,
et constituée en refuge légal de tous les malheureux ! Et
cependant l'Angleterre compte un grand nombre d'établissements hospitaliers, et nous pouvons même dire un nombre presque égal à celui de la France. A côté des *workhouses*, et des infirmeries de la *Poor Law*, qui ne sont autre
chose que de véritables hôpitaux publics, il y a tout un

réseau d'établissements hospitaliers, dus à la charité privée, *supported by voluntary contributions*, lit-on sur la porte de la plupart d'entre eux. Les hôpitaux privés ne sont pas mieux tenus que les infirmeries de la *Poor Law*, et certes il est telle infirmerie, celle de St-Marylebone, par exemple, que nous avons citée, qui est un véritable modèle d'établissement hospitalier.

Mais le lecteur peut se demander quelle est la sphère d'action de ces deux catégories d'institutions, et quelle est la ligne de démarcation entre la clientèle de l'une et celle de l'autre. Les infirmeries de la *Poor Law* ne reçoivent que les *paupers*, et ne les reçoivent que du *workhouse* ou du *casual ward*, dont chacune dépend ; elles ne les admettent que s'ils sont domiciliés dans la circonscription de l'Union ou de la paroisse ; elles exigent, en outre, un *official written order*. Les hôpitaux, au contraire, ne sont pas limités quant à la catégorie sociale des patients qu'ils reçoivent ; ils peuvent admettre des individus, auxquels ne conviendrait pas l'appellation de *paupers* ; leur sphère d'action n'est pas confinée dans une circonscription territoriale quelconque. Ils reçoivent, sans ordre écrit, les personnes victimes d'accidents ou celles qui sont sérieusement malades ; en sens contraire, ils ne conservent pas les individus atteints de maladies incurables, ni ceux qui, à la suite d'une grave opération, ont besoin de repos pendant un certain temps ; ces individus sont envoyés à l'infirmerie, dans le district de laquelle se trouve situé l'hôpital. Une autre différence sépare les hôpitaux et les infirmeries : les premiers donnent le plus souvent des facilités aux étudiants pour leur permettre de poursuivre leurs études médicales, tandis que les infirmeries ne leur sont jamais ouvertes.

Les établissements hospitaliers privés qui existent en Angleterre, sont assez nombreux ; leur énumération comprend tout un gros volume, publié par la *Charity Organi-*

sation Society. Ce volume s'appelle *Charities register and digest*; les établissements hospitaliers et toutes les œuvres charitables s'appellent des *charities*. Les « charities », c'est l'assistance privée, qu'on oppose à la *Poor Law*, c'est-à-dire à l'assistance officielle ; il semble donc qu'il n'y ait rien de charitable dans le service de la *Poor Law*.

Parmi les « charités » se trouvent surtout des hôpitaux. Ceux des établissements, que nous appelons en France des hospices, existent en très petit nombre en Angleterre, et il nous paraît évident que ce fait est dû à l'existence des *workhouses*. Quelques hospices existent sans doute, sous le nom d'*almshouses*; mais ils sont exigus, et ne contiennent que peu de places. A côté, on rencontre des *homes*, sortes d'asiles; mais ceux-ci ne sont réservés ni aux *paupers*, bien entendu, ni même aux pauvres, mais à certaines catégories de personnes, qui ont occupé une situation honorable, et qui ont subi des revers de fortune. Certains de ces *homes* sont entretenus par des corporations de marchands, et affectés aux anciens patrons de la profession. Mais il faut bien le dire, ces établissements ne sont pas nombreux, et, en général, l'assistance à la vieillesse se manifeste surtout sous la forme de pensions ; encore ces pensions sont-elles le plus souvent créées par des compagnies ou pour des personnes d'une profession ou d'une catégorie déterminée.

La charité privée a surtout créé des hôpitaux, ou plutôt, — car nous avons peut-être tort de dire que nous les devons tous à la charité, — ceux des établissements hospitaliers, qui dominent, sont les hôpitaux. Ces hôpitaux, avons-nous dit, ne reçoivent pas de *paupers*; voici comment s'exprime le règlement de quelques-uns d'entre eux ; « *paupers are ineligible* », dit l'un d'eux (1) ; l'objet d'un autre est le « *treatment of those not paupers suffering from*

____

(1) *Western hospital, Torquay.*

« *contagions fever.....* *All poor persons* (*not paupers*).....
« *are admitted* » (1).

Une classification généralement reçue en Angleterre distingue les hôpitaux généraux et les hôpitaux spéciaux. Ceux-ci sont en très grand nombre : ainsi, à Londres, tandis qu'on ne compte que 19 hôpitaux généraux, il y a 67 hôpitaux spéciaux (2). De ces derniers, il y en a qui n'ont de l'hôpital que l'appellation : tels sont les deux *dental hospitals*, dépourvus de lits, bien entendu. D'autres ont un nombre insignifiant de lits : quatre, six, dix. La plupart de ces hôpitaux font payer l'admission. En réalité, ils ont la plus grande analogie avec les cliniques de nos grands médecins parisiens, et ils sont, du reste, fondés et dirigés par des praticiens. Ce sont, par conséquent, des établissements, dont l'esprit charitable est le plus souvent exclu.

Le caractère charitable est beaucoup plus apparent dans les hôpitaux généraux. Mais ici encore que de différences à signaler entre la France et l'Angleterre, entre Paris et Londres ! A Londres, il y a, venons-nous de dire, 19 hôpitaux généraux, 11 avec école médicale, 8 sans école ; les premiers comprennent, à eux tous, 4,525 lits ; les seconds 747 seulement, soit pour chacun une moyenne inférieure à 100 (3). A Paris, les 26 hôpitaux comprennent 12,425 lits ; il est vrai qu'il y a, à Londres, 11,905 lits dans les infirmeries de la *Poor Law*.

(1) *London fever hospital, Liverpool Road, Islington, N.*
(2) *Memorandum on the medical charities of the metropolis.*
(3) La *Charity Organisation review*, du mois de mai 1890, contient un article du colonel E. Montefiore sur le *medical relief* dans quelques villes de province. A Edimbourg, il n'y a que 2 hôpitaux généraux et 5 hôpitaux spéciaux. A Glasgow, il y a 2 hôpitaux généraux et 12 hôpitaux spéciaux, en tout 1,325 lits pour une population d'environ 511,000 âmes. Liverpool a 5 hôpitaux généraux avec 835 lits, et 7 hôpitaux spéciaux avec 322 lits : la population dépasse

Mais où la différence éc...   ne façon frappante, c'est
dans la manière dont sont entretenus ces établissements
hospitaliers. Chez nous, les fondations forment presque exclusivement l'origine et les ressources des hôpitaux. En
Angleterre, elles sont l'exception. On compte bien dans tout
le pays un peu plus de 200 fondations d'ordre charitable,
mais, dans ces fondations, il s'en trouve qui n'ont qu'un
revenu de 32 livres (1) ; un grand nombre ont une affectation très spéciale, et servent, par exemple, aux prêtres
âgés ou pauvres. Beaucoup se rapportent à l'éducation.
A Londres, parmi les hôpitaux généraux, il n'y en a guère
que trois qui aient pour origine une fondation, et soient
entretenus de cette manière ; ce sont : St-Bartholomew's,
dont l'origine remonte à 1122 ; St-Thomas, créé en 1207 ;
Guy's, fondé par un libraire en 1721.

Les autres hôpitaux, créés pour la plupart soit au siècle
dernier, soit dans la première partie de celui-ci, sont entretenus par des contributions ou des souscriptions volontaires. Le donateur ou souscripteur se trouve en quelque
sorte intéressé à accomplir cette libéralité ; car il acquiert
le droit, en échange, de faire profiter du bénéfice de l'hôpital un ou plusieurs malades, selon le taux de sa souscription (2). C'est là un fait absolument inconnu dans nos
mœurs.

600,000 habitants. Manchester a 4 hôpitaux généraux avec 542 lits,
et 9 hôpitaux spéciaux, dont 1 hôpital dentaire, etc.
En résumé, à Edimbourg il y a 1 lit d'hôpital pour   228 individus
                 Glasgow 383   —
                 Liverpool. 523   —
                 Manchester and Salford 584   —
                 Birmingham. 792   —
                 Bristol 417   —

(1) *Buswell, « for poor dissenting ministers ».*

(2) Quelques exemples, entre autres, peuvent trouver ici leur
place : à *Westminster Hospital*, une souscription annuelle de 1 guinée autorise le souscripteur à faire soigner un *in-patient* et deux

Dans certains hôpitaux, les patients paient les frais de séjour. L'établissement cesse d'avoir le caractère absolument charitable.

Ajoutons qu'à Londres la plupart des hôpitaux et dispensaires reçoivent des subventions de deux institutions extrêmement curieuses, sur lesquelles nous ne pouvons passer sans donner quelques détails. Il s'agit du *Hospital Sunday Fund*, et du *Hospital Saturday Fund*.

Le *Metropolitan Hospital Sunday Fund* est une institution, dont l'objet est de recueillir, un certain dimanche de l'année, des aumônes dans toutes les églises ; elle date de 1873, et le montant des ressources, qu'elle a obtenues, va sans cesse en augmentant. Dans l'année 1873, elle obtenait 27,700 liv. st. 8 sh. ; en 1890, 42,814 liv. st. 16 sh. (1).

out-patients par an ; au *North London*, ou *University College Hospital*, les souscripteurs de deux guinées ont droit à deux *in-patients* et à quatre *out-patients* ; au *Charing Cross Hospital*, le souscripteur annuel de deux guinées peut avoir constamment un malade sur les contrôles ; au *Kensington Dispensary*, la souscription d'une guinée donne droit à douze lettres de recommandation ; au *Samaritan free Hospital for women and children*, les *Governors* disposent de cartes ou de lettres d'admission, et l'on devient *Governor* en payant annuellement 2 guinées, ou en faisant une donation de 21 livres ; au *Chelsea, Brompton and Belgrave Dispensary*, les souscripteurs annuels d'une guinée peuvent avoir constamment un patient pour la médecine ou la chirurgie, et, de plus, assurer par an le bénéfice de l'institution à une femme en couches (*une midwifery case*) ; au *St-Andrew's Convalescent Home*, à Folkestone, les souscripteurs ont droit à une lettre par chaque guinée souscrite, et cette lettre permet de recevoir un patient pour trois semaines contre le paiement de 2 sh. 6 den. par semaine.

(1) Dans la première période quinquennale (1873-1877), le total obtenu s'élevait à 137,158 liv. st. 18 sh. ; dans la deuxième période (1878-1882) à 147,832 liv. st. 19 sh. ; dans la troisième période (1883-1887) à 188,592 liv. st. ; dans la quatrième période (1888-1892) il est à peu près certain que les aumônes obtenues ont dû dépasser 200,000 liv. st.

Ce *Sunday Fund* est sous la présidence du Lord maire, et sous la vice-présidence de Sir Sydney H. Waterlow. Il reçoit le produit des quêtes faites dans toutes les églises non seulement de Londres, mais encore des environs de la métropole, à quelque culte qu'elles appartiennent ; il est même assez intéressant de parcourir un des rapports du Conseil de cette institution pour se rendre un compte approximatif de la variété des religions existant dans la capitale de l'Angleterre (1).

Quant à la répartition, qui est faite des sommes recueillies, elle s'opère au profit de 22 hôpitaux généraux, 47 hôpitaux spéciaux, 20 hôpitaux de convalescents, en tout 113 hôpitaux et 56 dispensaires.

L'*Hospital Saturday Fund* est le puiné de l'institution, qui précède (2). Il date de 1874, ou plutôt il a commencé à fonctionner en cette année 1874. Il a pour président le Lord maire. Aucune institution n'est plus curieuse ; un samedi de l'année (en 1891, c'était le samedi 18 juillet) on voit, à chaque coin de rue, à la porte des édifices ou des parcs, près des ateliers, partout en un mot, des quêteuses installées près d'une table, sur laquelle est placé un tronc ; une grande affiche indique l'objet de cette quête. Et pour que la date soit bien annoncée, on voit deux ou trois jours d'avance, sur toutes les voitures de place, une banderolle au fouet du cocher, et sur cette banderolle, en gros caractères : « *Hospital Saturday Fund* ».

Le *Saturday Fund*, malgré ce caractère essentiellement populaire, est beaucoup moins productif que son frère aîné précisément parce qu'il s'adresse à une clientèle plus pauvre, celle des ouvriers, que ne peut saisir le *Fund* du dimanche, puisque, comme on le sait, la classe pauvre fréquente peu les églises en Angleterre et surtout à Londres.

(1) V. notamment le *Report* de 1890.
(2) C'est une institution libre, sans attaches officielles.

De 1874 à 1878, pendant cinq ans, il a recueilli 29,449 liv. st. ; de 1879 à 1883, 39,604 ; de 1884 à 1888, 55,593 liv. ; dans l'année 1889, 1,3927, et, en 1890, 20,333 liv. st. Il y a donc un accroissement, dû aux efforts faits pour provoquer la charité ; cet accroissement eût été plus considérable en 1890, si la température du samedi choisi pour cette année (13 juillet) avait été plus clémente.

La recette se décompose en trois parties bien distinctes : 1° la quête, opérée dans les rues, et qui, pour 1890, a donné 5,096 liv. st. ; 2° la collecte faite le même jour dans les usines, ateliers, etc. (*employés sheets,* etc.) et qui a produit 5,237 liv. ; 3° la collecte faite hebdomadairement parmi les ouvriers qui se sont engagés à verser chaque semaine un *penny* (0,10 c.) ; celle-ci s'appelle la « *Penny a week collection* », et constitue une sorte d'assurance permettant aux ouvriers, qui y participent, d'obtenir éventuellement leur admission dans les hôpitaux subventionnés par le *Sunday Fund*; quelques asiles ont été créés à ses frais exclusifs.

De l'esquisse sommaire, qui vient d'être consacrée à la charité privée, il résulte cette différence bien accusée entre l'Angleterre et notre pays, que les établissements hospitaliers dans le Royaume-Uni, au lieu d'être créés et entretenus au moyen de fondations, comme en France, le sont surtout par des contributions volontaires, qui assurent aux donataires ou aux souscripteurs une part dans la gestion ou une manière d'intervention dans la direction. Les fondations y sont rares ; et cependant il n'est pas de pays, où la législation relative aux fondations soit plus libérale (1); il n'est pas de pays également où les fondations soient plus abondantes ; mais elles prennent une autre direction. Sans parler des fondations bizarres, comme il serait possible d'en citer un certain nombre (2), il est per-

______

(1) *Nouveau Dictionnaire d'économie pol.,* V° *Fondations,* par M. Hubert Valleroux.

(2) Un certain Baddeley a légué, de temps immémorial, une rente

mis de rappeler ici ce qui se passe en matière d'instruction: l'enseignement supérieur et l'enseignement secondaire échappent complètement à l'action gouvernementale. Les universités, comme celles d'Oxford et de Cambridge, les grands établissements d'enseignement secondaire, et qui n'a entendu prononcer les noms d'Eton, d'Harrow, de Winchester ? sont des fondations particulières. Le voyageur, qui s'arrête à Oxford, est frappé de ces nombreux collèges, si richement entretenus, et qui constituent l'université. Mais l'observateur plus attentif, qui sait voir et interroger, n'est pas moins surpris d'apprendre que ces établissements, dont la création remonte, pour la plupart, au moyen âge, et qui ont reçu, dans leur acte de naissance, d'immenses possessions territoriales (1), ont vu s'accroître, depuis lors, leur fortune par de nouvelles donations, se créer de nombreuses bourses en faveur de leurs étudiants pauvres, se greffer de nouveaux services et de nouveaux enseignements sur les anciens, et tout cela grâce à de nouvelles dotations. Et que pouvons-nous opposer, nous Français, comme fondations dans cet ordre d'idées ? Bien peu de chose. Les établissements d'enseignement secondaire ont, en Angleterre, une même ampleur de ressources matérielles ; leurs moyens pécuniaires sont tels, qu'il y a déjà vingt ans l'école de Winchester faisait un traitement de 4,000 livres (100,000 fr.) à son principal directeur. Enfin, dans l'enseignement primaire lui-même, le concours de l'État, il y a quelques années encore, n'était qu'acces-

annuelle de 2.500 francs au théâtre de Drury-Lane, dont le directeur doit donner à tous ses pensionnaires et administrés, le 6 janvier de chaque année, un morceau de gâteau et un verre de punch, lorsque minuit sonne à l'église voisine du théâtre.

(1) M. Thorold Rogers a trouvé dans les comptes des propriétés territoriales de l'Université d'Oxford les documents nécessaires à son grand ouvrage sur les prix.

soire ; c'était l'action des corporations, des associations et des particuliers qui jouait le rôle principal (1).

Pourquoi l'initiative privée a-t-elle autant fait pour l'instruction, si ce n'est précisément parce que l'État n'a rien fait, et ne fait même encore rien, sauf pour l'enseignement primaire ? Et pourquoi trouvons-nous si peu de fondations relatives aux établissements hospitaliers, si ce n'est parce que l'État a fait de l'assistance un véritable service public ? Les *workhouses* et leurs infirmeries étant appelés à recevoir les véritables indigents, — et sont indigents dans ce sens tous ceux qui peuvent le prouver ou même veulent simplement l'affirmer, — il en résulte que les *charities* hospitalières ne s'adressent pas à la classe la plus pauvre, et, par conséquent, ne paraissent pas présenter une utilité incontestable. A l'heure actuelle, certaines des infirmeries de la *Poor Law* constituent de véritables modèles d'établissements hospitaliers ; la charité privée peut-elle chercher à leur faire concurrence ? Aussi a-t-on remarqué que, depuis quelques années, en présence de cette perfection des services médicaux de la *Poor Law*, les souscriptions et contributions aux hôpitaux privés sont

(1) M. Leroy-Beaulieu, *Admin. locale*, p. 193 et s. et p. 224. — Les écoles primaires anglaises, quoique sorties de fondations particulières, n'offraient pas la diversité que l'on pourrait supposer, et pouvait se ramener à un petit nombre de types ; elles devaient, en effet, pour la plupart leur existence à l'initiative collective de grandes sociétés, mues presque toutes par un mobile confessionnel. Deux associations s'étant particulièrement affirmées, il s'était répandu deux catégories d'écoles : les écoles dites *nationales*, fondées par la *Société nationale d'instruction* (*National schools society*), et où se donnait un enseignement religieux conforme aux principes de l'Église anglicane ; les écoles britanniques et étrangères, appartenant à une société très puissante (*British and foreign schools society*) ; l'enseignement donné dans ces dernières écoles était laïque et distribué à tous sans acception de culte.

devenues moins abondantes (1). Il n'est pas téméraire d'affirmer que, si les fondations ont été et sont aussi rares ici, c'est précisément parce qu'elles sont exposées à la double alternative suivante : ou de faire concurrence à un service d'État complètement organisé, ou de s'adresser à des classes de la société moins humbles, et par conséquent moins dignes de compassion et de pitié (2).

(1) Cette diminution de recettes est probablement la cause de la création des deux *Hospitals Funds*, que nous avons décrits plus haut.

(2) Il faut attribuer aussi en partie aux événements de la Réforme et à la dispersion des couvents la faible proportion des fondations charitables.

LA LOI DES PAUVRES ET LA SITUATION MATÉRIELLE DES CLASSES OUVRIÈRES.

CHAPITRE XXVI

LES SALAIRES.

Les lois du salaire. — Le taux du salaire, en Angleterre, inférieur autrefois à son chiffre normal, à cause de la loi des pauvres ; explication ; exemples. — Les salaires actuels ; survie des effets de l'ancienne loi des pauvres. — Comparaison des salaires de plusieurs pays étrangers. — Les salaires anglais sont, en réalité, moins élevés que ne paraîtrait le comporter la productivité plus grande du travail. — Comparaison des salaires anglais à diverses époques. — Les salaires agricoles. — Les salaires industriels. — La hausse est moins forte que dans d'autres pays. — Les ouvriers agricoles ; leur situation.

Les lois économiques du salaire sont connues. Parmi les causes, qui le font varier, se trouvent, on le sait, la productivité du travail, et le prix des subsistances. La première en stimule la hausse, la seconde en empêche l'avilissement. Comment le prix des choses n'aurait-il pas une action sur celui du travail ? outre que le coût des subsistances constitue le prix de revient du travail, et doit en déterminer le taux, les variations des prix, lorsqu'elles résultent d'une modification dans la puissance d'achat du numéraire, atteignent les salaires.

Ceux des auteurs anglais, qui ont fait l'histoire des salaires, ont très nettement remarqué que, dans les siècles antérieurs, le taux de la rémunération du travail s'est toujours tenu au-dessous des chiffres normaux qu'il aurait dû atteindre. Le savant auteur de l'histoire du « travail et des salaires », M. Thorold Rogers, le constate à chaque pas (1). Les salaires ruraux étaient les moins favorisés.

Avant lui, Malthus pensait que si la loi des pauvres n'avait jamais existé, il y aurait eu peut-être accidentellement de plus grandes détresses, mais la somme de bonheur et de bien-être général se serait accrue davantage et plus vite ; et, parmi les raisons qu'il donne à l'appui, il cite l'influence que la loi des pauvres exerce sur l'élévation des prix des subsistances, se combinant avec l'abaissement du prix du travail, double fait qui tend à plonger dans la pauvreté ceux qui n'ont d'autres ressources que leur travail.

Cette influence de la *Poor Law* est manifeste. La règle, concernant le domicile de secours, ou *settlement*, fixait d'une manière irrémédiable la paroisse, où l'ouvrier devait vivre, et dont il ne pouvait s'éloigner ; il lui était interdit de se mettre en quête d'une occupation dans un autre endroit, et de rechercher ailleurs une rémunération préférable ; il était attaché à son domicile, comme l'ancien serf à la glèbe. En outre, en assurant des secours à ceux qui en avaient besoin, l'ancienne loi des pauvres était loin de stimuler les ouvriers à discuter les conditions du contrat de travail, et à réclamer des salaires avantageux ; car l'insuffisance de leur rémunération était comblée par les secours de la paroisse. Ce fait devint plus frappant avec le système des « *allowances* » destinées à compenser la modicité des salaires. L'enquête de 1834 abonde en exemples : « A Coggleshall, Essex, les salaires hebdomadaires étaient « de 8 sh. ; un bon ouvrier, payé à la tâche, pouvait en

____

(1) V. notamment le chapitre intitulé « *The english Poor Law* ».

« gagner 10. Or si l'on suppose une famille ouvrière ayant
« quatre enfants, elle avait droit, à titre de subsistance,
« d'après le taux de Chelmsford, qui formait la loi de ce
« district, à 11 sh. 6 den. Sur cette somme, le bon ouvrier
« recevait 10 sh., à titre de salaire, et recevait 1 sh. 6 d.
« de la paroisse ; l'ouvrier inférieur, ne gagnant que 8 sh.,
« recevait 3 sh. 6 d. de la paroisse » (1). — « Un homme,
« ayant une femme et 4 enfants, peut être inscrit pour un
« secours paroissial de 10 sh., et même supérieur ; s'il est
« occupé à un travail pénible, chez un patron particulier,
« il ne peut gagner que 12 sh., et la différence servira à
« lui donner la nourriture plus substantielle, que son tra-
« vail lui imposera » (2). Était-il nécessaire de se mettre
à la recherche d'ouvrage ? Était-il surtout nécessaire de
s'ingénier à trouver un salaire élevé ? D'un autre côté, le
patron, qui était en même temps contribuable, était le
premier à faire comprendre à l'ouvrier que ce qu'il n'aurait pas comme salaire, il l'obtiendrait comme secours, et
ce patron était intéressé à ce qu'il en fût ainsi.

La disparition de l'ancienne loi des pauvres n'a pas
entraîné celle de ses effets, pas plus qu'elle n'a modifié
l'état de mœurs que cette loi avait engendré. M. Thorold
Rogers, à propos de cette matière même, fait observer qu'il
y a erreur souvent à dire que l'effet cesse en même temps
que la cause ; (3) et M. Gladstone, dans un article publié
récemment dans le premier numéro d'un journal consacré précisément aux questions sociales concernant les
ouvriers ruraux, affirme expressément, nous l'avons déjà
dit, que les maux produits par cette législation n'ont pas
cessé avec elle (4).

Dans quelle mesure les salaires, et surtout les salaires

(1) *Poor law commissionners, First report of* 1834, p. 36.
(2) *Ibid.*, p. 84.
(3) *Loc. cit.*
(4) *The Weekly Star*, nᵒ du 6 février 1892.

ruraux, sont-ils restés atteints par la législation qui a précédé la réforme de 1834 ? Une courte étude comparative a sa place marquée ici ; il y a lieu de comparer les salaires anglais avec les salaires de quelques autres pays étrangers, et, en second lieu, de rechercher les variations, qui se sont produites en Angleterre depuis un siècle ou un siècle et demi.

En 1879, le Dr Engel, un des premiers statisticiens d'Europe, dans la *Statistische Correspondenz*, consacrait un article à la comparaison des salaires et du prix des vivres dans les différentes contrées européennes et aux Etats-Unis d'Amérique. L'auteur empruntait lui-même ses renseignements à une série de rapports que les Consuls américains avaient rédigés pour le congrès de Washington (1). Mais ces chiffres n'avaient qu'une valeur simplement approximative, le Dr Engel l'avouait lui-même ; en outre, ils n'étaient pas complets, ne concernant que les métiers urbains, et laissant de côté tant l'industrie agricole que l'industrie manufacturière proprement dite ; enfin, ils ne traduisaient, pour les contrées européennes, que la moyenne supposée du salaire de chaque corps d'Etat dans tout le pays ; pour les Etats-Unis, au contraire, ils n'avaient trait qu'au salaire de deux grandes villes, New-York et Chicago.

Les diverses contrées comparées pourraient à peu près se classer, d'après l'ordre décroissant des salaires, de la façon suivante : New-York d'abord, puis Chicago ; au troisième rang, l'Ecosse, puis l'Angleterre ; ensuite la France et la Belgique ; plus loin, l'Espagne, l'Italie, et, au dernier rang, l'Allemagne.

Une statistique plus récente a été offerte par M. Jeans dans le *Journal of the statistical Society* (2) ; elle comprend

(1) V. le *Bulletin de statistique du ministère des finances*, n° de novembre 1879.

(2) N° de décembre 1884.

l'Angleterre, les Etats-Unis, l'Allemagne du Nord, la France et les colonies de l'Australie.

Tableau montrant la moyenne des salaires hebdomadaires payés dans les métiers de construction et autres, vers 1880.

Métiers	Angleterre	États-Unis	Allemagne du Nord	France	Colonies de l'Australie
	fr. c.	fr. c.	fr. c.	fr. c.	fr. c.
Menuisiers.	45.40	65.80	26.85	24.35	»
Maçons (*bricklayers*) .	28.35	68.75	25.60	21.35	75 »
Maçons (*masons*). . .	40.80	73.10	26.25	22.50	75 »
Plâtriers	45.40	68.95	25 »	22.15	75.30
Manœuvres	28.40	44.75	20 »	17.50	56.25
Forgerons.	41.25	84.05	35 »	24.35	75 »
Ajusteurs	40 »	66.65	33.75	28.10	»
Tourneurs.	40 »	62.50	31.85	27.50	»
Mineurs.	32.80	64.05	25.60	23.75	»
Peintres.	39.35	76.35	26.85	22.50	64.65
Plombiers.	46.65	93.75	28.30	21.85	78.75
Cordonniers.	34.05	62.50	23.75	20.40	60 »
Tailleurs	31.85	71.25	23.10	20 »	62.50
Puddleurs.	53.75	108.85	30.25	39.35	»
Ouvriers agricoles . .	21.85	42.40	17.50	16.25	30 »

M. Jeans résume tous ces chiffres : le salaire moyen hebdomadaire pourrait être, selon lui, évalué à 55 sh. 2 den. (68 fr. 95) pour les Etats-Unis (*Etat de Massachusetts*), à 53 sh. 7 den. pour l'Australie (soit 66 fr. 95), à 30 sh. 5 d. (38 fr.) pour le Royaume-Uni (*Lancashire*), à 21 sh. 8 d. (27 fr. 05) pour l'Allemagne (*Westphalie*) et à 18 sh. 10 d. (23 fr. 50) pour la France. Cette moyenne hebdomadaire a été prise d'après l'ensemble des salaires des quinze professions précitées que M. Jeans regarde comme les principales (1). Aux Etats-Unis, les salaires sont donc plus éle-

(1) Le taux des salaires a été puisé par Jeans : 1° pour le Royaume-Uni dans la table de M. Lord pour 1880, publiée par la Chambre de

vés de 84 0/0 que dans le Royaume-Uni ; mais la Grande-Bretagne, à son tour, vient avec un taux supérieur de 58 0/0 aux salaires français.

Ces chiffres pourraient paraître démontrer la thèse contraire à celle que nous soutenons ; ils tendraient à prouver que les salaires, en Angleterre, sont plus élevés qu'en France, et ils le sont, d'une manière au moins nominale. Mais il ne faut pas méconnaître que le travail anglais est plus productif que le travail français, notamment dans les houillères, dans les mines de fer, dans l'industrie du coton (1) ; le travail anglais, mieux rémunéré que le travail français, ne serait donc pas le plus cher ; mais il est beaucoup moins bien rémunéré que le travail aux États-Unis, quoique celui-ci soit moins productif. Le prix de la vie est beaucoup plus cher en Angleterre qu'en France ; il est assez naturel que les salaires y soient plus élevés.

Comment la hausse s'y est-elle comportée ? C'est là le point qui doit maintenant retenir notre attention. Commençons par les salaires agricoles ; car, selon une observation faite par Sir James Caird, rien ne montre mieux l'accroissement des salaires que la hausse de la rémunération du travail agricole.

Or le salaire hebdomadaire de l'ouvrier agricole aurait monté en Angleterre dans la proportion suivante (2) :

commerce de Manchester ; 2° pour les États-Unis dans les rapports du bureau de statistique de l'État de Massachusetts ; 3° pour l'Allemagne, dans les rapports obtenus directement des corps de métiers de Westphalie ; 4° pour la France, dans l'*Annuaire statistique*.

(1) V. *Revue des Deux-Mondes*, n° du 15 avril 1885, p. 885, « *La mine et les mineurs* » ; — le *Journal de la Société de statistique* d'Angleterre, n° de décembre 1884 ; — Mulhall, *Progress of the world* ; — Émile Chevallier, *Les salaires au XIX° siècle*.

(2) M. Jeans, *loc. cit.* — Au XV° siècle, les salaires de l'ouvrier agricole étaient d'environ 4 deniers par jour, et, pendant le temps de la moisson, de 6 den., soit 2 sh. et 3 sh. par semaine ; ce sont les chiffres cités par M. Thorold Rogers, dans son ouvrage « *Work and Wages* ».

	sh.	d.	fr. c.
1770	7 sh.	3 d.	9 fr. 06
1850	9 »	7 »	11 » 95
1878	14 »		17 » 50

L'accroissement dans la période des quatre-vingts années, qui ont précédé 1850, serait donc seulement de 2 sh. 4 d. ou de 32 0/0, tandis que, de 1850 à 1878, le montant de l'accroissement aurait été de 4 sh. 5 d. ou 46 0/0, et M. Jeans, à qui nous empruntons cette remarque, ajoute que plus récemment les salaires avaient encore haussé, et que les ouvriers agricoles disposaient, au moins dans les principales contrées d'Angleterre, d'un salaire de 17 sh. par semaine (21 fr. 25) (1).

M. Coleman, dans son rapport sur l'agriculture du comté de Northumberland, joint au rapport de la Commission royale sur l'agriculture, chiffre, comme suit, le salaire hebdomadaire d'un domestique agricole, tel qu'il l'a recueilli dans une grande ferme de ce comté :

Années	sh.	den.	fr. c.
1851	11		13.75
1861	16	6	20.60
1871	16	6	20.60
1881	18		22.50

(1) M. le comte de Paris (*De la situation des ouvriers en Angleterre*, p. 43), résumant le mémoire de M. Leone Levi, *Wages and earnings of the working classes*, dit que la moyenne générale du salaire était de :

11 fr. 67 en	1824
12 » 02 »	1837
14 » 47 »	1860
16 » 25 »	1866

M. Gladstone, dans l'article précité du *Weekly Star*, dit que, dans le district spécialement agricole, où s'est passée sa première enfance, l'ouvrier de ferme ordinaire gagnait 15 sh. (18 fr. 75) par semaine vers 1820 ; mais c'était là, ajoute-t-il, un taux relativement élevé, à raison du voisinage de Liverpool ; un peu plus loin, à 20 milles de cette ville, dans le Flintshire, les salaires agricoles n'excédaient pas, si même ils l'atteignaient, le chiffre de 9 sh. (11 fr. 25).

Ce salaire aurait augmenté de 63 0/0 de 1851 à 1881 (1).

Dans le Shropshire, le prix de la main-d'œuvre agricole à la tâche a été relevé comme suit :

Années	Prix du fauchage de l'acre d'herbe.		Prix de l'arrachage de l'acre de raves.		Prix de la moisson de l'acre de céréales.	
	s. d.	s. d.	s. d.	s. d.	s. d.	s. d.
1862. . . .	3.0	à 4.0	5.0 à 5.6		9.0 à 10.0	
1880. . . .	4.0	à 7.6	5.6 à 11.0		13.0 à 13.0	

soit une augmentation de 50 à 90 0/0.

Bref, la hausse s'est particulièrement fait sentir depuis 1850, et en cela on constate en France quelque chose d'identique. Mais il y a lieu de remarquer que la hausse a été moins forte qu'en France, sinon dans la période qui a suivi 1850, du moins dans celle qui avait précédé ; car, pendant que de 1770 à 1880 elle atteignait à peine en Angleterre le taux de 133 0/0, en France, au contraire, même si l'on prend comme point de départ l'année 1820, elle se chiffrerait par le taux de 200 à 250 0/0.

Passons aux salaires industriels : d'un tableau que nous

____

(1) M. Coleman dit qu'à ce salaire se joignent la concession d'une petite maison exempte de loyer, 60 à 80 *stones* (le *stone* vaut 6 kil. 349) de pommes de terre, et deux boisseaux de froment par an.

Les chiffres de M. Coleman paraissent au-dessus de la moyenne. Voici ceux que donnait Taine, vers 1871, dans ses *Notes sur l'Angleterre* : « Dans les districts purement agricoles, il paraît que le « salaire est de sept à huit shillings par semaine, et non de douze, « comme je l'ai vu ici » (page 181). — « Selon un clergyman, qui a « vécu dans le Devonshire et dans d'autres comtés, les gages d'un « villageois sont de huit à neuf shillings par semaine ; parfois il « gagne dix shillings ; mais il faut qu'il soit très robuste et très ha-« bile pour en gagner douze. Or il a le plus souvent six enfants... » (*loc. cit.*, p. 183). — « Dans la plus grande partie de l'Angleterre, les « gages du travailleur agricole varient entre 10 et 12 shillings par « semaine. Son loyer lui coûte 1 shilling par semaine. Impossible « de vivre là-dessus avec une femme et seulement deux enfants » (p. 185, note). — V. la *Fortnightly review* du 1er janvier 1871 ».

avons consulté, mais qu'il est inutile de reproduire (1), il
résulte que la moyenne de l'augmentation, de 1825 à 1885,
dépasse 73 0/0 ; la hausse la moins forte a été de 20 0/0,
et elle s'est produite sur les salaires des fileurs (*mule
jenny*) ; mais il est vrai d'ajouter que ces ouvriers avaient,
il y a cinquante ans, la plus forte rémunération : 25 sh.
6 den. par semaine (soit 5 fr. 30 par jour) : ils ont maintenant 6 fr. 25. La plus forte augmentation a été de 160 0/0,
et elle a été atteinte par le salaire des enfants employés au
filage, qui, d'ailleurs, était le plus faible au début.

Si nous comparons le taux de l'augmentation des salaires industriels anglais avec celui de l'accroissement des
salaires français pendant la même période, soit de 1825 à
1885, nous serons frappés de la différence qui existe en
faveur de ceux-ci. Toutefois les salaires manufacturiers
sont encore ceux dont l'accroissement aurait, dans les
deux pays, suivi le mieux une voie parallèle. Bref, si l'on
ne peut dire de l'Angleterre que les salaires y soient restés
stationnaires, l'on ne saurait, en revanche, affirmer que
c'est là que la hausse ait été la plus forte. En cela, nous
nous séparons de M. Jeans, dont l'affirmation est absolument contraire.

Les ouvriers agricoles sont ceux des ouvriers anglais
dont la situation est la moins bonne. A l'exception de
ceux qui vivent dans le voisinage des villes, ils sont dans
une position peu heureuse. Leur salaire serait peut-être
suffisant pour des célibataires ou pour des ménages non

---

(1) V. notre étude sur *Les salaires au XIXᵉ siècle*, p. 83.— M. Leone
Levi donne, pour les salaires de l'industrie cotonnière, une progression de 73 à 100 0/0 pendant la période qui s'est écoulée de 1850
à 1876. Pour le Lancashire, M. Georges Lord, président de la Chambre de commerce de Manchester, évalue à 42 0/0 le montant total
de la plus-value moyenne, réalisée de 1850 à 1883, dans la même
industrie. V. le *Bulletin de statistique du ministère des finances*, nᵒ de
février 1884.

chargés de famille, et dont la femme ajouterait le produit de son propre gain à celui du mari ; mais, en Angleterre, les enfants sont nombreux, les femmes de la campagne peu industrieuses ; aussi la misère y est-elle grande. « Pas « un journalier de campagne, dit un témoin impartial, ne « vit ou ne soutient sa famille avec ses gages seulement ; « il subsiste en partie sur ses gains et en partie sur l'au- « mône » (1). — « Il a le plus souvent, dit à son tour un « de nos compatriotes, six enfants ; impossible à huit per- « sonnes, et même à cinq ou six, de vivre sur un gain de « huit à neuf shillings par semaine ; il ne peut donc se « passer de l'assistance publique ou privée. — D'ailleurs, « une paysanne, et, en général, toute femme de la classe « inférieure en Angleterre, manque d'adresse ; elle n'a « pas, comme une Française, le talent du ménage, l'es- « prit d'ordre, l'habitude de marchander, l'art de faire « beaucoup avec peu de chose, et quelque chose avec rien ; « elle ne sait pas raccommoder, retourner un habit, tirer « parti d'un plat ; bien souvent, elle n'est pas capable de « faire la cuisine..... Somme toute, les journaliers, dans « les campagnes, vivent en partie d'aumônes..... » (2).

D'autre part, l'invasion de la grande culture, la substi- tution des machines au travail musculaire, l'emploi de nouveaux procédés de culture, ont produit une modifica- tion morale dans la situation des ouvriers agricoles, et, pour beaucoup même, l'instabilité du travail (3). De là,

(1) *Collected papers by* Mrs Grote, p. 76.
(2) Taine, p. 183. L'auteur dit également ceci : « Deux person- « nes qui ont vécu en France ajoutent que le paysan français est « beaucoup supérieur ; ils louent surtout sa frugalité, l'habitude « qu'il a de se suffire à lui-même, son ardeur au travail, sa passion « pour la terre. Selon elles, le paysan anglais est tout autre, impré- « voyant, dépensier, toujours à la charge de la paroisse ou des ri- « ches charitables..... ».
(3) M. Anatole Langlois, *La condition actuelle des classes rurales en Angleterre*, p. 20.

pour une certaine quantité des ouvriers, une grande incertitude dans l'existence, une sorte de vagabondage dans les habitudes. Dans l'Est particulièrement, un grand nombre de travailleurs agricoles mènent une existence nomade. Les travaux agricoles, qui nécessitent une certaine concentration de main-d'œuvre, se font au moyen de ces bandes ambulantes (*gang system*). Celles-ci ont formé de 1872 à 1875, et sous l'inspiration de M. J. Arch, devenu plus tard membre du Parlement, une immense coalition, qui comprit un moment près de 100.000 ouvriers.

Les ouvriers agricoles anglais diffèrent ainsi largement des ouvriers des villes, et un savant a pu dire à l'un de nos compatriotes que « pour l'intelligence et les idées, la « distance est aussi grande entre eux et les ouvriers *me-* « *chanics* qu'entre les ouvriers et les hommes comme « moi ». Cette infériorité trouve son explication non seulement dans l'influence plus immédiate de la loi des pauvres, mais encore dans la sujétion au *landlord*, au fermier, au *clergyman*, dans la nature même des occupations agricoles, qui disséminent la population ouvrière au lieu de la concentrer, et enfin dans la lenteur avec laquelle les classes ouvrières rurales ont acquis leur émancipation politique.

CHAPITRE XXVII

LA PROPRIÉTÉ RURALE ET LA CONDITION DU PAYSAN.

Le village anglais et le village français. — La situation de la population
rurale en France. — Le paysan français, propriétaire de sa maison et
de quelques parcelles de terre. — Description monographique de deux
villages français et de deux villages anglais. — La superficie moyenne
des exploitations en Angleterre ; étendue occupée par les grandes exploitations. — La prédominance du fermage sur le fairevaloir. — Les
grandes propriétés. — Les grandes cultures. — La maison du paysan.
— Les habitudes de l'ouvrier agricole anglais. — La situation du
paysan anglais autrefois. — L'aristocratie foncière et la loi des pauvres.
— L'opinion publique. — L'ouvrier agricole et le *workhouse*.

Quel contraste entre un village français et un village
anglais. Pour le lecteur du délicieux ouvrage de Mme Hollond (1), il semblerait que la supériorité fût pour le village
anglais ; mais, sans vouloir contredire ici les affirmations
de l'auteur, sans nous demander si les tendresses de son
imagination n'ont pas eu dans son charmant récit la part
la plus large, nous pouvons dire qu'il n'en saurait être de
même pour l'économiste.

Aux yeux de celui-ci, la supériorité est du côté où l'accès à la propriété est le plus aisé, où le nombre des propriétaires est le plus grand, où enfin on ne rencontre pas
un prolétariat agricole, cantonné d'une manière irrémédiable dans son humble condition, et enserré au milieu d'immenses domaines, qu'il n'a pas l'espoir de voir un jour se
briser et s'émietter à son profit.

(1) *La vie de village en Angleterre.*

La France, sous ce rapport, nous offre le spectacle d'un pays où la hiérarchie des situations rurales n'est pas séparée par des limites ou des barrières infranchissables. Les trois classes, appelées celle des propriétaires, celle des fermiers et celle des ouvriers agricoles sont trois étapes qu'il est permis de parcourir successivement. Encore sont-elles souvent enchevêtrées les unes dans les autres. L'ouvrier agricole, pour commencer par lui, est fréquemment propriétaire de quelques parcelles de terre, et presque toujours propriétaire de la maison qu'il habite ; ainsi, dans les communes rurales, la proportion des maisons habitées par leur propriétaire seul ou non est de 63,8 et de 66,6 0/0 (1). Lorsque propriétaire de sa maison, l'ouvrier agricole n'a pu encore joindre à cette propriété celle d'une ou de quelques parcelles de terre, il en afferme assez fréquemment un petit lopin, pour y planter des pommes de terre ou y cultiver des légumes ; c'est pour lui le simulacre et en même temps le prélude de la propriété. Cette situation de salarié n'est pas éternelle, et, avec de l'énergie et de l'économie, il arrive bientôt à l'échanger contre celle de petit occupant ; beaucoup de petits fermiers ne sont autres que d'anciens domestiques de ferme. Et, sauf dans

(1) M. de Foville, *La propriété bâtie* (*Econ. franç.*, du 17 janvier 1891). La proportion pour les communes rurales est plus forte que celle qui s'applique à la France entière (56,3 et 61,3 0/0) ; encore cette proportion s'accroîtrait-elle, si l'on mettait hors de cause les immeubles inhabités. Certaines régions de la France nous donnent des pourcentages supérieurs : la Savoie et la Haute-Savoie, sur 100 maisons, nous en montrent 80 totalement occupées par leurs propriétaires : l'Ariège nous en montre 81, le Lot 82, le Puy-de-Dôme 83, les Hautes-Pyrénées 84, la Corse 85. En laissant de côté les immeubles inhabités, et en confondant avec les maisons, où le propriétaire est seul, celles dont il loue une partie, on verrait la proportion, dans ces départements-là, atteindre et dépasser 90 0/0 ! Lors de l'enquête, on a rencontré 2,270 communes où l'on n'a pu découvrir une seule propriété imposable qui fût louée !

les contrées de métayage, le fermier n'est que bien rarement simple fermier ; à côté des terres qu'il a louées, il s'en trouve dont il est propriétaire, et celles-ci, entre des mains économes, ne tardent pas à augmenter, jusqu'à ce que enfin le cultivateur s'en tienne uniquement à elles, et abandonne celles dont il n'était que le fermier. Ainsi l'accession à la propriété ne rencontre, chez nous, aucun obstacle, et l'on peut dire qu'il est très rare de voir, à la campagne, un individu qui ne puisse, dans une mesure plus ou moins large, revendiquer la qualité de propriétaire.

Parcourez n'importe quel village français, et interrogez le maire sur la situation de quelques-uns de ses administrés ; vous serez étonnés du nombre des petits propriétaires. — Interrogez-le ensuite sur les antécédents de quelque cultivateur ou de quelque vigneron, dont l'aisance vous aura été révélée par une circonstance quelconque, le nombre des bestiaux dans l'étable, ou l'acquisition d'un gros morceau de terre ; il vous répondra que celui-ci, né sans fortune, s'est fait de bonne heure domestique de ferme, et qu'il économisait chaque année ses gages entiers, sa femme subvenant à ses besoins avec le produit d'une vache qu'elle faisait paître dans les bois communaux ou sur le bord des chemins, ou encore avec la rémunération de quelques journées de travail, ou enfin à l'aide d'une petite industrie exercée chez elle.

Nous ne voudrions pas toutefois qu'on tirât de ce qui précède une conclusion trop optimiste, et qu'on pût affirmer que tous nos campagnards sont prévoyants et laborieux, ni que le sol de la France fût uniquement partagé en petites propriétés et en petites cultures. Mais ce que nous voulons constater, c'est qu'il existe une grande quantité de petits propriétaires ; c'est aussi que la qualité de propriétaire rural est une de celles que l'ouvrier agricole peut et désire tout à la fois conquérir.

Pour illustrer cette situation, faut-il l'analyse monographique de la physionomie d'un village agricole français ? Voici ce que nous écrivions récemment, à propos d'un canton d'un des départements voisins de Paris :

« Dans une des communes, sur 110 chefs de ménage, il
« se rencontre 30 cultivateurs, et 39 habitants, ouvriers
« agricoles ou autres, qui, sans avoir la qualification d'a-
« griculteurs, exploitent néanmoins une certaine étendue
« de terre : soit, en totalité, 69 ménages, adonnés à l'agri-
« culture : sur ces 69 ménages, 65 n'exploitent pas une
« contenance supérieure à 20 hectares ; 3 cultivent une
« étendue entre 20 et 100 hectares ; un seul dépasse
« 100 hectares. Sur ces 69 chefs de famille, 35 sont exclu-
« sivement propriétaires, 29 sont à la fois fermiers et pro-
« priétaires, 5 seulement sont simples fermiers, parmi les-
« quels ce grand cultivateur, dont la ferme dépasse cent
« hectares ; les quatre autres sont des ouvriers agricoles,
« qui ont loué quelques ares de terre : l'un a 6 ares, l'autre
« en a 50. Peu de simples fermiers, voilà la situation so-
« ciale particulièrement digne d'intérêt, que nous révèlent
« ces chiffres. Si de la possession du sol, je passe à celle
« de l'habitation, un autre résultat, de nature à frapper
« notre attention, s'en dégage : 96 ménages sont proprié-
« taires de leur maison, 14 seulement en sont locataires,
« et, parmi eux, le prêtre, l'instituteur, et notre grand
« cultivateur, le premier à applaudir à ce fait social très
« heureux, qui fait de ses ouvriers agricoles une popula-
« tion sédentaire et aisée, vivant chez elle, et possédant,
« outre sa maison, quelques coins de terre.

« La commune, prise comme exemple, n'est pas un
« type particulier ; elle reflète la physionomie exacte de
« cette partie de notre département, et la comparaison que
« je puis établir entre elle et une autre localité, située à
« l'extrémité-nord de ce canton, offre une ressemblance
« ou mieux une similitude absolue. A.... 73 chefs de mé-

« nage ; 24 ont comme profession principale la culture ;
« 26, tout en ayant un autre métier, exploitent néanmoins
« une certaine étendue de terre ; en réalité, 50 exploitants :
« l'un d'eux cultive 238 hectares ; 9 cultivent de 20 à
« 100 hectares ; 40 ont moins de 20 hectares. Tous, à l'ex-
« ception de quatre, sont propriétaires de la totalité ou
« d'une fraction des terres qu'ils font valoir : ces quatre
« simples fermiers sont des journaliers, qui ont loué un
« coin de terre pour y planter des pommes de terre et des
« légumes. Nos 73 ménages, sauf 11 seulement, sont pro-
« priétaires de la maison qu'ils habitent ; encore, dans ces
« 11 maisons, dont l'occupant n'est pas le propriétaire,
« retrouvons-nous ici le presbytère, l'école et la ferme de
« ce grand cultivateur ».

Mettons en regard quelques descriptions de paroisses anglaises.

Hazelbeach, paroisse de l'Union de Brixworth, et du comté de Northampton, a une population de 171 personnes, et une étendue de 1448 acres. Il y a 33 chefs de ménages, sur lesquels 8 cultivateurs, et 3 individus qui, ne pouvant réclamer la qualité de cultivateurs, exploitent néanmoins une petite étendue de terre. De ces 11 exploitants 6 ont moins de 50 acres (20 hect.), 2 ont entre 50 et 250 acres (de 20 à 100 hect.), et 3 dépassent 250 acres ; aucun d'eux n'est propriétaire, en tout ou en partie, de ce qu'il cultive ; tous sont fermiers. Parmi les 33 chefs de ménage, il n'en est pas un seul qui soit propriétaire de la maison qu'il occupe (1). Une seule exception doit être faite au profit du *clergyman* ou recteur de la paroisse : il habite

(1) A Hamsey, près de Lewes, dans le comté de Sussex, il n'y aurait pas, nous dit M. Davy, plus de 2 chefs de ménage qui fussent propriétaires de leur maison, sur 100 environ, dont se compose cette paroisse ; dans la localité la plus voisine, nous ajoute M. Davy, il y aurait une situation tout à fait dissemblable, et la moitié des habitants serait propriétaire de leur maison.

le presbytère, et cultive les 28 acres, qui constituent la terre de l'église (*church land*). Il n'y a pas de *paupers*, grâce, pouvons-nous ajouter, aux mesures prises par les Gardiens de l'Union de Brixworth. Outre les cultivateurs, dont nous venons de présenter la répartition, le territoire de Hazelbealch comprend une certaine étendue (593 acres) affermée à 9 cultivateurs qui n'habitent pas la paroisse. Ce sont les herbages et pâturages qui dominent sur ce territoire (1).

La paroisse d'Edilburton, de l'Union d'Ely, dans le Cambridgeshire, offre quelques différences avec la précédente. La population est de 454 âmes, et elle est répartie en 117 ménages. Le territoire comprend 2359 acres, dont la plus large partie se compose de terres labourables ; il est cultivé par 50 fermiers, les uns résidant dans la paroisse, et les autres dans les localités environnantes ; il y a, en outre, 95 individus qui, sans pouvoir être qualifiés de cultivateurs, cultivent néanmoins une certaine quantité de terre. Parmi les cultivateurs proprement dits, 42 exploitent une surface inférieure à 50 acres, 6 ont de 50 à 250 acres, et 2 seulement ont une étendue supérieure à 250 acres. On compte 9 cultivateurs, qui sont exclusivement propriétaires de ce qu'ils exploitent ; 10 sont propriétaires d'une partie ; 8 sont entièrement fermiers. Sur les 117 chefs de ménage, 30 sont propriétaires de la maison qu'ils habitent.

Qu'on ne dise pas que nous avons choisi à dessein, parmi toutes les régions de l'Angleterre, des exemples destinés à faire contraste avec la situation de nos villages français. Les chiffres généraux, fournis par la statistique, nous prouvent que la dimension des cultures y est plus grande que chez nous ; ils nous prouvent également que l'Angleterre

____

(1) M. Albert Pell, dont nous avons cité le nom plusieurs fois, habite la paroisse de Hazelbeach, et c'est à lui que nous devons ces renseignements.

est un pays de fermiers plutôt que de paysans-propriétaires.

D'un tableau, s'appliquant aux diverses contrées de la Grande-Bretagne (1), il résulte que la superficie moyenne des exploitations est de près de 59 acres (23 hect. 1/2). Si, au lieu de prendre le nombre d'exploitations de chaque catégorie, on prend la partie du territoire occupée par les différentes sortes d'exploitations, on voit que, pour l'Angleterre proprement dite, la surface, occupée par les exploitations dépassant 100 acres (40 hect.), représente 72 1/2 p. 0/0 du territoire (2). Il n'est plus permis de soutenir que l'Angleterre n'est pas un pays de grande culture (3).

Angleterre.

EXPLOITATIONS			ÉTENDUE	PROPORTION
			acres	p. 0/0
De 1/4 d'acre à	1 acre exclusiv¹		9.988	0.04
1 —	5 —		286.526	1.15
5 —	20 —		1.219.663	4.89
20 —	50 —		2.042.370	8.60
50 —	100 —		3.285.350	13 19
100 —	300 —		10.285.988	41.32
300 —	500 —		4.328.722	17.39
500 —	1.000 —		2.697.794	.10.83
1.000 —	. . . —		735.138	2.95
Total			24.801.539	

Il n'est pas moins intéressant de faire ressortir, par une

(1) Les statistiques, relatives au nombre et à l'importance des exploitations, excluent certains terrains et notamment les pâturages de montagnes (*hillgrazings*) ; ces terrains sont précisément ceux pour lesquels le morcellement est le moindre. Les proportions ci-dessus seraient absolument modifiées, si on comprenait ces terrains dans le total de la superficie agricole de l'Angleterre.

(2) En France, les exploitations supérieures à 40 hectares ne couvrent que les 45 centièmes du territoire.

(3) *Voir tableau, page* 366.

EXPLOITATIONS	ANGLETERRE		PAYS DE GALLES		ÉCOSSE		GRANDE-BRETAGNE (Réunis)	
	Nombre	Prop. 0,0	Nombre	Prop. 0,0	Nombre	Prop. 0,0	Nombre	Prop. 0,0
De 1/4 d'acre à 1 acre , Excl...........	21,069	5,08	1,083	1,80	1,360	1,69	23,512	4,24
De 1 acre à 5 acres —	103,229	24,88	11,014	18,35	21,463	26,59	135,736	24,42
De 5 — à 20 — —	109,285	26,34	17,389	28,89	22,132	27,42	148,806	26,77
De 20 — à 50 — —	61,446	14,74	12,326	20,48	10,377	13,24	84,149	15,14
De 50 — à 100 — —	41,893	10,82	10,044	16,69	9,778	12,11	64,713	11,64
De 100 — à 300 — —	59,180	14,26	7,844	13,03	12,549	15,55	70,573	14,31
De 300 — à 500 — —	11,452	2,76	389	0,65	2,034	2,52	13,875	2,50
De 500 — à 1000 — —	4,131	0,99	63	0,10	632	0,78	1,826	0,87
De 1000 — et au-dessus	563	0,13	8	0,01	90	0,11	663	0,12
Total....................	414,950	»	60,190	»	80,715	»	555,855	»
Superficie..........................	24,891,539 Acres		2,818,547 Acres		4,848,166 Acres		32,559,252 Acres	
Superficie moyenne des exploitations.......	60,0 Acres		46,8 Acres		60,1 Acres		58,7 Acres	

statistique récente, ce fait de la prééminence considérable
du fermage sur le faire valoir direct ; la situation de cultivateurs tout à la fois propriétaires et fermiers, situation
assez fréquente en France, est rare dans la Grande-Bretagne, beaucoup plus rare même que le faire valoir direct ;
ce qui prouve bien que les cultivateurs anglais sont surtout des fermiers (1).

ANNÉE 1891.

	Cultivateurs fermiers	Cultivateurs propriétaires	Cultivateurs propriétaires et fermiers	Total	Surface cultivée par des fermiers	Surface cultivée par des propriétaires	Total de la surface cultivée
	Nombre	Nomb.	Nomb.	Nombre	Acres	Acres	Acres
Angleterre	348.755	61.645	20.274	430.674	21.252.762	3.860.581	25.113.343
Pays de Galles . . .	55.875	7.278	1.000	64.252	2.455.778	382.013	2.887.791
Écosse	76.384	6.535	629	83.548	4.294.416	625.064	4.917.380
Total de la Grande-Bretagne	481.014	75.458	22.002	578.474	28.000.956	4.818.558	32.918.514

En résumé, la situation agraire et rurale, chez nos voisins, est toute différente de celle qu'offre la France : de
grandes fermes correspondant à de grandes propriétés,
d'une part, des ouvriers agricoles non propriétaires, d'autre part, tel est l'aspect des campagnes anglaises. Qu'on
ne s'en étonne pas ! La constitution de la propriété foncière offre, à la fois, le double caractère de propriétés immenses, de *latifundia* (2) et de domaines non morcelés.

(1) En France, sur 100 exploitations agricoles, il y en a près de
80 qui sont conduites par les propriétaires, les autres étant dirigées
par des fermiers ou des métayers ; sur 100 hectares cultivés, il y en
a près de 60 qui le sont par des propriétaires cultivateurs.

(2) Il est assez difficile de se rendre compte du nombre des propriétaires, que le *New Domesday Book* fixe à 972,800 pour l'Angleterre
et le pays de Galles. Laissons de côté les 700,000 personnes, qui
détiennent moins d'un acre de terre (40 ares), lesquelles n'ont sans
doute qu'un simple cottage et un potager. En dehors de cette catégorie, nous trouvons, dans les statistiques officielles, que contre

Ces propriétés sont louées par gros morceaux et donnent, par conséquent, naissance à de grandes fermes; l'Angleterre est resté le pays classique de la grande culture, et il faut lire, dans Arthur Young, les pages enthousiastes qu'il lui consacre, lorsqu'il la compare à notre petite culture. Aussi celle-ci reste-t-elle encore discréditée en Angleterre, malgré la réhabilitation tentée par Stuart Mill. Quant à la petite et à la moyenne propriété, elle est peu répandue, et il ne peut en être autrement : la terre y est si peu morcelée qu'il n'y a pas place à de petites acquisitions ; le paysan, enserré entre ces immenses domaines, qui se touchent, ne peut le plus souvent trouver ni une parcelle, dont il puisse se rendre acquéreur, ni une place pour y bâtir une demeure.

Les économistes discutent sur les avantages et les inconvénients du morcellement ; mais si l'émiettement de la propriété foncière a, au point de vue cultural, des inconvénients nombreux, il a, du moins, au point de vue social, l'avantage incontestable de faciliter le démembrement de la propriété. Aussi, sous l'influence des idées libérales, cherche-t-on en ce moment à créer la petite propriété et la petite tenure, mais aussi ne peut-on le faire que d'une manière artificielle. Une loi du 27 juin 1892 (*Small holdings Act*), rendue à la veille des élections, qui ont déplacé

5,408 grands propriétaires, qui occupent à eux seuls la moitié au moins du territoire, 220,642 personnes possèdent de 1 à 100 acres (40 ares à 40 hect.) et 37,216 ont de 100 acres à 1,000 acres (de 40 à 400 hect.) ; c'est là ce que nos voisins considèrent comme la petite et la moyenne propriété ! Le *Financial Reform Almanach* a divisé en diverses catégories les 5,408 grands propriétaires. Parmi eux, il en est 2,184 qui possèdent plus de 5,000 acres (soit 2,000 hect.), et 420, qui ont en moyenne 22,000 hectares chacun ; 91 propriétaires possèdent à eux seuls le sixième du Royaume-Uni. Le duc de Sutherland possédait dans le seul comté de ce nom, 1,176,454 acres (470,581 hect.)! V. M. Glasson, *loc. cit.*, 6 vol., p. 296 et suiv. ; — V. aussi M. Langlois, *Les classes rurales en Angleterre*.

la majorité dans la Chambre des communes, a permis aux Conseils de comté d'acheter des étendues de terre « des-« tinées à pourvoir de petits domaines les personnes dési-« reuses de les acheter et de les cultiver elles-mêmes ».

L'acte de 1894 sur les Conseils de paroisse a remanié cette législation ; il a attribué des pouvoirs en cette matière aux assemblées paroissiales, et leur a conféré non seulement le droit d'expropriation, mais celui de forcer un propriétaire à louer à la paroisse son bien (*compulsory hiring*) qui devra être sous-loué aux ouvriers agricoles.

La grande culture anglaise, quoiqu'elle ait toujours marché dans la voie du progrès et qu'elle ait depuis long-temps pris l'habitude de se servir des machines, ne peut se priver cependant du concours de la main-d'œuvre ; elle a des ouvriers, qu'elle est obligée de loger, l'habita-tion étant ainsi le complément du salaire. Lorsque le fer-mier loue un domaine, il loue, en même temps que les terres et les bâtiments d'exploitation, un certain nombre de maisons d'ouvriers, bâties sur ce domaine, et en faisant partie intégrante ; ces maisons, il les sous-loue à ses ou-vriers. La situation de ceux-ci est donc des plus précaires, au point de vue de l'habitation ; non seulement la maison qu'ils habitent ne leur appartient pas, mais encore ils ne peuvent nourrir l'espoir d'en devenir propriétaires ; ils ne peuvent souvent ni en préférer, ni en faire bâtir une autre. Encore sont-ils les locataires de leur patron, à la discrétion duquel ils sont d'une manière constante, soit comme ou-vriers, soit comme locataires, patron, dont le droit n'est que temporaire, et quelquefois même précaire, beaucoup de baux ruraux étant faits *at will*, c'est-à-dire à la discré-tion du propriétaire (1).

____

(1) « Si j'étais *landlord*, — disait Johnson au siècle dernier, — et que « mon fermier ne votât pas à mon gré, je le mettrais dehors im-« médiatement ». Cliffe Leslie, *Land System in Ireland, England and continental countries*, p. 169.

Le paysan anglais, ne pouvant que difficilement devenir propriétaire foncier, cherche moins à épargner ; car, si, en France et en Belgique, le paysan économise, c'est afin de devenir petit propriétaire foncier. La prévoyance est le plus souvent stimulée par l'attrait qu'offre la propriété, et il n'est pas de propriété, qui excite autant de convoitises et de désirs, que celle du sol, chez ceux qui vivent à la campagne (1). A défaut de la terre, le paysan reportera parfois ses désirs sur d'autres objets : il embellira et ornera sa maison. L'homme est ainsi fait qu'il éprouve le besoin de la propriété visible ; s'il ne peut posséder des choses productives, il tient à posséder, du moins, des objets mobiliers : il sacrifiera davantage, si nous pouvons ainsi parler, au luxe de sa maison. Mais laissons la parole à Madame Hollond, qui n'est pas suspecte, et qui a tracé de la vie de village en Angleterre un tableau à coup sûr trop enchanteur. « Je ne crois pas exagérer, écrit-elle, « quand je dis que certainement, dans les comtés méri- « dionaux de l'Angleterre, un paysan possédant un arpent « de terre serait une rareté. C'est probablement à cette « impossibilité de devenir petit propriétaire, qu'il faut « attribuer le goût que montre le peuple anglais pour orner « l'intérieur de ses demeures. Un paysan a-t-il fait quel- « que épargne, il emploiera à s'acheter un meuble et à « orner sa cabane l'argent qu'en France il aurait mis de « côté pour acquérir un lopin de terre ; aussi rien ne res- « semble moins aux cabanes si malpropres de nos campa- « gnes que l'habitation d'un paysan anglais, avec ses peti- « tes recherches de luxe et de confort. En général, le « paysan anglais vit beaucoup moins économiquement et « dépense pour ses repas deux fois plus que le paysan fran- « çais ; il est vrai que le climat exige une nourriture plus « substantielle que chez nous.

« Je visitai plusieurs de ces petits cottages que M. Mason

(1) Taine, *Notes sur l'Angleterre*, p. 176.

« louait à ses ouvriers : ils étaient tous construits à peu
« près de même, contenaient une bonne chambre sur le
« devant, qui servait de salle à manger et de parloir, un
« petit office avec poêle et four, et un endroit pour faire la
« lessive, avec chaudière en fonte..... » (1).

Cette situation constitue sans doute un fait inhérent à
l'organisation sociale actuelle de l'Angleterre, mais c'est
un fait qui ne remonte pas à une très haute antiquité. Au
temps d'Elisabeth, il y avait un grand nombre de petits
propriétaires, et leur prospérité est un des caractères les
plus saillants de cette époque. Mais déjà, si l'on en croit
les chroniques de ce temps, ces petits propriétaires, ces
yeomen, étaient menacés par une autre classe, celle des
grands propriétaires, non pas de l'ancienne *gentry*, mais
d'une classe de nouveaux propriétaires, de parvenus, qui
avaient fait leur fortune dans les villes, et qui s'étaient
rendus acquéreurs de biens monastiques. On n'a pas assez
de récriminations contre cette catégorie de propriétaires.
« Des gens dont la fortune date d'hier ». Ces nouveaux
venus dans la vie rurale y apportent leur soif de s'enrichir,
et n'y maintiennent pas les traditions patriarcales, qui
faisaient l'orgueil de l'ancienne *gentry*. Acquérir de petites
fermes, afin d'arrondir leur domaine, exproprier pour ainsi
dire les pauvres paysans, mettre la main sur les terres
communes et les enclore, remplacer l'ancienne culture des
céréales par celle des prairies, et, par conséquent, remplacer les hommes par les troupeaux, telle fut leur ambition, — ambition extrêmement préjudiciable à la classe

(1) *Ibid.*, p. 90. — M. Raffalovich prétend que les cottages des
ouvriers agricoles laissent beaucoup à désirer, et que l'encombre-
ment et la saleté n'y sont pas moindres que dans les logements des
villes (*Le logement de l'ouvrier et du pauvre*, p. 100). On constate que
les maisons louées aux ouvriers agricoles sont généralement mieux
entretenues, comme construction, du moins, que les maisons habitées exceptionnellement par des ouvriers propriétaires.

des petits propriétaires. Voici comment s'exprime un contemporain, Thomas Morus : « Ils jettent les maisons par « terre, arrachent pour ainsi dire les villages comme on « arrache des plantes, et n'en laissent rien debout qu'une « église convertie en une étable à brebis ». Aussi la législation de cette époque abonde-t-elle en mesures destinées à réprimer ou à prévenir ces tentatives : tantôt on défend de démolir les bâtiments d'exploitation, et on oblige même à les reconstruire, tantôt on impose le maintien des anciennes cultures, et on limite même le nombre des moutons qu'une personne pourra posséder à elle seule, et on le fixe à deux mille (1).

Soit par l'effet de ces mesures, soit à raison du grand nombre de petits propriétaires qui existaient autrefois, il y avait encore en Angleterre, au siècle dernier, une race de paysans, dont ce pays était fier. « Je ne connais « pas un seul cottage auquel ne soit attachée une parcelle « de terre », disait Arthur Young à la fin du siècle dernier. Ces familles possédaient alors quelque chose ; et le moindre ouvrier occupait une maison et un champ d'un acre ou d'un demi-acre, sans compter son droit de pâture et d'affouage dans les terrains communaux (2), qui lui permettait d'avoir un porc, quelques volailles, une vache quelquefois. Et c'est parce que ces populations tenaient au sol qu'elles étaient laborieuses, honnêtes et heureuses.

Mais cette race de paysans a considérablement décru, et l'aristocratie territoriale nous paraît ne pas y avoir été étrangère. Les *Enclosure Acts* ont réduit incessamment le communal. Les idées, que l'on se faisait et que l'on se fait de l'agriculture, la supériorité attribuée aux grandes exploitations, le désir qu'ont tous les grands propriétaires d'étendre leur domaine, ont à coup sûr contribué à sup-

(1) M. Boutmy, *Le développement de la constitution et de la société politique en Angleterre*, p. 207.
(2) Léon Faucher, 1er vol., p. 435 ; Taine, p. 181.

primer cette classe de paysans-propriétaires. Cette suppression s'est faite avec d'autant plus de facilité et d'autant moins de scrupules que le système d'assistance publique rassurait complètement les grands propriétaires, qui en supportaient les dépenses, sur les conséquences de cet état de précarité où leur nouvelle condition allait plonger les petits tenanciers et les ouvriers agricoles. Les grands propriétaires ont toujours rêvé, et rêvent encore un état social, qui sépare bien nettement les castes, mais qui en même temps impose à la classe supérieure le devoir de philanthropie ou plutôt de patriarcat sur la classe la plus humble. Ils ont assumé les charges de l'assistance (1), et c'est même pour cette raison que la taxe des pauvres se bornait à frapper les biens fonciers, quoique le texte du statut primitif fût plus compréhensif. Mais en même temps que le bénéfice de l'assistance devait contrebalancer, dans l'esprit des propriétaires anglais, l'état de dépendance où allaient vivre l'ouvrier et l'ancien petit fermier, la réglementation même de la loi d'assistance devait infliger à cette classe un sort plus accusé de dépendance ; il nous est permis de rappeler ici ce que nous avons dit plus haut sur les dispositions prises sous Charles II relativement au domicile de secours.

Non seulement on est arrivé, en Angleterre, à constituer un prolétariat rural, comme il n'en existe nulle part ailleurs, et à faire du travail agricole un travail, qui est en très grande majorité salarié, alors que, dans l'agriculture de toutes les autres contrées de l'Europe, le travail salarié est l'exception, et le travail indépendant la règle ; non seulement, disons-nous, on a produit ce résultat, mais encore on a fait mieux : on a accoutumé l'opinion publique à cet état social, et on est arrivé à la convaincre

(1) M. Boutmy, *L'État et l'individu en Angleterre* (*Annales*, numéro du 15 octobre 1887, p. 510).

pendant longtemps de l'erreur qu'il y aurait à laisser le journalier avoir une part à la propriété foncière, voire même à lui donner un petit lot de terre à cultiver. N'est-ce pas un radical, un partisan du suffrage universel, Roebuck, qui s'écriait il y a plusieurs années en plein Parlement : « Pour le bien-être et pour le bonheur du pays, « les classes laborieuses ne doivent pas avoir d'autres « moyens d'existence que leurs salaires » (1).

Aujourd'hui encore, malgré le programme du parti libéral, et malgré l'acte récent sur les *small holdings*, l'opinion publique, en majorité, vit sur ces idées, et la petite propriété reste condamnée en Angleterre. Beaucoup d'esprits, même parmi les plus indépendants de ce pays, restent hostiles à la classe des paysans propriétaires. Il y a quelques mois, dans un de nos voyages à Londres, nous eûmes l'honneur d'être présenté à Miss Beatrice Potter (2), femme très connue par les idées socialistes dont elle fait profession, malgré sa naissance et ses relations aristocratiques. Très indépendante de caractère, elle a, pour mieux étudier la condition des ouvriers, travaillé dans un atelier de *Whitechapel*. Nous ne pouvions soupçonner que son esprit eût gardé un vestige des anciens préjugés anglais ; mais nous nous trompions étrangement. Parmi les nombreuses questions qu'elle nous posa sur la France, il y en eût une, sur laquelle elle parut insister davantage. « Qu'est-ce donc que ces petits propriétaires, qui habitent « vos campagnes de France ? nous dit-elle. Leur situation « n'est-elle pas misérable ? Ils sont ignorants, malheu-« reux, paraît-il ; ils végètent dans une condition très « humble, dont ils ne peuvent sortir ». — Nous lui répondîmes, sans la convaincre, que ces petits propriétaires-cultivateurs, dont la condition lui paraissait si malheureuse,

(1) Léon Faucher, *loc. cit.*, 2ᵉ vol., p. 89.

(2) Aujourd'hui mariée à M. Sydney Webb, dont nous avons cité le nom plus haut.

ont une situation bien supérieure à celle des ouvriers ruraux anglais, ajoutant qu'ils sont une des grandes forces sociales de la France, où ils seront toujours une barrière contre l'anarchie et la révolution.

Au reste, l'organisation actuelle de l'assistance publique est quelque peu complice de l'état d'infériorité sociale, dans laquelle vit l'ouvrier rural. Pour participer à ses faveurs, il faut ne rien posséder, et l'ouvrier, propriétaire d'une maisonnette, ne peut être admis aux secours publics. Or comme ses ressources ne lui permettent pas de s'affilier à ces vastes sociétés amicales ou professionnelles, qui assurent leurs membres contre les risques de la vie, l'ouvrier agricole ne se désespère pas trop de se trouver enfermé dans ce cercle de fer, qui lui interdit la propriété ; car la propriété, c'est pour lui l'obstacle au bénéfice de la *Poor Law*.

La classe ouvrière rurale, est-il besoin de le dire ? a considérablement décru avec les moyens de transport nouveaux et le développement de la grande industrie. Elle s'est naturellement divisée. Les ouvriers les plus vigoureux et les plus énergiques ont été attirés vers la ville, en quête de salaires plus élevés et surtout d'une existence plus indépendante. Les plus faibles et les plus timides sont restés seuls au village, faute de vigueur ou d'initiative. « Nous n'avons plus que des vieillards », disait un fermier dans une enquête récente (1).

A ces travailleurs, restés attachés à la vie rurale, il est réservé, sur la fin de leur vie, une dernière humiliation, comme dit le professeur Fawcett : ils deviennent les pauvres de la paroisse, les hôtes du *workhouse*. Ils y sont d'avance résignés, comme à un sort inéluctable ; c'est une idée, qui, dans leur esprit, reste associée à celle de nécessité (2). Ils ont vécu leur triste vie, en labourant un sol,

(1) M. Boutmy, *L'État et l'individu en Angleterre.*

(2) « Si nous voulons, disait M. Gladstone, protéger notre ouvrier

qu'ils savaient ne pouvoir ni acquérir ni exploiter librement ; ils ne peuvent la terminer dans la chaumière qui leur fut prêtée, parce que cette chaumière abrite uniquement ceux qui fournissent du travail aujourd'hui, mais non ceux qui l'ont fourni hier ; dépourvus d'asile, ne pouvant compter ni sur l'affection ni sur le respect des enfants, — sentiments qu'a tués la *Poor Law*, — ils demandent au *workhouse* le repos de leur vieillesse.

Rien de triste, comme un *workhouse* de campagne ; là pas de ces figures ravagées par le vice, mais de braves physionomies de vieillards, usés par le travail, et à qui la pitié et la sympathie vont immédiatement, parce qu'on sent qu'ils sont moins encore coupables d'imprévoyance que victimes de l'organisation de leur pays. Si la loi des pauvres est en quelque sorte complice de cet état social, qui exclut les ouvriers de la possession du sol, elle leur réserve, en revanche, ses bienfaits, et leur donne un lit pour y mourir. Triste compensation !

« agricole contre le *workhouse*, seule perspective ouverte aujourd'hui
« à la vieillesse, il faut avant tout lui assurer la possibilité de se
« constituer une épargne. Et, pour atteindre ce but, comme pour
« élever le niveau moral du paysan, il n'y a pas de plus sûr chemin
« (on commence à le voir de plus en plus nettement chez nous) que
« le développement de la petite culture ».

CHAPITRE XXVIII

LES DEUX PAUVRETÉS ET LES DEUX CLASSES DE PAUVRES.

Les conditions et les conséquences de l'assistance légale. — Le paupérisme et l'autre pauvreté. — La diminution du paupérisme ne constitue pas une preuve de la diminution de la pauvreté, la pauvreté, qui n'est pas le paupérisme, n'étant pas secourue légalement. — *Paupers* et *poors*. — Les « morts de faim ». — Le nombre des pauvres non *paupers* ; les chiffres de M. Charles Booth pour l'Est de Londres ; l'évaluation pour la métropole entière ; l'évaluation pour la Grande-Bretagne ; « le dixième submergé ». — Origine et situation des *poors*. — Les pauvres en Angleterre et en France. — La mendicité ; les deux mendicités.

La loi des pauvres a-t-elle pour résultat de diminuer la pauvreté, ou de la soulager? Double question à laquelle nous répondons : Non.

Sans doute, si nous nous reportions à l'époque antérieure à la réforme de 1834, nous diviserions la réponse et nous dirions que l'application de la *poor law* avait peut-être pour résultat de soulager les pauvres et d'adoucir leur situation. mais qu'elle en avait un autre, beaucoup plus clair et beaucoup plus certain, c'était d'augmenter le nombre des pauvres, d'étendre le champ de la pauvreté, et de lui donner une sorte de culture. M. Léon Say a pu écrire avec raison que « la loi des pauvres, en voulant « sauver des pauvres anciens, en a créé de nouveaux (1) ». Et revenant peu de temps après sur la même idée, notre

(1) Préface de notre étude sur l'*Assistance dans les campagnes*.

éminent maître disait : « La charité a souvent créé plus
« de misères nouvelles qu'elle n'en a guéri d'anciennes,
« et quand elle a des clients d'habitude, elle brise le
« ressort de leur initiative et le sentiment de leur respon-
« sabilité...... L'Angleterre souffre et souffrira encore pen-
« dant des siècles de la loi des pauvres de la reine Elisa-
« beth (1) ».

Si, au contraire, nous nous plaçons en face de l'organisation présente, nous n'hésitons pas à affirmer qu'elle ne
diminue pas l'indigence, et qu'elle n'applique pas un soulagement à ses diverses manifestations.

L'acte de 1834, et ceux qui l'ont suivi, n'ont promis l'assistance qu'aux individus véritablement *destitute*, et ils ont
exigé d'eux, en échange du secours, la renonciation à leur
titre de citoyens, et l'abdication de leur liberté, — le secours
à domicile ne pouvant être accordé qu'exceptionnellement,
et étant même refusé d'une manière systématique dans
certaines Unions. — Il y a donc ainsi aujourd'hui deux pau-
vretés, la pauvreté assistée légalement, le *pauperism*, et la
pauvreté non assistée ; suivant que la loi des pauvres est
appliquée trop libéralement ou trop rigoureusement, suivant que les *Guardians* accordent ou non avec trop de facilité le secours, et surtout le secours *out-door*, la tâche,
faite dans la société par le *pauperism*, s'étend ou se rétré-
cit. C'est un point sur lequel nous avons assez insisté pour
qu'il soit inutile d'y revenir maintenant. Le *Local Government Board* montre avec ostentation ses statistiques, qui
indiquent une diminution notable du nombre des *paupers*.
En 1849, il y en avait 1,088.659, soit 62, 7 p. 1000 de la
population totale ; l'année 1891-1892 n'en comptait plus
que 744,757, soit 25,6 p. 1000. La diminution est bien certaine : mais de ce que le nombre des *paupers* a diminué,

____

(1) Discours sur les prix de vertu à l'Académie française, le 20 novembre 1890.

s'ensuit-il qu'il en soit ainsi de l'indigence? Non ; car, à côté de la pauvreté que la loi assiste, il y a celle qu'elle abandonne. Nous n'oserions dire que celle-ci est d'autant plus étendue, que l'autre est plus restreinte ; mais nous dirons, du moins, que la diminution des cadres de la première ne provoque pas une diminution de la seconde. M. Loch, qui n'est pas suspect, écrivait récemment les lignes suivantes à propos de la *Poor Law* anglaise : « Ce « système, dans son ensemble, est plutôt déprimant que « réformateur. Il considère les malheureux comme une « classe qui doit, en général, être abandonnée à elle-même, « et dont les administrateurs de l'assistance publique n'ont « pas à s'occuper. Il ne s'intéresse qu'à ceux qui sont déci- « dément tombés dans le paupérisme. Il fournit ce que je « pourrais appeler un arrière-plan à l'organisation de l'as- « sistance privée (1) ».

L'autre pauvreté, celle qui n'est pas le paupérisme, la loi l'ignore et veut l'ignorer. Tous les malheureux qui, par fierté ou par un reste d'amour-propre, ne veulent pas s'adresser à l'assistance officielle, ou qui ne veulent payer ni de leur liberté ni de leur dégradation morale le secours qu'on pourrait leur allouer, tous ceux-là, disons-nous, res- tent dans leur pauvreté, et sans assistance légale. Ils sont des *poors*, et la loi ne connaît que les *paupers*. C'est affaire à la *charité* de les secourir, mais son intervention est tou- jours quelque peu problématique. L'aumône sur la voie publique est rare. L'assistance à domicile est un fait nou- veau, provoqué peut-être par l'existence de cette grande quantité d'individus non secourus. Quant à l'assistance privée, s'exerçant après enquête, et pour ainsi dire admi- nistrativement, si elle devient assez fréquente à Londres depuis la création de la *Charity organisation Society*, elle est quelque peu lente, et arrive quelquefois trop tard ; c'est un reproche qui lui a été adressé.

(1) *L'organisation de la Charité.*

Il semblerait, du moins, que la loi des pauvres, à laquelle l'indigent peut s'adresser en dernière analyse, lui offre la certitude de ne pas mourir de faim en Angleterre. Nous avons entendu bien des personnes nous dire : « Le « système anglais est peut-être contraire à vos principes « économiques ; mais c'est une assurance contre la faim « et contre la mort qui peut s'ensuivre. Il ne peut y avoir « de ces drames de la misère, tels qu'on en voit ailleurs, « et, par exemple, à Paris, où dernièrement une famille « entière de sept personnes a demandé au suicide un terme « à ses privations et à ses souffrances ». Ces drames sont malheureusement aussi fréquents, sinon davantage, en Angleterre qu'en France ; comment et pourquoi ? Nous n'en savons rien ; soit que ces malheureux n'aient pas voulu recourir au *workhouse*, soit qu'ils n'y aient pas trouvé de places, et le cas n'est peut-être pas rare, dans les grandes villes, pendant l'hiver, toujours est-il que ces faits se produisent. Dans les enquêtes des *coroners* sur les décès, la formule « mort de faim, de froid ou par suite de longues privations » devient de plus en plus commune. Voici, d'ailleurs, un témoignage officiel : c'est un *Blue Book*, distribué au Parlement, au mois de mai 1891, et intitulé : *Morts de faim à Londres*. Il y a eu, pendant l'année 1890, 31 cas de ce genre officiellement reconnus et proclamés par les jurys des *coroners*, ce qui suppose malheureusement un nombre beaucoup plus considérable de cas demeurés inconnus.

Faut-il s'en étonner ? Le nombre des indigents, que ne reconnaît pas l'assistance officielle, est énorme. Il a été évalué dernièrement pour Londres, dans une consciencieuse enquête faite sur cette ville par M. Charles Booth (1). Dans l'*East-End*, sur les 908,958 habitants que compren-

---

(1) Il ne faut pas confondre M. Charles Booth avec M. William Booth, le général *salutiste*.

nent ces pauvres quartiers (y compris le district de Hackney, qui confine à l'Est, et fait partie du Nord-Est) (1), il y a, non compris 17,419 individus hospitalisés soit dans des *workhouses* et autres établissements de la *Poor Law*, soit dans les hôpitaux privés, une population de 185,285 individus qui ne sont pas assurés du pain du lendemain (2). On sait que plusieurs des Unions de l'Est ont supprimé les secours à domicile; on peut donc regarder ces 17,419 individus comme formant la plus grosse partie des secourus sur le *poor rate*, des *paupers*.

La population totale est divisée, d'après M. Booth, en huit classes : 1° dernière catégorie ; 2° n'ayant qu'éventuellement du travail pour gagner sa vie ; 3° salaires irréguliers ; 4° minimum régulier ; 5° salaires ordinaires ; 6° salaires exceptionnellement élevés ; 7° classe moyenne inférieure ; 8° classe moyenne supérieure. Prenons les trois premières classes, qui représentent des individus, les uns très pauvres, les autres pauvres, mais les uns et les autres en proie à l'incertitude de l'existence, et voyons les chiffres s'appliquant à ces trois classes :

        La 1re classe comprend 11,058 individus, soit 1,2 0/0 ;
        La 2e classe   «   99,700   «   soit 11,2 0/0 ;
        La 3e classe   «   74,527   «   soit 8,3 0/0 ;
soit en totalité, le cinquième de la population (3).

Aussi conçoit-on que le nombre des gens, qui meurent de privations, soit considérable. Beaucoup des indigents, recueillis par la police et conduits au *workhouse*, expirent au bout de peu de temps. Ce ne sont pas des vieillards ; ils n'ont souvent pas plus de quarante à cinquante ans. Chaque année, au début de l'hiver, il meurt beaucoup

(1) L'Est de Londres comprend les Unions de *Shoreditch*, *Bethnal-Green*, *Whitechapel*, *Saint-George in the East*, *Stepney*, *Mile-End*, et *Poplar*.

(2) M. Charles Booth, *Labour and Life of the People*.

(3) L'Union de Hackney comprise.

d'enfants ; l'année 1892 ne diffère pas des autres à cet égard. Le cadavre d'un de ces jeunes enfants, mort récemment, et qui était âgé de onze semaines, pesait, d'après le médecin, un peu plus de 5 livres de France. On ne voyait pas trace de nourriture dans l'estomac et dans les intestins. La mère, Mary Ind, veuve d'un tailleur, avait encore trois filles et deux fils, tous au-dessous de douze ans. Elle gagnait environ huit francs par semaine. Son lait s'était tari tout de suite ; elle mangeait elle-même quand elle pouvait (1).

Pour obtenir une évaluation approximative du reste des malheureux que renferme la métropole, il faudrait multiplier par quatre le chiffre qui précède, l'*East End* représentant la quatrième partie environ de l'agglomération londonienne ; mais ce quartier étant le moins riche de tous, nous n'attribuerons à chacun des trois autres que les deux tiers du chiffre de 185,285, soit 123,524 ; au total 370, 572, et, pour la métropole entière, 555, 857 individus, dont l'existence est pour eux un problème, parce qu'elle côtoie à chaque instant l'incertitude (2). De ce chiffre, une faible partie est secourue par les Bureaux de Gardiens, car ne sont pas compris dans ces chiffres ceux — au nombre de 100,000 environ — qui sont les *inmates* des établissements hospitaliers et des *workhouses*, ainsi que les prisonniers.

Pour l'ensemble de l'Angleterre ou mieux de la Grande-Bretagne, nous ne possédons pas de renseignements aussi précis. A défaut, nous avons l'évaluation du général de l'Armée du Salut ; William Booth faisait paraître, à la fin de 1890, un livre qui a fait beaucoup de tapage de l'autre

____

(1) Le *Temps*, n° du mercredi 30 novembre 1892.

(2) V. M. Julien Decrais, *L'Angleterre contemporaine*. L'auteur arrive à un chiffre plus élevé, parce qu'il comprend, ainsi que M. Charles Booth, parmi les pauvres, ceux qui, ayant un salaire régulier, ne gagnent que de 18 à 21 shillings par semaine.

côté de la Manche « *In darkest England and the way out —
Dans les ténèbres de l'Angleterre, et le moyen d'en sortir* »,
tel est le titre de cet ouvrage, qui semble constituer une
ironique contre-partie de la relation de Stanley. Du plan
du général salutiste, il nous paraît inutile de parler ; il
peut être résumé dans cette phrase : « Donnez-moi vingt-
« cinq millions, dont le dixième comptant, et je me charge
« de résoudre la question sociale en Angleterre ». Son projet procède évidemment des utopies socialistes d'organisation sociale. Mais ce que nous devons retenir, c'est le chiffre auquel il évalue la population misérable. Dans toute
civilisation, il y a, dit-il, une région de ténèbres compara-
bles aux forêts mystérieuses traversées par Stanley dans
les ténèbres de l'Afrique. Cette région est habitée par une
race de déshérités mendiants, récidivistes, ivrognes, pros-
tituées, vagabonds et sans travail, formant le *Dixième
submergé* de toute société organisée. Les submergés de
Grande-Bretagne (l'Irlande est à part) ne sont pas moins
de 3,000,000. A ces trois millions d'hommes à la mer (*in
the sea*) le général tend une planche de salut. Il faut voir
l'illustration coloriée, qui précède le livre, et qui est destinée à rendre plus saisissants les chiffres de l'auteur. Une immense mer, sur laquelle on aperçoit beaucoup de têtes, que
l'eau va submerger ; au dessus, un phare, l'*espoir pour tous*,
le *salut*. D'un autre côté, et éclairés par les feux du phare,
sont les différentes figures du bonheur, que le nouveau
plan du général Booth promet à ceux qui s'y dirigeront.

Voilà les chiffres, peut-être un peu grossis intentionnel-
lement sous la plume du général Booth ; retranchons-en
l'exagération ; il nous sera permis de voir, même avec les
chiffres un peu réduits, que l'assistance officielle n'atteint
qu'une couche très restreinte de l'immense population
pauvre de l'Angleterre : un peu plus du tiers (1).

(1) Nous avons dit plus haut 744,757 en 1891-1892. (V. ci-dessus,
page 378).

Ces pauvres non secourus, et si nombreux, ce sont les descendants des *paupers* d'avant 1834. Cette légion, pour nous servir d'une comparaison familière, a coupé sa queue ; mais elle n'en est pas plus riche, ou plutôt moins malheureuse. Que sont-ils, en effet, ces pauvres, que la *loi des pauvres* ne connaît pas ? A tous les points de vue, la comparaison entre eux et les pauvres de France, entre ceux de Londres et ceux de Paris, n'est pas à l'avantage de nos voisins. L'habitation est plus sordide (1) ; les haillons plus déguenillés, plus sales, et plus horribles surtout, parce qu'ils ne sont autres que de vieux habits de *gentlemen*, d'anciennes robes élégantes, de petits chapeaux jadis portés par des jeunes filles, défroque qui a passé sur trois ou quatre corps, et s'est délabrée au passage, et dont Taine, dans un mot douloureusement exact, a pu dire que cette défroque avilit l'être qui s'en affuble, et qui se déclare ou s'avoue, par là, le rebut de la société (2). Physiquement et moralement, les pauvres de Londres sont plus écrasés, plus aplatis parce que le poids de la misère est plus lourd pour eux.

Une dernière question : le régime de la loi des pauvres a-t-il supprimé la mendicité ? Il semblerait qu'il eût au moins pu produire ce résultat. Nous ne sommes pas sûr, du reste, que le maintien du système d'Elisabeth ne s'explique pas, en partie, par le désir de ne pas voir la pauvreté s'étaler, dans les rues des villes, sous la forme désagréable et importune de la mendicité. Mais ici encore elle est restée stérile. Il y a autant de mendiants des rues dans les villes anglaises que dans les villes françaises, autant de vagabonds de l'autre côté du détroit que par ici, autant de gens, dans les deux pays, qui couchent dans les mai-

(1) M. **Picot**, *Un devoir social et les logements d'ouvriers*.

(2) *Notes sur l'Angleterre*, p. 41. — Nous eûmes l'occasion de voir, au *workhouse* d'Oxford, trois ou quatre vieillards, coiffés de chapeaux à haute forme ; ils en paraissaient encore plus misérables!

sons en construction, sous les ponts, sur les bancs des promenades publiques. Les *casual wards* ont leurs clients ; mais cette clientèle ne fait que s'ajouter à l'armée des mendiants. Loin de les supprimer, cette institution les entretient, à raison des facilités qu'elle donne ; c'est un auteur anglais qui en fait l'aveu (1). Les mendiants, en Angleterre, sont aussi nombreux, et, en outre, ils sont plus affreux à voir ; « leurs haillons et leur détresse font « considérer comme des sortes d'aristocrates nos men- « diants et nos pauvres français... (2) »

En résumé, la loi des pauvres ne s'applique qu'à une faible proportion des pauvres, à la partie la plus *destitute* dont elle ne guérit pas la pauvreté, qu'elle rend hérédi- taire. Elle laisse, en dehors de sa sphère d'action, une po- pulation extrêmement pauvre et extrêmement nombreuse. Elle a créé deux expressions, celle de *pauper* et celle de *poor*, et elle croit avoir résolu la question sociale, quand elle arrive, par des moyens rigoureux, à réduire le nombre des premiers, les seconds restant en dehors de ses préoc- cupations. Bref, deux échelons de la misère : au dernier seulement, se distribue le secours officiel, qui est refusé à tous ceux qui ne veulent ou ne peuvent y descendre.

(1) Mackay, *The English Poor.*
(2) M. Leroy-Beaulieu, *Econ. français*, du 30 novembre 1889.

RÉSUMÉ

L'action de la charité est bienfaisante ; elle n'a de comparable que le mal qu'elle produit. Si l'on avait à constituer de toutes pièces une société, et d'après les principes les meilleurs, elle pourrait se passer d'un service d'assistance ; et elle y gagnerait. Mais une société vieillie, dans laquelle les inégalités de situation se sont accrues, qui a pratiqué l'assistance et souffre des maux sociaux, qui en résultent, une telle société, disons-nous, ne saurait du jour au lendemain, ni même jamais, supprimer la charité et rayer de son budget les dépenses d'assistan ce.

L'Angleterre, où l'assistance a été le plus largement pratiquée, est peut-être aujourd'hui le pays qui la pratique le moins. Elle a fait entrer l'assistance dans sa constitution administrative à un moment où elle aurait pu l'éviter, et, en présence des maux qu'elle en éprouva, elle revint à ce qui aurait dû être son point de départ.

Sans doute, les circonstances, qu'elle traversait alors, rendaient nécessaires quelques mesures d'assistance. Une grande misère, la suppression de couvents qui avaient pris la fâcheuse habitude de donner de larges aumônes aux pauvres, le grand nombre de mendiants, qui en était résulté, tout cela pouvait commander un régime transitoire d'assistance. L'Angleterre fit plus : elle inscrivit un principe et organisa tout un système. Le principe du droit à l'assistance se maintint et le système se développa.

On a vu les maux qui s'ensuivirent : le pays courait à

sa ruine ; la démoralisation était devenue générale parmi les classes populaires ; la paresse et la misère s'étaient étendues au détriment du travail. Il fallut aviser. L'assistance jusque là était douce aux pauvres : on la leur fit dure. Le secours à domicile était la règle ; il devint l'exception. Le mal fut enrayé, mais la plaie devait être longue à se cicatriser ; elle ne l'est pas encore, à l'heure actuelle, et il s'écoulera de nombreuses années avant qu'elle ne soit complètement fermée.

L'ancienne loi avait créé, dans les classes ouvrières, l'imprévoyance sous toutes ses formes ; elle avait développé à l'excès la population ; elle avait tué l'esprit de solidarité morale entre les diverses classes de la société, engendré à sa place celui d'égoïsme. Le respect filial était aboli, le patron ne voyait dans l'ouvrier que le vendeur d'une marchandise, dont il avait besoin. La nouvelle loi donne à l'assistance des caractères qui la rendent à la fois pénible et dégradante. Il en résulte une sorte d'effroi pour elle chez tous les ouvriers, une aversion chez les meilleurs.

Ces deux états successifs ont créé des mœurs, où l'on trouve le résultat de l'un et de l'autre. L'ouvrier des villes, désireux d'échapper au *workhouse*, se met en garde contre cette éventualité ; s'il n'a pas pris l'habitude d'épargner, il a, du moins, demandé à l'association et à la mutualité les moyens d'assurer sa vieillesse. Eloigné moralement du patron, il a appris à ne compter que sur lui-même ; il est fier, indépendant, résolu à tirer du contrat de travail tout ce qu'il peut en obtenir, mais résolu aussi à ne voir dans le patron que l'homme, qui lui achète son travail. L'ancienne loi avait fait les patrons égoïstes ; la nouvelle a fait les ouvriers jaloux de leur liberté et défiants vis-à-vis de leurs employeurs. Dans l'ordre de la charité, il s'est passé quelque chose d'analogue : avec les exigences pécuniaires de l'ancienne *Poor Law*, la charité privée s'était tarie ; depuis 1834, elle renaît avec une forme et une clientèle différentes de celles sous lesquelles elle se manifeste ailleurs.

Les effets produits par le régime de l'assistance légale, on le voit, n'ont pas été heureux. Le seul résultat bienfaisant qu'elle ait amené est la poussée vers l'émigration qu'elle a provoquée. On pourrait y ajouter cette fierté indépendante de l'ouvrier des manufactures, si cette fierté n'était synonyme de séparation des classes et d'hostilité latente contre le patron ; hors ces deux effets, que reste-t-il ? Rien, sinon des conséquences peu avantageuses pour l'ensemble de la société anglaise.

Pouvait-il en être autrement ? Le principe, qui a présidé à ce régime de l'assistance publique, est des plus faux. Un État ne peut assurer au premier venu un droit aux secours publics, ni promettre l'assistance au paresseux et à l'ivrogne comme au vieillard et à l'infirme. Non pas que nous soyons l'adversaire de tout système de charité officielle. Nous n'hésitons pas, au contraire, à admettre le besoin de cette assistance ; mais nous pensons qu'elle n'est que subsidiaire, et qu'elle ne doit s'exercer qu'à défaut de l'assistance privée. Elle est une nécessité, ajouterions-nous même ; car elle recueille et stimule les dons des indifférents, se substitue à ceux que leurs occupations empêchent de pratiquer la charité, et se fait la dispensatrice de leurs aumônes. Elle peut presque seule contribuer au soulagement de certaines misères, telles que la maladie, la vieillesse, etc., lesquelles, à raison de leur nature spéciale, exigent le service d'une organisation administrative et la concentration de grandes ressources. Enfin l'assistance publique s'impose souvent à la société, comme mesure de police et de salut public. Mais l'intervention officielle doit avoir particulièrement pour objet d'éveiller la charité privée, et d'en faciliter les actes, de provoquer les fondations et d'en consacrer les résultats. Elle doit faire appel aux libéralités

particulières avant de s'imposer aux finances publiques.
D'autre part, l'administration doit se borner à être charitable comme l'individu, librement, par compassion pour
ainsi dire. C'est cette idée qu'a exactement traduite M. Thiers
dans son célèbre rapport à l'Assemblée nationale de 1848 :
« L'État, comme l'individu, doit être bienfaisant, mais,
« comme lui, il doit l'être par vertu, c'est-à-dire libre-
« ment......; si l'individu a des vertus, la société n'en
« peut-elle avoir?..... »

Aller plus loin, et reconnaître un droit à l'assistance,
c'est une des plus grandes fautes qu'un pays puisse commettre. Rien n'est plus dissolvant que la charité légale, ni
de nature à exercer de plus funestes ravages. « Au diable
« les soucis! chantaient les mineurs de Newcastle dans un
« refrain célèbre. Au diable le chagrin! La paroisse n'est-
« elle pas là! *Hang sorrow! Cast away care! The parish
« is bound for ever!* » A quoi bon, en effet, se priver et
économiser pour l'avenir? A quoi bon la prévoyance et la
sobriété? Il est meilleur de vivre sans souci du lendemain ;
la paroisse n'est-elle pas là?..... Cette institution éteint
tout sentiment d'honneur et de dignité chez ceux qui y
recourent; l'effronterie, souvent la menace et l'insulte,
accompagnent leur demande ou plutôt leur réclamation ;
elle entretient l'hostilité entre les diverses classes de la
population. Mais à quoi bon revenir sur une démonstration faite à chaque page de cette étude! qu'il nous suffise de rappeler l'aveu échappé à la plume honnête du pasteur Naville : « Lorsque je conçus, dit-il dans sa préface,
« le projet de traiter la question de la charité mise au con-
« cours par l'Académie, mon intention était de prouver
« que les indigents ont un droit parfait aux aumônes,
« principe dont le système de la charité légale, que je
« combats aujourd'hui, est la conséquence naturelle. Mais
« bientôt je vis la théorie, que je voulais établir, détruite
« par des arguments d'une autorité irrécusable. Je dus

« alors changer d'opinion, et me disposer à attaquer les
« idées mêmes que j'avais le dessein de défendre ».

M. James Bryce, aujourd'hui membre du cabinet de
Lord Roseberry, nous disait, dans une phrase que nous
avons retenue et déjà citée : « Le principe est mauvais,
« mais l'organisation actuelle est bonne ». Que voulait-il
dire ? que l'organisation actuelle, en empêchant les abus,
se soustrait aux fâcheuses conséquences d'un principe
vicieux. Il est bien certain que non seulement l'acte de
1834, mais encore tous les règlements promulgués depuis
cette époque par le *Central Board*, ont tout fait pour
tourner le principe du droit au secours et pour, en fait,
l'annihiler. Mais il ne faut pas s'y tromper : telle qu'elle
est, l'administration en repose encore sur des bases dangereuses. La nature des ressources, qui alimentent le service, est un grave péril. C'est une taxe, et une taxe dont
le montant est déterminé par l'importance de la dépense,
de telle sorte que si les organes administratifs locaux,
chargés de dispenser l'assistance, venaient à pratiquer,
dans l'allocation des secours, une jurisprudence relâchée,
il se produirait immédiatement, dans l'étendue de leur
circonscription, les mêmes abus financiers, moraux et
sociaux, dont on a été témoin avant 1834. Et ce n'est pas
sans raison que le Département central rappelle fréquemment les Gardiens à l'observance de certaines règles,
posées par lui, et qu'il croit essentielles, notamment
quand il cherche à diminuer partout la pratique des secours à domicile. (1) C'est donc avec sagesse que la Chambre
des communes, le 12 août 1885, a ordonné la réimpression

(1) Un certain nombre de publicistes se demandent si les nouvelles règles introduites par la loi sur les *Parish Councils*, en ce qui
concerne l'électorat et l'éligibilité, ne vont pas faire entrer dans les
les Bureaux de Gardiens des membres plus soucieux de leur popularité et de leur avenir politique que de la bonne gestion des finances locales.

du fameux rapport des Commissaires de 1834 ; elle a voulu graver dans l'esprit de la génération présente les dangers du système de la charité légale, auquel, malgré de profondes réformes dans l'application, l'Angleterre reste attachée.

En France, rien de semblable n'est à craindre ; ce sont les libéralités privées, et subsidiairement un prélèvement préalable sur l'ensemble du budget, qui dictent la mesure dans laquelle les secours peuvent être alloués. Il y a là un frein naturel qui arrêtera toujours l'abus.

Même dans les limites raisonnables où elle est contenue, l'organisation actuelle de l'assistance anglaise n'est pas exempte de vices. Nous avons condamné, en passant, le système appliqué aux vagabonds, et flétri le *casual ward*, qui leur sert de refuge. Dans la description, que nous avons présentée, du *workhouse*, nous avons rencontré bien des défectuosités : l'obligation du travail, qui se comprendrait si le travail accompli devait amener une compensation aux charges de l'établissement, et servir, de la part de l'*inmate*, à payer ses frais de séjour, cette obligation n'est plus qu'une peine non justifiée, dès le moment que le travail est ridiculement improductif.

Peut-être l'institution du *workhouse* pourrait-elle se justifier, aux yeux sinon de l'économiste, du moins du philanthrope, comme susceptible de donner un abri temporaire aux misères imméritées, si, dans cette institution, le caractère d'assistance ne cédait trop la place à celui de pénalité, et si l'établissement n'amenait le plus souvent une promiscuité complète entre les paresseux et les indigents dignes d'intérêt, entre le vice et le malheur.

Nous ne prononçons pas toutefois la condamnation de toute l'administration de la loi des pauvres. L'assistance médicale est remarquablement organisée. Le service des secours médicaux à domicile est un modèle que la France pourrait suivre au moment où elle cherche à organiser ce même service ; les districts médicaux des Unions rurales anglaises, avec leur praticien respectif, l'emportent sur notre institution des médecins cantonaux. Les administrateurs de nos hôpitaux auraient également à se modeler sur les infirmeries anglaises, si bien aménagées pour la plupart, et si bien tenues.

Il est enfin une leçon, que donne l'Angleterre à tous ceux qui, en France, touchent de près ou de loin aux rouages de l'assistance publique : c'est l'extrême respect qui, de haut en bas, se manifeste pour les convictions religieuses des assistés. Chacun d'eux peut pratiquer sa religion, et on lui en donne les plus grandes facilités. Les enfants, les adultes quelquefois, sont classés suivant leur religion. La liberté de conscience n'est pas bien vieille en Angleterre, mais elle y est bien plus complète aujourd'hui que chez lit du malade, et les emblèmes religieux des salles d'hônous. Autre chose est la liberté de conscience, se traduisant par le respect des croyances de chacun, et la facilité donnée d'y obéir, autre chose cette liberté de conscience, qui se borne à assurer la liberté de n'en avoir aucune.

Mais, réserve faite de quelques parties dignes d'être louées, le système anglais, bien qu'amendé, ne saurait être pour nous un exemple, et nous ne pouvons mieux faire, en terminant, que de nous associer à l'appréciation, qui en a été portée par une Anglaise, femme d'une grande intelligence et d'un grand cœur. Miss Octavia Hill, si versée et si compétente dans les questions d'assistance, a pu dire, parlant devant les étudiants d'Oxford : « Prenons garde, « disait-elle, prenons garde, en cherchant à élever le ni- « veau du bien-être matériel, et en faisant des efforts pour « supprimer tous les maux guérissables, de porter atteinte, « en nous et chez les autres, à quelques-uns de ces res- « sorts éternels que rien ne saurait remplacer dans l'hu- « manité. Evitons de faire l'aumône à petites doses, ce « qu'on peut appeler la charité par bouchée. Nous avons

« vu ce système à l'œuvre, au milieu de notre peuple, sous
« sa vieille forme surannée. Il a dévoré le cœur de nos
« hommes et de nos femmes ; il a corrompu, dégradé, ap-
« pauvri des centaines de foyers ; il a détruit la vie de fa-
« mille..... Il affaiblit le sentiment de la responsabilité à
« tel point que les parents ne savent plus si c'est à eux ou
« au bon public qu'il appartient de nourrir leurs enfants ».

APPENDICE Ier

STATISTIQUE DU NOMBRE DES PAUVRES SECOURUS

Nombre des *paupers* au 1er juillet 1892

Hospitalisés (In-door)	Secourus à domicile (Out-door)	Total brut	Nombre de *paupers* secourus à la fois (in-door et out-door) à déduire	Total net
178.297	555.835	734.132	177	733.955

Catégories de *paupers*	Hospitalisés (in-door)	Secourus à domicile (out-door)	Total
Hommes adultes valides.	11.455	13.423	24.878
Femmes — —	14.197	53.784	67.981
Enfants au-dessous de 16 ans dont les parents sont valides	12.051	147.387	159.438
Hommes adultes non valides.	46.356	70.467	116.823
Femmes adultes non valides.	34.881	181.210	216.100
Enfants au-dessous de 16 ans, sans parents, ou de parents non valides.	36.419	29.127	65.546
Vagabonds.	6.328	308	6.636
Aliénés ⎰ Hommes	6.670	26.341	33.011
Femmes	8.732	33.250	41.982
Enfants au-dessous de 16 ans.	1.208	529	1.737
Total	178.297	555.835	734.132

Nombre des *paupers* au 1er janvier 1893

Hospitalisés (In-door)	Secourus à domicile (out-door)	Total brut	Nombre de paupers secourus à la fois (in-door et out-door) à déduire	Total net
206.727	577.013	783.740	143	783.597

Catégories de *paupers*	Hospitalisés (in-door)	Secourus à domicile (out-door)	Total
Hommes adultes valides.	18.226	15.984	34.210
Femmes — —	16.526	56.442	72.968
Enfants au-dessous de 16 ans dont les parents sont valides	14.354	154.366	168.720
Hommes adultes non valides.	58.210	73.306	131.516
Femmes adultes non valides.	37.987	185.575	223.562
Enfants au-dessous de 16 ans, sans parents, ou de parents non valides.	37.648	29.817	67.465
Vagabonds.	6.793	346.	7.139
Aliénés { Hommes.	6.866	26.725	33.591
Femmes	8.853	33.859	42.712
Enfants au-dessous de 16 ans.	1.264	593	1.857
Total.	206.727	577.013	783.740

Nombre moyen des *paupers* depuis 1849

Year ended Lady-Day Année finissant le 25 mars	Mean Number of in-door Paupers Nombre moyen de pauvres hospitalisés	Ratio per 1.000 of estimated Population Proportion sur 1.000 habitants	Mean Number of out-door Paupers Nombre moyen des pauvres secourus à domicile	Ratio per 1.000 of estimated Population Proportion sur 1.000 habitants	Mean Number of in-door and out-door Paupers Nombre moyen des pauvres hospitalisés et desecourus à domicile	Ratio per 1.000 of estimated Population Proportion sur 1.000 habitants
1849	133,513	7,7	955,146	55,0	1,088,659	62,7
1850	123,004	7,0	885,696	50,4	1,008,700	57,4
1860	113,507	5,8	731,126	37,1	844,633	42,9
1870	156,800	7,1	876,000	39,4	1,032,800	46,5
1880	180,817	7,1	627,213	24,7	808,030	31,8
1890	187,921	6,6	587,296	20,7	775,217	27,3
1891	185,838	6,5	573,892	19,9	759,730	26,4
1892	186,607	6,4	555,150	19,2	741,757	25,6
1893	192,512	6,5	566,264	19,3	759,776	25,8

APPENDICE II

DÉPENSES DU SERVICE DE L'ASSISTANCE

	CHIFFRE de LA POPULATION	HOSPITALISATION		SECOURS A DOMICILE		TOTAL	
		Montant de la dépense	Coût par tête d'habitants	Montant de la dépense	Coût par tête d'habitants	Chiffre absolu	par tête d'habitants
	hab.	£	s. d.	£	s. d.	£	s. d.
Dépenses pendant le semestre finissant le *Lady-Day* (25 mars) 1892..............	29.081.047	1.091.816	9	1.156.591	9 1/2	2.248.437	1 0 1/2
Dépenses pendant le semestre finissant à la Saint-Michel (29 septembre) 1892....	29.403.346	998.783	8 1/4	1.192.389	9 3/4	2.191.172	1 6

APPENDICE III

EXEMPLE DE *scale* (ÉCHELLE) SERVANT A FIXER LE TAUX DES SECOURS (*allowances*) AVANT 1834.

Scale adoptée en 1826 dans plusieurs districts (*hundreds*) du comté d'Essex.

Le secours hebdomadaire devait varier suivant l'importance de la famille, et suivant le prix du pain (1) ; sa quotité était fixée en pains de quatre livres (*quartern loaves*).

QUARTERN LOAVES (PAINS DE 4 LIVRES ANGLAISES).		9 DEN. (0 fr. 90)	9 1/4 DEN. (0 fr. 92 1/2)	9 1/2 DEN. (0 fr. 95)	9 3/4 DEN. (0 fr. 97 1/2)	10 DEN. (1 fr.)	10 1/4 DEN. (1 fr. 02 1/2)
		s. d.	s. d.	s. d.	s. d.	s. d.	s. d.
Femme seule	3	2 3	2 3	2 4 1/2	2 5 1/4	2 0	2 0 3/4
Homme seul	4	3 0	3 1	3 2	3 3	3 4	3 5
Mari et femme	7	5 3	5 4 3/4	5 6 1/2	5 8 1/4	5 10	5 11 3/4
Homme avec 1 enfant	8	6 0	6 2	6 4	6 6	6 8	6 10
— — 2 enfants	9	6 9	6 11 1/4	7 1 1/2	7 3 3/4	7 6	7 8 1/4
— — 3 enfants	11	8 3	8 5 3/4	8 8	8 11 1/4	9 2	9 4 3/4
— — 4 enfants	12	9 0	9 3	9 6	9 9	10 0	10 3
— — 5 enfants	14	10 6	10 9 1/2	11 1	11 4 1/2	11 8	11 11 1/2
— — 6 enfants	16	12 0	12 4	12 8	13 0	13 4	13 8

(1) *First report from the Poor Law Commissioners*, p. 15.

APPENDICE IV

LES DIVERSES ATTRIBUTIONS D'UN BUREAU DE GARDIENS.

(Extrait du rapport de l'Union de Bradfield, du 1er janvier 1890).

GARDIENS :

19 *ex-officio* (1) ;

27 élus.

COMITÉS :

1° *Assessment* :

2° *School attendance* (Service scolaire) ;

3° *Finance.*

OFFICIERS :

POOR LAW.

Clerk. . . . .

Treasurer. . . . .

Relieving officers . . . .

Workhouse officials. . . . .

(13 officiers).

SANITARY :

Clerk . . . .

Medical officer of health. . . . .

Inspectors . . . .

SCHOOL ATTENDANCE :

Clerk. . . . .

Attendance officers . . . .

VACCINATION :

Medical officers . . . .

Vaccination officers . . . .

REGISTRATION :

Superintendent registrar. . . . .

Registrars of births and deaths . . . .

DISTRICT MEDICAL OFFICERS.

. . . .

(1) Les Gardiens *ex-officio* sont supprimés.

APPENDICE V

NOTICE. — It ist requested that this Paper be shewn to the Collector, and an Official Printed Receipt demanded on payment of Rates.

The Collector is required to call once only after this demand is made.

SAINT PANCRAS.

STATEMENT OF RATES FOR THE HALF-YEAR ENDING MICHAELMAS, 1890.

*Consecutive number*_____________   † *Rateable value* £_____________

*Mr.*_____________

APPLICATION IS HEREBY MADE to you for payment of the Rates made by the said Vestry and due 18th day of April, 1890, which are estimated to meet the expenses to be incurred before Michaelmas, 1890, and are to be collected forthwith, viz. : —

Approximate Amounts in the £.

	Approx.	£ s. d.
Poor Rate 17 1/2 d. in the £. — *Relief of the Poor	7 1/2 d.	
*County Council	7 d.	
*Metropolitan Police	2 1/2 d.	
Preparing Borough and County Lists of Voters, Jury List, and for General Expenses of Directors and Overseers	1/2 d.	
Lighting Rate 1 1/2 d. in the £. — Expenses of Maintaining and Lighting the Public Street Lamps	1 1/2 d.	
Sewers Rate 1 d. in the £. — Repair and Construction of Sewers	1 d.	
General Rate 12 d. in the £. — Paving, Watering & Cleansing Streets, Removal of Refuse, &c.	5 1/2 d.	
*School Board for London	5 1/2 d.	
General Expenses of the Vestry, i.e.—Salaries, Sanitary Expenses, Law and Parliamentary Costs, Printing and Stationery, Public Gardens, &c.	1 d.	

Total amount of Rates at 2s. 8d. in the £ ... ... £_____________

Commission or Abatement of 25 per cent. to be allowed to the Owner, provided the Rates are paid within the period required by Act of Parliament £_____________

Amount less the Commission or Abatement ... ... £_____________

WILLIAM ROBERT GREENE, Collector for Ward 4 North,
5, Burghley Road, Kentish Town, 3 doors from Highgate Road, N. W.
Attendance at the above address on Mondays, Wednesdays and Fridays, from 10 till 3.
Cheques to be crossed " NATIONAL BANK, CAMDEN TOWN BRANCH."
A Stamped Envelope must be sent in all cases where a receipt or answer is required from the Collector.

The Vestry have no control over the expenditure of the following sums required during the ensuing half-year : —

FOR THE RELIEF OF THE POOR	£46000
,, POLICE	10247
,, COUNTY COUNCIL	42929
,, SCHOOL BOARD	33650

The Collector is instructed to allow the Commission, in accordance with the agreement entered into with the Vestry, only upon obtaining a Receipt upon the Form Printed and signed by the Owner, or his Authorized Agent.

26

TABLE DES MATIÈRES

PREMIÈRE PARTIE

ORIGINE ET HISTOIRE DE LA LOI DES PAUVRES.

Fonctions essentielles et non essentielles de l'Etat. — L'assistance et les
lois contre les pauvres. — Pays catholiques et pays protestants. — La
réforme religieuse en Angleterre. — Les premières lois des pauvres
en Angleterre, lois qui furent précédées des mesures de police à leur
égard. — L'Église et l'assistance ; augmentation du nombre des indigents ; nécessité de lois de répression. — Modifications dans la situation
politique et économique de l'Angleterre ; émancipation des serfs ; disparition des petits propriétaires et des petits tenanciers ; substitution des
pâturages à l'ancienne culture ; dépréciation des métaux précieux ; suppression des couvents et maisons religieuses. — L'acte d'Henri VIII, de
1531 ; cet acte contient des règles de police et des mesures d'assistance ;
nouvel acte du même prince en 1535-1536, obligeant les habitants à donner des aumônes aux pauvres de leur paroisse. — Le règne d'Elisabeth et les nombreux actes de cette période ; ces actes contiennent la
base du statut de 1601.

Caractère du statut de 1601, tout d'abord promulgué seulement comme simple tentative, devenu ensuite permanent.— Trois classes d'indigents sont
visées par cet acte : les valides, les invalides, les enfants. — Création
d'une taxe. — Le service d'assistance est déclaré paroissial ; ressources paroissiales ; fonctionnaires paroissiaux. — Nature du secours, variant selon la catégorie d'indigents. — Heureux résultats de la législation de 1601.

Les idées, sur lesquelles le statut était fondé, inspirèrent la législation
anglaise jusqu'en 1760 ; cette législation apporta trois modifications ;

DEUXIÈME PARTIE
ORGANISATION ACTUELLE.

TROISIÈME PARTIE

LES CONSÉQUENCES DU SYSTÈME.

SECTION PREMIÈRE. — La loi des pauvres et l'organisation administrative.

Attributions diverses, d'ordre administratif, conférées aux *overseers* avant 1834. — Attributions des Bureaux de Gardiens dans toutes les Unions, urbaines ou rurales : nomination des officiers de l'état civil ; le service de la vaccine ; établissement de l'impôt local ; direction des écoles. — Attributions complémentaires dans les Unions rurales : le service sanitaire, le service des routes. — Les Unions composées d'une ville et de paroisses rurales. — L'Irlande.

Le *Self-Government*, idéal de certains pays. — Les idées de décentralisation en France. — Abandon de ces idées par l'Angleterre contemporaine. — Le socialisme d'Etat et la centralisation. — La tutelle de l'Etat s'exerçant, en Angleterre, sur les nouveaux corps administratifs, et notamment sur le *Board of Guardians*. — La paroisse perd presque toutes ses attributions, d'abord au profit du comté, puis au profit des nouveaux organes administratifs. — Indépendance et autonomie du comté. — Le nouveau réseau administratif ; ses assemblées représentatives et l'ingérence gouvernementale. — Le contrôle de l'Etat confié à un département ministériel nouveau. — La genèse de cette révolution administrative. — Les attributions du nouveau département. — Histoire du *Poor Law Board* ; sa transformation en *Local Government Board* ; son organisation.

La taxe des pauvres est l'origine des autres taxes locales ; elle explique leurs caractères. — Sens précis de la spécialité ; les anciennes taxes locales anglaises. — Actuellement l'assiette de la taxe des pauvres s'étend à toutes les taxes locales. — Certaines dépenses s'imputent sur le *Poor rate*. — La spécialité s'atténue par le fait même de la taxe des pauvres : même assiette ; même recouvrement. — Unification apparente. — La spécialité subsiste au point de vue de l'emploi des sommes recouvrées ; elle figure également sur l'avis de payement remis au contribuable.

SECTION II. — La loi des pauvres et les mœurs.

Les familles nombreuses. — Les erreurs de la statistique relative à l'état civil. — La nuptialité. — Les mariages précoces. — La législation relative au mariage ; ses facilités. — Les anciens mariages devant le forgeron de Gretna-Green ; leur désuétude. — Conditions requises pour le mariage. — Ses formes. — Inconvénients de cette législation : ma-

Imp. G. St-Aubin et Thevenot. — J. Thevenot, successeur, Saint-Dizier.